黑龙江省头雁团队——“能源装备先进焊接技术创新团队”资金支持

核电焊接操作工项目考试技能操作标准化培训教程

主　编　王绍国　徐　锴　吴东球
副主编　武昭妤　张丹萍　江国焱
方乃文　冯　伟

哈尔滨工程大学出版社
Harbin Engineering University Press

内容简介

本书共六章，包括焊接操作工考试概述以及常用的12个焊接教学实例。第一章介绍了2019年发布的《民用核安全设备焊工焊接操作工技能评定》和《民用核安全设备焊接人员操作考试技术要求(试行)》的新规定和新要求；其余章节则以操作技能为主，涵盖了生产应用中埋弧焊、自动钨极惰性气体保护焊、真空电子束焊、熔化极气体保护焊和药芯焊丝电弧焊焊接操作工常用的五种焊接方法的考试和培训练习项目。

本书适用于核电焊接操作工的培训与考核，也可供核电焊接技术人员参考。

图书在版编目(CIP)数据

核电焊接操作工项目考试技能操作标准化培训教程 / 王绍国，徐锴，吴东球主编. —哈尔滨：哈尔滨工程大学出版社，2020.6
ISBN 978-7-5661-2654-2

Ⅰ.①核… Ⅱ.①王… ②徐… ③吴… Ⅲ.①核电厂-焊接工艺-技术培训-教材 Ⅳ.①TM623

中国版本图书馆CIP数据核字(2020)第068393号

选题策划 宗盼盼
责任编辑 王俊一 宗盼盼
封面设计 李海波

出版发行 哈尔滨工程大学出版社
社　　址 哈尔滨市南岗区南通大街145号
邮政编码 150001
发行电话 0451-82519328
传　　真 0451-82519699
经　　销 新华书店
印　　刷 哈尔滨市石桥印务有限公司
开　　本 787 mm×1 092 mm 1/16
印　　张 17.5
字　　数 464千字
版　　次 2020年6月第1版
印　　次 2020年6月第1次印刷
定　　价 49.80元
http://www.hrbeupress.com
E-mail:heupress@hrbeu.edu.cn

前　言

本书是核电焊接操作工培训教材之一，旨在使核电焊接操作工培训、考试、资格认证工作与国家核安全局核与辐射安全法规技术文件标准接轨。同时，希望借由此书，实现并推广民用核安全设备焊接操作工培训工作的标准化、科学化、规范化、智能化，提高核电焊接操作工的技术素质，培养核电大国工匠，铸造核电国之重器。

本书由东方电气（广州）重型机器有限公司王绍国、哈尔滨焊接研究院有限公司徐锴和东方电气（广州）重型机器有限公司吴东球担任主编；由成都工业职业技术学院武昭妤，东方电气（广州）重型机器有限公司张丹萍、江国焱，哈尔滨焊接研究院有限公司方乃文、冯伟担任副主编。全书由重庆川仪自动化股份有限公司康文捷担任主审，由四川三洲川化机核能设备制造有限公司李武、中国建筑第二工程局有限公司谭俊、哈尔滨焊接研究院有限公司林晓辉担任副主审。

本书第一章由东方电气（广州）重型机器有限公司王绍国、郭时玲，南方风机股份有限公司汪义玲负责编写；第二章由成都工业职业技术学院武昭妤，烟台台海玛努尔核电设备股份有限公司姜玉慧，四川三洲川化机核能设备制造有限公司王凯，自贡西南电力配件制造有限公司李焕锡，东方电气（广州）重型机器有限公司吴东球、何冰、曾晓科、夏小军负责编写；第三章由北京金威焊材有限公司陈波，东方电气（广州）重型机器有限公司张丹萍、田小波、邬长利，重庆川仪自动化有限公司杨晓波，东方汽轮机有限公司吉丽华负责编写；第四章由哈尔滨焊接研究院有限公司徐锴、方乃文，东方电气（广州）重型机器有限公司杨小杰、罗红、杜晓波、李峰，南方风机股份有限公司甘瑞霞负责编写；第五章由东方电气（广州）重型机器有限公司白映玉，南方风机股份有限公司邓尚扬、吕杰森，中国建筑第二工程局有限公司梁明，中冶建筑研究总院有限公司李伟负责编写；第六章由成都工业职业技术学院武昭妤，哈尔滨焊接研究院有限公司冯伟，东方电气（广州）重型机器有限公司江国焱、李恩、汤帅，中国建筑第二工程局有限公司郭公斌，博焊乐投资（上海）有限公司夏敏负责编写。

本书对近十年核电焊接操作工培训与考试工作的实践经验进行了总结和提炼，以“严之又严、慎之又慎、细之又细、实之又实”的核安全文化理念编写而成，与已出版的《核电焊工技能操作标准化培训教程》是姊妹篇。本书文字简明扼要，内容实用，图文并茂，通俗易懂，各章节自成独立部分，主要用于核电焊接操作工的培训与考核，也可供核电焊接技术人员参考。

本书由黑龙江省头雁团队——“能源装备先进焊接技术创新团队”资金支持。

本书的编写是一项探索性的工作，也是编者从事核电焊接操作工培训及考试工作的经验总结。

由于编者经验和水平有限，书中难免存在不足和错误之处，恳请广大读者批评指正。

编　者

2020 年 2 月

目　　录

第一章　核电焊工及焊接操作工考试概述

第一节　焊接方法与核电焊工、焊接操作工评定标准修订及加强考核组织管理

一、焊接方法

焊接方法按自动化程度分为手工焊、机械化焊和自动焊三种。焊工是指进行手工焊的焊接操作人员;焊接操作工是指进行机械化焊和自动焊的焊接操作人员。

在不同国家的核电标准中,对自动化程度的焊接方法定义基本一致,但描述上略有差异。

(一)法国核电标准中的定义

(1)手工焊:需要焊工手工操作焊条或者焊枪的焊接工艺。

(2)机械化焊:焊接操作工参与或干预焊接实施过程的焊接工艺。

(3)自动焊:整个焊接过程不需要人参与或干预的焊接工艺。

(二)美国核电标准中的定义

(1)手工焊:全部以手进行操作和控制的焊接。

(2)机械化焊:由焊机操作工通过目视观察对由机械装置夹持的焊嘴、焊枪或焊极夹进行手工调节控制、使用设备进行的焊接,参见自动焊。

(3)自动焊:施焊时无须焊接操作工调节控制钮的机器进行的焊接,这类焊机可以执行,也可以不执行装卸工件的工作,参见机械化焊。

(三)中国核电标准中的定义

(1)手工焊:手持焊炬、焊枪或焊钳进行操作的焊接方法。

(2)机械化焊:焊炬、焊枪或焊钳由机械装备夹持并要求随着观察焊接过程而调整设备控制部分的焊接方法。

(3)自动焊:用自动焊接装置完成全部焊接操作的焊接方法。

二、核电焊工、焊接操作工评定标准修订

(一)核电焊工、焊接操作工评定标准修订的目的

长期以来,国家核安全局对焊工、焊接操作工资格管理非常重视,早在1995年就制定并发布了《民用核承压设备焊工及焊接操作工培训、考试和取证管理办法》,并于2008年将其

修订为《民用核安全设备焊工焊接操作工资格管理规定》(HAF603),明确了国家核安全局对民用核安全设备焊工、焊接操作工进行资格许可,为提升焊工、焊接操作工操作技能与意识,考核选拔合格焊工、焊接操作工,确保民用核安全设备焊接质量发挥了重要的作用。2018 年 1 月 1 日实施的《中华人民共和国核安全法》明确规定焊工、焊接操作工应当按照国家规定取得相应资格证书。

但在法规实施过程中,不可避免地存在一些问题,如主体责任不清晰,企业主体作用发挥不够,存在以考代培的现象等。

根据国务院"放管服"改革要求,需进一步优化调整民用核安全设备焊工、焊接操作工资格管理,充分发挥资格许可的杠杆作用,落实企业主体责任,加强企业对焊工、焊接操作工的培养、考核和管理,为此国家核安全局组织制订了民用核安全设备特种工艺人员资格管理优化调整方案,并组织对 HAF603 进行修订,为此需要制定相配套的焊工、焊接操作工操作考试技术要求。

(二)核电焊工、焊接操作工评定标准突出资格许可的基本定位

根据国家核安全局民用核安全设备特种工艺人员资格管理优化调整方案要求,焊工、焊接操作工资格考核作为一项职业资格行政许可,要充分发挥资格许可的杠杆作用,立足资格管理的基本定位,以考核推动焊工、焊接操作工技能水平和核安全文化素养的提高。企业作为焊工、焊接操作工管理的责任主体,承担焊工、焊接操作工的选拔、培养、使用和管理的主体责任,具体负责与产品需求适应的技能评定和岗位授权,确保焊工、焊接操作工技能满足产品焊接工作的需要。

(三)核电焊工、焊接操作工评定标准对考试试件设置侧重于综合技能的考查

资格考核考试试件按焊接方法结合历年来操作考试项目统计分析进行设置,主要考查焊工、焊接操作工相应焊接方法的综合操作技能以及操作习惯、质量意识与核安全文化的熟悉情况,确保焊工、焊接操作工的技能符合核电行业的要求。

总之,根据资格考核操作考试按焊接方法进行考试的原则,在保持核电行业特色的基础上,大幅精减资格考核项目,通过设置各焊接方法的考试试件,提高考试的标准化,优化考试施焊技术要求,增加考试过程考核的要求,统一并严格考试检验要求,使操作考试设置更加简洁明了,考试适用范围更广,考试试件检验更加统一和规范。

三、加强考核组织管理

(一)《关于印发〈民用核安全设备焊接人员操作考试技术要求(试行)〉的通知》

为更好地总结和提炼历年来的焊接人员资格管理经验,提升焊接人员资格管理水平,在全面梳理历年来各项管理要求的基础上,进一步规范和明确资格条件和管理要求,建立健全管理制度,全面加强焊接人员考核和资格管理,国家核安全局 2019 年 11 月 22 号颁布了《关于印发〈民用核安全设备焊接人员操作考试技术要求(试行)〉的通知》(国核安发〔2019〕238 号)。《民用核安全设备焊接人员操作考试技术要求(试行)》于 2020 年 1 月 1 日起实施。

为贯彻国务院"放管服"精神,落实企业主体责任,国家核安全局对民用核安全设备特种工艺人员(焊工、焊接操作工和射线检验人员)资格管理进行了如下优化调整:

(1)国家核安全局统一组织民用核安全设备特种工艺人员资格考核,不再选定考核中

心，实施考核单位备案管理并向社会公布名单。

(2)已备案单位无法继续满足相关要求，应及时报告国家核安全局取消备案。

(3)备案单位实施资格考核时，不得收取考核费用。

(二)改进焊工、焊接操作工资格管理

(1)申请资格考核的人员应掌握核电设备同种焊接方法技能。

(2)操作技能考试针对每种焊接方法考核典型试件，严格按照核一级焊缝要求进行检验。

(3)证书有效期调整为5年，现有证书有效期不变。

(4)焊接连续操作记录由聘用单位按焊接方法管理，不再向国家核安全局报送。

(5)变更聘用单位，不再要求原单位出具意见。

根据国核安发〔2019〕238号文，我国核电焊工、焊接操作工按核电标准评定，设了一道门槛，即要求在焊接核电焊接件前必须去国家核安全局指定的培训考试点参加培训考试，并在规定的时间内取得全国同一个水平、指定焊接方法项目的证书。

(三)对我国的适用性说明

目前HAF603已经实施10余年，积累了丰富的经验，《民用核安全设备焊接人员操作考试技术要求(试行)》是在这些年实践的基础上进行总结和改进的。我国应本着简政放权、简化考试设置、严格技术要求、统一考试尺度的原则，使焊工、焊接操作工的资格考核更加突出基础性考试和门槛考试的作用，从而有助于民用核安全设备焊工、焊接操作工资格考核的统一化、标准化和规范化，有利于焊工、焊接操作工资格管理的信息化，这对企业的后续技能评定及相关监督活动提出了更高的要求，企业需进一步提升焊工、焊接操作工资格管理专业水平，需要进一步加强和发挥监督作用。

申请资格考核的人员应掌握核电设备同种焊接方法技能。操作技能考试针对每种焊接方法考核典型试件，且严格按照核一级焊缝要求进行检验。

民用核安全设备焊接活动中常用的焊接方法分类和代号见表1－1。

表1－1　焊接方法分类和代号(国核安发〔2019〕238号文)

焊接方法		代号
焊条电弧焊		SMAW
钨极惰性气体保护电弧焊	手工焊	GTAW
	自动或机械化焊	GTAW－A 或 GTAW－M
熔化极气体保护焊		GMAW
埋弧焊		SAW
电子束焊		EBW
激光焊		LBW

注：不同焊接方法之间不能相互替代。

(四)操作考试过程考核

国核安发〔2019〕238号文操作考试过程考核是对考试过程进行考核，实质是一个考核理念的转变，由过去的只注重考试结果，转变为技能和意识两手抓(先培训，后考试)，从而促进焊工、焊接操作工养成良好的操作习惯、质量意识和核安全文化意识，以贯彻重技能、重意识，两手抓、两手都要硬的做法，使通过考试的焊工、焊接操作工不仅技能合格，作风意识也要合格。

（五）核电焊工、焊接操作工持证

核电焊工、焊接操作工取得国家核安全局颁发的门槛证后，到聘用单位还要取得上岗项目考试证书才能从事核电设备的焊接工作。

第二节　聘用单位项目考试

一、聘用单位项目考试简介

根据国家核安全局2019年11月22号颁布的《关于印发〈民用核安全设备焊接人员操作考试技术要求（试行）〉的通知》（国核安发〔2019〕238号），焊工、焊接操作工在取得国家核安全局颁发的资格许可证后，由焊工、焊接操作工聘用单位按照2019年12月发布的《民用核安全设备焊工焊接操作工技能评定》标准规范，进行焊工、焊接操作工技能评定。

《民用核安全设备焊工焊接操作工技能评定》沿用了原焊工资格考试的技术路线，结合了国内焊接、焊材方面的标准，在HAF603的技术内容基础上，调整了母材和焊材的分类、焊缝形式、焊接位置和试件形式等方面的内容，增加了规范性附录，并给出了推荐的焊工、焊接操作工技能评定报告格式。

《民用核安全设备焊工焊接操作工技能评定》参照了国内外相关行业标准和规范的最新内容，结合我国民用核安全设备制造安装的现实情况，体现了国内外关于民用核安全设备焊工、焊接操作工的技能评定方面的最新技术要求。

民用核安全设备焊接活动中常用的焊接方法分类和代号见表1-2。表1-2中的各类焊接方法之间不能相互代替。焊接方法可表现为手工焊、机械化焊和自动焊等方式，当采用手工焊时，焊接方法代号如表1-2所示；当采用机械化焊时，焊接方法代号为“表1-2中的代号-M”；当采用自动焊时，焊接方法代号为“表1-2中的代号-A”，如手工钨极惰性气体保护焊（即钨极惰性气体保护电弧焊）代号为GTAW，机械化钨极惰性气体保护焊代号为GTAW-M，自动钨极惰性气体保护焊代号为GTAW-A。

表1-2　焊接方法分类和代号（《民用核安全设备焊工焊接操作工技能评定》）

焊接方法	代号
焊条电弧焊	SMAW
钨极惰性气体保护电弧焊	GTAW
熔化极气体保护焊	GMAW
药芯焊丝电弧焊	FCAW
埋弧焊	SAW
电渣焊	ESW

表 1－2(续)

焊接方法	代号
电子束焊	EBW
等离子弧焊	PAW
激光焊	LBW
螺柱焊	SW
电阻焊	ERW
气焊	OFW

注:①电渣焊仅限带极堆焊。

②同一种焊接方法,在手工焊、机械化焊和自动焊之间转换时,需要重新进行技能评定。

③技能评定可以由一名焊接操作工采用两种或两种以上焊接方法进行组合评定。

④采用不同焊接方法的组合评定,项目代号按照不同的焊接方法组合给出,可分别使用(打底焊不可单独使用)。

二、聘用单位技能评定总体要求

2019 年 12 月,国家核安全局发布了《民用核安全设备焊工焊接操作工技能评定》,其适用于从事民用核安全设备焊接活动的焊工、焊接操作工技能评定,并规定了技能评定的变素、试件规格尺寸、检验和验收要求、技能评定项目代号等。

民用核安全设备焊工、焊接操作工技能评定应按照如下总体要求开展:

(1)原则上,焊工、焊接操作工技能评定需依据评定合格的焊接工艺规程进行焊接。在条件满足所有相关要求(如焊接方法、试件形式、焊缝形式、填充材料、焊接位置、焊接要素、检验要求等)的情况下,焊工、焊接操作工技能评定可以和焊接工艺评定同时进行。

(2)对接焊缝技能评定结果适用于增大或恢复尺寸的堆焊或补焊,恢复尺寸补焊时,熔敷金属最小厚度不限。堆焊的技能评定结果适用于堆焊层内补焊。

(3)焊工、焊接操作工技能评定试件的数量应当符合要求。试件的制备、焊接和检验应当满足下列要求:

①技能评定用试件的待焊表面和两侧各 25 mm 范围内应当清理干净,去除铁屑、氧化皮、油、锈和污垢等。

②试件坡口形式和尺寸应当满足焊接工艺规程的要求。

③焊条和焊剂应当按规定要求烘干,随用随取;焊丝应当除油、除锈。

④水平固定试件和 45°固定试件上需标注焊接位置的钟点标记,定位焊缝不得在“6 点”标记处;管水平固定向下立焊试件需按照钟点标记固定试件位置,且只能从“12 点”标记处起弧,“6 点”标记处收弧;管水平固定向上立焊时需从“6 点”标记处起弧。

⑤焊工技能评定试件根部焊道至少需有一个停弧再焊处,并在停弧再焊处做出标记;除焊接工艺要求停弧外,焊接操作工技能评定试件每一焊道中间不得停弧。

⑥焊接操作工技能评定时,允许使用引弧板和引出板。

⑦技能评定试件开始焊接后,焊接位置不得改变。

⑧技能评定试件焊缝表面焊层在目视检验前不允许修磨,检验合格后允许修磨。

⑨除表面焊层以外,允许焊工在监考人员同意时,修磨去除轻微的缺陷。

⑩技能评定试件的焊缝不允许返修。

⑪手工焊时,厚度大于 5 mm 的板试件不允许刚性固定。

⑫材料的厚度、壁厚、直径等尺寸取名义尺寸。

⑬所有检验结果均应当按照相关要求编制报告。

⑭焊工、焊接操作工或技能评定监督人员需按照要求记录焊接过程实际参数。

三、聘用单位技能评定的实施

(一)质量保证

(1)聘用单位需将焊工、焊接操作工的技能评定工作纳入质量保证体系。技能评定工作包括技能评定前准备,技能评定过程控制,结果的评定,技能评定报告的编制、管理和维护。

(2)焊工、焊接操作工技能评定的过程记录、技能评定报告等档案需按照聘用单位的相关程序执行,技能评定试样及试件余料需保存至少 6 个月。

(二)评定人员

聘用单位负责组织焊工、焊接操作工的技能评定工作。评定人员包括技能评定负责人、焊接工程师、试件检验负责人和质量保证人员。

(1)技能评定负责人:全面负责本单位焊工、焊接操作工的技能评定工作,包括编制评定计划、评定工作的准备、评定过程控制、技能评定报告的编制等。

(2)焊接工程师(可由技能评定负责人兼任):负责技能评定所用焊接工艺规程的编制、评定方式和评定内容的确定等工作。

(3)试件检验负责人(可由技能评定负责人兼任):负责技能评定试件检验结果的确认及汇总。

(4)质量保证人员:编制技能评定过程控制程序文件,负责监督技能评定过程及结果。

(三)过程控制

(1)聘用单位需编制焊工、焊接操作工技能评定计划,计划包括姓名、拟进行的技能评定项目等内容。

(2)技能评定需在质量保证人员的监督下进行,一次技能评定需至少两名人员组织实施。

(3)技能评定过程中焊工、焊接操作工需连续完成试件焊接,不得随意中断。

(4)技能评定前,需在试件上打上焊工、焊接操作工识别号或评定项目代号。

(5)在技能评定过程中,需对每名焊工、焊接操作工技能评定过程进行控制并记录,如果明显看出焊工、焊接操作工不具备合格的技术水平和技能,如焊接条件不正确、出现返修等,那么监督人员有权随时中止技能评定。

(四)结果评定

(1)技能评定结束后,需根据相关要求对结果进行评定,并记录相关检验结果。

(2)焊工、焊接操作工技能评定不合格的,可以在判定不合格 2 周后重新进行技能评定。

（五）报告编制

（1）技能评定合格的焊工、焊接操作工，由聘用单位出具技能评定报告。

（2）技能评定报告除报告正文外，需将焊接工艺规程、施焊记录、检验报告等编制为技能评定报告附件。

（3）不可将多个试件的资格范围进行合并出具一个技能评定报告。

（4）技能评定报告包括焊工、焊接操作工姓名及聘用单位、评定日期、报告编号、所有技能评定变素以及其他信息。

（5）一个试件的资格评定范围对应出具一个技能评定报告。对于采用不同焊接方法的组合技能评定，项目代号按照每种焊接方法填写技能评定报告。

（六）报告维护

（1）技能评定报告生效日期从焊工、焊接操作工技能评定报告批准日期起。

（2）连续中断技能评定焊接方法对应的焊接工作超过 6 个月的，该技能评定项目技能评定报告自动失效。聘用单位每 6 个月对焊工、焊接操作工所从事焊接活动的焊接技能评定报告做一次确认，同时增加 6 个月的有效期。对于不满足要求的焊工、焊接操作工需重新进行技能评定。

（3）焊工、焊接操作工在评定报告有效期内发生严重质量问题的，确定原因与焊工、焊接操作工技能有关，原技能评定报告失效，需重新进行技能评定。

（4）焊工、焊接操作工变更聘用单位的，原技能评定报告失效，需重新进行技能评定。

第二章　埋　弧　焊

第一节　埋弧焊简介

一、埋弧焊概述

埋弧焊是一种利用焊剂层下电极与焊件之间燃烧的电弧产生热量熔化电极、焊剂和母材金属的焊接方法。在焊接过程中,焊剂熔化产生的液态熔渣覆盖电弧和熔化金属,起保护、净化熔池、稳定电弧和渗入合金元素的作用。埋弧焊焊接过程如图 2 – 1 所示。

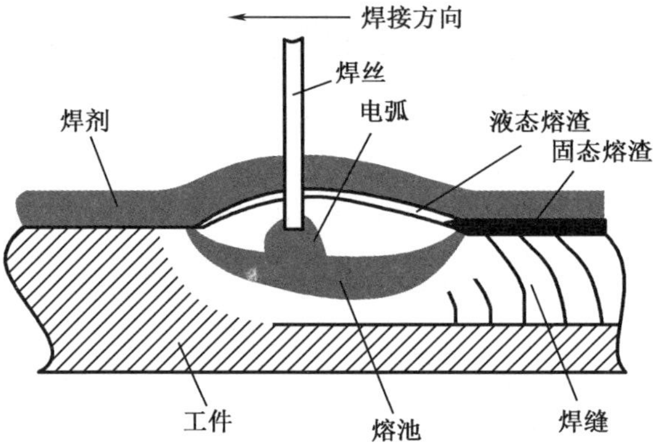

图 2 – 1　埋弧焊焊接过程示意图

埋弧焊(submerged arc welding, SAW),《焊接及相关工艺方法代号》(GB/T 5185—2005/ISO 4063:1998)的代号为 121(单丝埋弧焊)、122 (带极埋弧焊)、123 (多丝埋弧焊),焊工资质管理中埋弧焊包括丝极埋弧焊和带极埋弧焊。

埋弧焊按自动化程度可分为自动埋弧焊、机械化埋弧焊和半自动埋弧焊三种。

(一)自动埋弧焊

自动埋弧焊是焊接操作工用自动焊接装置完成全部焊接操作的埋弧焊接方法。

(二)机械化埋弧焊

机械化埋弧焊是焊炬、焊枪或焊钳由机械装备夹持,并要求随着观察焊接过程而调整设备控制部分的埋弧焊接方法。

(三)半自动埋弧焊

半自动埋弧焊是焊接操作工用手进行操作和控制焊接参数完成焊接,由焊机送入填充金属的埋弧焊接方法。

目前我国使用较为广泛的是机械化埋弧焊,在焊接过程中焊接操作工参与或干预焊接实施过程。在《民用核安全设备焊工焊接操作工技能评定》(后续简称 NNSA - HAJ - 0002 - 2019)中规定,只要在考试过程中使用了某一种型号的机械化埋弧焊机,所有型号的机械化埋弧焊机都可以适用。

二、埋弧焊的优缺点

埋弧焊熔深大、生产率高、机械化操作的程度高,适用于焊接中厚板结构的长焊缝。其在造船、锅炉与压力容器、桥梁、起重机械、铁路车辆、工程机械、重型机械和冶金机械、管道、核电站、海洋结构等制造领域有着广泛的应用,是当今焊接生产中普遍使用的焊接方法之一。

为了提高焊接效率和扩大使用范围,埋弧焊的电极可采用双丝、三丝、带极(用于堆焊),还可在焊剂中添加金属粉等。焊剂层下的电弧与焊件接口的对正和调整,可用工业电视观察或用激光跟踪等方法探测。

埋弧焊的优点是焊接效率高,焊缝光洁,无飞溅,少烟尘,无电弧闪光,劳动卫生条件好,设备成本较低;缺点是限于平焊和长焊缝,与气体保护电弧焊相比, 埋弧焊电弧不可见,接头装配要求较高, 应用灵活性较差。

三、埋弧焊的应用

埋弧焊常见的应用形式有单列埋弧焊、并列双丝埋弧焊、纵列双丝埋弧焊、带极埋弧焊、窄间隙埋弧焊和埋弧横焊。

在核电设备制造过程中,板厚大于 8 mm 的环缝和纵缝对接常采用埋弧焊焊接,并根据母材选择合适的焊接坡口和焊接填充材料。同时,带极埋弧焊堆焊具有较低的稀释率和较高的焊接效率,在核电设备领域也应用广泛,在基材(母材)上堆焊一层不锈钢、镍基等特殊材料,使其具有耐腐蚀、耐磨损的性能。对于堆焊的母材,其板厚应大于 15 mm,当对管子采取带极埋弧焊堆焊时,管子外径不得小于 300 mm。

第二节 低合金钢板对接平位埋弧焊

本章根据 NNSA - HAJ - 0002 - 2019,对低合金钢板对接平位埋弧焊技能操作项目的要点、焊接工艺规程、常见焊接缺陷产生原因及解决方法、焊前准备、焊接操作、焊后检查、焊接操作工培训自我评价记录表的填写和技能评定报告编制等方面进行讲解。

为了叙述方便,项目考试代号为 SAW - M BW PA 02 ss mb 07 09 11 的低合金钢板对接平位埋弧焊以下均称为“SAW01”。

一、本项目要点简介

(一)适用范围

本教案适用于 SAW01 的技能培训,也可作为核电技能教师在培训学员时的教学方案。

（二）教案编写依据

（1）SAW01 焊接工艺规程，编号：GC－SAW01－01。

（2）NNSA－HAJ－0002－2019。

（3）适用性文件《预热、层温、后热和焊后热处理总要求》《对焊接操作的附加要求》和《焊接的总要求》。

（三）要点简介

1. 埋弧焊的特点

埋弧焊是电弧在焊剂保护层下进行燃烧焊接的一种焊接方法。电弧被焊剂覆盖，与空气隔离，焊接时没有弧光辐射，减轻了对操作者身体的伤害。焊剂在燃烧时的冶金作用下焊缝得到有效的保护，可使焊缝不产生气孔、夹渣等缺陷，焊缝质量较高。埋弧焊的小车（焊车）装有自动变速送丝机构和行走机构，焊接时自动送丝及行走，焊缝成形美观，生产效率高。因此，埋弧焊在民用核安全设备生产制造中被广泛应用。

2. 埋弧焊设备的组成

埋弧焊设备由电源、控制电缆、小车三部分组成。每部分都十分重要，只有它们配合得好，才能充分发挥埋弧焊的优势。

（1）电源的要求

焊接核电产品时，为获得优质的焊接接头，应保证焊机的网路电压稳定，一般焊机不能使用低于340 V 的网络电压，通常焊机的最佳网路电压保持在 370～380 V，一般采用下降特性电源。电源可分为交流电源和直流电源两种。直流电源有磁放大器式、晶闸管式和逆变式三种形式。由于晶闸管式直流电源体积适中、效率高、运行可靠、价格低廉，被广泛采用。

直流电源的特点是电弧稳定，采用反极性连接，熔深较大，成形美观。

（2）控制电缆

控制电缆一般采用 16 芯电缆。埋弧焊长期处在运动之中，电缆长期弯曲，容易损坏，故电缆的质量特别重要，电缆与插头的焊接一定要可靠。电缆内部断线造成设备不能工作的例子不胜枚举，应引起广大使用者的注意。

（3）小车（焊车）

小车是由电气控制箱、电机和机械传动装置组成的。小车的送丝系统可分为等速送丝式和变速送丝式两种，目前大部分采用变速送丝式系统，较为先进的已采用无触点数字控制技术，小车工作应平稳、可靠。埋弧焊设备结构示意图如图 2－2 所示。

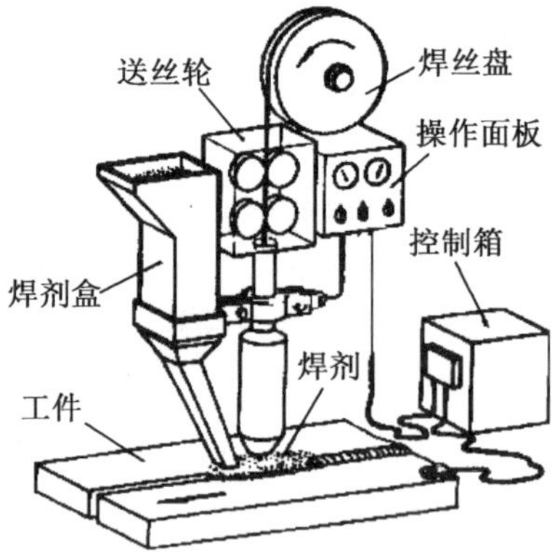

图 2－2　埋弧焊设备结构示意图

二、SAW01 焊接工艺规程

SAW01 焊接工艺规程见表 2－1(本书图中尺寸单位均为 mm)。

表 2－1 SAW01 焊接工艺规程

编号:GC－SAW01－01 Rev. A

<table>
<tr><td>技能考试项目代号</td><td colspan="3">SAW－M BW PA 02 ss mb 07 09 11</td></tr>
<tr><td>工艺评定报告编号/依据标准/有效期</td><td>PQR×××/RCC－M 2000＋2002 补遗/长期有效</td><td>自动化程度/稳压系统/自动跟踪系统</td><td>机械焊/无自动跟踪系统/直接目视观察控制</td></tr>
<tr><td colspan="2">焊接接头</td><td colspan="2" rowspan="6">焊接接头简图(有衬垫的应标明衬垫的形式和截面尺寸):
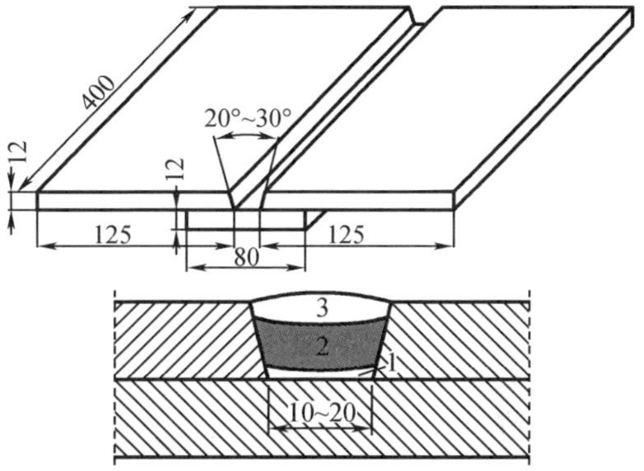
</td></tr>
<tr><td>坡口形式</td><td>V 形(带垫板)</td></tr>
<tr><td>衬垫(材料)</td><td>13MnNiMo54
或等效的低合金钢</td></tr>
<tr><td>焊缝金属厚度</td><td>12 mm</td></tr>
<tr><td>管子直径</td><td>—</td></tr>
<tr><td>其他</td><td>装配间隙 10～20 mm,
坡口角度 20°～30°</td></tr>
<tr><td colspan="2">母材</td><td colspan="2">填充金属</td></tr>
<tr><td>类别号</td><td>Ⅲ</td><td>焊材类型(焊条、焊丝、焊带等)</td><td>焊丝</td></tr>
<tr><td>牌号</td><td>13MnNiMo54 或等效的低合金钢</td><td>焊材型(牌)号/规格</td><td>EM2/ϕ4.0 mm</td></tr>
<tr><td>规格</td><td>试板两块:400 mm×125 mm×12 mm
垫板一块:400 mm×80 mm×12 mm</td><td>焊剂型(牌)号</td><td>EM2(FLUX)</td></tr>
<tr><td colspan="2">焊接</td><td colspan="2">保护气体类型/混合比/流量</td></tr>
<tr><td>焊接位置</td><td>平焊(PA)</td><td>正面</td><td>—</td></tr>
<tr><td>焊接方向</td><td>—</td><td>背面</td><td>—</td></tr>
<tr><td>其他</td><td>—</td><td>尾部</td><td>—</td></tr>
<tr><td colspan="2">预热和层间温度</td><td colspan="2">焊后热处理</td></tr>
<tr><td>最低预热温度</td><td>150 ℃</td><td>温度范围</td><td>595～620 ℃</td></tr>
<tr><td>最高层间温度</td><td>250 ℃</td><td>保温时间</td><td>1～1.5 h</td></tr>
<tr><td>预热方式</td><td>天然气火炬加热</td><td>其他</td><td>最高进出炉温度:350 ℃
最大升降温速率:55 ℃/h</td></tr>
<tr><td colspan="4">焊接技术</td></tr>
<tr><td>最大热输入</td><td colspan="3">$Q_{max}=[U(V)\times I(A)/V(mm/s)]\times 10^{-3}=3.048$ kJ/mm</td></tr>
<tr><td>喷嘴尺寸</td><td>—</td><td>导电嘴与工件距离</td><td>—</td></tr>
</table>

表 2-1(续)

焊接技术			
清根方法	—	焊缝层数范围	≥3 层
钨极类型/尺寸	—	熔滴过渡方式	—
直向焊、摆动焊及摆动方法		多道直道焊	
背面、打底及中间焊道清理方法		刷理或打磨	

焊接参数							
焊层	焊接方法	焊材		焊接电流		电压范围/V	焊接速度(焊速)/(mm·min^{-1})
		型(牌)号	规格/mm	极性	范围/A		
定位焊	SMAW	E9018-G	ϕ3.2	直流反接	115~135	22~28	—
1(打底)	SAW	EM2/EM2(FLUX)	ϕ4.0	直流反接	500~650	28~32	400~450
2(填充)	SAW	EM2/EM2(FLUX)	ϕ4.0	直流反接	500~650	28~32	400~450
3(盖面)	SAW	EM2/EM2(FLUX)	ϕ4.0	直流反接	500~650	28~32	400~450

工艺说明	操作要领
(1)本规程根据 NNSA-HAJ-0002-2019 编制。 (2)使用 ESAB 埋弧焊焊接工作站设备进行焊接。 (3)操作考试前,应当在主考人、监考人与焊接操作工共同在场确认的情况下,在试件上标注焊接操作工项目考试编号。 (4)每道焊缝焊接前应检查温度,在焊接中断且温度降至低于最低预热温度之前,须进行后热处理。后热温度:250~400 ℃;最短后热时间:2 h;后热方式:天然气火炬加热。 (5)焊接顺序:装配垫板→焊接序号 1→焊接序号 2→焊接序号 3。 (6)焊接完成后,试件按照 NNSA-HAJ-0002-2019 5.2 中的目视检验要求的条件和方法进行。 (7)试件射线检验(RT)应按照《核电厂核岛机械设备无损检测第 3 部分:射线检测》(NB/T 20003.3—2010)的要求进行,焊缝质量应符合一级焊缝的检验要求。 (8)试件无损检验合格后按热处理要求进行热处理,并出具热处理报告。 (9)试样按照 NNSA-HAJ-0002-2019 5.4 中的弯曲试验要求的条件和方法做两个侧弯试验	(1)操作考试前,参考焊接操作工应将坡口表面及两侧各 25 mm 范围内清理干净,去除铁屑、氧化皮、油、锈和污垢等。 (2)试件坡口形式和尺寸应当满足焊接工艺规程的要求。 (3)焊剂应当按规定要求烘干,随用随取,焊丝应当除油、除锈。 (4)允许加引弧板和熄弧板。焊接过程每一焊道中间不得停弧。 (5)技能评定试件焊缝表面焊层在目视检验前不允许修磨,检验合格后允许修磨。 (6)除表面焊层以外,允许焊接操作工在监考人员同意时,修磨去除轻微的缺陷。 (7)技能评定试件的焊缝不允许返修。 (8)所有检验结果均应当按照相关要求编制报告。 (9)焊接操作工或技能评定监督人员按照要求记录焊接过程实际参数

编制	×××	审核	×××	批准	×××
日期	×××	日期	×××	日期	×××
编制单位名称		×××股份有限公司			

三、常见焊接缺陷产生的原因及解决方法

气孔和夹渣是焊接生产中经常遇到的典型焊接缺陷,它不仅削弱焊缝的有效工作断面,同时也会带来应力集中,显著降低焊缝金属的强度和韧性,对动载强度和疲劳强度更为不利。在个别情况下,气孔和夹渣还会引起裂纹,因此焊接生产中对气孔和夹渣的问题都十分重视。

(一)气孔

焊接时熔池中的气泡在凝固时未能逸出而残留下来所形成的空穴叫作气孔。在焊接生产中气孔问题是十分普遍的,从碳钢到高合金钢、有色金属,都存在产生气孔的可能。例如,焊剂烘干不足,被焊金属和焊丝表面有锈、油污或其他杂质,焊接工艺不够稳定(电弧电压偏高、焊接速度太快、电流太小等)及焊接区保护不良等,都会不同程度地出现气孔。

焊缝中产生气孔的根本原因是高温时金属溶解了较多的气体(如氢气、氮气);同时在进行冶金反应时又产生了相当多的气体(如一氧化碳和水蒸气),这些气体在焊缝凝固过程中来不及逸出而残留在焊缝中,就会形成气孔。

1. 影响气孔生成的因素

(1)焊剂的影响

在低碳钢及一些低合金埋弧焊用的焊剂中,含有一定量的氟石(CaF_2)和较多的 SiO_2,当熔渣中 CaF_2 和 SiO_2 同时存在时,对消除氢气孔最有效。

(2)焊丝成分的影响

焊丝与焊剂可以有各种各样的组合,因而会有不同的冶金反应,从而产生不同的熔池和焊缝金属成分。在许多情况下,焊接操作工希望形成充分脱氧的条件,从而抑制反应气体的生成。

(3)铁锈及水分对产生气孔的影响

在焊接生产中由于焊件或焊接材料不洁而使焊缝出现气孔的现象十分普遍,影响较大的是铁锈和水分等杂质,尤其铁锈的影响最为严重。

铁锈是钢铁腐蚀后的产物,它的成分为 $m\mathrm{Fe_2O_3}.n\mathrm{H_2O}$。可以看出,铁锈中含有较多的 Fe_2O_3(铁的高级氧化物)和 H_2O(结晶水),对熔池金属一方面有氧化作用,另一方面又析出大量的氢气。

由于增加氧化作用,在结晶时就会促使焊缝产生一氧化碳气孔。铁锈中的结晶水在高温时分解出氢气,从而增加了焊缝产成氢气孔的可能性。由此可见,铁锈是一种极其有害的杂质,对于两类气孔均有敏感性。

此外,在钢板上的氧化铁皮(主要是 Fe_3O_4,少量 Fe_2O_3)虽无结晶水,但对产生一氧化碳气孔还是有较大影响的。所以,在生产中应尽可能清除钢板上的铁锈、氧化铁皮等杂质。

焊剂受潮或烘干不足而残留的水分,同样会增大气孔形成的倾向,所以对焊剂的烘干应给予重视。

(4)焊接工艺参数的影响

焊接工艺参数主要包括焊接电流、电弧电压、焊接速度等,通过影响电弧周围气体向熔融金属中的溶入以及熔池中气体的逸出,对气孔的形成产生影响。焊接工艺条件不正常、电弧不稳定或失去正常保护作用,均促使外界气体向熔融金属中的溶入,从而增大气孔形成的倾向。

(5)电源的种类、极性和所用焊接工艺参数对气孔的形成的影响

一般来讲,交流焊接时的气孔形成的倾向大于直流焊接,直流正接时气孔形成的倾向

大于直流反接,降低电弧电压可以减小气孔形成的倾向。

(6)熔池存在时间对气体的溶入与排出有明显的影响

熔池存在时间长有利于气体排出,但也会增加气体的溶入。对于反应型气体而言,显然应着眼于创造有利的排除条件,即应适当增大熔池的存在时间。因此,增大热输入是有利的,且适当预热也是有利的。对于氢气和氮气等析出性气体而言,既要考虑气体的溶入,也要考虑气体的逸出。因此,焊接参数的影响存在最佳值,而不是简单的增大或减小。

2. 气孔的防止措施

(1)消除气体来源。

(2)加强焊接区保护,焊接过程中不能破坏正常的防护条件,焊接不能中断送给。

(3)对焊接材料进行防潮和烘干。焊剂必须防潮,使用前进行烘干并应存放在专用烘箱或保温桶中保管,做到随用随取。

(4)采取适当的表面清洁方法,清除工件及焊丝表面的氧化膜、铁锈及油污等,对于铁锈一般采用机械清理方法。

3. 正确选用焊接材料

适当调整熔渣的氧化性。如减小 CO 气孔形成的倾向,可适当降低熔渣的氧化性;而为减小氢气孔形成的倾向,可适当增加熔渣的氧化性。

(二)夹渣

焊缝或母材中有夹渣物存在时,不仅降低了焊缝金属的韧性,还增加了焊缝金属的低温脆性,同时也增加了产生热裂纹和层状撕裂的倾向。

1. 焊缝中夹渣物的种类及其危害性

(1)氧化物

焊接金属材料时,氧化物夹杂是普遍存在的。在埋弧自动焊低碳钢时,氧化物夹渣主要是 SiO_2,其次是 MnO、TiO_2 及 Al_2O_3 等,一般多以硅酸盐的形式存在。这种夹渣物如果密集地以块状分布,在焊缝中就会产生热裂纹,在母材中也易产生层状撕裂。

(2)氮化物

焊接低碳钢和低合金钢时,氮化物夹杂主要是残氮,残氮是焊缝在时效过程中由过饱和固溶体中析出的,并以针状分布在晶粒上或贯穿晶界。由于 Fe_4N 是一种脆硬的化合物,会使焊缝的硬度增高,塑性、韧性急剧下降。一般焊接条件下焊缝很少存在氮化物夹渣,只有在保护不好时才产生。

(3)硫化物

硫化物夹渣主要来源于焊剂,经冶金反应进入熔池,但有时也会由于母材或焊丝中含硫量偏高而形成硫化物夹渣。

硫在铁中的溶解度随温度而有较大的变化。高温时,硫在 δ 铁中的溶解度为 0.18%,而在 γ 铁中的溶解度只有 0.05%,所以在冷却过程中,硫便从过饱和固溶体中析出而成为硫化物夹渣。

2. 防止焊缝中产生夹渣物的措施

防止焊缝中产生夹渣物的最重要的方面就是正确选择焊剂,使之更好的脱氧、脱硫等,其次是注意工艺操作。还应注意,如果原材料中的夹渣较多(包括母材和焊丝中),则焊缝中势必会产生夹渣物。

（三）焊接裂纹

在焊接应力及其他致脆因素共同作用下，焊接接头中局部地区的金属原子结合力遭到破坏而形成的新界面所产生的缝隙，叫作焊接裂纹。它具有尖锐的缺口和大的长宽比等特征。

1. 焊接热裂纹

金属在产生焊接热裂纹的高温下，晶界强度低于晶粒强度，因而热裂纹具有沿晶界开裂的特征。热裂纹可分为结晶裂纹、高温液化裂纹和多边化裂纹等，其中结晶裂纹是热裂纹中最常见的一种形态。产生结晶裂纹的原因是，焊缝中存在由低熔点共晶体形成的液态薄膜，焊缝凝固过程中受到拉应力的作用。液态薄膜是产生结晶裂纹的内因，拉应力是产生结晶裂纹的外因。结晶裂纹是焊缝中存在的拉应力通过作用在晶界上的低熔点共晶体而造成的，如果没有低熔点共晶体存在，或者数量很少，则晶粒与晶粒之间的结合比较牢固，尽管有拉应力的作用，仍不会产生裂纹。

防止产生结晶裂纹的措施如下：

（1）控制焊缝中硫、磷、碳等有害元素的含量；

（2）提高焊丝的含锰量；

（3）控制焊缝成形系数；

（4）调整冷却速度；

（5）调整焊接顺序，降低拘束应力。

2. 焊接冷裂纹

焊接冷裂纹与焊接热裂纹不同，它是在焊后较低温度下产生的。

（1）焊接冷裂纹产生的三大要素

一般认为，促使低合金结构钢产生焊接冷裂纹有三大要素，即淬硬组织、氢的作用和焊接接头的应力状态。

淬硬组织取决于钢材的化学成分和冷却速度，钢材含碳量越高、合金元素越多或含量越高，钢材的淬硬倾向越大。冷却速度取决于壁厚、接头几何形状、焊接时母材的原始温度及热输入的大小。母材的壁厚越大，散热就越快，冷却速度也就越快；T 形接头因三维传热而较对接接头散热快，导致接头冷却速度增大，增加了淬硬倾向。

焊缝金属中的氢主要来自焊接材料、施焊环境等，在焊接接头组织、焊接接头应力状态一定的条件下，焊缝金属中氢含量越高，裂纹的敏感性就越大。随着碳当量、拘束应力的增大，产生冷裂纹的临界氢含量降低。

焊接时，焊接接头所承受的焊接应力主要是指不均匀加热和冷却所产生的热应力，金属相变时产生的组织应力，以及结构自身拘束条件所造成的拘束应力。焊接接头在焊接过程中承受的应力越大，越易产生冷裂纹。对于普通低合金结构钢如 16Mn 来说，由于钢中含有少量的合金元素，因此其淬硬倾向较普通碳素结构钢要大一些，大厚板快速冷却时有可能产生马氏体组织。不过，一般情况下，因碳当量较低，普通低合金钢的冷裂倾向并不大。在环境温度较低、壁厚较大或拘束较强的条件下，冷裂敏感性有所增大。对于低合金高强钢如 15MnVN 来说，虽然钢中合金元素含量少，但合金元素种类较多，与普低钢相比，淬硬倾向有所增加，冷裂敏感性亦随之增大，特别是随着低合金高强钢强度级别的提高和壁厚的增大，冷裂敏感性显著增大，必须控制热输入，采用低氢焊接工艺、焊前预热和焊后缓冷等措施，以防止冷裂纹的产生。

（2）防止产生冷裂纹的措施

①提高焊缝金属的塑性和韧性；

②严格控制氢的来源,严格按规定对焊接材料进行烘焙;
③焊前预热;
④控制道间温度;
⑤选择合理的焊接规范及热输入;
⑥焊后热处理。

(四)埋弧焊常见缺陷及防止和消除措施

埋弧焊常见缺陷及防止和消除措施见表2-2。

表2-2 埋弧焊常见缺陷及防止和消除措施

缺陷类别	产生原因	防止和消除措施
未焊透	(1)焊接参数不当; (2)坡口不合适; (3)焊丝未对准	防止措施:(1)调整焊接参数; (2)修正坡口; (3)调节焊丝 消除措施:去除缺陷后补焊,严重的需整条焊缝退修
内部夹渣	(1)多层焊时,层间清渣不干净; (2)多层分道焊时,焊丝位置不当	防止措施:(1)层间清渣彻底; (2)每层焊后发现咬边、夹渣必须清除修复 消除措施:去除缺陷后补焊
气孔	(1)接头未清理干净; (2)焊剂潮湿; (3)焊剂中混有垃圾; (4)焊剂覆盖层厚度不当或焊剂斗阻塞; (5)焊丝表面清理不够; (6)焊接参数不当	防止措施:(1)接头必须清理干净; (2)焊剂按规定烘干; (3)焊剂必须过筛、吹灰、烘干; (4)调节焊剂覆盖层高度,疏通焊剂斗; (5)焊丝必须清理,清理后应尽快使用; (6)调整焊接参数 消除措施:去除缺陷后补焊
裂纹	(1)焊件、焊丝、焊剂等材料配合不当; (2)焊丝中含碳量、含硫量较高; (3)焊接区冷却速度过快而致热影响区硬化; (4)多层焊的第一道焊缝截面过小; (5)焊缝形状系数太大; (6)角焊缝熔深太大; (7)焊接顺序不合理; (8)焊件刚度大	防止措施:(1)合理选配焊接材料; (2)选用合格焊丝; (3)适当降低焊速、进行焊前预热和焊后缓冷; (4)焊前适当预热或减小电流降低焊速; (5)调整焊接规范和改进坡口; (6)调整规范和改变极性; (7)合理安排焊接顺序; (8)进行焊前预热及焊后缓冷 消除措施:去除缺陷后补焊
焊穿	焊前焊接参数及其他工艺因素配合不当	防止措施:选择适当焊接电流,提高焊接速度 消除措施:缺陷处修整后补焊

四、焊前准备

(一)试件

1. 材质

13MnNiMo54。

2. 规格

试板两块:400 mm×125 mm×12 mm。

垫板一块:400 mm×80 mm×12 mm。

3. 试件清理

必须去除表面氧化物，并且不得存在任何氧化痕迹，试板坡口两侧及背面 25 mm 范围内、垫板与试板接触面的油、锈、氧化皮等应清理干净，直至露出金属光泽。

（二）工具

钳式电流电压表、数字型接触式测温仪、低应力钢印、电动角向磨光机、敲渣锤、托线板、钢刷、钳子、活动扳手、焊剂铲、钢直尺。

（三）焊丝焊剂与母材的匹配原则

碳钢及低合金钢母材的匹配原则是等强匹配。

（四）焊丝

型（牌）号：焊丝 EM2。

规格：ϕ4.0 mm。

焊丝表面无油、锈、污物。

（五）焊剂

型（牌）号：焊剂 EM2（FLUX）。

烘干温度：200 ~ 350 ℃。

保温时间：2.5 ~ 3.0 h。

焊剂必须无杂质。

1. 焊剂烘干

埋弧焊焊剂在空气中存放时，会吸收水分。焊剂中的水分是焊缝产生气孔和冷裂纹的主要原因，故应控制在 0.1% 以下。熔炼焊剂与烧结焊剂的吸潮性不同，烧结焊剂的吸潮性比熔炼焊剂高得多，因此烧结焊剂在使用前应按产品说明书的规定温度进行烘干。熔炼焊剂也有一定的吸潮性，当在大气中长时间存放时，水分含量亦会超过标准规定，因此熔炼焊剂同样应注意焊前的烘干。使用焊剂时应注意随用随取，放置于保温箱内，烘干过程中防止骤冷骤热。焊剂烘前应把烘箱内剩余焊剂清理干净。

2. 焊剂的作用

焊剂的作用与焊条的药皮有相似之处，埋弧焊焊接过程中熔化的焊剂产生气和渣，能有效地保护电弧和熔池，并防止焊缝金属的氧化、氮化和合金元素的蒸发与烧损，使焊接过程稳定，焊剂还有脱氧和渗合金的作用，与焊丝配合使用，使焊缝金属获得所需要的化学成分和力学性能。

3. 焊剂选用原则及使用注意事项

（1）保证电弧的稳定燃烧；

（2）硫磷含量低；

（3）油、锈及杂质的敏感性要小，以保证焊缝中不产生裂纹和气孔等缺陷；

（4）焊剂要有合适的熔点，对熔渣要有适当的黏度，以保证焊缝成形良好，焊后有良好的脱渣性；

（5）焊剂在焊接过程中不应析出有害气体；

（6）焊剂的吸湿性要小，并有合适的粒度，焊剂的颗粒要有足够的强度，以便多次使用；

（7）保证焊缝金属具有符合要求的化学成分和力学性能；

（8）在领用焊剂时，注意要使用干净无污染的铁桶或木桶，因为烘干好的焊剂温度较高，如使用塑料桶容易污染焊剂；

（9）在焊剂领用桶和焊剂保温桶的明显处，要标明当前使用焊剂的牌号、炉批号、验收规程、有效期；

（10）焊接工作完成后，及时办理焊材退库手续，将焊材退库保存。

(六)防护

操作人员应穿工作服、劳保鞋,戴工作帽、耳塞、口罩、电焊手套、防护眼镜等防护用品。

(七)设备的焊前调试与准备

(1)作业前,应检查并确认焊接设备各部分导线连接良好,控制箱的外壳和接线板上的罩壳盖好及稳固。

(2)应检查并确认送丝滚轮的沟槽及齿纹完好,滚轮、导电嘴(块)磨损或接触不良时应更换。调节焊丝送进压紧轮,使焊丝均匀下送200 mm,焊丝平直不弯;当焊丝弯曲方向与焊接行进方向一致时,可允许有少许弯曲,但绝对不能向焊接行进方向左右弯曲。如果焊丝有左右弯曲,适度调节焊丝送进压紧轮,调节后保证焊丝平直,但不能太过压紧,以免送丝不畅。调节导电嘴直至其松紧度合适。导电嘴调节过松,焊丝在导电嘴内晃动将导致焊接电流不稳定;导电嘴调节过紧,焊丝下送困难又会造成焊丝下送速度不均匀。焊轨平直,车轮下无杂物,焊车行走畅通无阻。

(3)作业时,应及时排走焊接中产生的有害气体。在通风不良的容器内作业时,应安装通风设备。

(4)对埋弧焊设备应检查各处接触是否良好,接线是否正确。在废板上启动焊机看它是否正常安全地进行焊接运行,并选调合适的焊接电流、电弧电压、焊接速度,检查导电嘴是否合适及焊丝干伸长为25~40 mm,焊道覆盖宽度适当,一般以18~24 mm为宜。

(5)将焊接电源上的“恒流\恒压”控制按钮打到“恒流”位置,“面板\电源”控制按钮打到“面板”位置。埋弧焊在焊接过程中焊接参数波动比较大,如果选择“恒压”,那么在焊接过程中电流波动则比较大,大的焊接电流在打底层时容易把垫板烧穿而导致垫板焊接在工作平台上,所以在焊接前应把“恒流\恒压”控制按钮打到“恒流”位置。而把“面板\电源”控制按钮打到“面板”位置,便于操作者在焊接过程中针对焊接情况做出及时的调整。

(6)往往控制面板上所显示的焊接参数与实际焊接参数有差距,所以必须使用钳式电流电压表来准确测量电流、电压。

(八)文件准备

焊前需准备焊接用工艺规程、流转卡、质量计划、适用性文件和监考记录表。

(九)预热

1. 预热的目的

焊接开始前,对焊件的全部(或局部)进行加热的工艺措施叫作预热。预热的目的是防止冷裂纹的产生。

2. 预热方式

常见的预热方式有以下几种:电阻炉加热、天然气加热装置局部预热、天然气加热装置工作平台、试件整体预热。

(1)电阻炉加热(图2-3)

电阻炉加热效果是最好的,它不仅能准确控制温度而且还能均匀加热试件。但在试件加热后不方便搬至工作平台上,所以电阻炉加热一般只对试件进行后热处理。

(2)天然气加热装置局部预热(图2-4)

天然气加热装置局部预热操作简便,但是不能准确控制温度,试件加热也不均匀。加热不均匀的直接后果就是产生热应力从而导致冷裂纹的产生,此种预热方法不推荐使用。

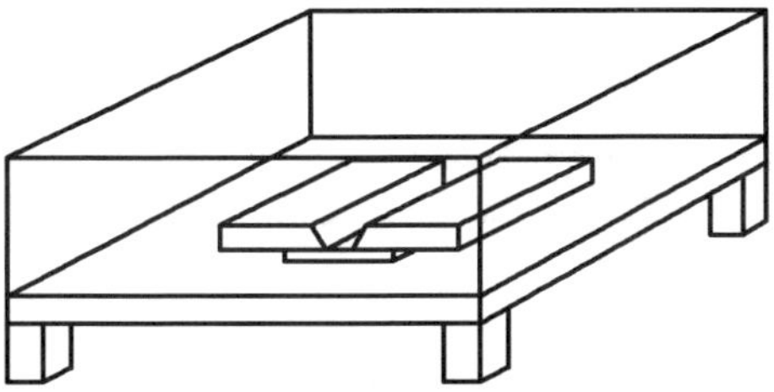

图 2-3 电阻炉加热

图 2-4 天然气加热装置局部预热

(3)天然气加热装置工作平台、试件整体预热

天然气加热装置工作平台、试件整体预热虽然不能像电阻炉加热一样准确地控制加热温度,但是能均匀加热试板,而且能在较长的时间内保持预热温度。这样操作既方便又能给装配试板留有充足的时间。

根据工艺规程 GC - SAW01 - 01 得知,预热温度最小为 150 ℃,预热装置如图 2-5 所示。

3. 测温

试件放在加热平台上,两块试板整体点火加热,用测温仪至少每 30 min 测一次试件温度(测试件六点)并将测试件六点温度数据填写在监考记录表中。测试件六点分布如图 2-6 所示,测试件六点温度具体数据见监考记录表。

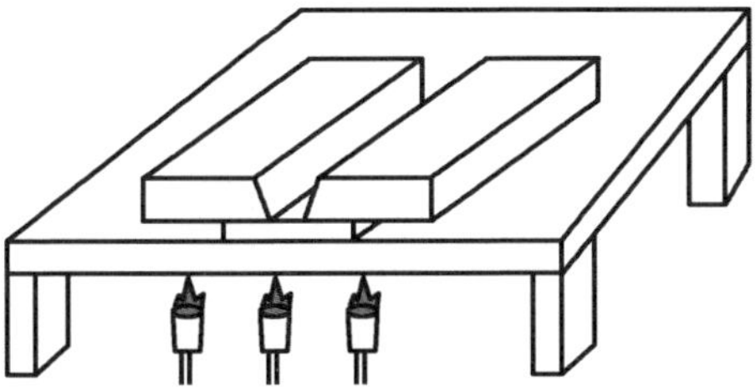

图 2-5 预热装置

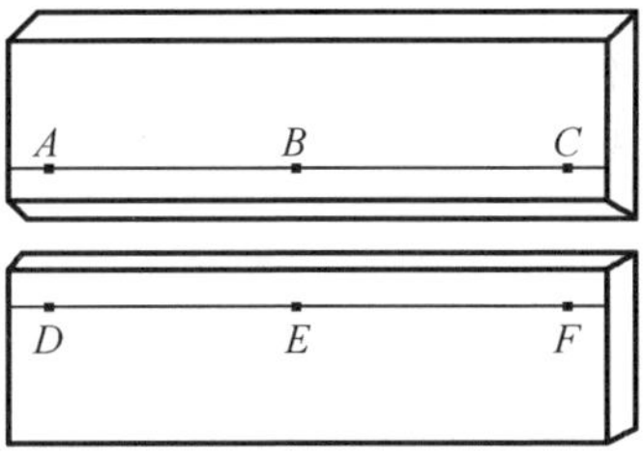

图 2-6 测试件六点示意图

五、焊接操作

(一)装配与定位

平板对接焊缝普遍采用双面焊接。双面焊接的主要问题是在进行第一道焊缝时既要保证一定的熔深,又要防止熔化金属的流溢和焊件烧穿。因此,在焊接时应采取必要的工艺措施以保证焊接过程的稳定。以下是几种常用的工艺方法。

1. 悬空焊接法

不用衬托的悬空焊接法不需要任何辅助设备和装置。为防止液态金属从间隙中流失或焊件烧穿,要求焊件在装配时不留间隙或间隙很小,一般不超过 1 mm。焊接第一面时使用的规范是,一般使达到的熔深小于被焊接工件厚度的一半,翻转后再进行反面焊接。为保证焊接能焊透,反面焊缝的熔深应达到焊件厚度的 60% ~70% 。

2. 焊剂垫法

用焊剂垫施焊时,要求下面的焊剂在焊缝全长都与焊件贴合,并且压力均匀,因为过松时会引起漏渣和液态金属下淌,严重时会使焊件烧穿。在焊前装配时,根据焊件的厚度,预留一定的装配间隙进行第一面焊接。

规范确定的依据是第一面焊缝的熔深必须保证超过焊件厚度的60%，焊完正面后翻身进行反面焊接，反面焊缝的熔深可与正面相同或适当减小，但必须保证能够完全焊透。对重要产品在第二面焊接前，需进行焊缝根部清理。对于厚度较大的工件，可采用开坡口进行焊接。

3.临时工艺垫板法

此种方法在焊接操作工考试中应用很广泛，垫板的尺寸应根据试板尺寸以及焊丝直径来定，下面对这种装配方法进行讲解。

由工艺规程 GC－SAW01－01 可知，垫板的装配间隙为10～20 mm，为了便于焊接取其上限值。垫板的装配间隙取20 mm，在垫板与两试板搭接处的中间及两端各焊接不小于100 mm长的装配焊缝。试件固定在工作平台上之前，先把焊接小车及导轨在试件旁安置好。送进焊丝，使焊丝与试件坡口边缘重合，滑动小车，边行进边观察焊丝是否与坡口边缘保持重合。如果有偏差，可以移动导轨或者试件，使焊丝与试件坡口边缘保持重合。这样可以保证埋弧焊焊接过程中不用再专门去调节焊丝的位置，从起弧到整块试件焊完。再将装配好的试板（试件）固定在工作平台上，根据此试板的长度分别在试板的两端或中间各焊接不小于100 mm长度的固定焊缝，且焊缝厚度不小于10 mm，如图2－7所示。定位焊焊接参数参考值：$I=125$ A，$U=25$ V。

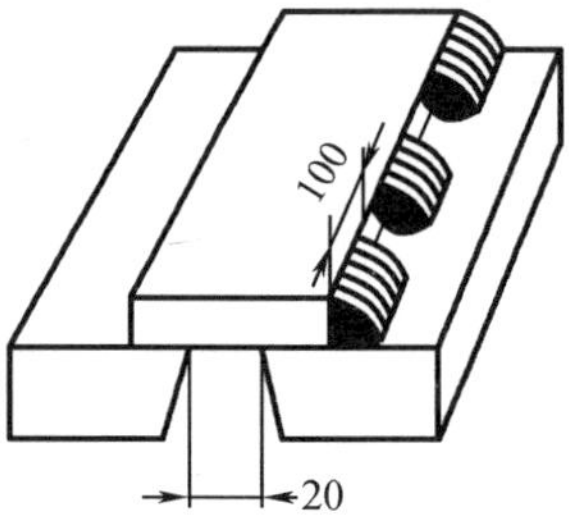

(a)试件垫板的装配及固定

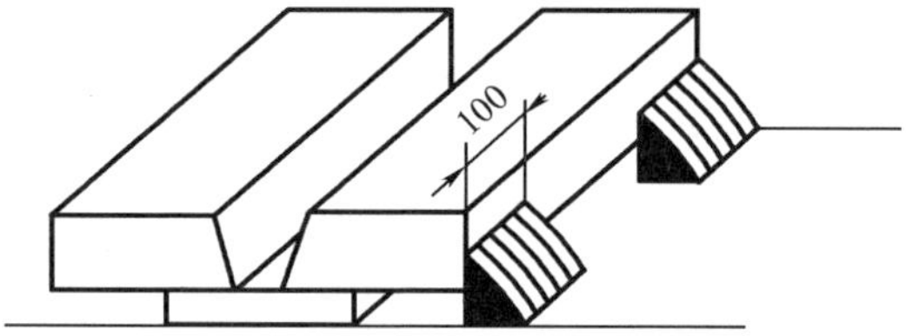

(b)试件装配在工作平台上

图2－7　临时工艺垫板法示意图

（二）引灭弧板的设置

埋弧焊的引弧端和收弧端的焊缝质量总是不如焊接过程稳定后所形成的焊缝，特别是在厚板纵缝焊接时，由于引弧端和收弧端层层重叠，会大大降低焊缝的质量。因此，引弧端和收弧端部位的焊缝金属必须切除。为节省焊件的用料，在焊缝的始端和末端分别装上引灭弧板是实际生产中最常用的方法，引灭弧板的材质必须与试件材质一致或等效材质。引弧板的大小应满足堆积焊剂，并且使引弧点和弧坑都在引弧板上。根据焊接参数的不同，丝极焊的弧坑一般为20～30 mm，所以推荐引灭弧板长度为50 mm左右，厚度与试件等同。因埋弧焊的焊接应力较大，为避免引灭弧板的变形引起的试板变形或者焊接时焊丝位置变化，应当固定引灭弧板在试件上或者工作平台上。

如果焊件纵缝开一定形状的坡口，则引弧板也要开相应的坡口。引灭弧板示意图和试件装配实物图分别如图2－8和图2－9所示。

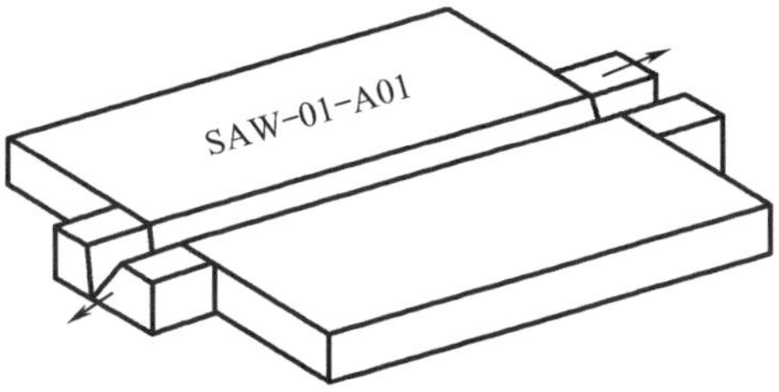

图 2-8 引灭弧板示意图

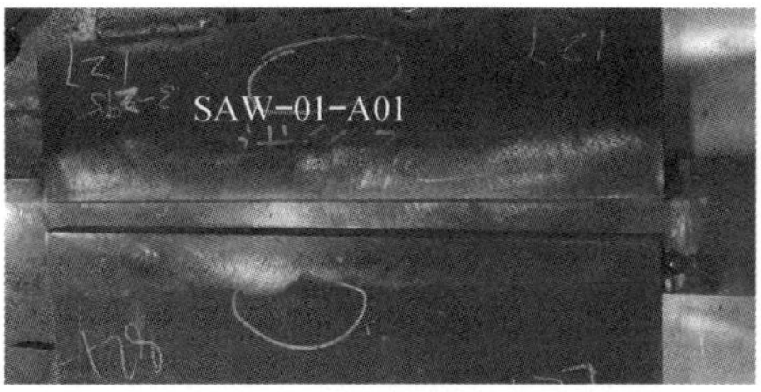

图 2-9 试件装配实物图

(三)打底层焊接操作要领

1. 焊接参数的选择

因为埋弧焊焊接参数大,而垫板较薄,如果采用较大的焊接参数焊接打底层则容易把垫板烧穿,从而导致熔池铁水流失,形成夹渣,以及垫板和平台焊接在一起。所以打底层的焊接电流、电弧电压尽可能取工艺要求的下限值,焊接速度尽可能取工艺要求的上限值,建议参考值:$I=510$ A,$U=28.9$ V,$V=440$ mm/min。

2. 焊丝位置的调整

埋弧焊时,焊丝相对焊缝和坡口的位置很重要,不适合的焊丝位置会引起焊缝成形不良,导致咬边、夹渣和未焊透等缺陷的形成。因此,焊接过程中应随时调整焊丝的位置,使焊丝始终保持在所要求的正确位置上。在试板焊接完成后去除焊接垫板,所以在打底层应使焊丝与坡口的距离尽可能地小。可以使用一根 $\phi 2.0 \sim 4.0$ mm 的焊条,将无药皮的一端伸至焊丝与试件坡口边缘之间,如果焊条同时碰到了焊丝和试件坡口,则焊丝位置正确,反之就再调节焊丝位置直到正确为止。焊丝的位置调整如图 2-10 所示。

3. 起弧

(1)将焊剂倒入焊剂盒中。

(2)将焊机拖至引弧板顶端的起弧位置,并将离合打到自动位置。

(3)调整焊丝的位置,并注意焊丝与垫板的高低距离,距离过大或过小都不利于起弧。焊丝只需与垫板轻微接触,最好的位置是轻轻推动小车时能看到焊丝与垫板摩擦出的火花。

(4)检查并确认控制面板上的焊接参数是否正确,以及相应的控制按钮是否打开。

(5)待检查确认后打开焊剂阀门。

(6)一只手轻轻压在焊接机头上,主要防止起弧不良时焊丝将焊接机头顶起而损坏机头,力不能过大,以免将焊丝压弯;另一只手则操作小车控制面板,按下“启动”按钮(停留 2 s)。待起弧正常后,一只手松开焊接机头,另一只手则将小车控制面板上“手动\停止\自动”按钮打到“自动”位置。

(7)如果按下“启动”按钮后,焊接机头有小距离(小于或等于 20 mm)的向上顶起,此时只需用力将焊接机头压住,待起弧正常后再将小车控制面板上“手动\停止\自动”按钮打到“自动”位置。

(8)如果按下“启动”按钮后,焊接机头有大距离(大于 20 mm)的向上顶起(尽量避免这种情况),此时除了用力将机头压住,另一只手则要快速地按下小车控制面板上“停止”按钮(停留 3 s)。这时,将小车拖开起弧位置并检查起弧位置的焊接情况,待修磨达到要求后再进行下一次起弧。如果有凹坑,可以用与垫板材料相匹配的焊条进行补焊。

4. 收弧

(1)焊接机头离收弧位置还有 60 mm 时关上焊剂阀门。

(2)焊接机头到达收弧位置(接近收弧板端部)后,用手拖住小车的同时将离合打到“手动”位置,停留 3 s,然后按下小车控制面板上“停止”按钮(停留 3 s)。因为埋弧焊收弧弧坑较大,所以需利用停留 3 s 所熔敷的金属来填补弧坑。

5. 打底层焊缝表面的清理要求

打底层的焊渣冷却后不容易清除,所以在收弧后尽快清除焊渣,并检查焊缝成形情况,有咬边、夹渣或未熔合的地方用砂轮机及时清理。打底层示意图如图 2－11 所示,打底层焊接实物图如图 2－12 所示。

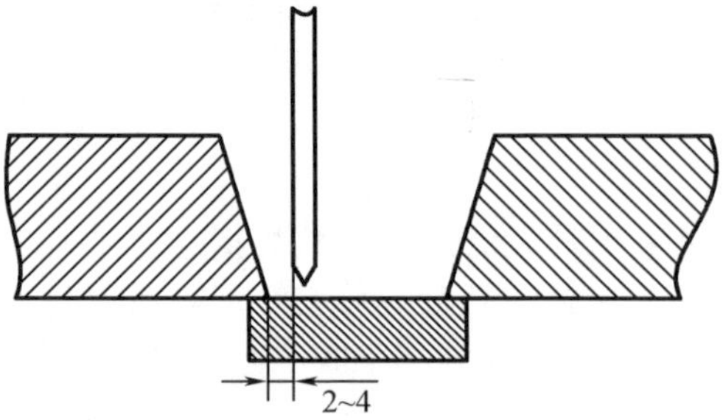

图 2－10　焊丝的位置调整

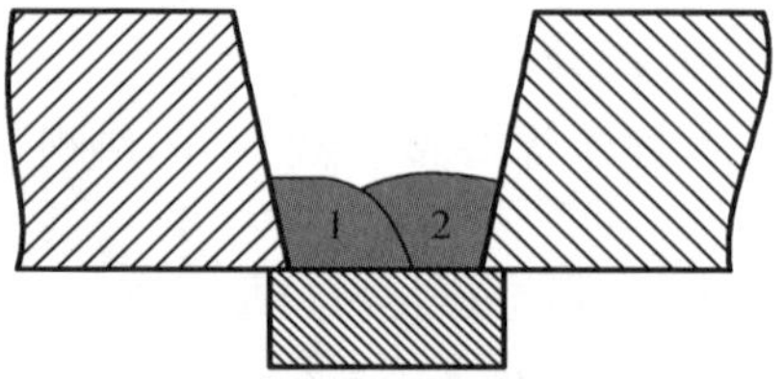

图 2－11　打底层示意图

图 2－12　打底层焊接实物图

6. 打底层注意事项

(1)为避免烧穿垫板,焊接电流、电弧电压取下限,焊接速度取上限。

(2)为避免焊接变形,应当最快地焊完打底焊道。

(3)焊剂要保护好熔池,因为是打底焊道,最容易出现气孔,焊完后要仔细观察焊道表面,发现气孔和其他缺陷要打磨去除掉。

(4)焊接过程中,正常情况下注意不要随意调节焊丝位置,不要用力触碰小车和轨道,以免造成焊接位置的移动。

7. 焊缝的接头

由于某些情况而必须对焊缝进行接头时,用砂轮把 20 ~ 25 mm 收弧处打磨平滑,再重新在收弧点引弧。也可以在收弧点旁边引弧,待引弧成功后将机头调至原焊道上焊接。焊接完成后必须用砂轮对接头进行修磨,如图 2－13 所示。

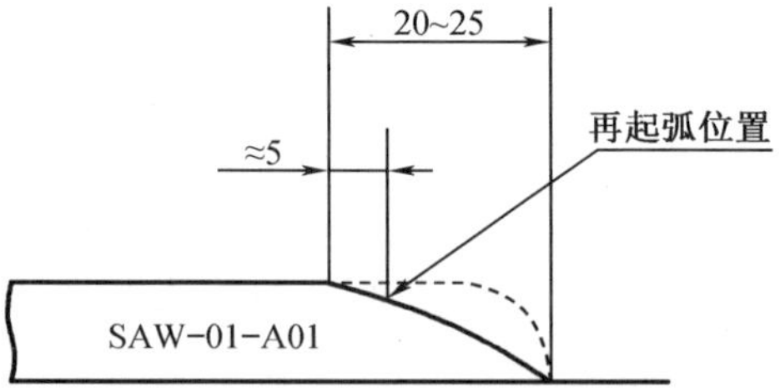

图 2－13　焊缝接头

(四)填充层焊接操作要领

1. 焊接参数的选择

在填充层焊接过程中,为了提高生产效率且有良好的成形,可在工艺要求下适当地提高匹配焊接参数。建议参考值:$I = 610$ A,$U = 31$ V,$V = 420$ mm/min。

2. 焊丝位置的调整

因为在填充层焊接时焊接参数适当地提高,在大的焊接参数下,焊缝将变得更宽更厚,这时焊丝与坡口的距离要适当地增加,建议参考值为焊丝直径,也就是4.0 mm,其调节方法可参考打底层焊丝位置的调节方法。

3. 起弧和收弧

填充层的起弧、收弧要点和打底层大致相同,不过因为焊接参数变大,在收弧位置的停留时间可适当增加,建议参考值为4 s。

4. 填充层焊缝表面的清理要求

在填充层焊接过程中要时刻注意焊丝与坡口的相对位置,如果靠得太近焊缝很可能咬到试件表面,从而影响焊缝表面的清理以及盖面层的焊接。在实际生产中因焊丝与坡口靠得太近加之焊接参数大,很容易在焊层中间出现一条又狭小又深的沟槽(凹槽),如果不对沟槽进行修磨或操作不当,很容易在沟槽根部出现夹渣或未熔合的缺陷,如图2－14所示。填充层的清理要求除了同打底层清理要求之外,还应注意填充层表面与试件表面的距离。距离过大,则盖面层不能完全填满焊缝坡口;距离过小,则导致焊缝余高过高超出目视检验的要求。填充层的表面应修磨至与试件表面大致平行或略低于试件表面1 mm左右。填充层焊接实物图如图2－15所示。

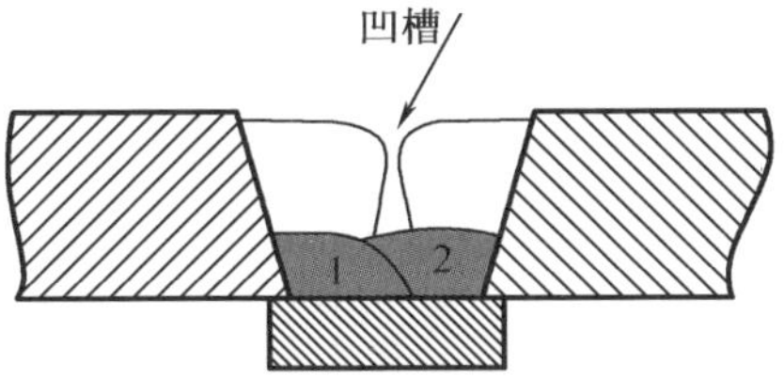

图2－14　凹槽

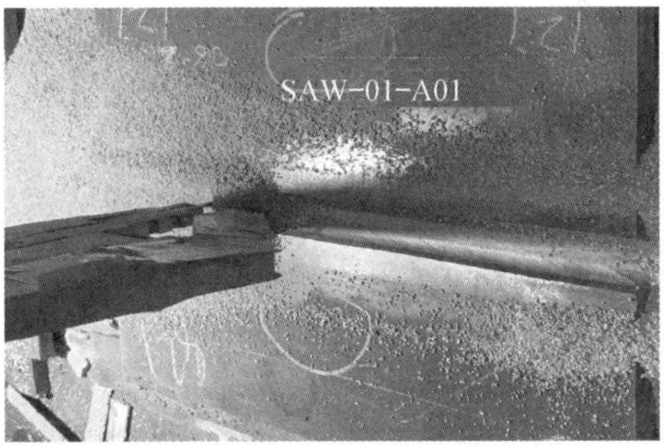

图2－15　填充层焊接实物图

5. 填充层的调整层(如果需要)

当填充层表面与试件表面距离过大时,需要调整层来弥补填充层表面与试件表面的距离,调整层的焊接参数应根据具体情况来选择。建议参考选择原则:小电流,高速度,偏大电压。填充层的调整层示意图如图2－16所示,回火焊道示意图如图2－17所示,填充层的调整层实物图如图2－18所示。

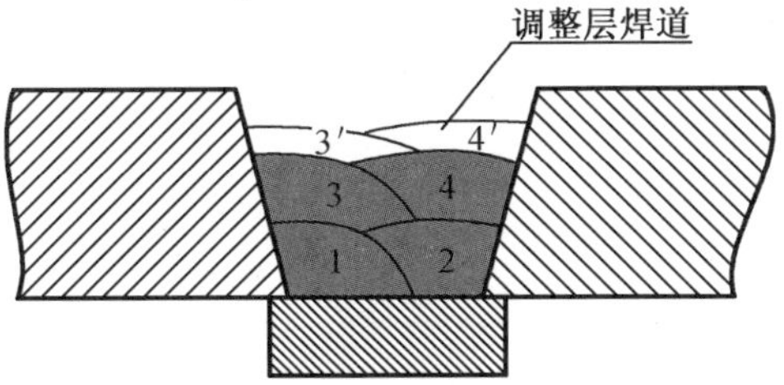

图2－16　填充层的调整层示意图

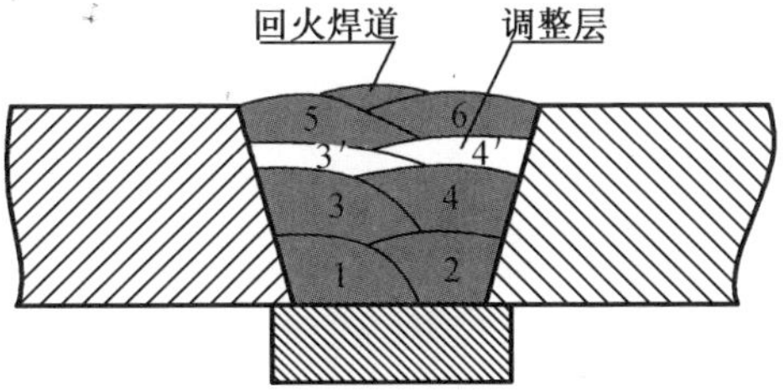

图2－17　回火焊道示意图

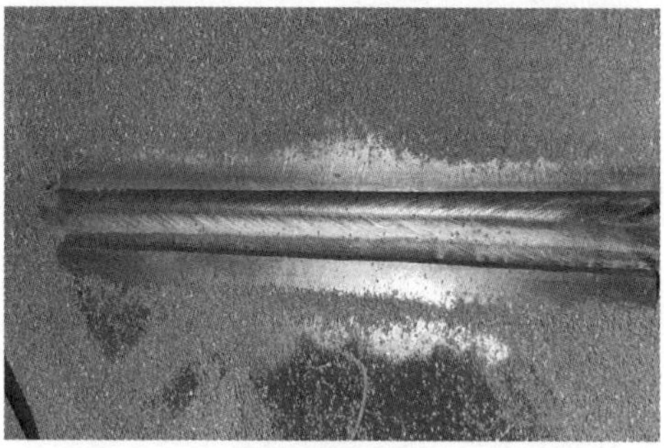

图 2-18　填充层的调整层实物图

6. 填充层焊接注意事项

主要注意填充层的厚度，不能过大也不能过小，过大的时候最好使用砂轮机进行修磨，保证填充层距试件表面 1 mm 左右，这样盖面层才能焊得圆滑漂亮。

注意控制层间温度。根据焊接工艺规程要求层间温度是 150 ~ 250 ℃，温度过高容易使焊道宽度增加，所以层间温度最好控制在 180 ~ 210 ℃。

（五）盖面层操作要领

1. 焊接参数的选择

按工艺要求盖面层不允许有接头，且余高不能超出焊接工艺规程要求，所以盖面层的焊接参数选择是否恰当直接影响焊缝表面的成形以及焊缝余高。此时焊接参数的选择还应根据填充层表面与试件表面距离来确定，相对于填充层的焊接参数要偏低。建议参考值：$I=520$ A，$U=30.0$ V，$V=440$ mm/min。

2. 焊丝位置的调整

一般 $\phi 4.0$ mm 的焊丝铺开的焊缝宽度为 20 mm 左右，焊接参数偏高则宽度有所增加，反之则减小。工艺要求焊缝不能超过坡口边缘 2 mm，此时焊丝与坡口的距离应根据具体的焊接情况来定，建议参考值为 5 mm。

3. 起弧和收弧

盖面层的起弧和收弧操作要点跟打底层大致相同。在一般情况下，试板起弧端和收弧端相对中间要略低，所以在起弧端和收弧端焊接过程中，可适当调整焊接参数，比如调大焊接电流。具体的调节值应根据具体情况而定，建议参考值为电流略高于试板中间位置处 35 A 左右。

4. 回火焊道的焊接

在实际生产中，埋弧焊焊接一般最后会在盖面层中间位置焊一道焊缝，这层焊缝就是回火焊道。其主要目的就是对前一条焊缝起回火作用，减小内应力，便于与实际生产接轨。此项目考试模拟生产实际焊接回火焊道，如图 2-17 所示。盖面层焊接实物图如图 2-19 所示。

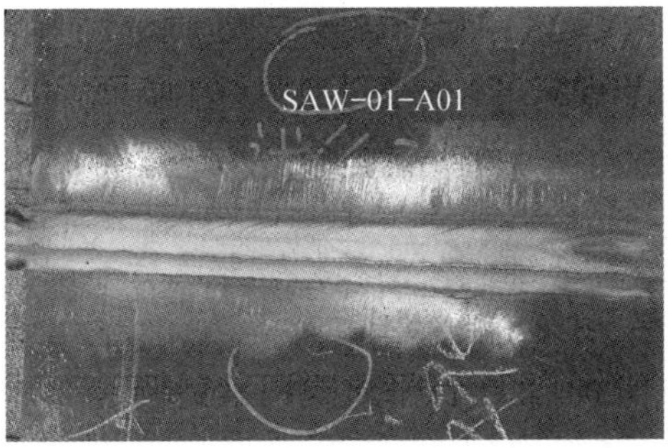

图 2-19 盖面层焊接实物图

（六）焊接参数、层间温度（层温）和焊道分布图记录

焊接过程中，焊接参数、层温和焊道分布图应记录到监考记录表上（表 2-3 和表 2-4）。

表 2-3 监考记录表 1

<table>
<tr><td colspan="9" rowspan="2">焊接操作工项目考试施焊及监考记录表</td><td colspan="3">施焊及监考记录表编号：×××</td></tr>
<tr><td colspan="3">考试计划编号：×××</td></tr>
<tr><td colspan="3">参考焊接操作工单位</td><td colspan="9">×××股份有限公司</td></tr>
<tr><td colspan="3">项目代号</td><td colspan="9">SAW-M BW PA 02 ss mb 07 09 11</td></tr>
<tr><td colspan="3">焊接操作工姓名</td><td colspan="3">×××</td><td colspan="4">工位编号</td><td colspan="2">×××-H-22</td></tr>
<tr><td colspan="3">考试用焊接工艺规程编号</td><td colspan="3">GC-SAW01-01</td><td colspan="4">焊接操作工项目考试编号</td><td colspan="2">SAW-01-A01</td></tr>
<tr><td colspan="3">考试日期</td><td colspan="3">×××</td><td colspan="6" rowspan="5">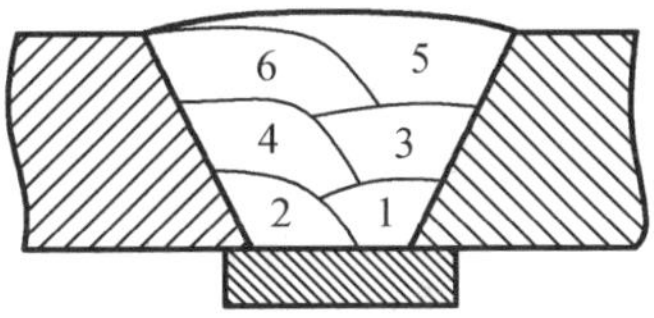</td></tr>
<tr><td colspan="3">考试开始时间</td><td colspan="3">9:15</td></tr>
<tr><td colspan="3">考试终止时间</td><td colspan="3">14:00</td></tr>
<tr><td colspan="3">考试开始时间</td><td colspan="3"></td></tr>
<tr><td colspan="3">考试终止时间</td><td colspan="3"></td></tr>
<tr><td rowspan="2">焊道序号</td><td rowspan="2">焊材规格/mm</td><td rowspan="2">电流极性</td><td rowspan="2">电流/A</td><td rowspan="2">电压/V</td><td rowspan="2">焊速/(mm·min⁻¹)</td><td colspan="3" rowspan="2">预热温度或层间温度/℃</td><td colspan="2">保护气体流量/(L·min⁻¹)</td><td rowspan="2">其他</td></tr>
<tr><td>正面</td><td>背面</td></tr>
<tr><td>定位焊</td><td>ϕ3.2</td><td>直流反接</td><td>120</td><td>24.0</td><td>—</td><td>152</td><td>153</td><td>157</td><td></td><td></td><td>E9018-G</td></tr>
<tr><td>1</td><td>ϕ4.0</td><td>直流反接</td><td>510</td><td>28.9</td><td>420</td><td>172</td><td>170</td><td>176</td><td></td><td></td><td>EM2/EM2(FLUX)</td></tr>
<tr><td>2</td><td>ϕ4.0</td><td>直流反接</td><td>510</td><td>28.9</td><td>420</td><td>162</td><td>168</td><td>169</td><td></td><td></td><td>EM2/EM2(FLUX)</td></tr>
<tr><td>3</td><td>ϕ4.0</td><td>直流反接</td><td>610</td><td>31.0</td><td>420</td><td>191</td><td>195</td><td>199</td><td></td><td></td><td>EM2/EM2(FLUX)</td></tr>
<tr><td>4</td><td>ϕ4.0</td><td>直流反接</td><td>610</td><td>31.0</td><td>420</td><td>201</td><td>205</td><td>208</td><td></td><td></td><td>EM2/EM2(FLUX)</td></tr>
<tr><td>5</td><td>ϕ4.0</td><td>直流反接</td><td>546</td><td>30.3</td><td>410</td><td>198</td><td>199</td><td>205</td><td></td><td></td><td>EM2/EM2(FLUX)</td></tr>
<tr><td>6</td><td>ϕ4.0</td><td>直流反接</td><td>546</td><td>30.3</td><td>410</td><td>200</td><td>203</td><td>206</td><td></td><td></td><td>EM2/EM2(FLUX)</td></tr>
</table>

参考焊接操作工（签字）：××× 监考人（签字）：×××

表 2－4　监考记录表 2

焊接操作工项目考试施焊及监考记录表		施焊及监考记录表编号：×××	
		考试计划编号：×××	
参考焊接操作工单位	×××股份有限公司		
项目代号	SAW－M BW PA 02 ss mb 07 09 11		
焊接操作工姓名	×××	工位编号	×××－H－×
考试用焊接工艺规程编号	GC－SAW01－01	焊接操作工项目考试编号	SAW－01－A01

项目				预热六点测温						层温三点测温			日期	时间
				A	*B*	*C*	*D*	*E*	*F*	1	2	3		
Ⅰ	Ⅱ	Ⅲ	Ⅳ	℃						℃				
√				28	28	28	28	28	28				×××	8:30
√				163	160	152	158	165	155				×××	9:00
		√		202	203	204	206	207	208				×××	14:00
		√		251	253	254	256	257	258				×××	14:30
		√		280	281	285	289	290	292				×××	15:00
		√		295	296	297	298	302	303				×××	15:30
		√		291	292	293	295	296	298				×××	16:00
			√	301	303	305	306	307	309				×××	16:30

注：① Ⅰ为预热开始，Ⅱ为焊接，Ⅲ为后热开始，Ⅳ为后热结束。

②根据操作内容分别在项目一栏的Ⅰ、Ⅱ、Ⅲ、Ⅳ子栏中做好标记，并在后面的栏目内记录相应的规范或时间。

③在焊前预热 30 min。沿焊缝长度方向六个测温点 *A*、*B*、*C*、*D*、*E*、*F* 进行测温。

④每层焊缝焊接前，沿焊缝长度方向检查层间温度，对三个测温点 1、2、3 进行测温

参考焊接操作工（签字）：×××　　　　监考人（签字）：×××

（七）焊后后热及焊后消除应力处理

焊后后热、消氢处理及焊后消除应力处理是防止焊接低合金高强钢时出现焊接冷裂纹的重要措施。

后热是指焊接后立即对焊件的全部（或局部）进行加热或保温，使其缓冷的工艺措施。其常用于焊前预热温度不足，或预热温度过高而操作者无法施焊，或因过高的预热温度而引起较大的附加热应力而增加了产生冷裂纹倾向的情况。如 BHW35（392 MPa 级别）锅炉用钢板的止裂纹温度大于 250 ℃，在这样高的预热温度下，其热影响区的硬度仍达 HV339，产生冷裂纹的倾向仍然较大，而且不便于施焊，如果采用 170 ℃焊前预热，250 ℃焊后后热，则既可避免预热温度过高而引起的附加热应力问题，又能防止焊接冷裂纹的产生。根据工

艺规程 GC－SAW01－01 得知，后热温度为 250～400 ℃，后热时间不少于 2 h。

根据工艺规程 GC－SAW01－01 的要求，焊后消除应力处理参数见表 2－1。

（八）装配焊缝的去除

装配焊缝在整个焊接过程中主要起固定试板、防止试板变形的作用，所以装配焊缝的去除需待后热试板自然冷却至室温后才能执行。在核电产品制造中，去除装配焊缝不能使用碳弧气刨，只能用砂轮机将其磨掉。

（九）丝极埋弧焊操作技巧

（1）焊接前要注意焊剂垫是否松散。

（2）焊丝一定要对中，如对中不良，有可能发生未焊透、偏焊和咬边等缺陷。因此，焊前要检查校正对中情况，而且在焊接过程中也要随时观察，及时调整焊丝位置，以免发生焊偏的情况。

（3）焊接工艺参数对焊缝形状、焊接质量和熔合比等都有很大影响，故在焊前应按焊接工艺规程所提供的规范进行调试、确定，并在焊接过程中随时观察参数并及时调整，保持预定的电弧电压和焊接电流等基本不变。

（4）在按下“启动”按钮后，焊丝与焊件短路，焊丝上抽，并引燃电弧，当达到一定弧长时，焊丝又自动下送，焊接开始。这时，焊丝能按预定规范向电弧区送进，并按选定的焊接速度沿坡口棱边移动，在焊接过程中均保持焊接工艺参数稳定。熄弧步骤是：先停止焊丝给送，后切断电源按钮，这样既可使弧坑填满，焊丝与焊件又不会粘住。

（5）每焊完一道焊道都要把焊丝端部氧化的部分剪掉。注意，剪刀的角度以焊丝为基准，向上或向下 45°左右剪断焊丝，使焊丝上留有一尖角，便于焊接起弧。

（6）在焊接过程中，一般情况下如发现坡口边缘有弧光闪动，说明焊丝与坡口的距离太近，此处有可能发生咬边，应及时调整焊丝与坡口的距离。

（7）当清除焊缝焊渣时，应戴防护眼镜，头部应避开焊渣飞溅方向。

（8）丝速校正旋钮调节方法。

①首先将旋钮置于中间位置。

②使用恒流焊接时，若实际电弧电压比预设高 2 V 以上，则向右调节；反之，向左调节，直到电压差值在 2 V 以内。

③使用恒压焊接时，若实际电弧电压比预设高 20 A 以上，则向左调节；反之，向右调节，直到电流差在 20 A 以内。

（9）层间温度的控制。当层间温度小于最低预热温度或中断焊接时，需用加热装置对试件进行后热处理；当层间温度过高时，需马上停止焊接，待试板自然冷却至最高层间温度以下、预热温度以上时，才能施焊。

（10）引弧与收弧技术。引弧时，通常先将光洁的焊丝端部剪成斜尖，向下缓慢送给，直到焊丝与焊件表面正好接触为止，然后撒上焊剂准备引弧。

启动接通焊接电源，因焊丝与焊件短接，焊丝与焊件之间的电压接近于零，这时系统将此信号反馈到送丝电动机的控制线路，使电动机反转回抽焊丝而引燃电弧。当电压上升到给定值时，电动机换向正转并以设定的速度向下送丝，开始正常的焊接过程。采用这种引弧法时应注意焊丝端和焊件表面无氧化皮和锈斑，应露出金属光泽，否则不易引弧成功。

埋弧焊收弧时，由于焊接熔池体积较大，收弧后会形成较大的弧坑，如不适当的填补，弧坑处往往会形成放射性的收缩裂纹。在某些焊接性较差的钢中,这种弧坑裂纹会向焊缝主体扩展而导致必须返修调整层。为在焊接结束前的收弧过程中对弧坑进行填补,在埋弧焊设备中大都装有收弧程序开关,先按停止行走按钮,焊接小车或焊件停止行走,而焊接电源未切断,焊丝继续向下送进,待电弧继续燃烧一段时间后再按停止焊接按钮,切断电源,同时焊丝停止送进,这样可对弧坑做适当的补充,而消除弧坑裂纹。对于重要的焊接部件,必须采用这种收弧技术。

(11)焊丝位置的调整。埋弧焊时,焊丝相对焊缝和焊件的位置也很重要。不合适的焊丝位置会引起焊缝成形不良,导致咬边、夹渣和未焊透等缺陷的形成。因此,在焊接过程中应根据具体情况及时调整焊丝的位置,使焊丝始终保持在所要求的正确位置上。

在厚板深坡口对接焊时,除了根部焊缝需对准接缝中心外,填充层焊道焊接时,焊丝与坡口侧壁的距离应大致等于焊丝的直径,焊接过程中应始终保持焊丝与坡口侧壁的间距在容许范围内。如果间距太小,则很容易产生咬边;如果间距太大,则会出现未熔合。焊前,可将焊丝一端伸至焊丝与焊件坡口边缘之间。如果焊丝两边都正好碰到了,则焊丝位置正确,反之就再调节焊丝位置直到正确为止。在实际生产中,厚壁深坡口接头经常会因焊丝与坡口侧壁的间距掌握不当而出现上述缺陷,从而导致焊缝返修。

(12)加大焊丝伸出长度焊接法。埋弧焊时的伸出长度较小,可以使用较大的焊接电流,而不致使焊丝受电阻热发红,影响焊接质量。但如果控制恰当,也可利用加大焊丝伸出长度而产生的电阻热加速焊丝的熔化速度,即提高了熔敷率。

(十)焊接热输入

焊接热输入的大小,不仅影响过热区晶粒粗大的程度,而且直接影响焊接过热区的宽度。焊接热输入越大,则焊接接头高温停留时间越长,过热区越宽,过热现象越严重,晶粒越粗大,因而塑性和韧性下降也越严重,甚至会造成冷脆。因此,应尽量采用较小的热输入,以减少过热区的宽度,降低晶粒长大的程度。在低温钢焊接时尤为重要,应严格控制热输入,防止晶粒粗化而降低低温冲击韧性。

焊接热输入的大小对焊接时加热速度和冷却速度有较大的影响。热输入增大,冷却速度就降低。对于不易淬火钢,冷却速度不同,过热区得到的组织也不同,冷却速度很快时,则会得到很硬的马氏体组织。对于易淬火钢,在一般冷却速度下,就容易产生马氏体组织。为了避免这类钢的过热区产生淬硬组织,可采用焊前预热及控制层间温度和焊后缓冷的方法来降低冷却速度,改善过热区的性能,防止冷裂纹的产生。

焊接热输入对焊缝金属也有类似的影响。对不同的钢材,热输入的最佳范围也不一样,需要通过一系列试验来确认恰当的热输入和焊接工艺参数。有时即使热输入确定了,而其中的焊接电流、电弧电压和焊接速度的值差别很大,这些数值配合不理想时,还是不能得到良好的焊缝性能。因此,应在工艺参数合理的原则下,选择合适的热输入。

焊接热输入的计算公式为

$$Q = k(U \times I)/V$$

式中,Q 为热输入,J/mm;I 为焊接电流,A;U 为电弧电压,V;V 为焊接速度,mm/s;k 为焊接方法的热效率系数,且丝极埋弧焊为 1.0。

SAW01 焊接热输入统计表见表 2-5。

表 2-5 SAW01 焊接热输入统计表

焊接层道	直径/mm	焊接电流/A	电弧电压/V	焊接速度/(mm·min^{-1})	热效率系数	热输入/(kJ·mm^{-1})
1(打底)	ϕ4.0	510	28.9	420	1.0	2.106
2(打底)	ϕ4.0	510	28.9	420	1.0	2.106
3(填充)	ϕ4.0	610	31.0	420	1.0	2.701
4(填充)	ϕ4.0	610	31.0	420	1.0	2.701
3′(填充)	ϕ4.0	580	32.0	450	1.0	2.475
4′(填充)	ϕ4.0	580	32.0	450	1.0	2.475
5(盖面)	ϕ4.0	546	30.3	410	1.0	2.421
6(盖面)	ϕ4.0	546	30.3	410	1.0	2.421

SAW01 最大和最小热输入见表 2-6。

表 2-6 SAW01 最大和最小热输入

Q_{max}/(kJ·mm^{-1})	3.048
Q_{min}/(kJ·mm^{-1})	2.106

(十一)埋弧焊各主要参数的调节原则

1. 焊接电流

焊接电流是决定焊丝熔化速度、熔透深度(熔深)和母材熔化量的最重要的参数。焊接电流对熔透深度影响最大,焊接电流与熔透深度几乎成正比关系,随着焊接电流的增大,熔深和余高同时增大,焊缝形状系数变小。为防止焊缝烧穿,焊接电流不宜选得太大,但焊接电流过小会使焊接过程不稳定并导致未焊透等缺陷的产生。因此,对于不开坡口对接的焊接电流,按所要求的最低熔透深度来选定即可;对于开坡口焊缝的填充层,焊接电流主要按最佳成形的准则来选定。

此外,焊丝直径也决定了焊接电流密度,因而也对焊缝横截面形状产生一定影响。采用细焊丝焊接时,则形成深而窄的焊道;采用粗焊丝焊接时,则形成浅而宽的焊道。

2. 电弧电压

电弧电压与电弧长度成正比关系。在其他参数不变的条件下,随着电弧电压的增大,焊缝宽度明显增大,而熔深和余高则略有减小。电弧电压过大时,会形成浅而宽的焊道,从而导致未焊透和咬边等缺陷的产生。此外,焊剂的熔化量增多,会造成焊缝表面粗糙、脱渣困难的后果。减小电弧电压,能提高电弧的挺度,增大熔深。但电弧电压过小,会形成高而窄的焊道,使边缘熔合不良。

为获得成形良好的焊道,电弧电压与焊接电流应相互匹配。当焊接电流加大时,电弧电压应相应增大。

3. 焊接速度

焊接速度决定了单位长度焊缝上的热输入量。在其他参数不变的条件下,提高焊接速度,可使单位长度焊缝上的热输入量和填充金属量减少,因而熔深、熔宽及余高都相应地减少。

焊接速度太快,会产生咬边和气孔等缺陷,焊道外形恶化;焊接速度太慢,可能会产生焊缝被烧穿、夹渣及未熔合等缺陷。

4.电流种类及极性

采用直流电源进行埋弧焊,与采用交流电源相比,前者能更好地控制焊道形状、熔深,且引弧容易。直流反接(焊丝接正极)时,可获得最大的熔深和最佳的焊缝表面。直流正接(焊丝接负极)时,焊丝熔化速度要比反接高35%,熔深变浅,直流正接法埋弧焊可适用于要求浅熔深的材料焊接及表面堆焊。为获得成形良好的焊缝,直流正接法焊接时,应适当增大电弧电压。

5.焊丝伸出长度

焊丝的熔化速度是由电弧热和电阻热共同决定的。电阻热是指伸出导电嘴一段焊丝通过焊接电流时所产生的热量($Q=I^2R$),因此焊丝的熔化速度与焊丝伸出长度成正比。焊丝伸出长度越长,电阻热越大,熔化速度越快。

在较小的电弧电压下,增加焊丝伸出长度,会使焊道宽度变窄,熔深减小,余高增加。在焊接电流保持不变的情况下,焊丝伸出长度加长,可使熔化速度提高25%~50%。因此,为保证良好的焊道成形,加长焊丝伸出长度时,应适当提高电弧电压和焊接速度。在不要求较大熔深的情况下,可利用加长焊丝伸出长度的办法来提高焊接效率。在要求较大熔深时,不推荐加长焊丝的伸出长度。

为保证焊缝成形良好,对于不同焊丝直径,可推荐以下最佳焊丝伸出长度:

(1)对于直径为ϕ2.0 mm、ϕ2.5 mm和ϕ3.0 mm的焊丝,最佳焊丝伸出长度为30~50 mm。

(2)对于直径为ϕ4.0 mm、ϕ5.0 mm和ϕ6.0 mm的焊丝,最佳焊丝伸出长度为40~60 mm。

6.焊剂粒度和堆散高度

焊剂粒度应根据所使用的焊接电流来选择,细颗粒焊剂适用于大的焊接电流,能获得较大的熔深和宽而平坦的焊缝表面。如在小的焊接电流下使用细颗粒焊剂,因焊剂层密封性较好,气体不易逸出,则在焊缝表面留下斑点。相反,如在大的焊接电流下使用粗颗粒焊剂,则因焊剂层保护不良而在焊缝表面产生凹坑或出现粗糙的波纹。

焊剂堆高太薄或太厚都会在焊缝表面产生斑点、凹坑、气孔并改变焊道的形状。焊剂堆高太薄,电弧不能完全埋入焊剂中,电弧燃烧不稳定且出现闪光、热量不集中的现象,减小了焊缝的熔透深度。反之,焊剂堆高太厚,电弧受到熔渣壳的物理约束,而形成外形凹凸不平的焊缝,但增大了焊缝的熔透深度,如图2-20所示。

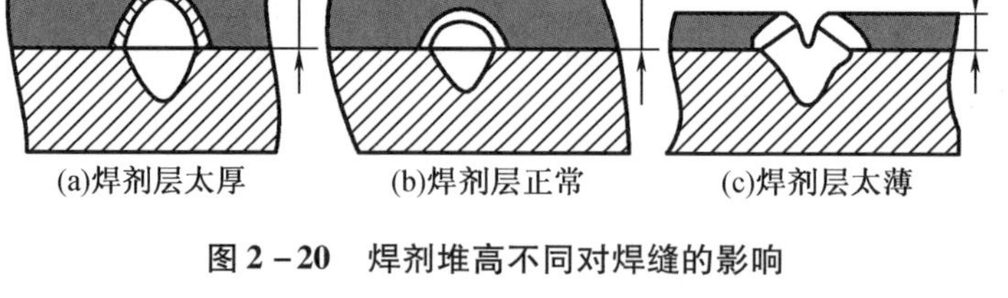

图2-20 焊剂堆高不同对焊缝的影响

因此,对于焊剂层的厚度应加以控制,使电弧不再闪光,同时又能使气体从焊丝周围均匀逸出。埋弧焊焊剂堆高一般为25~40 mm。当使用黏结焊剂或烧结焊剂时,焊剂堆高比熔炼焊剂高出 20% ~50% 。焊丝直径越大,焊接电流越大,则焊剂堆散高度也应相应加大。

7. 焊丝倾角和偏移量

焊丝的倾角对焊道的成形有明显的影响,焊丝相对于焊接方向可以倾斜一个角度。顺着焊接方向倾斜称为前倾,背着焊接方向倾斜称为后倾。焊丝前倾时,电弧大部分热量集中在焊接熔池,电弧吹力使熔池向后推移,从而形成熔深深、余高大、熔宽窄的焊道。而焊丝后倾时,电弧热量大部分集中于未熔化的母材,从而形成熔深浅、余高小、熔宽宽的焊道。焊丝倾角和偏移量对焊缝成形的影响见表 2 –7。

表 2 –7　焊丝倾角和偏移量对焊缝成形的影响

焊丝倾角	前倾 15°	垂直	后倾 15°
焊缝形状	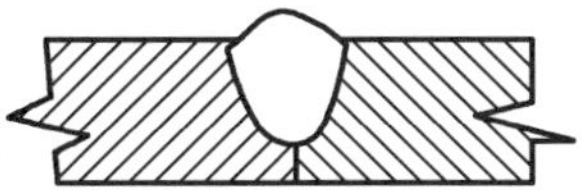	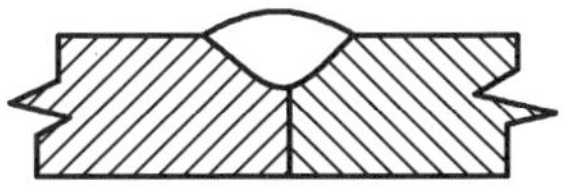	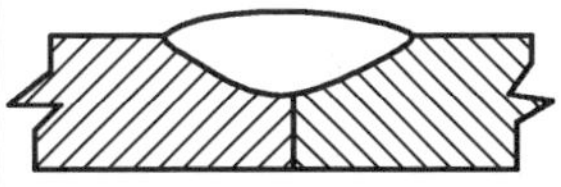
熔深	深	中等	浅
余高	大	中等	小
熔宽	窄	中等	宽
示意图	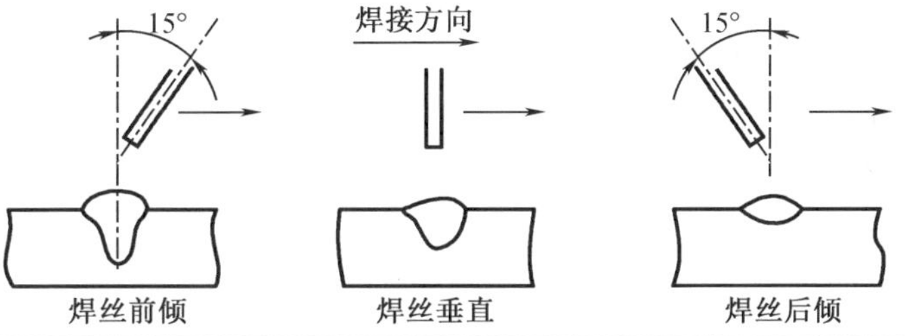		

埋弧焊大多是在平焊位置进行的,但在某些特殊应用场合必须在焊件略做倾斜的条件下进行焊接。倾斜焊时,热源自下向上进行的焊接称为上坡焊。相反,热源自上向下进行的焊接则称为下坡焊。

(十二)埋弧焊过程中常见故障分析

1. 点动送丝不工作

(1)负载线焊接电缆是否未连接;

(2)焊接回路中是否有短路现象。

2. 按启动按钮不引弧

按启动按钮不引弧,一般情况下是由于起弧前焊丝未与工件接触好。判断焊丝与工件是否接触好,以按住点动送丝,焊丝接触工件且送丝电机停转为标志。

3. 焊接过程中频繁断弧或顶丝

焊接工艺匹配不合适,如细丝大电流,给定电压偏大,焊丝打滑等可能导致断弧;粗丝小电流,给定电压偏小,行走速度偏快可能导致顶丝而且也可能断弧。在现场碰到的现象大多属于后者,在使用过程中应多加注意。

六、焊后检查

(一)检验试验项目和数量

焊接操作工技能评定试件的检验项目、检查数量和试样数量见表2-8。每个试件应先进行目视检验,合格后再进行其他项目检验。

表2-8 试件的检验项目、检查数量和试样数量

<table>
<tr><td rowspan="3">试件形式</td><td>试件厚度或管径</td><td colspan="3">检验项目</td></tr>
<tr><td rowspan="2">厚度</td><td rowspan="2">目视检验
/件</td><td rowspan="2">射线检验
/件</td><td>弯曲试验/个</td></tr>
<tr><td>侧弯</td></tr>
<tr><td>板对接坡口焊缝试件</td><td>≥12</td><td>1</td><td>1</td><td>2</td></tr>
</table>

注:表中目视检验试件数量即试样数量。

目视检验、射线检验、弯曲试验出现不合格的即判定为该项技能评定不合格,应重新进行技能评定。

(二)目视检验

(1)试件的目视检验,采用目视或5倍放大镜进行。手工焊的板材试件两端20 mm内的缺陷不计,焊缝的余高和宽度可用焊缝检验尺测量最大值和最小值,但不取平均值,单面焊的背面焊缝宽度可不测定。

(2)试件焊缝的目视检验应符合下列要求:

①焊缝表面应是焊后原始状态,不允许加工修磨或返修。

②焊缝外形尺寸应符合表2-9的规定以及下列要求:

a. 焊缝边缘直线度:机械化焊≤3 mm。

b. 不带衬垫的板材试件、管-板或管-管接管试件和外径不小于76 mm的管材试件背面焊缝的余高应不大于3 mm。

表2-9 焊缝外形尺寸

<table>
<tr><td rowspan="2">焊接方法</td><td colspan="2">焊缝余高/mm</td><td colspan="2">焊缝余高差/mm</td><td colspan="2">焊缝宽度/mm</td></tr>
<tr><td>平焊位置</td><td>其他位置</td><td>平焊位置</td><td>其他位置</td><td>比坡口每侧增宽</td><td>宽度差</td></tr>
<tr><td>机械化焊</td><td>0~3</td><td>0~3</td><td>≤2</td><td>≤2</td><td>≤4</td><td>≤2</td></tr>
</table>

(3)堆焊两相邻焊道之间的凹下量不得大于1.5 mm;焊道高度差应小于或等于1.5 mm。焊道间搭接接头的平面度在试件范围内不得大于1.5 mm。

(4)各种焊缝表面不得有裂纹、未熔合、夹渣、气孔、焊瘤和未焊透等情况。机械化焊和自动焊的焊缝表面不得有咬边和凹坑。

(5)板状试件焊后变形角度$\theta \leq 3°$,如图2-21(a)所示。试件的错边量小于等于10%T(T为板厚),且小于等于2 mm,如图2-21(b)所示。

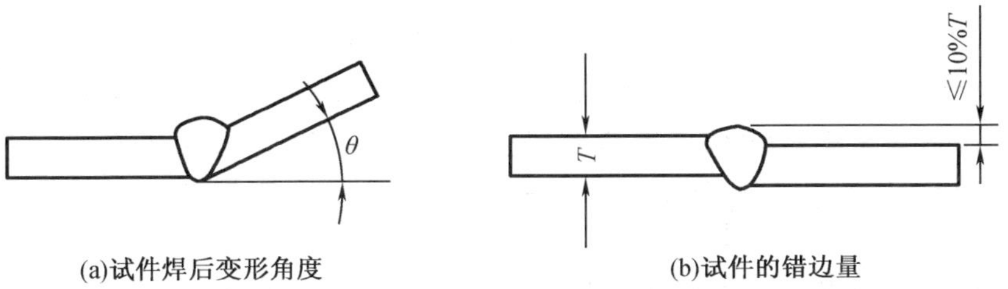

图 2-21 板状试件焊后变形角度和错边量

(6)属于一个技能评定项目的所有试件目视检验的结果均符合目视检验(2)各项要求,该项试件的目视检验为合格,否则判定为该项技能评定不合格。

(三)无损检验

试件的无损检验应符合 NB/T 20003.3—2010 中一级焊缝的检验要求。无损检验不合格的判定为该项技能评定不合格。

(四)弯曲检验

(1)试样需做两个侧弯试验,弯曲角度为 180°。

(2)试件取样及试样标识:试样加工应符合 NNSA-HAJ-0002-2019 要求规定。

①试件取样如图 2-22 所示。

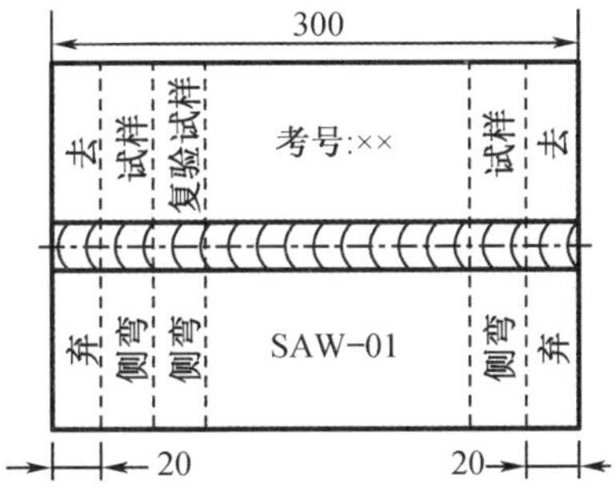

图 2-22 12 mm 厚的钢板坡口焊缝的试件取样图

②试样标识如图 2-23 所示。

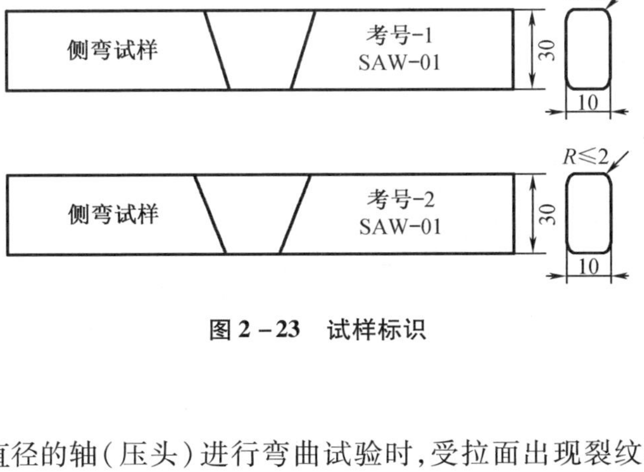

图 2-23 试样标识

(3)弯曲检验。

将试样绕一定直径的轴(压头)进行弯曲试验时,受拉面出现裂纹时的角度称为弯曲角。常用符号∠表示,角度的计量单位是度,如图 2 – 24 所示。

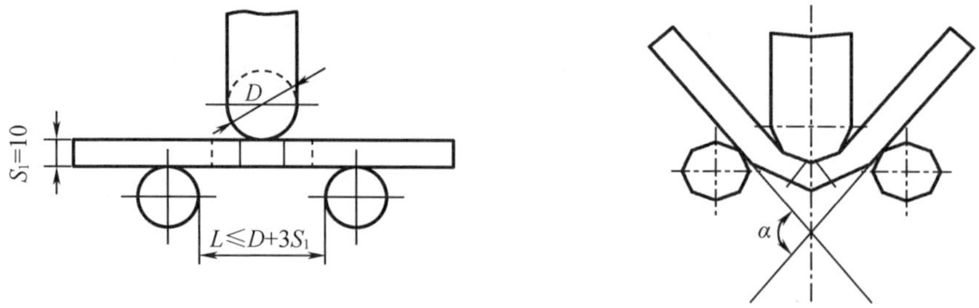

D—弯头直径;L—试件长度;S_1—弯曲试样厚度。

图 2 – 24　侧弯示意图

弯曲试验的试件尺寸等根据相应的技术条件规定选取,采用正弯(也称面弯,受拉面为焊缝正面)、背弯(受拉面为焊缝背面)和侧弯(受拉面为焊缝横截面)三种基本类型。常用弯曲角来衡量材料在室温时的塑性。弯曲角越大,材料的塑性越好。通过弯曲试验,不仅可以衡量材料塑性变形的能力,而且还可以发现焊缝金属表面的缺陷以及焊缝金属、热影响区及母材变形的均匀一致性,如图 2 – 24 所示。

(4)弯曲检验标准:

①弯曲试验时,应将试样弯到使其两端成平行为止,此时,材料的任何部分不再受到压力。

②试件弯曲到规定的角度后,其拉伸面上不得有任何一个横向(试样宽度方向)裂纹或缺陷的长度大于 1.5 mm,纵向(试样长度方向)裂纹或缺陷的长度大于 3 mm。试样的棱角开裂不计,但确因焊接缺陷引起试样的棱角开裂,其长度应进行评定。

③试件的两个弯曲试样的试验结果均合格时,弯曲试验为合格。两个试样均不合格时,不允许复验,弯曲试验为不合格。其中一个试样不合格时,允许从原试件上另取一个试样进行复验,复验合格,弯曲试验为合格。弯曲检验标准及记录见表 2 – 10。

表 2 – 10　弯曲检验标准及记录

<table>
<tr><td rowspan="6">弯曲试验</td><td>试样类型</td><td>试样号</td><td>取样位置</td><td>试样尺寸(厚/mm×宽/mm)</td><td>弯曲角度</td><td>弯头直径/mm</td><td>结果</td></tr>
<tr><td>侧弯</td><td>考号 – P1</td><td>按标准</td><td>10×12</td><td>180°</td><td>46</td><td></td></tr>
<tr><td>侧弯</td><td>考号 – P2</td><td>按标准</td><td>10×12</td><td>180°</td><td>46</td><td></td></tr>
<tr><td colspan="7">验收标准:试样弯曲到规定的角度后,其拉伸面上不得有任何一个横向(试样宽度方向)裂纹或缺陷的长度大于 1.5 mm,纵向(试样长度方向)裂纹或缺陷的长度大于 3 mm。对于堆焊试样检验区不应出现明显裂缝,单个裂纹、气孔或夹渣的长度不得大于 3 mm</td></tr>
<tr><td colspan="4">试验设备:×××</td><td colspan="3">设备编号:×××</td></tr>
<tr><td colspan="4">试验员/日期:×××</td><td colspan="3">审核/日期:×××</td></tr>
</table>

(5)试样的长度 L,如图 2－25 所示。

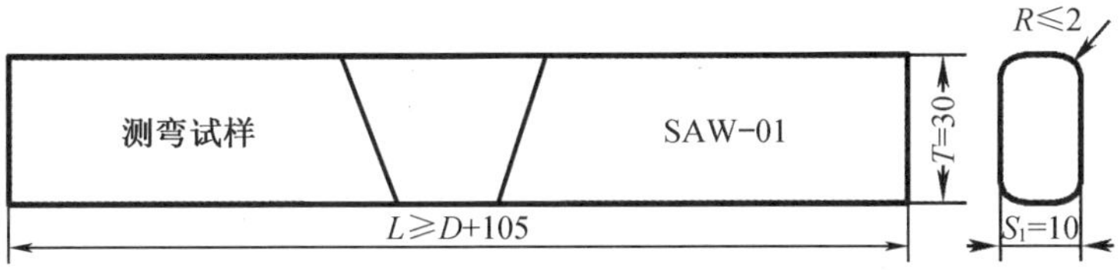

图 2－25　试样的长度示意图

已知:$T=30$ mm,$S_1=10$ mm,$A=18\%$,A 为母材标准要求的最低断后伸长率。求试样长度 L。

解　先求弯头直径 D,再算试样长度 L。

①$D=(100S_1/A)-S_1=100\times10\div18-10=45.555$ mm

弯头直径 D 应选用 46 mm。

②$L=D+105=46+105=151$ mm

侧弯试样的规格应不小于 151 mm×30 mm×10 mm(每件试样四条棱边要加工导角,保证圆滑过渡,$R=2$ mm)。

(6)项目试样加工流转卡。

项目试样加工流转卡见表 2－11。

表 2－11　项目试样加工流转卡

<table>
<tr><th>工序</th><th>责任部门</th><th colspan="4">工序内容</th></tr>
<tr><td>0000</td><td>生产部门</td><td colspan="2">接受评定文件和焊件</td><td colspan="2">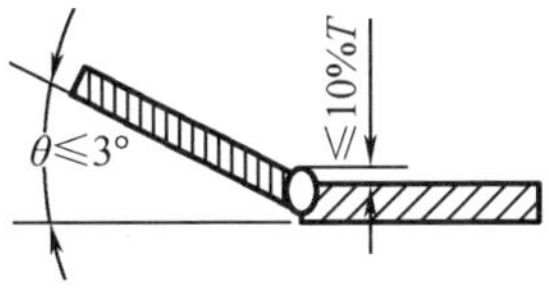
</td></tr>
<tr><td rowspan="3">0100</td><td rowspan="3">检验部门</td><td colspan="4">授权开始破坏性试验</td></tr>
<tr><td>试件号</td><td>材质</td><td>规格</td><td>炉批号</td></tr>
<tr><td></td><td>13MnNiMo54</td><td>400 mm×125 mm×12 mm</td><td>×××</td></tr>
<tr><td rowspan="4">0110</td><td rowspan="4">生产部门</td><td colspan="4">核对并记录样坯标记</td></tr>
<tr><td>试件号</td><td>材质</td><td>规格</td><td>炉批号</td></tr>
<tr><td></td><td>13MnNiMo54</td><td>400 mm×125 mm×12 mm</td><td>×××</td></tr>
<tr><td colspan="2">适用文件;
标记编号规程</td><td colspan="2">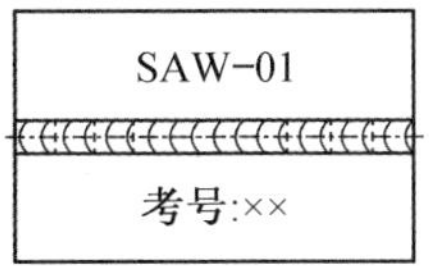
</td></tr>
<tr><td>0120</td><td>检验部门</td><td colspan="4">检查样坯标记</td></tr>
</table>

表 2－11(续 1)

工序	责任部门	工序内容	
0130	生产部门	焊件校平(如果需要); 破坏性试验试样目录	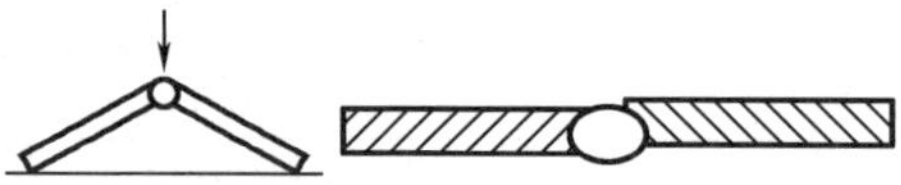
0140	生产部门	试样上的焊缝正面和背面余高应用机械方法去除	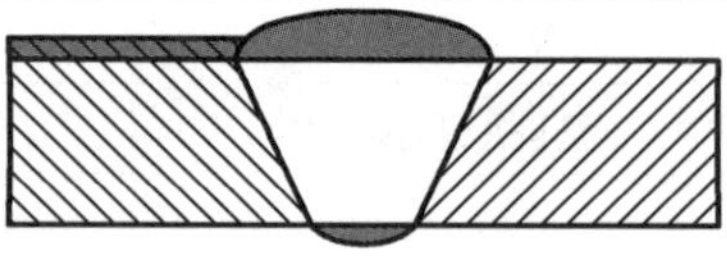
0150	生产部门	试样画线并标记移植; 破坏性试验试样目录; 适用文件; 标记和编号规程; 尺寸检查规程	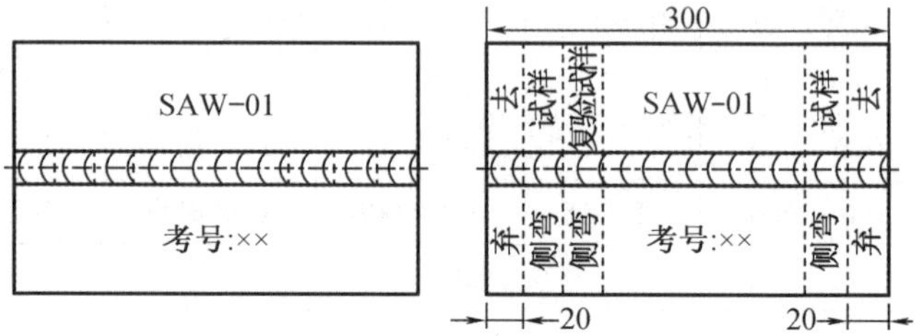
0160	检验部门	检查画线样坯标记; 破坏性试验取样规程; GC－SAW01－01	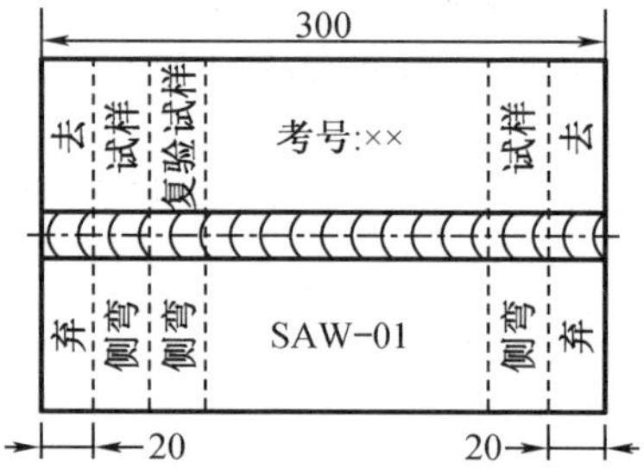
0170	生产部门	试样截取; 适用文件; 标记和编号规程; 尺寸检查规程; 破坏性试验取样规程; GC－SAW01－01	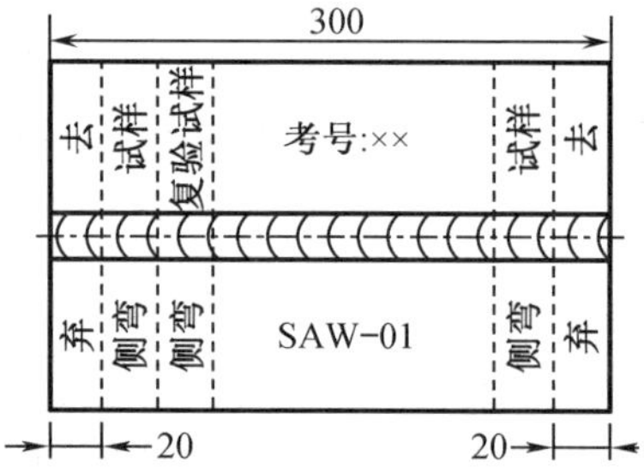
0180	生产部门	试样导角($R \leq 2$ mm)	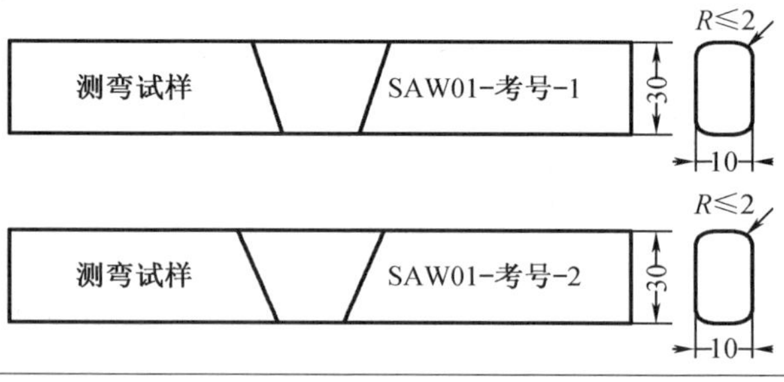

表 2-11（续 2）

工序	责任部门	工序内容	
0190	检验部门	检查样坯标记； 破坏性试验试样目录； 适用文件； 标记和编号规程； 尺寸检查规程； 破坏性试验取样规程； GC-SAW01-01	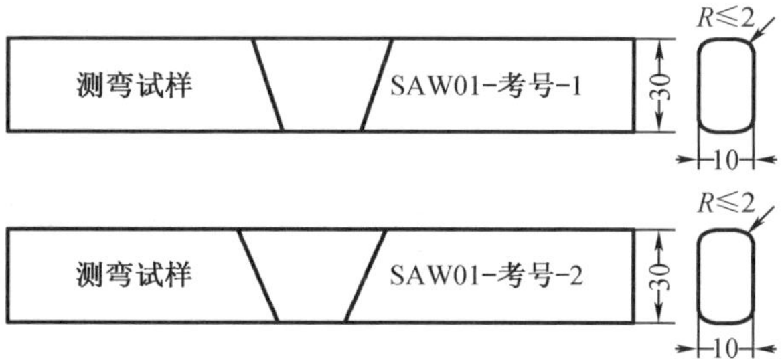
0200	检验部门	接受并检查样坯标记； 适用文件； 标记和编号规程； 尺寸检查规程； 破坏性试验取样规程； GC-SAW01-01	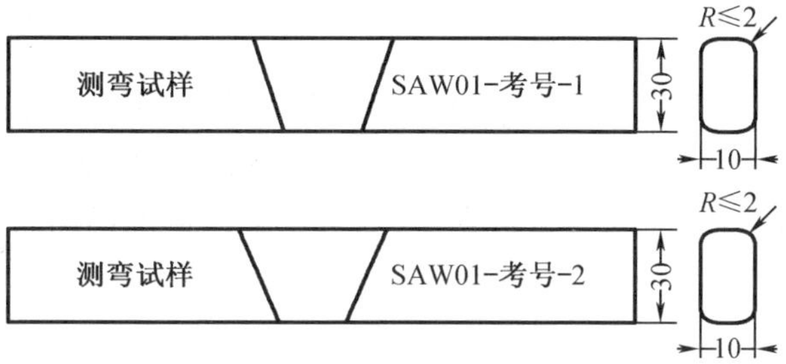
0210	检验部门	根据试样厚度选择弯头直径	
0220	检验部门	破坏性试验/破坏性试验报告； 适用文件； 标记和编号规程； GC-SAW01-01	

（五）检验报告

1. 目视检验报告

民用核安全设备焊接操作工项目考试目视检验报告见表 2-12。

表 2-12　项目考试目视检验报告

报告编号：SAW-01-A01-VT-2020-焊考-001

技能考试项目代号	SAW-M BW PA 02 ss mb 07 09 11		
实施计划编号	×××-11-××-××	焊接操作工项目考试编号	SAW-01-A01
焊接操作工姓名	×××	依据标准	NNSA-HAJ-0002-2019
焊接方法	SAW	母材牌号和规格	13MnNiMo54 400 mm×125 mm×12 mm
试件形式	板对板	焊接位置	PA

表 2－12(续)

原始状态	原始		
焊缝余高	裂纹	咬边	
2.5～3.0 mm	无	无	
焊缝余高差	未熔合	背面凹坑	
0.5 mm	无	无	
比坡口每侧增宽	夹渣	变形角度	
2.5～3.0 mm 3.0～4.0 mm	无	1°	
宽度差	气孔	错边量	
1.5 mm(33～34.5 mm)	无	无	
焊缝边缘直线度	焊瘤	角焊缝凹凸度	
1.0 mm	无	—	
背面焊缝余高	未焊透	焊脚尺寸	
—	—	—	
堆焊焊道高度差	堆焊凹下量	通球检验	
—	—	—	
堆焊焊道平面度			
—			
目视检验结果(合格、不合格)	合格	检验日期	×××
检验人员	×××	证书号	×××
复审人员	×××	证书号	×××

2. 射线检验报告

民用核安全设备焊接操作工项目考试射线检验报告见表 2－13。

表 2－13　射线检验报告

报告编号:SAW－01－A01－RT－2020－焊考－001

焊接操作工姓名	×××	项目考试编号	SAW－01－A01
技能考试项目代号	SAW－M BW PA 02 ss mb 07 09 11		

验收标准：NB/T 20003.3—2010

试样类型	标识	尺寸	示意图
射线检验	SAW－01－A01	300 mm×12 mm	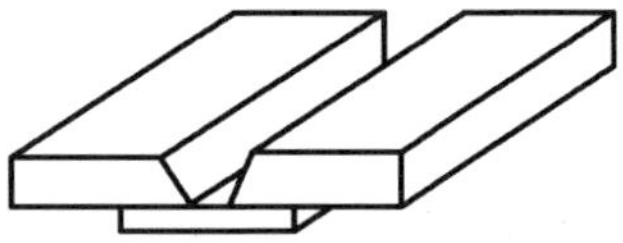

表 2－13(续)

<table>
<tr><td>实物照片</td><td colspan="5">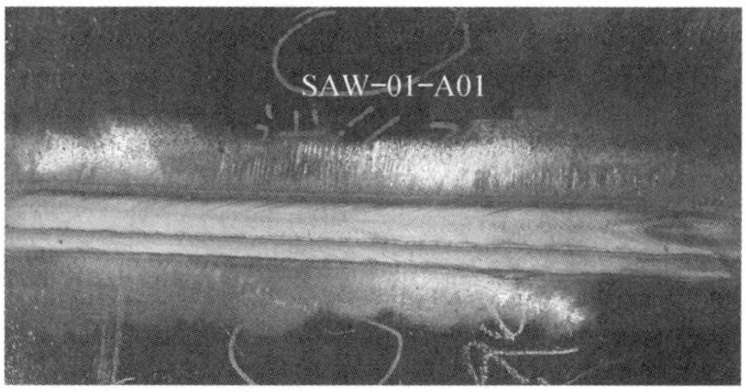
</td></tr>
<tr><td>标识</td><td colspan="4">缺陷描述</td><td>结果</td></tr>
<tr><td>SAW－01－A01</td><td colspan="4">射线检验未发现裂纹、未熔合、未焊透、气孔及夹杂等低倍超标缺陷</td><td>合格</td></tr>
<tr><td>结　论</td><td colspan="5">试件的射线检验(RT)按照 NB/T 20003.3—2010 的要求进行,焊缝质量应符合核一级焊缝的检验要求
结论:合格</td></tr>
<tr><td>检验人员</td><td>×××</td><td>证书号</td><td>×××</td><td colspan="2">日期:×××</td></tr>
<tr><td>复审人员</td><td>×××</td><td>证书号</td><td>×××</td><td colspan="2">日期:×××</td></tr>
</table>

3. 弯曲检验报告

民用核安全设备焊接操作工项目考试弯曲检验报告见表 2－14。

表 2－14　弯曲检验报告

报告编号:SAW－01－A01－GBT－2020－焊考－001

<table>
<tr><td colspan="2">技能考试项目代号</td><td colspan="6">SAW－M BW PA 02 ss mb 07 09 11</td></tr>
<tr><td rowspan="3">弯曲试验</td><td>试样类型</td><td>试样号</td><td>取样位置</td><td>试样尺寸(厚/mm×宽/mm)</td><td>弯曲角度</td><td>弯头直径/mm</td><td>结果</td></tr>
<tr><td>侧弯</td><td>SAW－01－A01－P1</td><td>按标准</td><td>15×10</td><td>180°</td><td>46</td><td></td></tr>
<tr><td>侧弯</td><td>SAW－01－A01－P2</td><td>按标准</td><td>15×10</td><td>180°</td><td>46</td><td></td></tr>
<tr><td>验收标准</td><td colspan="7">试样弯曲到规定的角度后,其拉伸面上不得有任何一个横向(试样宽度方向)裂纹或缺陷的长度大于 1.5 mm,纵向(试样长度方向)裂纹或缺陷的长度大于 3 mm。对于堆焊试样检验区不应出现明显裂缝,单个裂纹、气孔或夹渣的长度不得大于 3 mm</td></tr>
<tr><td colspan="8">照片</td></tr>
<tr><td>实物照片</td><td colspan="7">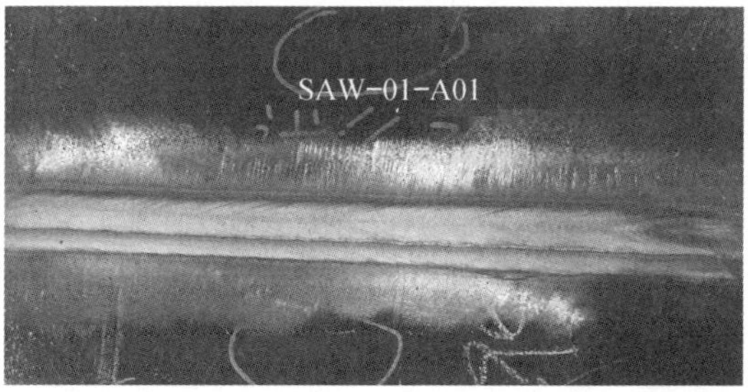
</td></tr>
</table>

表 2-14(续)

照片			
试样照片			
试验设备：×××		设备编号：×××	
缺陷描述	弯曲检验未发现裂纹、未熔合、未焊透、气孔及夹杂等低倍超标缺陷		
结论	合格	不符合项报告编号：	
试验者	姓名：×××	日期：×××	签名：×××
审核者	姓名：×××	日期：×××	签名：×××

七、焊接操作工培训自我评价记录表的填写

(一)焊接操作工自我评价

焊接操作工培训自我评价记录表包括劳保用品的穿戴、焊接辅助工具准备、焊接设备检查、焊接工装夹具检查、文件准备、焊接过程、焊后检查记录和安全八个方面。其中前五个方面的内容必须在焊前检查确认，第六方面是在焊接过程中边焊边记录，第七方面是焊后对设备、工具、文件等的检查记录，第八方面则是安全文明生产。

(二)技能教师评价

经过一段时间的培训，焊接操作工基本上掌握了焊条电弧焊低合金钢板对接平位埋弧焊的操作技术，培训教师应对焊接操作工的技能水平做出评价，并根据培训是否合格确定该焊接操作工能否参加项目考试。

八、技能评定报告编制

SAW01 是民用核安全设备焊接操作工培训、考试和取证的基本项目之一，故学习和掌握该项目的操作技术非常重要，对保证核电设备的焊接质量至关重要。通过长期的培训实践证明，本书所介绍的操作技术不仅方便焊接操作工学习和掌握，焊接质量好，合格率高，而且缩短了培训周期，是一种行之有效的焊接技能操作技术。

本项目的焊接操作工技能评定报告见表 2-15。

表 2－15 焊接操作工技能评定报告

评定日期	×××	编号	SAW－2020－01
姓名	×××		照片
身份证号	×××		
聘用单位	×××股份有限公司		
焊接操作工编号	×××		
焊接工艺规程	GC－ SAW01－01		
技能评定项目代号	SAW－M BW PA 02 ss mb 07 09 11		
	代号	含义	适用范围
焊接方法	SAW－M	机械化埋弧焊	埋弧焊
焊机型号	—	—	—
试件形式	—	—	—
焊缝形式	BW	对接焊缝	对接焊缝
填充材料	—	—	—
焊缝金属厚度/mm	—	—	—
板材厚度/mm	—	—	—
管材外径/mm	—	—	—
焊接位置	PA	平焊	PA 位置
焊接要素	02	实芯焊丝	有或无焊丝(实芯焊丝)
	ss mb	单面焊/带衬垫	带衬垫单面焊或双面焊
	07	无自动跟踪系统	有无自动跟踪系统均可
	09	直接目视观察控制	直接目视观察控制
	11	无熔化衬环	有无熔化衬环均可
特殊焊缝技能评定			

检验情况

检验项目	检验结果	试验报告编号
项目考试目视检验报告	合格	SAW－01－A01－VT－2020－焊考－001
项目考试射线检验报告	合格	SAW－01－A01－RT－2020－焊考－001
项目考试弯曲检验报告	合格	SAW－01－A01－GBT－2020－焊考－001

编制	×××	审核	×××	批准	×××

第三节　耐热钢管对接水平转动埋弧焊

本节根据 NNSA－HAJ－0002－2019，对耐热钢管对接水平转动埋弧焊技能操作项目的要点、焊接工艺规程、常见焊接缺陷产生原因及解决方法、焊前准备、焊接操作、焊后检查、焊接操作工培训自我评价记录表的填写和技能评定报告编制等方面进行讲解。

本项目采用手工钨极惰性气体保护焊（GTAW）＋焊条电弧焊（SMAW）＋埋弧焊（SAW）三种焊接方法组合焊，项目考试代号为 GTAW T BW FM2 02 t2.5 D190 PA ss nb＋SMAW T BW FM2(B) t8 D190 PA ss mb＋SAW－M BW PA 02 ss mb 07 09 11，为了叙述方便，下文均称此项目为“SAW02”。

一、本项目要点简介

（一）适用范围

本教案适用于 SAW02 的技能培训，也可作为核电技能教师在培训学员时的教学方案。

（二）教案编写依据

（1）耐热钢管对接水平转动手工钨极惰性气体保护焊焊接工艺规程、耐热钢管对接水平转动焊条电弧焊焊接工艺规程、耐热钢管对接水平转动埋弧焊焊接工艺规程，编号分别为 GC－SAW02－1、GC－SAW02－2、GC－SAW02－3。

（2）NNSA－HAJ－0002－2019。

（3）适用性文件《预热、层温、后热和焊后热处理总要求》《对焊接操作的附加要求》和《焊接的总要求》。

（三）要点简介

再热裂纹产生于热影响区的粗晶区，其形成温度一般在 500～700 ℃，同时焊接区有较大的残余应力，并有不同程度的应力集中。当该管道在535 ℃以下运行时，再热裂纹的敏感性会很低。在采用焊前预热、控制层间温度的情况下，再热裂纹是可以抑制的。

对于直径小、壁厚厚的管环缝，通常采用两种方案焊接。第一种方案是采用氩弧焊打底，焊条电弧焊填焊；第二种方案是采用氩弧焊打底，焊条电弧焊过渡，埋弧焊焊妥。

第一种方案工艺成熟，操作简单，但生产效率较低，焊工劳动强度大且手工焊部位出现缺陷的概率较大；第二种方案技术难度大，但生产效率高，焊缝质量好，能大大地减轻工人的劳动强度。

二、SAW02 焊接工艺规程

（一）手工钨极惰性气体保护焊焊接工艺规程

为防止埋弧焊击穿打底层，采用氩弧焊打底焊的焊接厚度为 2.5 mm，焊条电弧焊填充。手工钨极惰性气体保护焊焊接工艺规程见表 2－16。

表 2－16 耐热钢管对接水平转动手工钨极惰性气体保护焊焊接工艺规程

编号:GC－SAW02－1 Rev. A

技能考试项目代号	GTAW T BW FM2 02 t2.5 D190 PA ss nb		
工艺评定报告编号/依据标准/有效期	PQR×××/RCC－M 2000＋2002 补遗/长期有效	自动化程度/稳压系统/自动跟踪系统	手工焊

焊接接头		焊接接头简图(有衬垫的应标明衬垫的形式和截面尺寸):
坡口形式	U 形	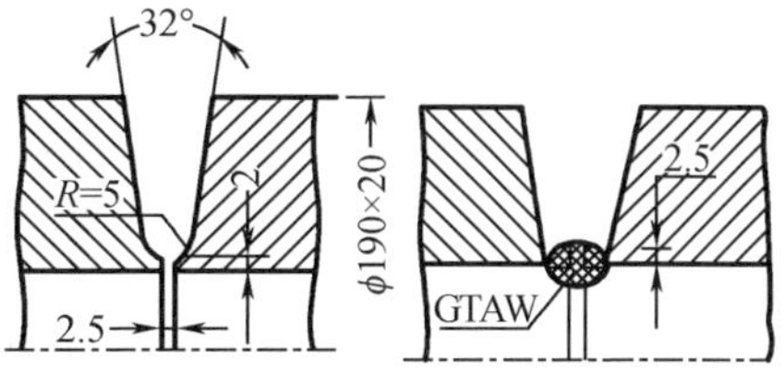
衬垫(材料)	—	
焊缝金属厚度	2.5 mm	
管子直径	190 mm	
其他	—	

母材		填充金属	
类别号	—	焊材类型(焊条、焊丝、焊带等)	焊丝
牌号	12Cr1MoV	焊材型(牌)号/规格	H05CrMoVTiRe/ϕ2.5 mm
规格	试管两根,ϕ190 mm×20 mm,L＝120 mm	焊剂型(牌)号	—

焊接		保护气体类型/混合比/流量	
焊接位置	水平转动(PA)	正面	Ar/99.995%/6～12 L/min
焊接方向	—	背面	Ar/99.995%/3～6 L/min
其他	—	尾部	—

预热和层间温度		焊后热处理	
最低预热温度	200 ℃	温度范围	—
最高层间温度	300 ℃	保温时间	—
预热方式	—	其他	—

焊接技术			
最大热输入	—		
喷嘴尺寸	—	导电嘴与工件距离	—
清根方法	—	焊缝层数范围	1 层
钨极类型/尺寸	WCe－20/ϕ2.5 mm	熔滴过渡方式	—
直向焊、摆动焊及摆动方法		多道摆动焊	
背面、打底及中间焊道清理方法		刷理或打磨	

焊接参数

焊层	焊接方法	焊材		焊接电流		电压范围/V	焊接速度/(cm·min^{-1})
		型(牌)号	规格/mm	极性	范围/A		
定位焊	GTAW	H05CrMoVTiRe	ϕ2.5	直流正接	90～120	13～16	—
1	GTAW	H05CrMoVTiRe	ϕ2.5	直流正接	90～120	13～16	—

表 2-16(续)

工艺说明	操作要领
(1)本规程根据 NNSA-HAJ-0002-2019 编制。 (2)使用 ESAB 埋弧焊焊接工作站设备进行焊接。 (3)操作考试前,应当在主考人、监考人与焊接操作工共同在场确认的情况下,在试件上标注焊接操作工项目考试编号。 (4)焊接顺序:GTAW 焊接打底层→SMAW 焊接填充层→SAW 焊接填充层和盖面层焊。 (5)焊接完成后,试件按照 NNSA-HAJ-0002-2019 5.2 中的目视检验要求的条件和方法进行。 (6)试件射线检验(RT)应按照《核电厂核岛机械设备无损检测第 3 部分:射线检测》(NB/T 20003.3—2010)的要求进行,焊缝质量应符合一级焊缝的检验要求。 (7)试件无损检验合格后按热处理要求进行热处理,并出具热处理报告。 (8)试样按照 NNSA-HAJ-0002-2019 5.4 中的弯曲试验要求的条件和方法做两个侧弯试验	(1)技能评定用试件的待焊表面和两侧各 25 mm 范围内应当清理干净,去除铁屑、氧化皮、油、锈和污垢等。 (2)试件坡口形式和尺寸应当满足焊接工艺规程的要求。 (3)焊丝应当除油、除锈。 (4)焊接操作工技能评定试件根部焊道至少应当有一个停弧再焊处,并在停弧再焊处做出标记。 (5)技能评定试件开始焊接后,焊接位置不得改变。 (6)技能评定试件焊缝表面焊层在目视检验前不允许修磨,检验合格后允许修磨。 (7)除表面焊层以外,允许焊接操作工在监考人员同意时,修磨去除轻微的缺陷。 (8)技能评定试件的焊缝不允许返修。 (9)所有检验结果均应当按照相关要求编制报告。 (10)焊接操作工或技能评定监督人员按照要求记录焊接过程实际参数

编制	×××	审核	×××	批准	×××
日期	×××	日期	×××	日期	×××
编制单位名称	×××股份有限公司				

(二)焊条电弧焊焊接工艺规程

为防止埋弧焊击穿打底层,采用氩弧焊打底焊的焊接厚度为 2.5 mm,再用型(牌)号为 CHH317,规格分别为 ϕ3.2 mm、ϕ5.0 mm 的焊条各焊一层,使焊缝熔敷厚度达到10.5 mm。焊条电弧焊的焊接工艺规程见表 2-17。

表 2-17 耐热钢管对接水平转动焊条电弧焊焊接工艺规程

编号 GC-SAW02-2 Rev. A

<table>
<tr><td>技能考试项目代号</td><td colspan="3">SMAW T BW FM2(B) t8 D190 PA ss mb</td></tr>
<tr><td>工艺评定报告编号/依据标准/有效期</td><td>PQR×××/RCC-M 2000+2002 补遗/长期有效</td><td>自动化程度/稳压系统/自动跟踪系统</td><td>手工焊</td></tr>
<tr><td colspan="2">焊接接头</td><td colspan="2" rowspan="6">焊接接头简图(有衬垫的应标明衬垫的形式和截面尺寸):
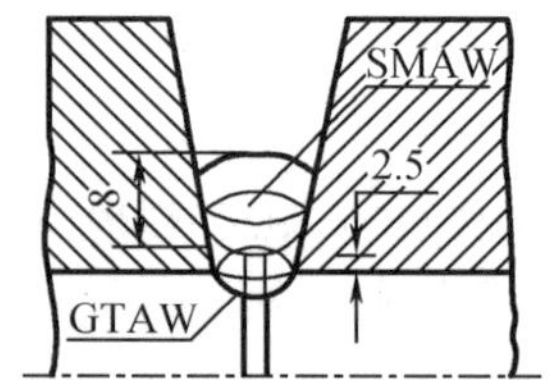
</td></tr>
<tr><td>坡口形式</td><td>U 形</td></tr>
<tr><td>衬垫(材料)</td><td>—</td></tr>
<tr><td>焊缝金属厚度/mm</td><td>8</td></tr>
<tr><td>管子直径</td><td>—</td></tr>
<tr><td>其他</td><td>—</td></tr>
</table>

表 2－17（续 1）

母材		填充金属	
类别号	—	焊材类型 （焊条、焊丝、焊带等）	焊条
牌号	12Cr1MoV	焊材型（牌）号/规格	CHH317/ϕ3.2 mm、ϕ5.0 mm
规格	试管两根，ϕ190 mm×20 mm，L＝120 mm	焊剂型（牌）号	—
焊接		保护气体类型/混合比/流量	
焊接位置	平焊（PA）	正面	—
焊接方向	—	背面	—
其他	—	尾部	—
预热和层间温度		焊后热处理	
最低预热温度	200 ℃	温度范围	—
最高层间温度	300 ℃	保温时间	—
预热方式	天然气火炬加热	其他	—
焊接技术			
最大热输入	—		
喷嘴尺寸	—	导电嘴与工件距离	—
清根方法	—	焊缝层数范围	2 层
钨极类型/尺寸	—	熔滴过渡方式	—
直向焊、摆动焊及摆动方法		横向摆动范围不得超过焊芯直径的三倍	
背面、打底及中间焊道清理方法		刷理或打磨	

焊接参数

焊层	焊接方法	焊材		焊接电流		电压范围/V	焊接速度/（cm·min^{-1}）
		型（牌）号	规格/mm	极性	范围/A		
2	SMAW	CHH317	ϕ3.2	直流反接	100～140	22～28	
			ϕ5.0	直流反接	200～260		

工艺说明

（1）本规程根据 NNSA－HAJ－0002－2019 编制。

（2）使用 ESAB 埋弧焊焊接工作站设备进行焊接。

（3）操作考试前，应当在主考人、监考人与焊接操作工共同在场确认的情况下，在试件上标注焊接操作工项目考试编号。

（4）焊接顺序：GTAW 焊接打底层→SMAW 焊接填充层→SAW 焊接填充层和盖面层焊。

（5）焊接完成后，试件按照 NNSA－HAJ－0002－2019 5.2 中的目视检验要求的条件和方法进行。

操作要领

（1）技能评定用试件的待焊表面和两侧各 25 mm 范围内应当清理干净，去除铁屑、氧化皮、油、锈和污垢等。

（2）试件坡口形式和尺寸应当满足焊接工艺规程的要求。

（3）焊条和焊剂应当按规定要求烘干。

（4）焊接操作工技能评定试件根部焊道至少应当有一个停弧再焊处，并在停弧再焊处做出标记；除焊接工艺要求停弧外，焊接操作工技能评定试件每一焊道中间不得停弧。

（5）技能评定试件开始焊接后，焊接位置不得改变。

表 2-17(续 2)

<table>
<tr><th colspan="3">工艺说明</th><th colspan="3">操作要领</th></tr>
<tr><td colspan="3">(6)试件射线检验(RT)应按照《核电厂核岛机械设备无损检测第 3 部分:射线检测》(NB/T 20003.3—2010)的要求进行,焊缝质量应符合一级焊缝的检验要求。
(7)试件无损检验合格后按热处理要求进行热处理,并出具热处理报告。
(8)试样按照 NNSA-HAJ-0002-2019 5.4 中的弯曲试验要求的条件和方法做两个侧弯试验</td><td colspan="3">(6)技能评定试件焊缝表面焊层在目视检验前不允许修磨,检验合格后允许修磨。
(7)除表面焊层以外,允许焊接操作工在监考人员同意时,修磨去除轻微的缺陷。
(8)技能评定试件的焊缝不允许返修。
(9)所有检验结果均应当按照相关要求编制报告。
(10)焊接操作工或技能评定监督人员按照要求记录焊接过程实际参数</td></tr>
<tr><td>编制</td><td>×××</td><td>审核</td><td>×××</td><td>批准</td><td>×××</td></tr>
<tr><td>日期</td><td>×××</td><td>日期</td><td>×××</td><td>日期</td><td>×××</td></tr>
<tr><td colspan="2">编制单位名称</td><td colspan="4">×××股份有限公司</td></tr>
</table>

(三)埋弧焊焊接工艺规程

埋弧焊焊接工艺规程见表 2-18。

表 2-18 耐热钢管对接水平转动埋弧焊焊接工艺规程

编号:GC-SAW02-3 Rev. A

<table>
<tr><td colspan="2">技能考试项目代号</td><td colspan="4">SAW-M BW PA 02 ss mb 07 09 11</td></tr>
<tr><td colspan="2">工艺评定报告编号/依据标准/有效期</td><td>PQR×××/RCC-M 2000+2002 补遗/长期有效</td><td>自动化程度/稳压系统/自动跟踪系统</td><td colspan="2">机械焊/无自动跟踪系统/直接目视观察控制</td></tr>
<tr><td colspan="3">焊接接头</td><td colspan="3" rowspan="6">焊接接头简图(有衬垫的应标明衬垫的形式和截面尺寸):
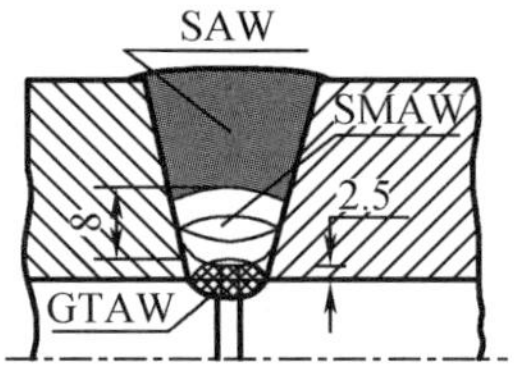
</td></tr>
<tr><td colspan="2">坡口形式</td><td>U 形</td></tr>
<tr><td colspan="2">垫(材料)</td><td>—</td></tr>
<tr><td colspan="2">焊缝金属厚度</td><td>9.5 mm</td></tr>
<tr><td colspan="2">管子直径</td><td>ϕ190 mm</td></tr>
<tr><td colspan="2">其他</td><td>—</td></tr>
<tr><td colspan="3">母材</td><td colspan="3">填充金属</td></tr>
<tr><td>类别号</td><td colspan="2">Ⅲ</td><td>焊材类型(焊条、焊丝、焊带等)</td><td colspan="2">焊丝</td></tr>
<tr><td>牌号</td><td colspan="2">12Cr1MoV</td><td>焊材型(牌)号/规格</td><td colspan="2">H08CrMoV/ϕ3.0 mm</td></tr>
<tr><td>规格</td><td colspan="2">试管两根,ϕ190 mm×20 mm,L=120 mm</td><td>焊剂型(牌)号</td><td colspan="2">焊剂 350</td></tr>
<tr><td colspan="3">焊接</td><td colspan="3">保护气体类型/混合比/流量</td></tr>
<tr><td colspan="2">焊接位置</td><td>平焊(PA)</td><td>正面</td><td colspan="2">—</td></tr>
<tr><td colspan="2">焊接方向</td><td>—</td><td>背面</td><td colspan="2">—</td></tr>
<tr><td colspan="2">其他</td><td>—</td><td>尾部</td><td colspan="2">—</td></tr>
</table>

表 2-18(续)

预热和层间温度		焊后热处理	
最低预热温度	200 ℃	温度范围	—
最高层间温度	300 ℃	保温时间	—
预热方式	天然气火炬加热	其他	—
焊接技术			
最大热输入	$Q_{max} = [U(V) \times I(A)/V(mm/s)] \times 10^{-3} = 2.67$ kJ/mm		
喷嘴尺寸	—	导电嘴与工件距离	—
清根方法	—	焊缝层数范围	3~4 层
钨极类型/尺寸	—	熔滴过渡方式	—
直向焊、摆动焊及摆动方法		多道直道焊	
背面、打底及中间焊道清理方法		刷理或打磨	

焊接参数

焊接方法	焊材		焊接电流		电压范围/V	焊接速度/(cm·min^{-1})
	型(牌)号	规格/mm	极性	范围/A		
SAW	H08CrMoV	ϕ3.0	直流反接	300~400	28~36	15~30

工艺说明	操作要领
(1)本规程根据 NNSA-HAJ-0002-2019 编制。 (2)使用 ESAB 埋弧焊焊接工作站设备进行焊接。 (3)操作考试前,应当在主考人、监考人与焊接操作工共同在场确认的情况下,在试件上标注焊接操作工项目考试编号。 (4)焊接顺序:GTAW 焊接打底层→SMAW 焊接填充层→SAW 焊接填充层和盖面层焊。 (5)焊接完成后,试件按照 NNSA-HAJ-0002-2019 5.2 中的目视检验要求的条件和方法进行。 (6)试件射线检验(RT)应按照《核电厂核岛机械设备无损检测第 3 部分:射线检测》(NB/T 20003.3—2010)的要求进行,焊缝质量应符合一级焊缝的检验要求。 (7)试件无损检验合格后按热处理要求进行热处理,并出具热处理报告。 (8)试样按照 NNSA-HAJ-0002-2019 5.4 中的弯曲试验要求的条件和方法做两个侧弯试验	(1)技能评定用试件的待焊表面和两侧各 25 mm 范围内应当清理干净,去除铁屑、氧化皮、油、锈和污垢等。 (2)焊剂应当按规定要求烘干,随用随取;焊丝应当除油、除锈。 (3)焊接操作工技能评定时,允许使用引弧板和引出板。 (4)技能评定试件开始焊接后,焊接位置不得改变。 (5)技能评定试件焊缝表面焊层在目视检验前不允许修磨,检验合格后允许修磨。 (6)除表面焊层以外,允许焊接操作工在监考人员同意时,修磨去除轻微的缺陷。 (7)技能评定试件的焊缝不允许返修。 (8)所有检验结果均应当按照相关要求编制报告。 (9)焊接操作工或技能评定监督人员按照要求记录焊接过程实际参数

编制	×××	审核	×××	批准	×××
日期	×××	日期	×××	日期	×××
编制单位名称		×××股份有限公司			

三、常见焊接缺陷产生原因及解决方法

（一）夹渣

造成夹渣的主要原因是焊接电流、电弧电压、焊接速度选择不合适，主要在熔合区产生条状夹渣和不连续的点状夹渣。层间夹渣如图 2－26 所示。

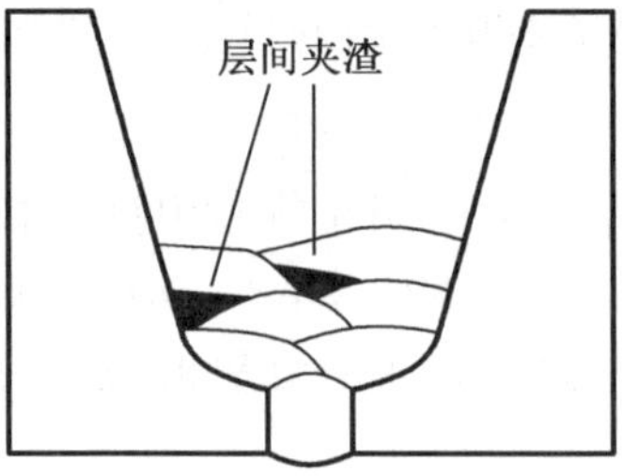

图 2－26　层间夹渣

焊接电流过大时，过大的电弧能量能将两侧母材金属表面熔化而形成凹槽；如果此时焊接速度过快，凹槽内不能及时得到液态金属的填充而被熔渣充满，在下一步的清渣过程中，无论清渣是否彻底，由于凹槽的存在，焊接下一道时这个部位极易出现夹渣。电弧电压过高时，电弧能量集中性下降，金属的熔化深度变浅，两侧母材与底层焊道之间的结合部位有时存在未熔化现象，部分熔渣填充在这个缝隙中。待熔池凝固后，这个缝隙则成为夹渣部位。如果电弧电压过低，电弧能量集中，焊出的焊道中间高两侧低，焊下一道时，两侧较低的位置可能会形成夹渣。

（二）裂纹

因母材厚度大，焊接时能形成很大的刚性拘束力。焊接中使用的热输入较小，熔池和热影响区的冷却速度较大，大的拘束力和快的冷却速度使焊缝金属对氢的作用更加敏感。在上述三个因素的共同作用下，如果焊接过程中的工艺措施不正确或没有按工艺规程施焊、焊接材料烘干不好或使用不当，焊道和热影响区就会出现裂纹。

在焊接管子过程中，由于受管子本身形状影响，在加热及焊接过程中容易出现受热不均匀的现象。在焊接过程中，由于钢管经受了不均匀的加热，边缘产生了拉应力，焊缝区产生了压应力，而且还产生了压缩塑性变形；冷却后焊缝总长将要缩短，边缘就出现了压应力，而焊缝区出现了拉应力，这就是焊接过程中引起应力和变形的主要原因。

应力是形成裂纹的条件，当应力超过焊缝的断裂强度时，就产生裂纹。焊接接头中主要存在三种应力，即由于焊接不均匀加热及冷却过程产生的热应力、金属相变应力（组织应力）和刚性拘束造成的拘束应力。此外，焊缝产生的咬边、夹渣、未焊透等缺陷或焊缝截面突然变化而形成的应力集中等，这些应力叠加在焊接接头的薄弱部位，达到一定值时，也将导致裂纹。所以在焊接过程中注意均匀加热以及控制层间温度。

四、焊前准备

（一）试件材质及规格

1. 材质

12Cr1MoV。

2. 规格

试管两根：ϕ190 mm×20 mm，L=120 mm。

3. 试件清理

必须去除表面氧化物，并且不得存在任何氧化痕迹，试管坡口两侧及背面25 mm范围内的油、锈、氧化皮等应清理干净。

（二）工具

钳式电流电压表、数字型接触式测温仪、低应力钢印、电动角向磨光机、敲渣锤、托线板、钢刷、钳子、活动扳手、焊剂铲、钢直尺。

（三）焊接材料型（牌）号及规格的选择

型（牌）号及规格：氩弧焊焊丝H05CrMoVTiRe，规格为ϕ2.5 mm；
焊条电弧焊焊条CHH317，规格分别为ϕ3.2 mm、ϕ5.0 mm；
丝极埋弧焊焊丝为H08CrMoV，规格为ϕ3.0 mm，焊剂350。

焊丝表面无油、锈、污物，焊剂必须无杂质。

（四）焊条和焊剂

焊条和焊剂必须烘干、保温使用。

（五）防护

操作人员应穿工作服、劳保鞋，戴工作帽、耳塞、口罩、电焊手套、防护眼镜等劳保防护用品。

（六）设备的焊前调试与准备

设备的焊前调试与准备同上节所述。

（七）文件准备

焊前需准备焊接用工艺规程、流转卡、质量计划、适用性文件和监考记录表。

（八）预热

预热是减慢焊缝金属和焊接热影响区的冷却速度最有效的措施，可降低焊接接头的硬度，使氢气易于从焊接处扩散逸出，防止焊接冷裂纹的产生。预热温度过高，一方面恶化了劳动条件；另一方面在局部预热的条件下，由于产生了附加应力，反而会加剧产生裂纹。因此，不是预热温度越高越好，而应合理选择预热温度。根据工艺规程，选择预热温度为210 ℃左右，为了确保试管能均匀加热，采取工件在滚轮架上旋转加热，如图2－27所示。预热工艺在氩弧焊之后，焊条电弧焊之前。

五、焊接操作

该项目采用GTAW＋SMAW＋SAW三种焊接方法组合焊的工艺，为防止埋弧焊击穿打底层，采用氩弧焊打底焊的焊接厚度为2.5 mm，用型（牌）号为CHH317，规格分别为ϕ3.2 mm和ϕ5.0 mm的焊条各焊一层过渡焊（不少于两层），保证厚度为8 mm的焊条电弧焊填充层，最后用埋弧焊填充盖面。

（一）材料的选择

为保证焊缝性能同母材匹配，具有必要的高温抗氧化性和热强性，焊缝成分应力求与母材相近，选用低氢型焊条可有效地避免冷裂纹的产生。

焊丝使用前,清除锈垢和油污至露出金属光泽。焊条和焊剂在使用前必须烘干,焊条在使用时放在保温桶内保温,随用随取。

钨极氩弧焊的电极采用铈钨棒,为保证根部焊缝的质量,氩气纯度在99.99%以上。

(二)装配与定位

(1)施焊前应采用手工钨极惰性气体保护焊焊接方法对试管进行点固,以防止试管在变位机上转动时的窜动和变形影响装配间隙。为减少焊接应力及变形,保证根部焊透,尽可能避免冷裂纹和再热裂纹的产生,可采用如图2-28所示的单面U形坡口。坡口角度 $\alpha=15°$,钝边 $P=2$ mm,根部间隙 $b=2.5$ mm,半径 $R=5$ mm,坡口示意图如图2-28所示,坡口实物图如图2-29所示,三通环缝焊接组装实物图如图2-30所示。

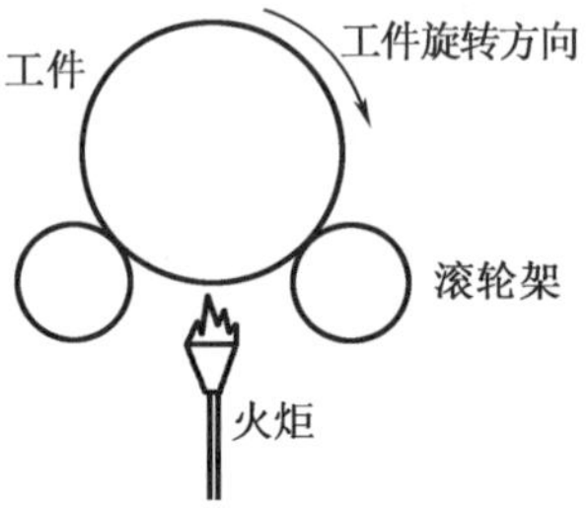

图2-27 预热装置

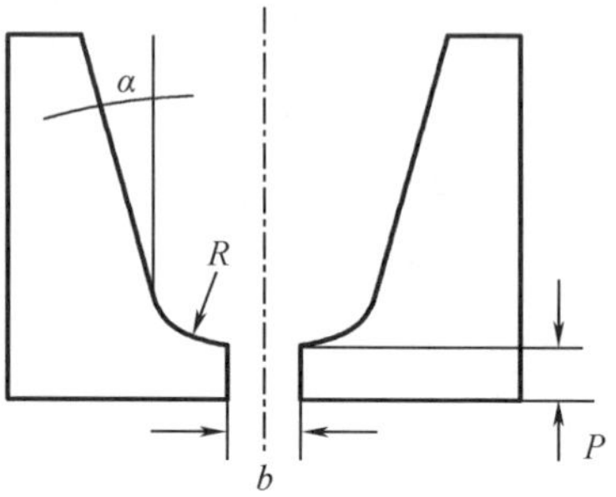

图2-28 坡口示意图

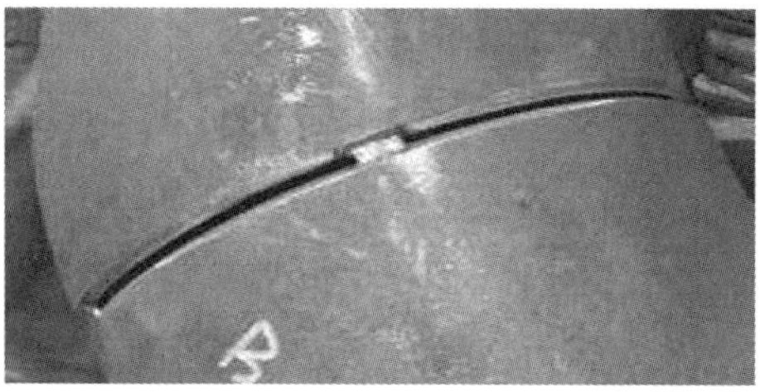

图2-29 坡口实物图

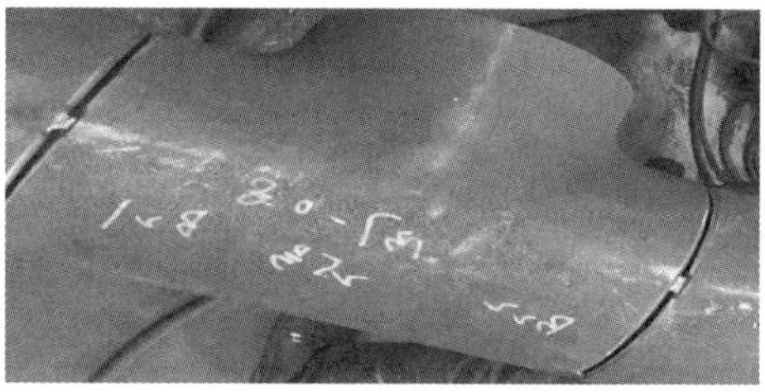

图2-30 三通环缝焊接组装实物图

(2)焊口组装前将坡口两侧15 mm范围内的油、污垢、锈等清理干净,直到露出金属光泽。

(3)采用手工钨极惰性气体保护焊的方法进行定位焊接,确保焊接质量。定位焊缝长10~20 mm,厚2~4 mm,数目不少于4处,沿坡口周围均布。

(4)定位焊的工艺应与根部焊道的焊接工艺相同。

(5)定位焊缝不得有裂纹、气孔、夹渣,否则应清理重焊。

(6)熔于永久性焊缝内定位焊两端应呈缓坡状,便于引弧,必要时需进行修磨。

(三)钨极氩弧焊打底要点

钨极氩弧焊打底时,将管件处于水平转动位焊接,采用非接触引弧。焊接时采取短弧焊,焊枪尽可能与工件表面垂直,有利于氩气对焊接熔池的保护,焊嘴与焊件间距离不超过10 mm。焊枪和焊丝可稍做横向摆动,保证坡口两侧熔透。同时,要控制好熔池温度,防止产生焊穿和焊瘤缺陷。在接头部位,要用手提砂轮机打磨弧坑,将弧坑处的收弧裂纹和气孔等焊接缺陷清除,然后继续引弧焊接。焊接时,应提前送气,滞后停气,收弧采用减小焊接电流或减慢焊速多加焊丝法完成。焊接时要保证打底焊厚度为 2.5 mm 以上，以免在后续工序起吊时整条焊缝开裂。

（四）焊条电弧焊填充要点

焊条电弧焊焊前应及时清理打底层表面的氧化皮等杂物，施焊前必须检查预热温度，预热温度未达到时，应待温度满足规程要求后才能施焊；预热温度如果超过规程要求，则应待温度冷却至规程要求范围之内才能施焊。焊条电弧焊时应注意层间清渣，以防止产生气孔、夹渣等缺陷，如有缺陷应立即磨除重焊。为防止氢量的逐层积累和产生弯曲变形而带来根部应力集中，焊件应保持层间温度在规程要求范围内。焊接时应采用短弧焊，且热输入量不宜过大，因为若采用长弧焊接，不仅会出现电弧燃烧不稳定、熔深浅、熔化金属飞溅大及合金元素烧损加剧等问题，而且容易产生咬边、未焊透等缺陷，同时空气中的氮气、氧气等有害气体易进入熔池，在焊缝中形成气孔缺陷。用手提砂轮机打磨收弧处，以免产生收弧裂纹。各层间接头应错开，不得有重叠。严禁在坡口外的母材表面引弧和试验电流，操作时要防止擦伤母材。焊条电弧焊采用 $\phi3.2$ mm 和 $\phi5.0$ mm 的焊条各焊一层，保证打底焊的总厚度在 10 mm 以上；如果厚度不足 10 mm，在进行埋弧焊施焊时很可能烧穿。

（五）埋弧焊焊接要点

1. 耐热钢管直径对埋弧焊的影响

管子环缝埋弧焊的焊接过程为：起弧→工件转动、焊接，如图 2－31 所示。假设以相同的焊接工艺参数（焊接电流、电弧电压、焊接速度、焊接材料、预热温度、层间温度等参数均相同）焊接不同直径的管子，当工件转到 α 时如果熔池还未凝固，熔池切向重力大于熔池表面张力，熔滴就会往下淌，导致成形不良或产生焊接缺陷。因此，在有足够的电流密度和热输入（为了避免夹渣和未熔合）的前提下，实现埋弧焊的条件是工件转到 α 时熔池凝固或熔池表面张力大于熔池切向重力，也就是要求工件转到 α 时有足够的时间。

从图 2－31 中可以推算出工件转到 α 时所需要的时间为

$$t(s) = [(\pi d\alpha/360°) + b]/V$$

式中，d 为管子埋弧焊处的直径，mm，如 $\phi190$ mm × 20 mm 的管子，氩弧焊层＋焊条电弧焊层的厚度约为 10.5 mm，进行第一层埋弧焊时，埋弧焊处的直径为 171 mm 左右；b 为焊丝偏移量，mm，约为 10 mm 左右，如图 2－32 所示；V 为埋弧焊处的线速度，mm/s，它与工件外表面线速度 v 的关系为 $V = dv/D$（D 为工件外径）。

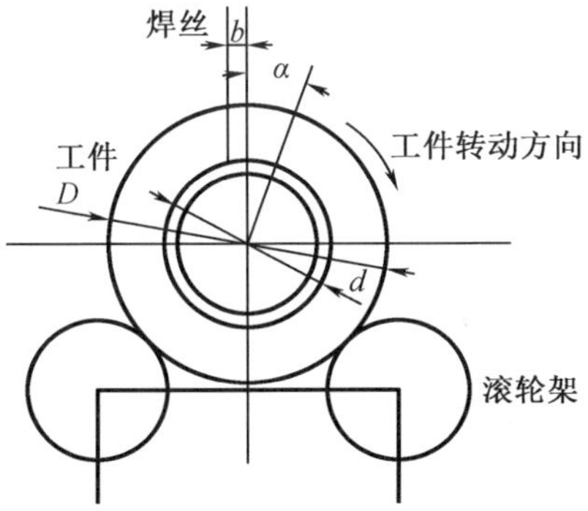

图 2－31　管子环缝焊接过程示意图

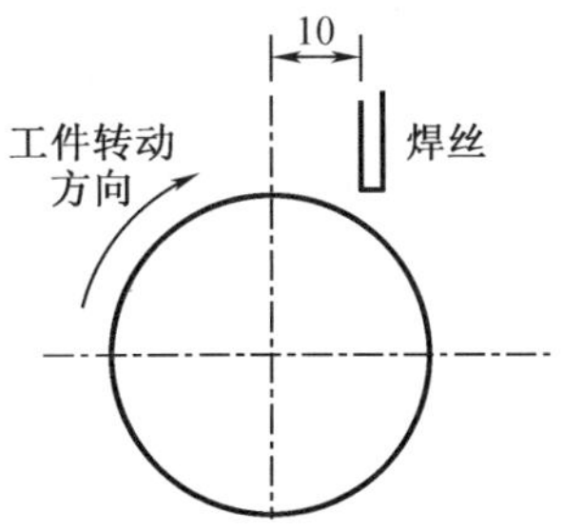

图 2－32　偏移量

从上式可以看出，速度相同时，埋弧焊处的直径越小，工件转到 α 时所需要的时间就越短，要实现埋弧焊的难度就越大。

2. 层间温度对埋弧焊的影响

小直径管子埋弧焊的难点除了直径小而引起的可支持熔池凝固的时间短外，层间温度与预热温度的影响也不可忽视，因为层间温度和预热温度会直接影响焊接的热循环。在焊接规范相同的条件下，层间温度和预热温度越高，焊接熔池的冷却速度就越慢，熔池的凝固时间就越长，小直径管子埋弧焊形成良好焊缝就越难。在环境温度相同、管子壁厚相同、焊接热输入相同的条件下，在相同的时间内，管子直径越小，其层间温度就越高。因此，高的层间温度也是影响小管子实施埋弧焊的难点之一。

3. 焊接工艺参数对埋弧焊的影响

小直径管子环缝埋弧焊不同于平板焊接或大直径管子环缝焊接，有较宽的焊接工艺参数调节范围，它的焊接工艺参数调节范围很窄，必须经过工艺试验寻找一个合适的焊接工艺参数才能焊接出质量优良的焊缝。

4. 焊丝位置对埋弧焊焊缝成形的影响

(1)环缝埋弧焊时，焊丝与焊件中心垂线的相对位置对焊缝的成形有很大的影响。环缝埋弧焊时，焊件在不断地旋转，熔化的焊剂和金属熔池在离心力的作用下倾向于离开电弧区而流动。因此，为防止熔化金属溢流和焊缝成形不良，应将焊丝逆焊件旋转方向后移适当距离(这个距离叫作后偏量或偏移量)，使焊接熔池正好在焊件转到中心位置时凝固。偏移量过大会形成熔深浅、表面下凹的焊缝，甚至会产生夹渣和未熔合；偏移量过小则会形成深而窄的焊道，焊缝中间凸起，焊缝成形不良，严重时还可能出现咬边、未熔合等焊接缺陷。

(2)埋弧焊时，焊丝相对焊缝和焊件的位置也很重要。不合适的焊丝位置会引起焊缝成形不良，导致咬边、夹渣和未焊透等缺陷的形成。因此，在焊接过程中应根据具体情况适当调整焊丝的位置，使焊丝始终保持在所要求的正确位置上。

(3)在较先进的埋弧焊装置中，装有焊接机头的自动跟踪系统，焊丝与侧壁间距调定后，焊丝的位置可以通过自动跟踪机构始终保持在最佳的焊接位置，从而获得高质量的无缺陷的焊缝，同时也减轻了焊工的劳动强度。

5. 埋弧焊焊接操作

由于埋弧焊的起、熄弧位置容易出现夹渣、弧坑等缺陷，故每道焊缝应一次从头焊到尾，中间避免停顿，否则应对接头处进行清理及修磨。

埋弧焊的引弧方法有很多种，如钢绒引弧法、尖焊丝引弧法和焊丝回抽法等，在生产中最常用、最可靠的引弧方法是尖焊丝引弧法。焊丝回抽引弧法需要使用具有焊丝回抽功能的焊机。

在熄弧时要注意弧坑的填补和熄弧前对接头的清理及修磨。在焊接过程中要注意层温的控制，每焊完一道焊缝要观察其成形情况，根据焊缝成形情况在规程范围内适当调整焊接参数。

(六)焊接参数、层间温度(层温)和焊道分布图记录

焊接参数、层间温度和焊道分布图应在焊接过程中进行记录(表 2－19 和表 2－20)。

表 2-19 监考记录表 1

焊接操作工项目考试施焊及监考记录表		施焊及监考记录表编号：×××	
		考试计划编号：×××	
参考焊接操作工单位	×××股份有限公司		
项目代号	GTAW T BW FM2 02 t2.5 D190 PA ss nb SMAW T BW FM2(B)t8 D190 PA ss mb SAW-M BW PA 02 ss mb 07 09 11		
焊接操作工姓名	×××	工位编号	×××-H-×
考试用焊接工艺规程编号	GC-SAW02-1 GC-SAW02-2 GC-SAW02-3	焊接操作工项目考试编号	SAW-02-A01

考试日期	×××
考试开始时间	8:30
考试终止时间	17:30
考试开始时间	
考试终止时间	

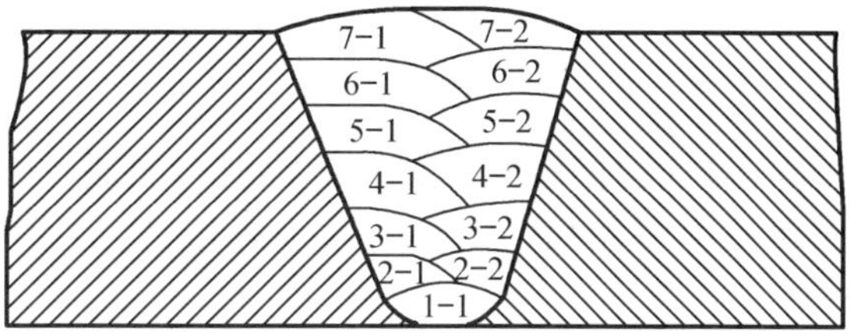

焊道序号	焊材规格/mm	电流极性	电流/A	电压/V	焊速/(mm·min^{-1})	预热温度或层间温度/℃			保护气体流量/(L·min^{-1})		其他
									正面	背面	
定位焊	ϕ2.5	直流正接	110	15	—	26	26	26	10	6	H05CrMoVTiRe
1-1	ϕ2.5	直流正接	110	15	—	46	43	45	10	6	H05CrMoVTiRe
2-1	ϕ3.2	直流反接	120	24	—	215	215	220	—	—	CHH317
2-2	ϕ3.2	直流反接	120	24	—	236	239	245	—	—	CHH317
3-1	ϕ5.0	直流反接	220	28	—	250	257	255	—	—	CHH317
3-2	ϕ5.0	直流反接	220	28	—	241	246	250	—	—	CHH317
4-1	ϕ3.0	直流反接	360	33	460	230	233	238	—	—	H08CrMoV
4-2	ϕ3.0	直流反接	360	33	460	245	249	251	—	—	H08CrMoV
5-1	ϕ3.0	直流反接	360	33	460	252	256	260	—	—	H08CrMoV
5-2	ϕ3.0	直流反接	360	33	460	258	262	265	—	—	H08CrMoV
6-1	ϕ3.0	直流反接	360	33	460	270	275	279	—	—	H08CrMoV
6-2	ϕ3.0	直流反接	360	33	460	265	269	272	—	—	H08CrMoV
7-1	ϕ3.0	直流反接	360	33	460	250	255	259	—	—	H08CrMoV
7-2	ϕ3.0	直流反接	360	33	460	248	254	258	—	—	H08CrMoV
							—	—			

参考焊接操作工(签字)：××× 监考人(签字)：×××

表 2 – 20　监考记录表 2

<table>
<tr><td colspan="5" rowspan="2">焊接操作工项目考试施焊及监考记录表</td><td colspan="8">施焊及监考记录表编号：×××</td></tr>
<tr><td colspan="8">考试计划编号：×××</td></tr>
<tr><td colspan="4">参考焊接操作工单位</td><td colspan="9">×××股份有限公司</td></tr>
<tr><td colspan="4">项目代号</td><td colspan="9">GTAW T BW FM2 02 t2.5 D190 PA ss nb
SMAW T BW FM2(B) t8 D190 PA ss mb
SAW – M BW PA 02 ss mb 07 09 11</td></tr>
<tr><td colspan="4">焊接操作工姓名</td><td colspan="4">×××</td><td colspan="3">工位编号</td><td colspan="2">××× – H – ×</td></tr>
<tr><td colspan="4">考试用焊接工艺规程编号</td><td colspan="4">GC – SAW02 – 1
GC – SAW02 – 2
GC – SAW02 – 3</td><td colspan="3">焊接操作工项目考试编号</td><td colspan="2">SAW – 02 – A01</td></tr>
<tr><td colspan="4" rowspan="2">项目</td><td colspan="6">预热六点测温</td><td colspan="3">层温三点测温</td><td rowspan="3">日期</td><td rowspan="3">时间</td></tr>
<tr><td>A</td><td>B</td><td>C</td><td>D</td><td>E</td><td>F</td><td>1</td><td>2</td><td>3</td></tr>
<tr><td>Ⅰ</td><td>Ⅱ</td><td>Ⅲ</td><td>Ⅳ</td><td colspan="6">℃</td><td colspan="3">℃</td></tr>
<tr><td>√</td><td></td><td></td><td></td><td>50</td><td>51</td><td>52</td><td>51</td><td>50</td><td>53</td><td></td><td></td><td></td><td>×××</td><td>9:30</td></tr>
<tr><td>√</td><td></td><td></td><td></td><td>210</td><td>213</td><td>215</td><td>206</td><td>209</td><td>212</td><td></td><td></td><td></td><td>×××</td><td>10:00</td></tr>
<tr><td></td><td></td><td></td><td></td><td></td><td></td><td></td><td></td><td></td><td></td><td></td><td></td><td></td><td></td><td></td></tr>
<tr><td></td><td></td><td></td><td></td><td></td><td></td><td></td><td></td><td></td><td></td><td></td><td></td><td></td><td></td><td></td></tr>
</table>

注：①Ⅰ为预热开始，Ⅱ为焊接，Ⅲ为后热开始，Ⅳ为后热结束。

②根据操作内容分别在项目一栏中的Ⅰ、Ⅱ、Ⅲ、Ⅳ子栏中做好标记，并在后面的栏目内记录相应的规范或时间。

③在焊前预热 30 min。沿焊缝长度方向六个测温点 *A*、*B*、*C*、*D*、*E*、*F* 进行测温。

④每层焊缝焊接前，沿焊缝长度方向检查层间温度，对三个测温点 1、2、3 进行测温

参考焊接操作工（签字）：×××　　　　监考人（签字）：×××

（七）注意事项

（1）为了保证根部焊接质量，可以第二层也采用氩弧焊。

（2）氩弧焊焊丝使用前应去除表面油垢等脏物。

（3）控制焊缝含氢量，减少裂纹倾向。在采用焊条电弧焊焊接时应确保所使用的焊条已按规范烘焙。

（4）控制坡口几何尺寸，保证背面成形。坡口钝边为 0.5 mm，根部间隙为 2 ~ 4 mm，手工氩弧焊单面焊双面成形，保证封底焊道全焊透。

（5）正式焊接到定位焊缝时，最好将定位焊缝磨掉，或用角向磨光机将定位焊缝的两端磨除，防止该处的杂质元素聚集，影响封底焊道质量。

（6）控制焊接环境。焊接时使用压缩空气降低层间温度会使得焊接接头脆硬，含氢量也会增加，因此应避免使用。

（7）连续焊接时间及焊缝长度不宜过长，收弧时尽量在坡口母材侧，以便于对杂质的清磨。

（8）尽量采用多层多道小电流焊接。

(9)在多层多道焊接过程中,应逐层逐道检查,经自检合格后方可焊接次层,并且多道焊的接头应错开 10~15 mm。

(10)焊接时严格控制热输入,焊接电流大小应适中,要保证坡口根部熔合良好。在焊接过程中要很好地掌握焊接电流和焊接速度的关系,通过提高焊接速度,减小焊道厚度,达到降低热输入的目的。

(11)焊接过程中应注意避免保温材料等异物落入焊缝中,并注意层间清理,焊接中应将每层焊道接头错开 10~15 mm,同时注意尽量焊得平滑,便于清渣和避免出现"死角"。每层(道)焊缝焊接完毕后,应用砂轮机或钢丝刷等将焊渣、飞溅等杂物清理干净(尤其应注意中间接头和坡口边缘)。

(12)埋弧焊时注意控制焊接坡口两侧的成形,避免形成凹形,以形成斜面或略凸起为宜,实践表明焊道凹形易出现细小的裂纹,焊道成形如图 2-33 所示。

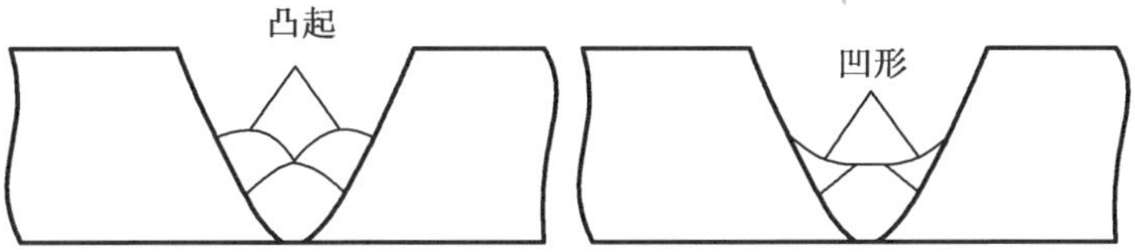

图 2-33 焊道成形

(13)整条焊缝焊完后,应将表面上的杂物清除干净,仔细检查外表有无缺陷,如有,应及时磨掉调整层。

(14)施焊中除工艺和检验上要求分次焊接外,应连续完成。若被迫中断,应采取防止裂纹产生的措施(后热、保温缓冷等),再焊时应仔细检查并确认无裂纹后方可继续施焊。

(15)在整个焊接过程中,应使被焊件(焊缝附近 30~100 mm)保持足够的温度,因而应经常测量并确保温度符合要求。

(16)因有一定的弧坑裂纹倾向,应注意熄弧操作,将弧坑填满。

(17)因故中断焊接,在重新焊接时应检查表面层无缺陷后方可按原工艺进行焊接。

环缝焊接实物图如图 2-34 所示。

图 2-34 环缝焊接实物图

六、焊后检查

(一)检验试验项目和数量

焊接操作工技能评定试件的检验项目、检查数量和试件数量见表 2-21。每个试件应先进行目视检验,合格后再进行其他项目检验。

表 2 - 21　试件检验项目、检查数量和试件数量

试件形式	试件厚度或管径		检验项目						
	厚度	管外径	目视检验/件	射线检验/件	断口检验/件	弯曲试验/个			宏观金相检验/个
						面弯	背弯	侧弯	
管对接坡口焊缝试件	—	≥76	1	1	—	1	1	—	—

注:①表中目视检验试件数量即试样数量。

②对于 PF、PG、H - L045 及 J - L045 焊接位置,应做两个面弯和背弯试验,当试件厚度不小于 10 mm 时,可以用 4 个侧弯试样代替面弯和背弯试样。

(二) 目视检验

(1)试件的目视检验,采用目视或 5 倍放大镜进行。手工焊的板材试件两端 20 mm 内的缺陷不计,焊缝的余高和宽度可用焊缝检验尺测量最大值和最小值,但不取平均值,单面焊的背面焊缝宽度可不测定。

(2)试件焊缝的目视检验应符合下列要求:

①焊缝表面应是焊后原始状态,不允许加工修磨或返修。

②焊缝外形尺寸应符合表 2 - 22 的规定。

表 2 - 22　试件焊缝外形尺寸

焊接方法	焊缝余高/mm		焊缝余高差/mm		焊缝宽度/mm	
	平焊位置	其他位置	平焊位置	其他位置	比坡口每侧增宽	宽度差
机械化焊	0 ~ 3	0 ~ 3	≤2	≤2	≤4	≤2

③焊缝边缘直线度:机械化焊≤3 mm。

④各种焊缝表面不得有裂纹、未熔合、夹渣、气孔、焊瘤和未焊透。机械化焊和自动焊的焊缝表面不得有咬边和凹坑。

⑤属于一个技能评定项目的所有试件目视检验的结果均符合目视检验(2)各项要求,该项试件的目视检验为合格,否则判定为该项技能评定不合格。

(三) 无损检验

试管的无损检验应符合 NB/T 20003.3—2010 中一级焊缝的检验要求。无损检验不合格的判定为该项技能评定不合格。

(四) 弯曲试验

(1)弯曲试样应从无损检验中发现的缺陷最多的区域切取。管状试件可按图 2 - 35(a)和图 2 - 35(b)的位置截取弯曲试样,弯曲试样的形式和尺寸如图 2 - 35 所示。堆焊侧弯试样宽度至少应包括堆焊层全部焊缝金属、熔合线和母材热影响区。试样上的余高及焊缝背面的垫板应用机械方法去除,面弯和背弯试样的拉伸面应平齐,且保留焊缝两侧中至少一侧的母材原始表面。

(2)做面弯、背弯或者侧弯试验时,对于断后伸长率 $A \geqslant 20\%$ 的母材,弯头(或内辊)直径应为 $4T$,弯曲角度应为 180°;而对于断后伸长率 $A<20\%$ 的母材,应采用下列公式:

$$D=(100S_1/A)-S_1$$

式中,D 为弯头(或内辊)的直径;S_1 为弯曲试样厚度;A 为母材的最低断后伸长率。

(3)对于不均匀焊缝,在确定 D 参数时,材料的最低断后伸长率 A 由两母材中较小的断后伸长率来确定。

(4)弯曲试验时,应将试样弯到使其两端成平行为止,此时材料的任何部分不再受到压力。

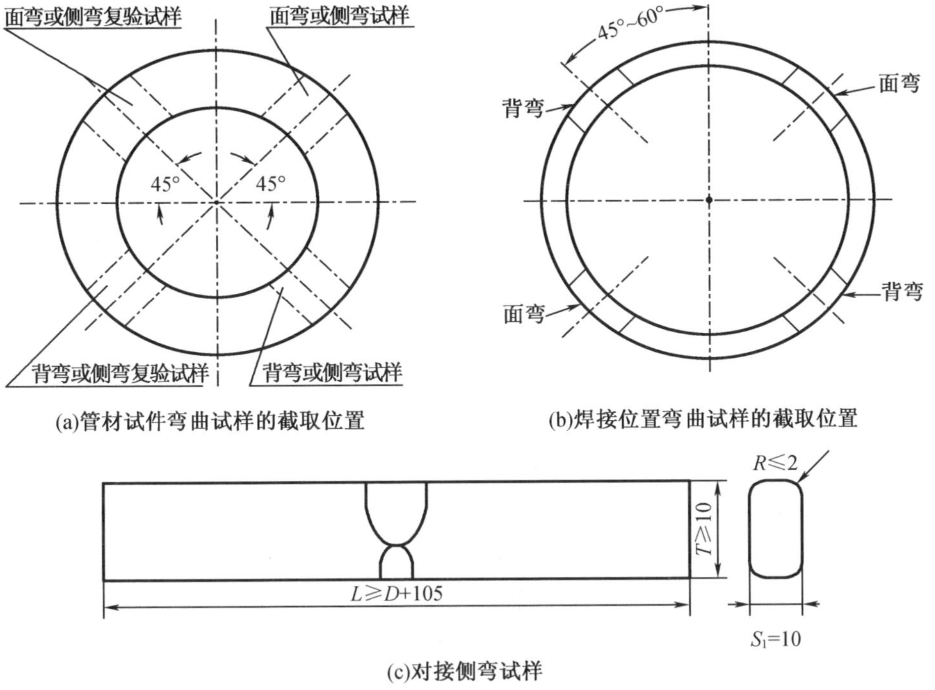

D—弯头直径;T—试件厚度;S_1—试样厚度;L—试样长度。

图 2-35 焊接接头弯曲试样的形式和尺寸

注:如果组合技能评定试件厚度 $T \geqslant 20$ mm 时,则侧弯试样宽度 $S_1 \geqslant 20$ mm。

(5)试件弯曲到规定的角度后,其拉伸面上不得有任何一个横向(试样宽度方向)裂纹或缺陷的长度大于 1.5 mm,纵向(试样长度方向)裂纹或缺陷的长度大于 3 mm。试样的棱角开裂不计,但确因焊接缺陷引起试样的棱角开裂,其长度应进行评定。

(6)试件的两个弯曲试样的试验结果均合格时,弯曲试验为合格。两个试样均不合格时,不允许复验,弯曲试验为不合格。其中一个试样不合格时,允许从原试件上另取两个试样进行复验,复验合格,弯曲试验为合格。

(7)在弯曲试验中压头位置相对于焊缝偏离时,弯曲试验结果无效。

（五）检验报告

1. 民用核安全设备焊接操作工项目考试目视检验报告

本项目的目视检验报告见表 2－23。

表 2－23　民用核安全设备焊接操作工项目考试目视检验报告

报告编号：SAW－02－A01－VT－2020－焊考－001

考试项目代号	GTAW T BW FM2 02 t2.5 D190 PA ss nb SMAW T BW FM2(B) t8 D190 PA ss mb SAW－M BW PA 02 ss mb 07 09 11		
实施计划编号	×××－11－××－××	焊接操作工项目考试编号	SAW－02－A01
焊接操作工姓名	×××	依据标准	NNSA－HAJ－0002－2019
焊接方法	GTAW＋SMAW＋SAW	母材牌号和规格	12Cr1MoV ϕ190 mm×20 mm×120 mm
试件形式	管－管对接	焊接位置	PA
原始状态		原始	
焊缝余高		裂纹	咬边
2.5～3.0 mm		无	$h\leqslant0.5$ mm，$L=28$ mm
焊缝余高差		未熔合	背面凹坑
0.5 mm		无	无
比坡口每侧增宽		夹渣	变形角度
2.5～3.0 mm 3.5～2.0 mm		无	—
宽度差		气孔	错边量
2 mm（50～52 mm）		无	0.5 mm
焊缝边缘直线度		焊瘤	角焊缝凹凸度
1.5 mm		无	—
背面焊缝余高		未焊透	焊脚尺寸
2.5 mm		—	—
堆焊焊道高度差		堆焊凹下量	通球检验
—		—	—
堆焊焊道平面度			
—			
目视检验结果（合格、不合格）	合格	检验日期	×××
检验人员	×××	证书号	×××
复审人员	×××	证书号	×××

2. 民用核安全设备焊接操作工项目考试射线检验报告

本项目射线检验报告见表 2－24。

表 2－24　射线检验报告

报告编号:SAW－02－A01－RT－2020－焊考－001

<table>
<tr><td>焊接操作工姓名</td><td colspan="2">×××</td><td colspan="2">项目考试编号</td><td>SAW－02－A01</td></tr>
<tr><td>考试项目代号</td><td colspan="5">GTAW T BW FM2 02 t2.5 D190 PA ss nb
SMAW T BW FM2(B) t8 D190 PA ss mb
SAW－M BW PA 02 ss mb 07 09 11</td></tr>
<tr><td colspan="6">验收标准：NB/T 20003.3—2010</td></tr>
<tr><td>试样类型</td><td>标识</td><td colspan="2">尺寸</td><td colspan="2">示意图</td></tr>
<tr><td>射线检验</td><td>SAW－02－A01</td><td colspan="2">ϕ190 mm×20 mm</td><td colspan="2">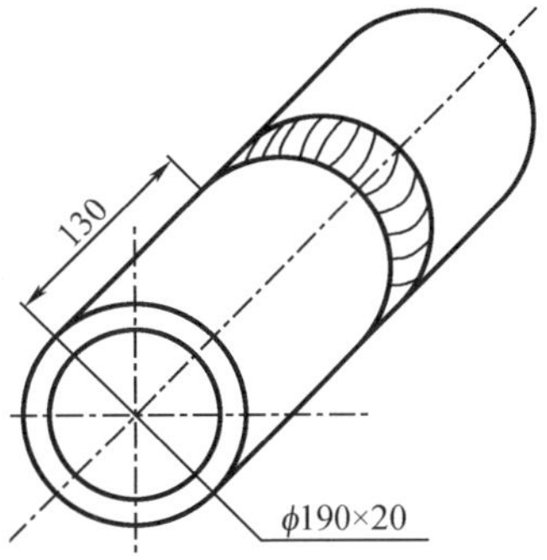
</td></tr>
<tr><td>实物
照片</td><td colspan="5">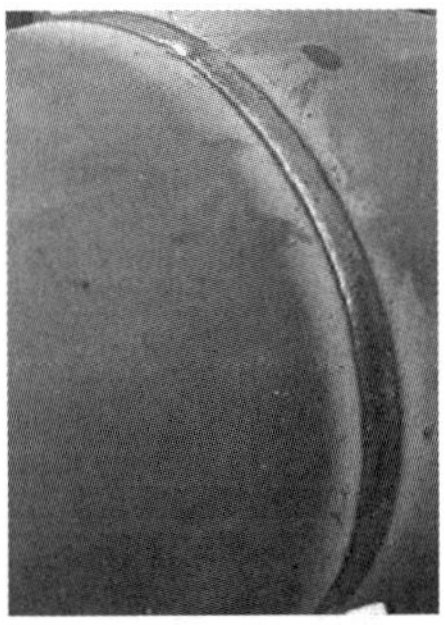</td></tr>
<tr><td>标识</td><td colspan="4">缺陷描述</td><td>结果</td></tr>
<tr><td>缺陷描述</td><td colspan="4">射线检验未发现裂纹、未熔合、未焊透、气孔及夹渣等低倍超标缺陷</td><td>合格</td></tr>
<tr><td>结论</td><td colspan="5">试件的射线检验(RT)按照 NB/T 20003.3—2010 的要求进行,焊缝质量应符合一级焊缝的检验要求。
结论:合格</td></tr>
<tr><td>检验人员</td><td>×××</td><td>证书号</td><td colspan="2">×××</td><td>日期:×××</td></tr>
<tr><td>复审人员</td><td>×××</td><td>证书号</td><td colspan="2">×××</td><td>日期:×××</td></tr>
</table>

3. 民用核安全设备焊接操作工项目考试弯曲检验报告

本项目弯曲检验报告见表 2－25。

表 2 – 25　弯曲检验报告

报告编号:SAW – 02 – A01 – GBT – 2020 – 焊考 – 001

<table>
<tr><td colspan="2">技能考试项目代号</td><td colspan="6">GTAW T BW FM2 02 t2.5 D190 PA ss nb
SMAW T BW FM2(B) t8 D190 PA ss mb
SAW – M BW PA 02 ss mb 07 09 11</td></tr>
<tr><td rowspan="3">弯曲试验</td><td>试样类型</td><td>试样号</td><td>取样位置</td><td>试样尺寸(厚/mm × 宽/mm)</td><td>弯曲角度</td><td>弯头直径/mm</td><td>结果</td></tr>
<tr><td>侧弯</td><td>SAW – 02 – A01 – P1</td><td>按标准</td><td>15 × 10</td><td>180°</td><td>46</td><td></td></tr>
<tr><td>侧弯</td><td>SAW – 02 – A01 – P2</td><td>按标准</td><td>15 × 10</td><td>180°</td><td>46</td><td></td></tr>
<tr><td>验收标准</td><td colspan="7">试样弯曲到规定的角度后,其拉伸面上不得有任何一个横向(试样宽度方向)裂纹或缺陷的长度大于 1.5 mm,纵向(试样长度方向)裂纹或缺陷的长度大于 3 mm。对于堆焊试样检验区不应出现明显裂缝,单个裂纹、气孔或夹渣的长度不得大于 3 mm</td></tr>
<tr><td colspan="8">照片</td></tr>
<tr><td>实物照片</td><td colspan="7"></td></tr>
<tr><td>试样照片</td><td colspan="7"></td></tr>
<tr><td colspan="4">试验设备:</td><td colspan="4">设备编号:</td></tr>
<tr><td colspan="2">缺陷描述</td><td colspan="6">弯曲检验未发现裂纹、未熔合、未焊透、气孔及夹渣等低倍超标缺陷</td></tr>
<tr><td colspan="2">结论</td><td colspan="2">合格</td><td colspan="4">不符合项报告编号:</td></tr>
<tr><td colspan="2">试验者</td><td colspan="2">姓名:× × ×</td><td colspan="2">日期:× × ×</td><td colspan="2">签名:× × ×</td></tr>
<tr><td colspan="2">审核者</td><td colspan="2">姓名:× × ×</td><td colspan="2">日期:× × ×</td><td colspan="2">签名:× × ×</td></tr>
</table>

七、焊接操作工培训自我评价记录表的填写

(一)焊接操作工自我评价

焊接操作工培训自我评价记录表包括劳保用品的穿戴、焊接辅助工具准备、焊接设备检查、焊接工装夹具检查、文件准备、焊接过程、焊后检查和安全八个方面。其中前五个方面的内容必须在焊前检查确认,第六方面是在焊接过程中边焊边记录,第七方面是焊后对设备、工具、文件等的检查记录,第八方面则是安全文明生产。

(二)技能教师评价

经过一段时间的培训,焊接操作工基本上掌握了耐热钢管对接水平转动埋弧焊的操作

技术，培训教师应对焊接操作工的技能水平做出评价，并根据培训是否合格确定该焊接操作工能否参加项目考试。

八、技能评定报告编制

掌握 SAW02 的操作技术非常重要，对保证核电设备的焊接质量至关重要。通过长期的培训实践证明，本书所介绍的操作技术不仅方便焊接操作工学习和掌握，焊接质量好，合格率高，而且缩短了培训周期，是一种行之有效的焊接技能操作技术。

本项目的焊接操作工技能评定报告见表 2－26 至表 2－28。

表 2－26 手工钨极惰性气体保护焊焊接操作工技能评定报告

评定日期	×××	编号	GTAW－2020－01
姓名	×××		照片
身份证号	×××		
聘用单位	×××股份有限公司		
焊接操作工编号	×××		
焊接工艺规程	GC－SAW02－1		
技能评定项目代号	GTAW T BW FM2 02 t2.5 D190 PA ss nb		

	代号	含义	适用范围
焊接方法	GTAW	手工钨极惰性气体保护焊	手工钨极惰性气体保护焊
焊机型号	—	—	—
试件形式	T	管－管	管或板焊接
焊缝形式	BW	对接焊缝	对接焊缝、除接管焊缝外的组合焊缝
填充材料	FM2	高强钢焊丝	高强钢或碳素钢和细晶粒钢焊丝均可
焊缝金属厚度/mm	t2.5	对接焊缝熔敷厚度 2.5	对接焊缝熔敷厚度≤5
板材厚度/mm	—	—	—
管材外径/mm	D190	管材外径 190	管材外径≥76
焊接位置	PA	水平转动	PA、PB
焊接要素	02	实芯焊丝	有或无焊丝（实芯焊丝）
	ss	单面焊	单面焊或双面焊均可
	nb	无衬垫	带衬垫或无衬垫均可
	—	—	—
特殊焊缝技能评定			

检验情况

检验项目	检验结果	试验报告编号
项目考试目视检验报告	合格	SAW－02－A01－VT－2020－焊考－001
项目考试射线检验报告	合格	SAW－02－A01－RT－2020－焊考－001
项目考试弯曲检验报告	合格	SAW－02－A01－GBT－2020－焊考－001

编制	×××	审核	×××	批准	×××

表 2 – 27　焊条电弧焊焊接操作工技能评定报告

评定日期	× × ×	编号	SMAW – 2020 – 02
姓名	× × ×		照片
身份证号	× × ×		
聘用单位	× × ×股份有限公司		
焊接操作工编号	× × ×		
焊接工艺规程	GC – SAW02 – 2		
技能评定项目代号	SMAW T BW FM2(B)t8 D190 PA ss mb		
	代号	含义	适用范围
焊接方法	SMAW	焊条电弧焊	焊条电弧焊
焊机型号	—	—	—
试件形式	T	管 – 管	管或板焊接
焊缝形式	BW	对接焊缝	对接焊缝、除接管焊缝外的组合焊缝
填充材料	FM2	高强钢	高强钢或碳素钢和细晶粒钢焊条均可
	B	B 型(药皮碱性型)	碱性型或酸性焊条
焊缝金属厚度/mm	t8	对接焊缝 8	对接焊缝 3 ~ 16
板材厚度/mm	—	—	—
管材外径/mm	D190	管材外径 190	管材外径≥76
焊接位置	PA	水平转动	PA
焊接要素	ss	单面焊	单面焊或双面焊均可
	mb	带衬垫	带衬垫
	—	—	—
特殊焊缝技能评定			

检验情况					
检验项目		检验结果		试验报告编号	
项目考试目视检验报告		合格		SAW – 02 – A01 – VT – 2020 – 焊考 – 001	
项目考试射线检验报告		合格		SAW – 02 – A01 – RT – 2020 – 焊考 – 001	
项目考试弯曲检验报告		合格		SAW – 02 – A01 – GBT – 2020 – 焊考 – 001	
编制	× × ×	审核	× × ×	批准	× × ×

表 2－28 机械化埋弧焊焊接操作工技能评定报告

评定日期	×××	编号	SAW－2020－02
姓名	×××		照片
身份证号	×××		
聘用单位	×××股份有限公司		
焊工编号	×××		
焊接工艺规程	GC－SAW02－3		
技能评定项目代号	SAW－M BW PA 02 ss mb 07 09 11		
	代号	含义	适用范围
焊接方法	SAW－M	机械化埋弧焊	机械化埋弧焊
焊机型号	—	—	—
试件形式	—	—	—
焊缝形式	BW	对接焊缝	对接焊缝
填充材料	—	—	—
焊缝金属厚度/mm	—	—	—
板材厚度/mm	—	—	—
管材外径/mm	—	—	—
焊接位置	PA	平焊	PA
焊接要素	ss mb	单面焊/带衬垫	带衬垫单面焊或双面焊
	02	实芯焊丝	有或无焊丝(实芯焊丝)
	07	无自动跟踪系统	有无自动跟踪系统均可
	09	直接目视观察控制	直接目视观察控制
	11	无熔化衬环	有无熔化衬环均可
特殊焊缝技能评定			

检验情况		
检验项目	检验结果	试验报告编号
项目考试目视检验报告	合格	SAW－02－A01－VT－2020－焊考－001
项目考试射线检验报告	合格	SAW－02－A01－RT－2020－焊考－001
项目考试弯曲检验报告	合格	SAW－02－A01－GBT－2020－焊考－001

编制	×××	审核	×××	批准	×××

第四节　奥氏体不锈钢管对接水平转动埋弧焊

本节对奥氏体不锈钢管对接水平转动埋弧焊技能操作项目的要点、焊接工艺规程、常见焊接缺陷产生原因及解决方法、焊前准备、焊接操作、焊后检查、焊接操作工培训自我评价记录表的填写和技能评定报告编制等方面进行讲解。

为了叙述方便，项目考试代号为 GTAW T BW 02 t8 D791 PA ss nb + SAW – M BW PA 02 ss mb 07 09 11 的奥氏体不锈钢管对接水平转动埋弧焊以下均称为“SAW03”。

一、本项目要点简介

本项目不锈钢钢管转动埋弧属于大直径管对接水平转动焊，一般是圆柱形筒体的环缝焊接。环缝焊接与直缝焊接最大的不同点是焊接时必须将焊件置于滚轮架上，由滚轮架带动焊件旋转，焊机固定在操作机上不动，仅有焊丝向下输送和沿不锈钢钢管轴线方向调节焊丝与坡口间距的动作。环缝对接焊的焊接位置属于平焊。

环缝焊接时一个重要的技术关键是焊丝相对于筒体的位置，环缝焊接虽属平焊，但当筒体旋转时，常常因焊丝位置不当而造成焊缝成形不良。例如，焊接外环缝时，如将焊丝对准环缝的最高点，焊接过程中，随着筒体转动(顺时针)，熔池便处于电弧的右下方，相当于上坡焊，结果使焊缝厚度和余高增加，宽度减小。同样，焊接内环缝时，如将焊丝对准环缝的最低点，熔池便处于电弧的左上方，相当于下坡焊，结果使焊缝厚度变浅，宽度和余高减小，严重时将造成焊缝中部下凹。筒体直径越小，上述现象越突出。

(一)适用范围

本教案适用于 GAW03 的技能培训，也可作为核电技能教师在培训学员时的教学方案。

(二)教案编写依据

(1)NNSA – HAJ – 0002 – 2019。

(2)GAW03 焊接工艺规程，编号：GC – SAW – 03 – 1。

(3)GAW03 焊接工艺规程，编号：GC – SAW – 03 – 2。

(4)适用性文件《预热、层温、后热和焊后热处理总要求》《对焊接操作的附加要求》和《焊接的总要求》。

(三)要点简介

在核电主管道设备中，主管道属于厚壁大口径奥氏体不锈钢，弯头和直管段均为铸钢件。对厚壁管焊接而言，使用钨极氩弧焊和焊条电弧焊不但效率低，而且在焊接过程中因焊接周期长，容易产生焊接缺陷，而埋弧焊熔深大、生产率高、机械化操作的程度高，因而适于焊接主管道的环焊缝。

二、SAW03 焊接工艺规程

本项目采用手工钨极惰性气体保护焊 + 埋弧焊两种焊接方法，手工钨极惰性气体保护焊打底与焊条电弧焊和埋弧焊相比能获得较高的焊接质量。

（一）SAW03 的手工钨极惰性气体保护焊焊接工艺规程

采用埋弧焊焊接方法填充盖面时，因其热输入较大，为了防止焊穿钨极惰性气体保护电弧焊打底层，要求氩弧焊打底层和填充层的熔敷金属总厚度不小于 8 mm，采用直径为 2 mm 的焊丝，总共 4 层 7 道焊。手工钨极惰性气体保护焊焊接工艺规程见表 2－29。

表 2－29　奥氏体不锈钢管对接水平转动手工钨极惰性气体保护焊焊接工艺规程

编号：GC－SAW－03－1　Rev. A

<table>
<tr><td>技能考试项目代号</td><td colspan="3">GTAW T BW 02 t8 D791 PA ss nb</td></tr>
<tr><td>工艺评定报告编号/依据标准/有效期</td><td>PQR×××/RCC－M 2000＋2002 补遗/长期有效</td><td>自动化程度/稳压系统/自动跟踪系统</td><td>手工焊</td></tr>
<tr><td colspan="2">焊接接头</td><td colspan="2" rowspan="6">焊接接头简图（有衬垫的应标明衬垫的形式和截面尺寸）：
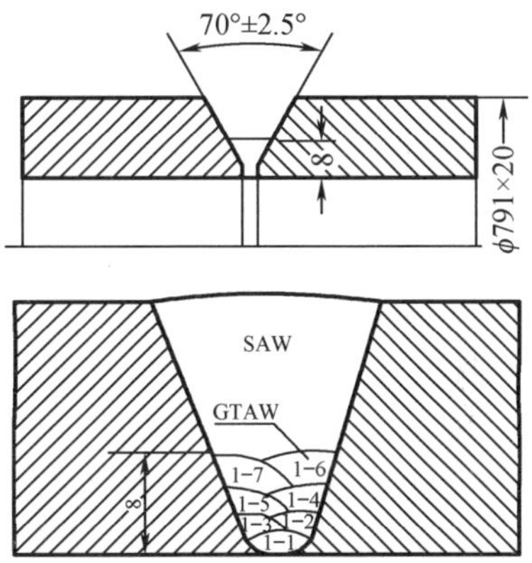
</td></tr>
<tr><td>坡口形式</td><td>V 形</td></tr>
<tr><td>衬垫（材料）</td><td>—</td></tr>
<tr><td>焊缝金属厚度</td><td>8 mm</td></tr>
<tr><td>管子直径</td><td>791 mm</td></tr>
<tr><td>其他</td><td>—</td></tr>
<tr><td colspan="2">母材</td><td colspan="2">填充金属</td></tr>
<tr><td>类别号</td><td>Ⅵ</td><td>焊材类型（焊条、焊丝、焊带等）</td><td>焊丝</td></tr>
<tr><td>牌号</td><td>Z3CN20－09M 或相同的材质</td><td>焊材型（牌）号/规格</td><td>ER316L/ϕ2 mm</td></tr>
<tr><td>规格</td><td>试管两根，ϕ791 mm×20 mm，L＝125 mm</td><td>焊剂型（牌）号</td><td>—</td></tr>
<tr><td colspan="2">焊接位置</td><td colspan="2">保护气体类型/混合比/流量</td></tr>
<tr><td>焊接位置</td><td>平焊（PA）</td><td>正面</td><td>Ar/99.995%/9～11 L/min</td></tr>
<tr><td>焊接方向</td><td>—</td><td>背面</td><td>Ar/99.995%/3～6 L/min</td></tr>
<tr><td>其他</td><td>—</td><td>尾部</td><td>—</td></tr>
<tr><td colspan="2">预热和层间温度</td><td colspan="2">焊后热处理</td></tr>
<tr><td>最低预热温度</td><td>5 ℃</td><td>温度范围</td><td>—</td></tr>
<tr><td>最高层间温度</td><td>150 ℃</td><td>保温时间</td><td>—</td></tr>
<tr><td>预热方式</td><td>天然气火炬加热</td><td>其他</td><td>—</td></tr>
</table>

表 2-29(续)

焊接技术			
最大热输入	—		
喷嘴尺寸	—	导电嘴与工件距离	—
清根方法	—	焊缝层数范围	4 层
钨极类型/尺寸	WCe-20/ϕ2.4 mm	熔滴过渡方式	—
直向焊、摆动焊及摆动方法		横向摆动	
背面、打底及中间焊道清理方法		刷理或打磨	

焊接参数

焊层	焊接方法	焊材		焊接电流		电压范围/V	焊接速度/(cm·min^{-1})
		型(牌)号	规格/mm	极性	范围/A		
1	GTAW	ER316L	ϕ2.0	直流正接	80~115	12~18	—
2	GTAW	ER316L	ϕ2.0	直流正接	90~115	12~18	—
3	GTAW	ER316L	ϕ2.0	直流正接	90~115	12~18	—
4	GTAW	ER316L	ϕ2.0	直流正接	80~115	12~18	—

工艺说明	操作要领
(1)本规程根据 NNSA-HAJ-0002-2019 编制。 (2)试件坡口形式和尺寸应当满足焊接工艺规程的要求。 (3)使用 Miller 埋弧焊接工作站设备焊接。 (4)操作考试前,应当在主考人、监考人与焊接操作工共同在场确认的情况下,在试件上标注焊接操作工项目考试编号。 (5)焊接顺序:GTAW 焊接打底层→SAW 焊接填充层和盖面层焊。 (6)焊接完成后,试件按照 NNSA-HAJ-0002-2019 5.2 中的目视检验要求的条件和方法进行。 (7)试件射线检验(RT)应按照《核电厂核岛机械设备无损检测第 3 部分:射线检测》(NB/T 20003.3—2010)的要求进行,焊缝质量应符合一级焊缝的检验要求。 (8)试样按照 NNSA-HAJ-0002-2019 5.4 中的弯曲试验要求的条件和方法做两个侧弯试验	(1)技能评定用试件的待焊表面和两侧各 25 mm 范围内应当清理干净,去除铁屑、氧化皮、油、锈和污垢等。 (2)焊丝应当除油、除锈。 (3)焊接操作工技能评定试件根部焊道至少应当有一个停弧再焊处,并在停弧再焊处做出标记;除焊接工艺要求停弧外,焊接操作工技能评定试件每一焊道中间不得停弧。 (4)技能评定试件开始焊接后,焊接位置不得改变。 (5)技能评定试件焊缝表面焊层在目视检验前不允许修磨,检验合格后允许修磨。 (6)除表面焊层以外,允许焊接操作工在监考人员同意时,修磨去除轻微的缺陷。 (7)技能评定试件的焊缝不允许返修。 (8)所有检验结果均应当按照相关要求编制报告。 (9)焊接操作工或技能评定监督人员按照要求记录焊接过程实际参数

编制	×××	审核	×××	批准	×××
日期	×××	日期	×××	日期	×××
编制单位名称			×××股份有限公司		

（二）SAW03 的埋弧焊焊接工艺规程

GTAW 部分焊接完成且经无损检验合格后，继续采用 SAW 方法填充盖面。填充层采用四层九道焊，盖面采用一层三道焊。埋弧焊焊接工艺规程见表 2－30。

表 2－30　奥氏体不锈钢管对接水平转动埋弧焊焊接工艺规程

编号：GC－SAW－03－2　Rev. A

<table>
<tr><td>技能考试项目代号</td><td colspan="3">SAW－M BW PA 02 ss mb 07 09 11</td></tr>
<tr><td>工艺评定报告编号/依据标准/有效期</td><td>PQR×××/RCC－M 2000＋2002 补遗/长期有效</td><td>自动化程度/稳压系统/自动跟踪系统</td><td>机械焊/无自动跟踪系统/直接目视观察控制</td></tr>
<tr><td colspan="2">焊接接头</td><td colspan="2" rowspan="6">焊接接头简图（有衬垫的应标明衬垫的形式和截面尺寸）：
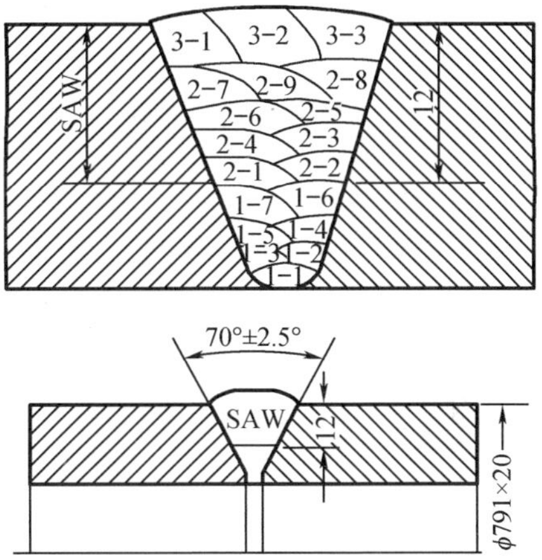
</td></tr>
<tr><td>衬垫（材料）</td><td>ER316L</td></tr>
<tr><td>焊缝金属厚度</td><td>12 mm</td></tr>
<tr><td>管子直径</td><td>791 mm</td></tr>
<tr><td>其他</td><td>焊丝伸出长度：20～30 mm</td></tr>
<tr><td colspan="2"></td></tr>
<tr><td colspan="2">母材</td><td colspan="2">填充金属</td></tr>
<tr><td>类别号</td><td>Ⅵ</td><td>焊材类型（焊条、焊丝、焊带等）</td><td>焊丝/焊剂</td></tr>
<tr><td>牌号</td><td>Z3CN20－09M 或相同的材质</td><td>焊材型（牌）号/规格</td><td>ER316L/φ2.4 mm</td></tr>
<tr><td>规格</td><td>试管两根，φ791 mm×20 mm，L＝125 mm</td><td>焊剂型（牌）号</td><td>OP 70 Cr Spezial</td></tr>
<tr><td colspan="2">焊接</td><td colspan="2">保护气体类型/混合比/流量</td></tr>
<tr><td>焊接位置</td><td>平焊（PA）</td><td>正面</td><td>—</td></tr>
<tr><td>焊接方向</td><td>—</td><td>背面</td><td>—</td></tr>
<tr><td>其他</td><td>—</td><td>尾部</td><td>—</td></tr>
<tr><td colspan="2">预热和层间温度</td><td colspan="2">焊后热处理</td></tr>
<tr><td>最低预热温度</td><td>5 ℃</td><td>温度范围</td><td>—</td></tr>
<tr><td>最高层间温度</td><td>150 ℃</td><td>保温时间</td><td>—</td></tr>
<tr><td>预热方式</td><td>天然气火炬加热</td><td>其他</td><td>—</td></tr>
</table>

表 2-30(续)

焊接技术			
最大热输入	—		
喷嘴尺寸	—	导电嘴与工件距离	—
清根方法	—	焊缝层数范围	4~6 层
钨极类型/尺寸	—	熔滴过渡方式	—
直向焊、摆动焊及摆动方法		多道直道焊	
背面、打底及中间焊道清理方法		刷理或打磨	

焊接参数							
焊层	焊接方法	焊材		焊接电流		电压范围/V	焊接速度/(cm·min⁻¹)
		型(牌)号	规格/mm	极性	范围/A		
填充	SAW	316L 焊丝/焊剂	φ2.4	直流反接	300~350	31.3~32.3	600~620
盖面	SAW	316L 焊丝/焊剂	φ2.4	直流反接	400~450	32~33	600~780

工艺说明	操作要领
(1)本规程根据 NNSA-HAJ-0002-2019 编制。 (2)使用 Miller 埋弧焊接工作站设备焊接。 (3)操作考试前,应当在主考人、监考人与焊接操作工共同在场确认的情况下,在试件上标注焊接操作工项目考试编号。 (4)焊接顺序:GTAW 焊接打底层→SAW 焊接填充层和盖面层焊。 (5)焊接完成后,试件按照 NNSA-HAJ-0002-2019 5.2 中的目视检验要求的条件和方法进行。 (6)试件射线检验(RT)应按照《核电厂核岛机械设备无损检测第 3 部分:射线检测》(NB/T 20003.3—2010)的要求进行,焊缝质量应符合一级焊缝的检验要求。 (7)按照 NNSA-HAJ-0002-2019 5.4 中的弯曲试验要求的条件和方法做两个侧弯试验	(1)技能评定用试件的待焊表面和两侧各 25 mm 范围内应当清理干净,去除铁屑、氧化皮、油、锈和污垢等。 (2)焊剂应当按规定要求烘干,随用随取;焊丝应当除油、除锈。 (3)焊接操作工技能评定时,允许使用引弧板和引出板。 (4)技能评定试件开始焊接后,焊接位置不得改变。 (5)技能评定试件焊缝表面焊层在目视检验前不允许修磨,检验合格后允许修磨。 (6)除表面焊层以外,允许焊接操作工在监考人员同意时,修磨去除轻微的缺陷。 (7)技能评定试件的焊缝不允许返修。 (8)所有检验结果均应当按照相关要求编制报告。 (9)焊接操作工或技能评定监督人员按照要求记录焊接过程实际参数

编制	×××	审核	×××	批准	×××
日期	×××	日期	×××	日期	×××
编制单位名称			×××股份有限公司		

三、常见焊接缺陷产生原因及解决方法

(一)产生原因

机械化钨极惰性气体保护电弧焊是焊接奥氏体不锈钢的传统焊接方法,具有灵活、不

受焊接位置的限制，焊缝成形美观，不产生飞溅等优点。其缺点是熔深浅，熔敷速度小，生产率较低，钨极承载电流的能力较差，过大的电流会引起钨极融化和蒸发，其微粒有可能进入熔池，造成污染(夹钨)，氩气较贵，生产成本较高。

(二)常见焊接缺陷

焊接主要防气孔、夹渣、咬边、未熔合、热裂纹。

(三)解决方法

(1)内冲氩，U形坡口，采用控制层间温度的打底、填充和盖面的多层焊法。

(2)做好“三磨”，即焊道接头、焊道与焊道、各焊层之间在焊接前表面打磨，使金属表面干净，露出光泽，无任何缺陷。

(3)严格控制热输入和道间温度。

(4)注意要点：

打底：为防止焊缝表面氧化，焊接过程中焊缝背面必须吹送保护气体。两侧棱边不能烧损且最后焊缝形状略呈凹形为最好，然后进行填充层焊接。

盖面：焊接规范参数的调节合适，焊枪横向摆动幅度不要太大，焊枪摆动到一侧棱边处稍做停顿，将填充焊丝和棱边熔化，焊接速度稍慢，保证管子棱边熔合好。

四、焊前准备

(一)试件

1. 材质

Z3CN20－09M。

2. 规格

试管两根：$\phi791$ mm×20 mm，$L=125$ mm。

3. 试件清理

必须清除试件表面及坡口附近25 mm范围内的锈蚀、油污及水分，并且不得存在任何氧化痕迹。

4. 标注编号

在试件上标注焊工项目考试编号。

(二)工具

钳式电流电压表、数字型接触式测温仪、低应力钢印、电动角向磨光机、敲渣锤、拖线板、砂轮片、钢刷。

(三)防护

操作人员应穿工作服、劳保鞋，戴工作帽、口罩、耳塞、手套、防护眼镜。

(四)焊接设备及焊接工装夹具的检查

(1)启动焊机前，检查各处的接线是否正确、牢固可靠。电流表和电压表应在有效期内。

(2)焊机运行检查、极性检查、辅助按钮以及工装夹具是否可以正常使用、工装夹具扳手是否齐全。

(3)按焊接工艺规程调试焊接电流并用钳型电流电压表，检查焊接参数是否在规定的适用范围内。

(4)焊前按图纸等技术要求规定检查待焊表面,待焊表面上不得存在任何裂纹、较大凹坑(≥2 mm)、分层等缺陷;施焊前应用砂纸、丙酮等清理待焊面,表面不得有油污、锈斑及其他杂质。

(5)检查地线连接处表面的洁净度。

(6)操作机就位后,检查操作机的立柱是否固定锁死。

(7)检查系统控制板,在变位器上校核、检验焊接速度。

(8)导电嘴和导电嘴上的导电块的状况是否良好,必要时应对它们进行清洗或更换。

(9)检查焊丝的完好性,不得有任何毛刺等缺陷,若有毛刺等应及时剪除;检查焊机的送丝状况,确保焊丝在机头中能够自由滑动。

(五)焊接材料检查

(1)焊前应检查每盘焊丝,上面应有明确的标识(表明焊丝的型(牌)号、规格等),未用完的焊丝应与标识一起保存;标识不清即不能辨识焊丝牌号时,应通知有关部门进行取样检验,若仍无法确定焊丝牌号则立即报废。

(2)严禁不同牌号焊丝盘在同一个盘上。

(3)不锈钢焊丝应注意避免与其他材料的焊丝混放以及与非不锈钢材料直接接触。

(4)埋弧焊焊剂应注意避免与其他焊剂放在一起,并防止其他污物混入。

(5)往操作机焊剂料斗装焊剂前,须彻底清理焊剂料斗,保证无其他牌号或批号的焊剂。

(6)焊剂按规定的要求进行烘干。

(六)文件准备

焊前需准备焊接用工艺规程、流转卡、质量计划、适用性文件和监考记录表。

五、焊接操作

(一)装配与定位

1. 装配

组对试管时要保证试件组对间隙均匀,凹凸平整,错边量小。具体做法是剪切一块 1 000 mm×50 mm×3.5 mm 奥氏体不锈钢的扁钢条并校直,插入试管坡口中间来保证根部间隙 3.5 mm。钢板尺平放在两试管同一水平面上测量错边量,如图 2-36 所示。

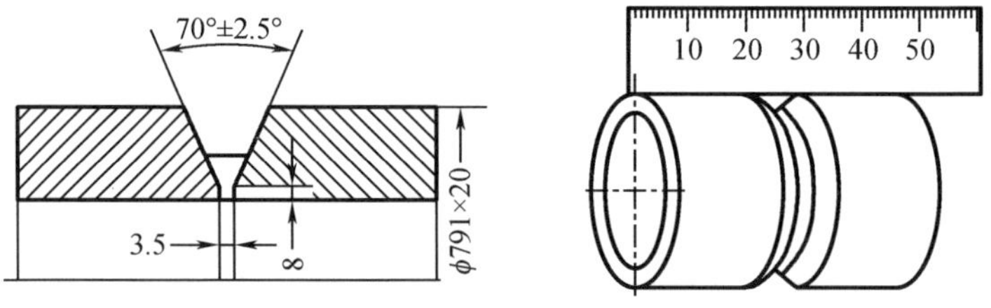

图 2-36　装配与定位示意图

2. 内充氩

试管坡口用胶带密封,试管两侧用 5 mm 纸板堵住,插入通氩气胶管,放入筒体内胶管终端连接一只钻满小孔的不锈钢小管,使其氩气均匀分布在筒体内。通氩气时,流量大小要适宜。流量大了,产生紊流;流量小了,背面焊缝易氧化。氩气流量取 3~6 L/min,内充氩时间 30 min 以上。

3. 内充氩检测

剪切一块 60 mm × 20 mm × 2 mm 奥氏体不锈钢的扁钢条，撕开试管坡口胶带密封，放入奥氏体不锈钢的扁钢条。焊接一条短焊缝，看奥氏体不锈钢的扁钢条背面保护效果是否合格。扁钢条背面保护效果不好，被氧化，颜色发黑，表示不能焊接；扁钢条背面保护效果好，没有被氧化，颜色应该是金黄色或银白色，表示可以焊接。

4. 定位焊

在对工件进行组对时，在焊缝长度方向每隔 500 mm 焊接不小于 100 mm 的定位焊缝，定位焊缝的质量与焊缝本体质量要求一致。为保证根部焊层背面有成形良好的熔合过渡，定位焊缝两端应留出必要的过渡段。定位焊的焊工或焊接操作工必须由担任该产品焊缝的焊工或焊接操作工完成，定位焊的外形必须是连续的，与母材连接处没有咬边，定位焊缝不能有任何裂纹。

（二）不锈钢转动钨极惰性气体保护电弧焊的焊接操作要领

钨极惰性气体保护电弧焊打底焊采取 4 层 7 道焊，熔敷厚度不小于 8 mm，焊接位置在时钟 1 点钟方向处。焊枪位置不变，试管转动，试管转动速度就是焊接速度。钨极惰性气体保护电弧焊打底焊道分布及焊接位置如图 2－37 所示。

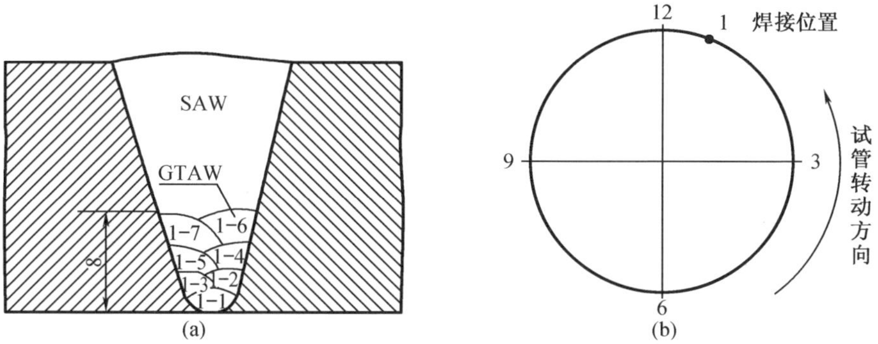

图 2－37　钨极惰性气体保护电弧焊打底焊道分布及焊接位置

焊接开始后，焊丝与焊枪要协调配合，焊枪左右成之字形横向摆动。中间摆动要快，坡口两侧的钝边处稍做停留，待熔化良好后再快速摆开。焊丝填入动作要熟练、均匀，填丝要有规律，焊枪要平稳。施焊中应密切注意焊接参数的变化及相互关系，随时调整并稳定焊枪角度和筒身转动的速度。当发现熔孔增大，焊缝变宽，出现下凹时，说明熔池温度太高，这时应减小焊枪与试件的夹角；当熔孔变小，焊缝变窄时，说明熔池温度低，易出现未焊透、内凹等焊接缺陷，应增加焊枪倾角。通过各参数之间的良好配合及焊丝、焊枪的协调运行，来保证焊缝的良好成形。

当焊至试件末端或焊丝用完需收弧时，应减小焊枪与试件表面之间的夹角，使热量集中在焊丝上，加大焊丝的熔化量，同时切断控制开关，使焊接电流逐渐减小，熔池缩小，弧坑填满。此时焊丝抽离电弧区，但不能脱离氩气保护区。当电弧停止燃烧，氩气延时 6 ~ 8 s 关闭后，再将焊丝抽出，以防焊丝端头被氧化，影响焊缝的质量。

焊接一段焊缝应该打开纸板到筒身里面，看焊缝背面成形及保护效果是否符合要求。

为了防止试管自身焊后断裂，打底层的第一道焊缝熔敷厚度应不小于 2 mm。当层温不高于 150 ℃时,可立即焊接第二道焊缝。

（三）不锈钢转动埋弧焊的焊接操作要领

（1）检查操作机、滚轮架的运转情况,全部正常后,将装配好的工件吊运至滚轮架上,使工件焊缝对准焊剂垫并压在上面。调整焊机的送丝机构,使焊丝对准焊缝的拼接处。为了使焊机启动和工件旋转同步,事先应将滚轮架驱动电动机的开关与焊机的启动按钮进行连接。这样当焊接操作工按下启动按钮时,焊丝引弧和工件旋转同时进行,可立即进入正常的焊接过程。焊接收尾时,焊缝必须首尾相接,重叠长度至少要达到一个熔池的长度。用角磨机把收弧处 20 ~ 25 mm 打磨出斜坡,以方便下道焊缝的重新引弧。

（2）起弧前先要用检定过的有效期内的数字型接触式测温仪测量试件表面三个点的温度,并记录在焊接参数及层温记录表上,并且每道焊道焊接前都要进行测量和记录。超出规程要求层温 150 ℃时,要停止焊接,待层温降低后才能进行焊接。

（3）第一道焊接完毕后,先用不锈钢敲渣锤去除焊渣,把焊道上残留的小焊渣清理干净。再使用铝基无铁砂轮片打磨焊道边缘不规则的地方和弧坑处的裂纹与气孔。打磨时注意砂轮机的打磨角度和力度,要让焊道边缘圆滑,无咬边、台阶、凹坑、焊道边缘内凹等不规则形状出现。打磨后,用不锈钢钢丝刷清理试件上残留的焊剂、铁屑、砂轮片屑等杂质。

（4）焊接时,每层焊缝的接头要错开,不可重叠,可根据焊道的打磨情况适当调节搭接量的大小。

（5）焊接时,注意焊剂的厚度。正常情况下,焊剂覆盖厚度比丝极的干伸长度要高大约 5 mm。在埋弧焊过程中,如果焊剂覆盖厚度过低,电弧会变得不稳定,同时飞溅加剧。如果焊剂覆盖过厚,焊剂会压在熔池上,给焊道留下印记,同时会增加焊剂消耗量,并抑制熔池排气,从而导致气孔产生。

（6）为控制焊接变形,在焊接过程控制中应采取如下措施:

①每道的焊道控制在 3 ~ 4 mm 厚度,焊接时的层温控制在 150 ℃以下;

②采用多层多道焊接和小的焊接热输入;

③每焊接 10 mm 厚度时需测量焊接时的收缩量,直至焊接完成。

全部焊接工作结束后,清除环缝表面渣壳,检查焊缝外表质量。

（7）埋弧焊层道分布如图 2 – 38 所示,实物图如图 2 – 39 所示。

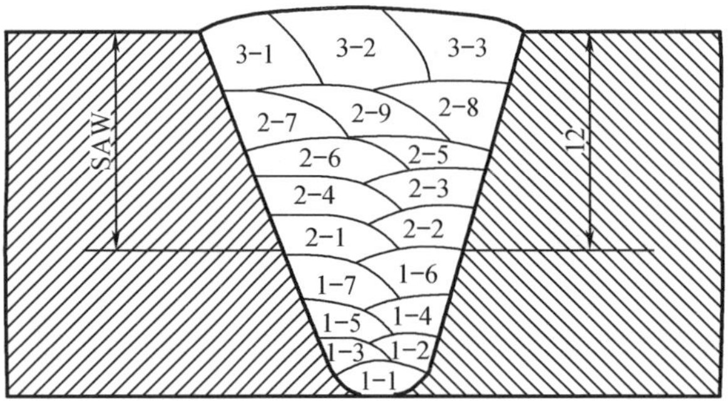

图 2 – 38　埋弧焊层道分布

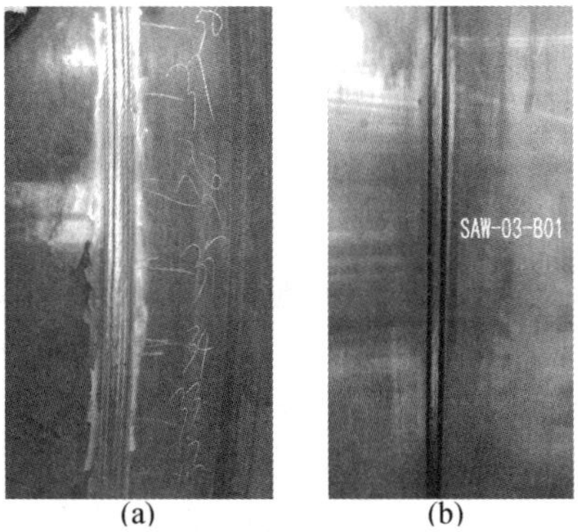

图 2 – 39　埋弧焊层道分布和实物图

（四）监考记录表

焊接过程中,焊接参数、层温和焊道分布图应记录到监考记录表上（表 2 – 31）。

表 2－31 监考记录表

焊接操作工项目考试施焊及监考记录表		施焊及监考记录表编号：×××	
		考试计划编号：×××	
参考焊接操作工单位	×××股份有限公司		
考试项目代号	GTAW T BW 02 t8 D791 PA ss nb SAW－M BW PA 02 ss mb 07 09 11		
焊接操作工姓名	×××	工位编号	×××－H－×
考试用焊接工艺规程编号	GC－SAW－03－1 GC－SAW－03－2	焊接操作工项目考试编号	SAW－03－A01
考试日期	×××	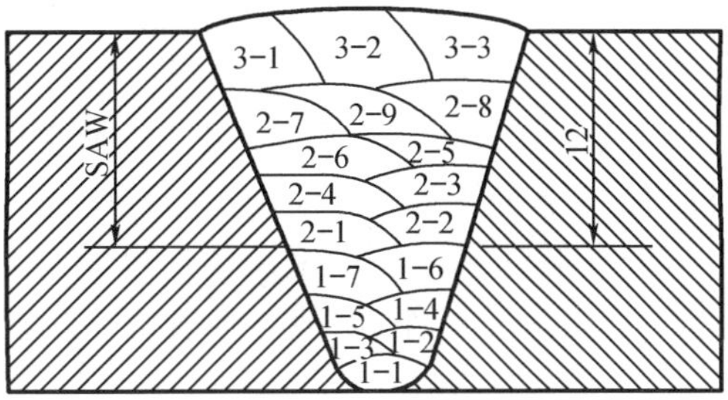	
考试开始时间	08:30		
考试终止时间	14:30		
考试开始时间			
考试终止时间			

焊道序号	焊材规格/mm	电流极性	电流/A	电压/V	焊速/(mm·min^{-1})	预热温度或层间温度/℃			保护气体流量/(L·min^{-1}) 正面	背面	其他
定位焊	ϕ2.0	直流正接	90	13	—	26	26	26	10	6	ER316L
1－1	ϕ2.0	直流正接	90	13	—	46	48	49	10	6	ER316L
1－2	ϕ2.0	直流正接	95	13	—	85	81	89	10	—	ER316L
1－3	ϕ2.0	直流正接	95	13	—	108	105	110	10	—	ER316L
1－4	ϕ2.0	直流正接	95	14	—	115	121	119	10	—	ER316L
1－5	ϕ2.0	直流正接	95	14	—	108	105	110	10	—	ER316L
1－6	ϕ2.0	直流正接	95	14	—	108	105	110	10	—	ER316L
1－7	ϕ2.0	直流正接	95	13	—	115	121	119	10	—	ER316L
2－1	ϕ2.4	直流反接	340	32.1	615	108	105	110	—	—	316L 焊丝/焊剂
2－2	ϕ2.4	直流反接	340	32.1	618	115	121	119	—	—	316L 焊丝/焊剂
2－3	ϕ2.4	直流反接	400	32.3	675	98	95	99	—	—	316L 焊丝/焊剂
2－4	ϕ2.4	直流反接	400	32.3	675	116	119	120	—	—	316L 焊丝/焊剂
2－5	ϕ2.4	直流反接	400	32.3	675	85	91	89	—	—	316L 焊丝/焊剂
2－5	ϕ2.4	直流反接	400	32.3	675	111	115	116	—	—	316L 焊丝/焊剂
2－7	ϕ2.4	直流反接	400	32.3	675	76	80	83	—	—	316L 焊丝/焊剂
2－8	ϕ2.4	直流反接	400	32.3	675	110	116	115	—	—	316L 焊丝/焊剂
2－9	ϕ2.4	直流反接	400	32.3	675	122	124	128	—	—	316L 焊丝/焊剂
3－1	ϕ2.4	直流反接	420	32.4	700	75	77	74	—	—	316L 焊丝/焊剂
3－2	ϕ2.4	直流反接	420	32.4	700	104	102	105	—	—	316L 焊丝/焊剂
3－3	ϕ2.4	直流反接	420	32.4	700	117	120	122	—	—	316L 焊丝/焊剂

参考焊接操作工（签字）：××× 监考人（签字）：×××

(五)注意事项

(1)完成每个焊道过程中应采取的预防措施:

①检查所有参数:电流、电压、工件温度、焊接速度。

②在焊道清理后,目测自检焊道的外观状况。

③对焊道起始处进行仔细的修磨。

④在进行下一道焊接前,清理和修磨前一焊道的弧坑和搭接处。

⑤记录所有发现的问题和所有使用的参数。

⑥每个焊道完成后应进行的作业。必要时对焊道边缘的凸起进行修磨,以消除所有可能留在焊道边缘的焊渣颗粒。

在完成焊接的过程中,会出现由于更换焊丝盘、电弧中断、焊剂用完、起弧不良、接地不良等情况引起的焊接中断,此时应通过打磨来消除以下问题:焊道收弧的位置、焊道上的所有凸起、引弧位置、所有不良起弧(不能在同一个地方累积两次起弧,如果第一次起弧未被清除,便不能在上面进行重新起弧)。

(2)焊接过程中严禁使用任何可能对焊缝产生渗碳影响的碳素钢或其他低合金钢工具进行清理熔渣等工作,避免与碳素钢等铁素体材料直接接触。

(3)对可疑的焊接成形或表面须进行打磨或抛光,打磨应采用铝基无铁砂轮,并且该砂轮专用于打磨奥氏体不锈钢和镍基合金。应使用仅用于奥氏体不锈钢和镍基合金的不锈钢或尼龙刷,对焊缝进行清理。

(4)焊前对坡口及周围母材进行打磨,以去除铁锈、油污等可能影响焊接质量的因素。

(5)焊接操作工实施焊接工作时,只允许穿橡胶、木制、塑料等非金属底的鞋子,鞋底不允许钉铁钉等。

六、焊后检查

(一)检验试验项目和数量

焊工、焊接操作工技能评定试件的检验项目、检查数量和试样数量见表2-32。每个试件应先进行目视检验,合格后再进行其他项目检验。

表2-32　大直径管试件检验项目、检查数量和试样数量

试件形式	试件厚度或管径		检验项目						
	厚度/mm	管外径/mm	目视检验/件	射线检验/件	断口检验/件	弯曲试验/个			宏观金相检验/个
						面弯	背弯	侧弯	
管对接坡口焊缝试件	20	791	1	1	—	1	1	—	—

注:①表中目视检验试件数量即试样数量。

②对于PF、PG、H-L045及J-L045焊接位置,应做两个面弯和背弯试验,当试件厚度大于等于10 mm时,可以用四个侧弯试样代替面弯和背弯试样。

(二)检验报告

1. 民用核安全设备焊接操作工项目考试目视检验报告

本项目的目视检验报告见表2-33。

表 2 – 33 民用核安全设备焊接操作工项目考试目视检验报告

报告编号:SAW – 03 – B01 – VT – 2020 – 焊考 – 001

<table>
<tr><td>考试项目代号</td><td colspan="4">GTAW T BW 02 t8 D791 PA ss nb
SAW – M BW PA 02 ss mb 07 09 11</td></tr>
<tr><td>实施计划编号</td><td>× × × – 11 – × × – × ×</td><td>焊工项目考试编号
(试件编号)</td><td colspan="2">SAW – 03 – A01</td></tr>
<tr><td>焊接操作工姓名</td><td>× × ×</td><td>依据标准</td><td colspan="2">NNSA – HAJ – 0002 – 2019</td></tr>
<tr><td>焊接方法</td><td>GTAW + SAW</td><td>母材牌号和规格</td><td colspan="2">Z3CN20 – 09M
ϕ791 × 20 mm, L = 125 mm</td></tr>
<tr><td>试件形式</td><td>管对接坡口焊</td><td>焊接位置</td><td colspan="2">PA</td></tr>
<tr><td colspan="2">原始状态</td><td colspan="3">原始</td></tr>
<tr><td colspan="2">焊缝余高</td><td>裂纹</td><td colspan="2">咬边</td></tr>
<tr><td colspan="2">2 ~ 3.5 mm</td><td>无</td><td colspan="2">无</td></tr>
<tr><td colspan="2">焊缝余高差</td><td>未熔合</td><td colspan="2">背面凹坑</td></tr>
<tr><td colspan="2">1.5 mm</td><td>无</td><td colspan="2">无</td></tr>
<tr><td colspan="2">比坡口每侧增宽</td><td>夹渣</td><td colspan="2">变形角度</td></tr>
<tr><td colspan="2">1.9 ~ 2.4 mm, 2.0 ~ 2.5 mm</td><td>无</td><td colspan="2">无</td></tr>
<tr><td colspan="2">宽度差</td><td>气孔</td><td colspan="2">错边量</td></tr>
<tr><td colspan="2">(37 – 36) mm</td><td>无</td><td colspan="2">1.0 mm</td></tr>
<tr><td colspan="2">焊缝边缘直线度</td><td>焊瘤</td><td colspan="2">角焊缝凹凸度</td></tr>
<tr><td colspan="2">1.1 mm</td><td>无</td><td colspan="2">—</td></tr>
<tr><td colspan="2">背面焊缝余高</td><td>未焊透</td><td colspan="2">焊脚尺寸</td></tr>
<tr><td colspan="2">—</td><td>无</td><td colspan="2">—</td></tr>
<tr><td colspan="2">堆焊焊道高度差</td><td>堆焊凹下量</td><td colspan="2">通球检验</td></tr>
<tr><td colspan="2">—</td><td>—</td><td colspan="2">—</td></tr>
<tr><td colspan="2">原始状态</td><td colspan="3">原始</td></tr>
<tr><td colspan="2">堆焊焊道平面度</td><td></td><td colspan="2"></td></tr>
<tr><td colspan="2">—</td><td></td><td colspan="2"></td></tr>
<tr><td colspan="2">目视检验结果(合格、不合格)</td><td>合格</td><td>检验日期</td><td>× × ×</td></tr>
<tr><td colspan="2">检验人员</td><td>× × ×</td><td>证书号</td><td>× × ×</td></tr>
<tr><td colspan="2">复审人员</td><td>× × ×</td><td>证书号</td><td>× × ×</td></tr>
</table>

2. 民用核安全设备焊接操作工项目考试射线检验报告

本项目射线检验报告见表 2 – 34。

表 2－34　民用核安全设备焊接操作工项目考试射线检验报告

报告编号:SAW－03－B01－RT－2020－焊考－001

焊接操作工姓名:	×××	项目考试编号:	SAW－03－A01
考试项目代号	GTAW T BW 02 t8 D791 PA ss nb SAW－M BW PA 02 ss mb 07 09 11		

验收标准: NB/T 20003

试样类型	标识	尺寸	示意图
射线检验	SAW－03－A01	791 mm×20 mm	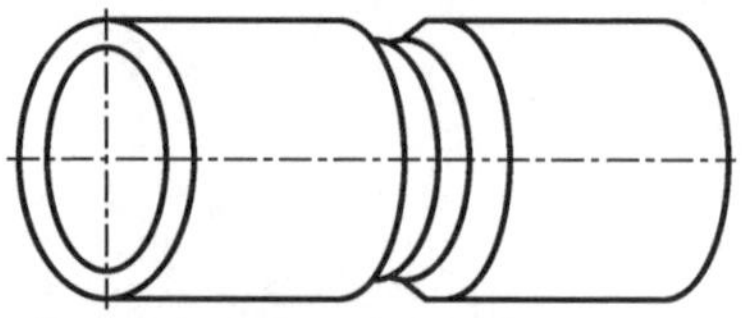
实物照片	 		

标识	缺陷描述	结果
	射线检验未发现裂纹、未熔合、未焊透、气孔及夹渣等低倍超标缺陷	合格
结论	试件的射线检验(RT)按照 NB/T 20003.3—2010 的要求进行,焊缝质量应符合一级焊缝的检验要求。 结论:合格	

检验人员	×××	证书号	×××	日期:×××
复审人员	×××	证书号	×××	日期:×××

3. 民用核安全设备焊接操作工项目考试弯曲检验报告

本项目弯曲检验报告见表 2－35。

表 2－35　民用核安全设备焊接操作工项目考试弯曲检验报告

报告编号:SAW－03－B01－GBT－2020－焊考－001

技能考试项目代号		GTAW T BW 02 t8 D791 PA ss nb SAW－M BW PA 02 ss mb 07 09 11					
弯曲试验	试样类型	试样号	取样位置	试样尺寸(厚/mm×宽/mm)	弯曲角度	弯头直径/mm	结果
	侧弯	SAW－03－B01－P1	按标准	15×10	180°	46	
	侧弯	SAW－03－B01－P2	按标准	15×10	180°	46	
验收标准	试样弯曲到规定的角度后,其拉伸面上不得有任何一个横向(试样宽度方向)裂纹或缺陷的长度大于 1.5 mm,纵向(试样长度方向)裂纹或缺陷的长度大于 3 mm。对于堆焊试样检验区不应出现明显裂缝,单个裂纹、气孔或夹渣的长度不得大于 3 mm						

表 2－35(续)

照片			
实物照片	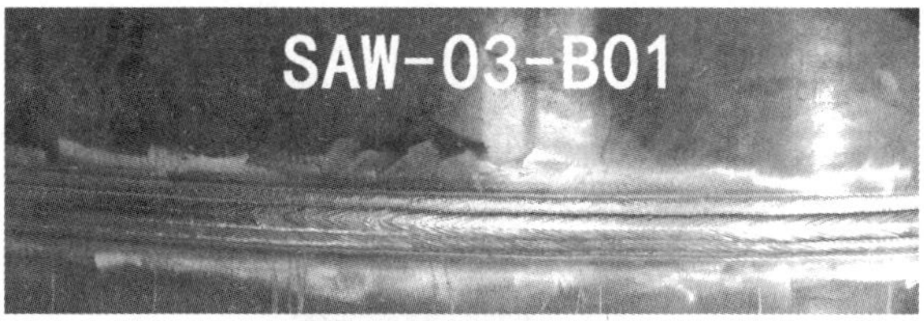		
试样照片			
试验设备:×××		设备编号:×××	
缺陷描述	弯曲检验未发现裂纹、未熔合、未焊透、气孔及夹渣等低倍超标缺陷		
结论	合格	不符合项报告编号:	
试验者	姓名:×××	日期:×××	签名:×××
审核者	姓名:×××	日期:×××	签名:×××

七、焊接操作工培训自我评价记录表的填写

(一)焊接操作工自我评价

焊接操作工培训自我评价记录表包括劳保用品的穿戴、焊接辅助工具准备、焊接设备检查、焊接工装夹具检查、文件准备、焊接过程、焊后检查和安全八个方面。其中前五个方面的内容必须在焊前检查确认,第六方面是在焊接过程中边焊边记录,第七方面是焊后对设备、工具、文件等的检查记录,第八方面则是安全文明生产。

(二)技能教师评价

经过一段时间的培训,焊接操作工基本上掌握了奥氏体不锈钢管对接水平转动埋弧焊的操作技术,培训教师应对焊接操作工的技能水平做出评价,并根据培训是否合格确定该焊接操作工能否参加项目考试。

八、技能评定报告编制

学习和掌握 SAW03 的操作技术非常重要,对保证核电设备的焊接质量至关重要。通过长期的培训实践证明,本书所介绍的操作技术不仅方便焊接操作工学习和掌握,焊接质量好,合格率高,而且缩短了培训周期,是一种行之有效的焊接技能操作技术。

本项目的焊接操作工技能评定报告,见表 2－36 和表 2－37。

表 2－36　焊接操作工技能评定报告 1

<table>
<tr><td>评定日期</td><td colspan="2">×××</td><td>编号</td><td colspan="2">GTAW－2020－03</td></tr>
<tr><td>姓名</td><td colspan="3">×××</td><td colspan="2" rowspan="5">照片</td></tr>
<tr><td>身份证号</td><td colspan="3">×××</td></tr>
<tr><td>聘用单位</td><td colspan="3">×××股份有限公司</td></tr>
<tr><td>焊接操作工编号</td><td colspan="3">×××</td></tr>
<tr><td>焊接工艺规程</td><td colspan="3">GC－SAW－03－1</td></tr>
<tr><td>技能评定项目代号</td><td colspan="5">GTAW T BW 02 t8 D791 PA ss nb</td></tr>
<tr><td></td><td>代号</td><td colspan="2">含义</td><td colspan="2">适用范围</td></tr>
<tr><td>焊接方法</td><td>GTAW</td><td colspan="2">手工钨极惰性气体保护焊</td><td colspan="2">手工钨极惰性气体保护焊</td></tr>
<tr><td>焊机型号</td><td>PANA－TIG TSP 300</td><td colspan="2">GTAW 焊机牌号</td><td colspan="2">GTAW 直流焊机</td></tr>
<tr><td>试件形式</td><td>T</td><td colspan="2">管－管</td><td colspan="2">管或板焊接</td></tr>
<tr><td>焊缝形式</td><td>BW</td><td colspan="2">对接焊缝</td><td colspan="2">对接焊缝、除接管焊缝外的组合焊缝</td></tr>
<tr><td>填充材料</td><td>—</td><td colspan="2">—</td><td colspan="2">—</td></tr>
<tr><td>焊缝金属厚度/mm</td><td>t8</td><td colspan="2">焊缝金属厚度 8</td><td colspan="2">3～16</td></tr>
<tr><td>板材厚度/mm</td><td>—</td><td colspan="2">—</td><td colspan="2">—</td></tr>
<tr><td>管材外径/mm</td><td>D791</td><td colspan="2">管材外径 791</td><td colspan="2">管材外径≥76</td></tr>
<tr><td>焊接位置</td><td>PA</td><td colspan="2">水平转动</td><td colspan="2">PA</td></tr>
<tr><td rowspan="4">焊接要素</td><td>02</td><td colspan="2">实芯焊丝</td><td colspan="2">有或无焊丝（实芯焊丝）</td></tr>
<tr><td>ss</td><td colspan="2">单面焊</td><td colspan="2">单面焊或双面焊均可</td></tr>
<tr><td>nb</td><td colspan="2">无衬垫</td><td colspan="2">带衬垫或无衬垫均可</td></tr>
<tr><td>—</td><td colspan="2">—</td><td colspan="2">—</td></tr>
<tr><td>特殊焊缝技能评定</td><td></td><td colspan="2"></td><td colspan="2"></td></tr>
<tr><td colspan="6">检验情况</td></tr>
<tr><td colspan="2">检验项目</td><td colspan="2">检验结果</td><td colspan="2">试验报告编号</td></tr>
<tr><td colspan="2">项目考试目视检验报告</td><td colspan="2">合格</td><td colspan="2">SAW－03－B01－VT－2020－焊考－001</td></tr>
<tr><td colspan="2">项目考试射线检验报告</td><td colspan="2">合格</td><td colspan="2">SAW－03－B01－RT－2020－焊考－001</td></tr>
<tr><td colspan="2">项目考试弯曲检验报告</td><td colspan="2">合格</td><td colspan="2">SAW－03－B01－GBT－2020－焊考－001</td></tr>
<tr><td>编制</td><td>×××</td><td>审核</td><td>×××</td><td>批准</td><td>×××</td></tr>
</table>

表 2－37　焊接操作工技能评定报告 2

<table>
<tr><td>评定日期</td><td>×××</td><td>编号</td><td>SAW－2020－03</td></tr>
<tr><td>姓名</td><td colspan="2">×××</td><td rowspan="5">照片</td></tr>
<tr><td>身份证号</td><td colspan="2">×××</td></tr>
<tr><td>聘用单位</td><td colspan="2">×××股份有限公司</td></tr>
<tr><td>焊接操作工编号</td><td colspan="2">×××</td></tr>
<tr><td>焊接工艺规程</td><td colspan="2">GC－SAW－03－02</td></tr>
</table>

表 2 – 37(续)

技能评定项目代号	SAW – M BW PA 02 ss mb 07 09 11		
	代号	含义	适用范围
焊接方法	SAW – M	机械化埋弧焊	机械化埋弧焊
焊机型号	—	—	—
试件形式	—	—	—
焊缝形式	BW	对接焊缝	对接焊缝
填充材料	—	—	—
焊缝金属厚度/mm	—	—	—
板材厚度/mm	—	—	—
管材外径/mm	—	—	—
焊接位置	PA	平焊	PA 位置
焊接要素	02	实芯焊丝	有或无焊丝(实芯焊丝)
	ss mb	单面焊/带衬垫	带衬垫单面焊或双面焊
	07	无自动跟踪系统	有无自动跟踪系统均可
	09	直接目视观察控制	直接目视观察控制
	11	无熔化衬环	有无熔化衬环均可
特殊焊缝技能评定			

检验情况					
检验项目		检验结果		试验报告编号	
项目考试目视检验报告		合格		SAW – 03 – B01 – VT – 2020 – 焊考 – 001	
项目考试射线检验报告		合格		SAW – 03 – B01 – RT – 2020 – 焊考 – 001	
项目考试弯曲检验报告		合格		SAW – 03 – B01 – GBT – 2020 – 焊考 – 001	
编制	×××	审核	×××	批准	×××

第五节 低合金钢板平位奥氏体不锈钢带极堆焊

本节根据 NNSA – HAJ – 0002 – 2019,对低合金钢板平位奥氏体不锈钢带极堆焊技能操作项目的要点、焊接工艺规程、常见焊接缺陷及解决办法、焊前准备、焊接操作、焊后检查、焊接操作工培训自我评价记录表的填写和技能评定报告编制等方面进行讲解。

为了叙述方便,项目考试代号为 SAW – M P S PA 07 09 Z1 的低合金钢板平位奥氏体不锈钢带极堆焊以下均称为“SAW04”。

一、本项目要点简介

GAW04 的主要目的是在高温下提高金属表面的化学稳定性和耐腐蚀性。根据耐酸法则,不锈钢是指主加的金属元素铬的含量能使钢处于钝化状态,又具有不锈特性的合金钢。在 Fe - Cr 二元合金系中,当铬含量超过 12% 时,就具有这种不锈钢的特性。此外,不锈钢除了具有很强的化学稳定性以外,还具有足够的强度和塑性,在一定的高温和低温下具有稳定的力学性能和耐腐蚀性能。

(一)适用范围

本教案适用于 SAW04 的技能培训,也可作为核电技能教师在培训学员时的教学方案。

(二)教案编写依据

(1)NNSA - HAJ - 0002 - 2019《民用核安全设备焊工焊接操作工技能评定》。

(2)SAW04 焊接工艺规程,编号:GC - SAW - 04 - 1。

(3)适用性文件《预热、层温、后热和焊后热处理总要求》《对焊接操作的附加要求》和《焊接的总要求》。

(三)要点简介

在石油化工行业的一些加氢设备和核容器等设备中,容器内壁往往要求堆焊奥氏体不锈钢或镍基合金。对于大面积堆焊而言,焊条电弧焊和丝极自动堆焊不但效率低,而且在堆焊层与基层母材接合处往往易产生缺陷,因此带极堆焊技术应运而生,被广泛地用于容器内壁大面积堆焊之中。

带极堆焊是利用带极与母材之间产生的电弧熔化带极、焊剂和母材,在母材表面形成堆焊层的一种焊接方法,原理如图 2 - 40 所示。

(四)几种堆焊方法对比

堆焊是为增大或为了得到一定的焊件尺寸,或使焊件表面获得具有特殊性能的熔敷金属而进行的焊接方法。堆焊作为材料表面改性的一种经济而快速的工艺方法,越来越广泛地应用于各个工业部门产品的制造或修复中。

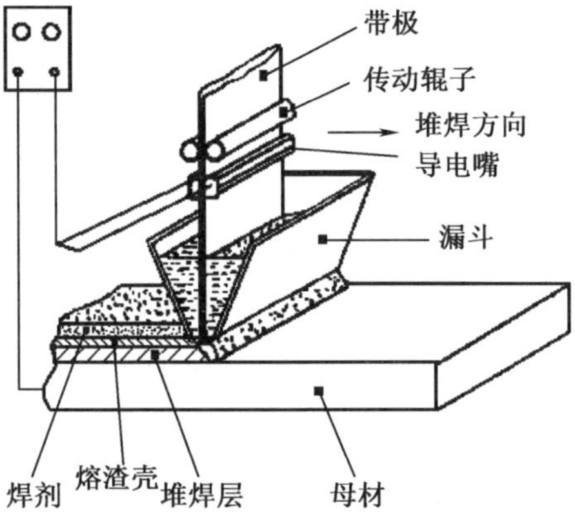

图 2 - 40　带极堆焊原理图

为了最有效地发挥堆焊层的作用,工程师希望采用的堆焊方法有较小的母材稀释率、较高的熔敷速度和优良的堆焊层性能,即优质、高效、低稀释率的堆焊技术。目前,生产中采用的堆焊方法非常多,不同堆焊方法的稀释率和熔敷速率对比见表 2 - 38。

表 2－38 不同堆焊方法的稀释率和熔敷速率对比

堆焊方法	稀释率/%	熔敷速度/($kg \cdot h^{-1}$)
埋弧堆焊单丝	30～60	4.5～11.3
埋弧堆焊多丝	15～25	11.3～27.2
串联电弧	10～25	11.3～15.9
带极堆焊	10～20	12～36
热丝手工送丝	5～15	0.5～3.6
自动送丝	5～15	0.5～3.6
双热丝	5～15	13～27
带极电渣堆焊	10～14	15～75
等离子弧堆焊	5～15	0.5～6.8

从表 2－38 可以看出，带极堆焊有较高的熔敷速度，一般的稀释率；等离子弧堆焊有较低的稀释率，较低的熔敷速度。综合考虑后，工程师选择了带极堆焊，带极堆焊是使用带状熔化电极进行堆焊的焊接方法。带极堆焊的原理与丝极堆焊基本相同，最主要的区别在于使用宽带极取代了丝极，同时增加一套带极堆焊机头，堆焊机头通过拓宽导电嘴宽度来保证连续的焊带送给，并提供有效的工作电流。带极堆焊相对丝极堆焊的主要优势可以归纳为以下几点：

(1) 非常均匀的焊道熔深。

(2) 更低的母材稀释率水平，允许以更少的堆焊层达到化学成分及性能要求。

(3) 更高的熔敷效率，意味着更高的生产率。

(4) 因为堆焊层没有集中的凝固线，所以堆焊层具有更小的裂纹敏感性。

(5) 非常平滑的堆焊层表面，可以减少堆焊焊道数量及搭接数量。

(6) 较高的可重复生产力。

带极堆焊有如下不足之处：

(1) 更高的焊接热输入。

(2) 工件的尺寸有限制（母材的厚度限制或者母材的内径要求）。

(3) 要求增加电源容量（更高的电流）。

自动带极埋弧堆焊是核电装备生产制造中非常关键、难度较大且工作量也很大的一个重要工序，涉及小直径接管内壁堆焊、大直径筒体堆焊、大直径封头堆焊、形状角度多变的法兰等各种产品的焊接工作。焊接材料可以使用不锈钢、镍基不锈钢、低碳合金钢等多种焊接材质，焊接面也要求有不同的角度变化，有的产品还要求有焊带角度变化等，故焊接工艺要求多变，对操作工的技能要求也较高。20 世纪 70 年代，在石油化工行业的加氢反应器、原流合成塔、煤液化反应器及核电站的厚壁压力容器等内表面均需大面积堆焊耐高温、抗氧及硫化氢等腐蚀的不锈钢衬里。因此，国内外大量采用了带极堆焊技术，带极的宽度也从窄带向 60 mm、90 mm、120 mm、150 mm 的宽带方向发展。带极堆焊技术在稀释率和熔敷速度上比丝极堆焊有了长足的进步，但随着压力容器日趋大型化、高参数化，促使堆焊技术向更优质、更高效的方向发展。20 世纪 70 年代初，德国首先发明、后被日、美、苏联等国进一步完善的带极电渣堆焊技术由于具有比带极埋弧堆焊更高的生产效率、更低的稀释率和良好的焊缝成形等优点，近年来在国内外得到迅速发展和较普遍的应用。本教案只对带极电渣堆焊技术做介绍，对自动带极埋弧堆焊技术将进行详细的讲解和分析。

（五）带极埋弧堆焊与带极电渣堆焊的介绍与比较

（1）带极埋弧堆焊原理：焊带通过电弧进给到熔池中，电弧所产生的热用来熔化焊带、焊剂及母材，在熔池上方熔化的焊剂形成一个保护渣壳。

（2）带极电渣堆焊原理：非常类似于带极埋弧堆焊，但不需要电弧，焊带就进给到熔池中。而且焊剂也形成了保护渣壳。与带极埋弧堆焊的渣壳不同，带极电渣堆焊的渣壳在液态时是可导电的。凝固状的渣壳焦耳效应提供该焊接方法所必需的热量，而仅当带极电渣堆焊起始时，电弧才会出现。因为只要产生了足够的具备电导性的渣壳，同时渣壳的电阻比电弧的电阻更小，那么电弧就会消失。在电渣堆焊中，焊剂仅仅供给在焊带的前方，在焊带的后面，可以看见敞开熔池，并可看见红外线。带极电渣堆焊的基本原理可以归纳如下：

①特殊焊剂；

②单侧焊剂供给；

③没有电弧，没有紫外线产生；

④敞开式焊接熔池允许焊道排出杂质、气体；

⑤相对带极埋弧堆焊，更低的焊道熔深及更小的母材稀释率水平；

⑥在连续的焊接热输入情况下，带极电渣堆焊的熔敷效率几乎是带极埋弧堆焊的两倍；

⑦相对带极埋弧堆焊，具有更低的焊剂消耗。

表2－39是带极埋弧堆焊与带极电渣堆焊的比较，其中可以很明显地看到带极电渣堆焊的电流比带极埋弧堆焊的电流要大得多。因此，带极电渣堆焊由电磁力（劳伦力）所带来的电磁负面影响也要多很多，该电磁力会影响焊道的成形并会导致焊道边界出现咬边。这样一来，带极电渣堆焊就要使用磁控装置，磁控装置可以产生相同性质但方向相反的磁场，可以尽量抵消电磁力所带来的不利影响。

表2－39　带极埋弧堆焊与带极电渣堆焊的比较

焊接方法	埋弧焊（SAW）	电渣焊（ESW）
电弧	有	无
焊接热输入来源	焊接电弧	凝固渣壳的焦耳效应
焊接电流	750 A	1 250 A
工作电压	24 V	24 V
对于规格为60 mm×0.5 mm焊带的标准参数		
焊接速度	10 cm/min	16 cm/min
焊带的电流密度	25 A/mm^2	42 A/mm^2
稀释率	18%	10%
熔敷效率	14 kg/h，0.4 m^2/h	22 kg/h，0.6 m^2/h
磁控装置	无	有

注：标准的焊带宽度包括15 mm、20 mm、30 mm、60 mm、90 mm、120 mm、150 mm。

二、SAW04 焊接工艺规程

SAW04 焊接工艺规程见表 2－40。

表 2－40 SAW04 焊接工艺规程

编号:GC－SAW－04－1 Rev. A

<table>
<tr><td>技能考试项目代号</td><td colspan="3">SAW－M P S PA 07 09 Z1</td></tr>
<tr><td>工艺评定报告编号/
依据标准/有效期</td><td>PQR×××/
RCC－M 2000/长期有效</td><td>自动化程度/稳压
系统/自动跟踪系统</td><td>机械焊/无自动跟踪系统
/直接目视观察控制</td></tr>
<tr><td colspan="2">焊接接头</td><td colspan="2" rowspan="6">焊接接头简图(有衬垫的应标明衬垫的形式和截面尺寸):
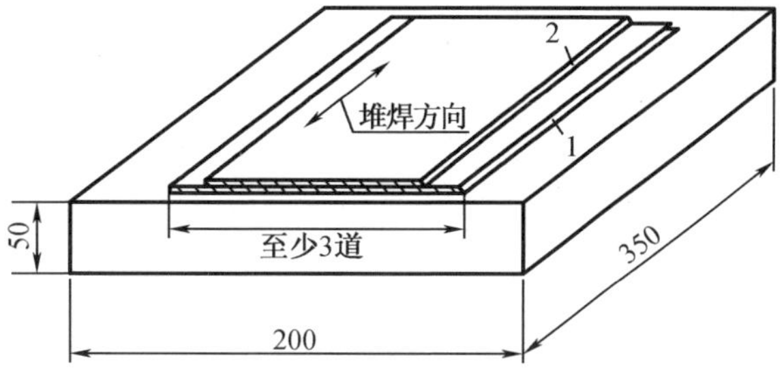

第一层至少 3 道,带极角度:90°,干伸长:25～35 mm</td></tr>
<tr><td>坡口形式</td><td>堆焊</td></tr>
<tr><td>衬垫(材料)</td><td>—</td></tr>
<tr><td>焊缝金属厚度</td><td>8 mm</td></tr>
<tr><td>管子直径</td><td>—</td></tr>
<tr><td>其他</td><td>—</td></tr>
<tr><td colspan="2">母材</td><td colspan="2">填充金属</td></tr>
<tr><td>类别号</td><td>Ⅲ</td><td>焊材类型
(焊条、焊丝、焊带等)</td><td>焊带</td></tr>
<tr><td>牌号</td><td>13MnNiMo54 或
等效的合金钢</td><td>焊材型(牌)号/规格</td><td>EQ309L 焊带/60 mm×0.5 mm
EQ308L 焊带/60 mm×0.5 mm</td></tr>
<tr><td>规格</td><td>350 mm×200 mm×50 mm</td><td>焊剂型(牌)号</td><td>EQ309L 焊剂/
EQ308L 焊剂</td></tr>
<tr><td colspan="2">焊接位置</td><td colspan="2">保护气体类型/混合比/流量</td></tr>
<tr><td>焊接位置</td><td>平焊(PA)</td><td>正面</td><td>—</td></tr>
<tr><td>焊接方向</td><td>—</td><td>背面</td><td>—</td></tr>
<tr><td>其他</td><td>—</td><td>尾部</td><td>—</td></tr>
<tr><td colspan="2">预热和层间温度</td><td colspan="2">焊后热处理</td></tr>
<tr><td>最低预热温度</td><td>125 ℃</td><td>温度范围</td><td>595～620 ℃</td></tr>
<tr><td>最高层间温度</td><td>250 ℃</td><td>保温时间</td><td>1～1.5 h</td></tr>
<tr><td>预热方式</td><td>火炬加热</td><td>其他</td><td>最高进出炉温度:350 ℃
最大升降温速率:55 ℃/h</td></tr>
<tr><td colspan="4">焊接技术</td></tr>
<tr><td>最大热输入</td><td colspan="3">—</td></tr>
<tr><td>喷嘴尺寸</td><td>—</td><td>导电嘴与工件距离</td><td>—</td></tr>
<tr><td>清根方法</td><td>—</td><td>焊缝层数范围</td><td>≥2 层</td></tr>
<tr><td>钨极类型/尺寸</td><td>—</td><td>熔滴过渡方式</td><td>—</td></tr>
<tr><td colspan="2">直向焊、摆动焊及摆动方法</td><td colspan="2">多道直道焊</td></tr>
<tr><td colspan="2">背面、打底及中间焊道清理方法</td><td colspan="2">刷理或打磨</td></tr>
</table>

表 2-40(续)

焊接参数							
焊层	焊接方法	焊材		焊接电流		电压范围/V	焊接速度/(cm · min^{-1})
		型(牌)号	规格	极性	范围/A		
1	SAW	EQ309L 焊带/焊剂	60 mm × 0.5 mm	直流反接	700 ~ 800	25 ~ 29	135 ~ 145
2	SAW	EQ308L 焊带/焊剂	60 mm × 0.5 mm	直流反接	700 ~ 800	25 ~ 29	95 ~ 105

工艺说明

(1)本规程根据 NNSA - HAJ - 0002 - 2019 编制。

(2)操作考试前,应当在主考人、监考人与焊接操作工共同在场确认的情况下,在试件上标注焊接操作工项目考试编号。

(3)堆焊完成后,按照奥氏体 - 铁素体不锈钢和镍基合金的堆焊和预堆边特殊焊缝技能评定要求进行评定。

(4)焊接完成后,试件按照 NNSA - HAJ - 0002 - 2019 5.2 中的目视检验要求的条件和方法进行。

(5)试件渗透检验(PT)和超声波检验(UT)应按照《核电厂核岛机械设备无损检测第 3 部分:射线检测》(NB/T 20003. 3—2010)的要求进行,焊缝质量应符合一级焊缝的检验要求。

(6)试件无损检验合格后按热处理要求进行热处理,并出具热处理报告。

(7)试样按照 NNSA - HAJ - 0002 - 2019 6. 1. 4 中的弯曲试验要求的条件和方法做两个侧弯试验。

(8)试样按照 NNSA - HAJ - 0002 - 2019 6. 1. 5 中的宏观金相检验和微观金相检验要求的条件和方法做两个金相试验。

(9)所有检验结果均应当按照相关要求编制报告

操作要领

(1)参考焊接操作工应将坡口表面及两侧各 25 mm 范围内的区域清理干净,去除铁屑、氧化皮、油、锈和污垢等。

(2)每道焊缝堆焊前应检查温度,在焊接中断且温度降至低于最低预热温度之前,须进行后热处理。后热温度:200 ~ 240 ℃;最短后热时间:2 h;后热方式:火炬加热。

(3)堆焊过程每一焊道中间不得停弧。

(4)堆焊焊缝表面最后一层应保持原始状态,不允许修磨和返修。

(5)堆焊层道间的搭接量按下图:

第一层搭接量

(焊缝横截面)

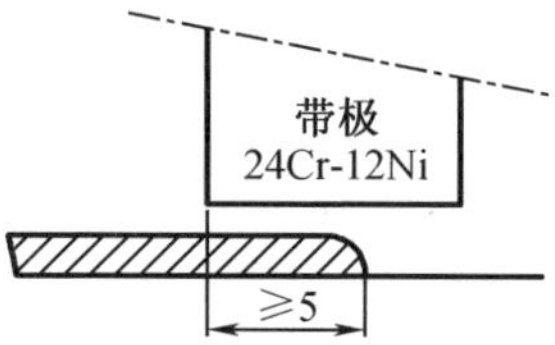

第二层及两层间的搭接量

(焊缝横截面)

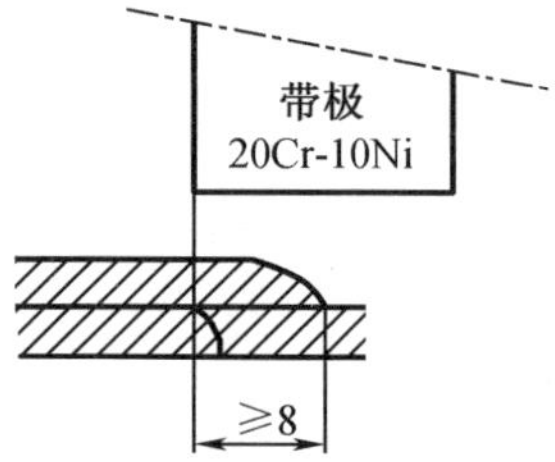

(6)焊接操作工或技能评定监督人员按照要求记录焊接过程实际参数

编制	× × ×	审核	× × ×	批准	× × ×
日期	× × ×	日期	× × ×	日期	× × ×
编制单位名称			× × × 股份有限公司		

三、常见焊接缺陷产生的原因及解决方法

奥氏体不锈钢带极埋弧堆焊常见焊接缺陷多为裂纹，可引起应力集中，减少设备使用寿命，造成脆断。在焊接生产中，由于采用的材料和焊接结构本身的特点不同，可能出现各种各样的裂纹，其中有焊缝表面裂纹、内部裂纹、热影响区裂纹、焊道下裂纹、弧坑裂纹、在焊接过程中产生的热裂纹、焊接后出现的冷裂纹、焊后再次加热出现的再热裂纹等，它们的形态和分布也各不相同。

（一）热裂纹（高温裂纹）

焊缝金属冷却到固相线附近的高温区产生的裂纹称为热裂纹。焊接热裂纹一般易产生在焊缝部位，也可能在热影响区。从宏观上看，热裂纹常沿焊缝的纵向分布，也能看到焊接过程中，焊缝和焊缝上的横向裂纹，在弧坑处更容易出现热裂纹（镍基合金等）。从微观上看，热裂纹是沿晶粒边界开裂，断口观察裂纹表面呈氧化色。

焊接热裂纹可分为结晶裂纹、液化裂纹和多边化裂纹三类。

1. 热裂纹产生的原因

当低熔点共晶体（杂质：FeO、FeS、Fe_3P 等）被排挤到晶界间形成液态间层时，构成了一个薄弱带，而这个薄弱带在应力（热应力、拘束应力、组织应力、氢致应力）的作用下形成热裂纹。

2. 防止产生热裂纹的措施

热裂纹的产生与冶金因素和力的因素有关。因此，我们可以采取以下措施来防止热裂纹：

（1）采用有害杂质含量低的优质钢材和碱性焊接材料，以控制焊缝中的有害杂质含量；

（2）调整焊缝金属的化学成分，在焊接材料中加入有益元素，如奥氏体不锈钢加入钛和铌等，改善焊缝组织，细化焊缝晶粒，以提高焊缝的金属的塑性，减少分散偏析程度；

（3）改善工艺因素，控制焊接规范，适当提高焊缝的形状系数，采用多层多道焊接避免焊缝中心线偏析；

（4）选择降低焊接应力的措施，如焊前预热、合理选择焊接顺序等。

（二）冷裂纹（低温裂纹）

焊接接头冷却到较低温度时产生的裂纹称为冷裂纹。冷裂纹易在上述温度内立即出现，有时要经过几小时、几天甚至更长的时间才产生，因此又称为延迟裂纹（氢致裂纹）。

冷裂纹经常出现在熔合线附近、受激冷淬硬的焊缝、热影响区的粗晶带内，焊缝金属中较少。由于采用的钢种、合金材料的不同，焊接结构的类型、刚度及施工的具体条件不同，产生的冷裂纹的类型也不同。它包括延迟裂纹、淬硬脆化裂纹、低塑性脆化裂纹。

冷裂纹具有一定的特征：从冷裂纹形成期来看，它是在焊后较低温度下发生的，冷裂纹产生时，有时可听到断裂响声。从断口上看，宏观断口具有脆性断裂特征，界面有金属光泽；从微观上看，冷裂纹常为穿晶开裂；从时间上看，冷裂纹可以焊后立即出现，有时要经过几小时、几天甚至更长的时间才产生。

1. 冷裂纹产生的原因

焊接过程中，影响冷裂纹产生的因素很多，例如母材金属、焊接材料、焊接工艺、拘束条件、施工环境的温度和湿度等，但是形成冷裂纹的基本因素是焊接接头形成淬硬组织（碳当量越高，冷却速度越快，淬硬倾向越大）、扩散氢的存在和聚集（扩散氢含量高于临界值时，

便出现延迟裂纹)、存在较大的焊接拉伸应力(热应力、组织应力、拘束应力)。在这三个因素的综合作用下就会导致冷裂纹的产生,或者以某一因素为主、其他因素为辅也会导致冷裂纹的产生。

2. 防止产生冷裂纹的措施

总的原则是控制影响产生冷裂纹的三大因素,即尽可能降低应力,消除一切氢的来源,并改善组织。具体做法如下:

(1)焊前预热、中间消氢、焊后缓冷;

(2)采用减少氢的工艺措施,如严格烘焙焊接材料、清理待焊处的污物、正确选择电源极性;

(3)选用低氢型焊接材料,或在其中加入少量能够细化晶粒的合金元素(Ti、B、Mo、Nb、V 等)来提高焊缝的韧性和抗裂能力;

(4)选择合理的装焊顺序和适当的工艺参数;

(5)焊后进行热处理,使氢排除,细化晶粒,消除焊接应力。

(三)再热裂纹

再热裂纹是低合金高强度钢在焊后再次加热过程中,如消除应力退火处理或在高温下工作等,在焊接接头处产生的裂纹。

再热裂纹都发生在靠近焊缝热影响区的粗晶区,细晶区和母材不产生再热裂纹,裂纹走向沿熔合线的粗晶区扩展,它不连贯而是断续的,到细晶区就停止扩展。再热裂纹的微观特征为晶间开裂,断口有不同程度的氧化色彩。

再热裂纹的敏感温度是依不同钢种而定的,与再热温度和再热时间有密切关系,对于一般低合金高强钢,为 500 ~ 700 ℃(此温度范围是弥散碳化物容易析出的温度)。此温度区间正是焊后消除应力热处理必须经过的温度区间,也是产生再热裂纹的敏感温度范围。因此,在这个敏感温度范围保温时间越长,就给碳化物充分析出提供了时间条件,易产生裂纹。

1. 再热裂纹产生的原因

焊接接头在焊后消除应力热处理或再加热过程中,残余应力松弛,粗晶区应力集中部位的晶界滑移变形量超过了该部位的塑性变形能力,因而产生裂纹。

2. 防止产生再热裂纹的措施

在钢种及结构形式一定的条件下,为防止产生再热裂纹,一般从两个方面考虑:一是改善过热粗晶区的塑性,二是减少焊接残余应力和应力集中,具体做法如下。

(1)选择再热裂纹倾向小的钢材

一般认为钒是引起再热裂纹的主要元素,钼仅次于钒,当钒和钼同时加入时则极为有害。因此,低合金钢中 Cr - Mo - V 钢的再热裂纹倾向最大,制造压力容器时曾多次发生再热裂纹事故,而不含钒的钢材在制造压力容器中,就未曾发生再热裂纹。

(2)控制焊接工艺

①选用低匹配的焊接材料,以降低焊缝强度,提高其塑性变形能力,减轻近缝区金属塑性应变的集中程度;

②对接头进行适当的预热,一般预热温度应比推荐温度高 50 ~ 100 ℃;

③采用回火焊道的工艺,有助于细化晶粒和减少应力集中;

④尽量避免由于焊接缺陷(咬边、根部未焊透及焊缝余高超高等)引起的残余应力。

(3)焊后热处理

在保证室温强度性能的同时,提高消应力退火温度和在再热裂纹敏感区的冷却速度,尽量使热处理工艺规范不在再热裂纹敏感区停留。

(四)层状撕裂

大型厚壁结构在焊接过程中,因在厚度方向承受较大的拉伸应力,沿钢板轧制方向出现的台阶状裂纹,一般称为层状撕裂。层状撕裂常出现在T形接头、角接头和十字接头中。

1. 层状撕裂产生的原因

(1)Z向(厚度方向)有巨大的拉伸应力;

(2)钢板轧制过程中在厚度方向上形成了非金属夹杂物的层状结构;

(3)原材料的某些力学性能(塑性、韧性)较差。

2. 防止产生层状撕裂的措施

(1)选用具有抗裂性能的材料。

(2)降低钢中夹杂物的形成元素,提高钢材厚度方向的塑性和韧性。

(3)在接头设计和施工中采取措施以降低Z向应力和应力集中,具体做法如下:

①尽量避免单侧焊缝,采用双面焊缝可缓解焊缝根部的应力状态,并防止应力集中;

②在满足强度要求条件下,尽量采用焊接量少的对称角焊缝来代替焊接量大的全焊透焊缝,以避免产生过大的应力集中;

③焊接角接形式接头时,在承受Z向应力的一侧开坡口;

④在Z向工件表面焊接过渡层(低配置的焊接材料)以提高其塑性。

(五)焊接缺陷的返修处理

焊接缺陷的返修处理是产品经检验发现不符合有关标准,通过处理使之最终排除超标缺陷,达到合格要求的全部工作。对于未确认缺陷种类、位置和查明原因之前,决不允许对缺陷盲目补焊或返修,尤其是对裂纹的处理,否则会酿成大祸。

1. 缺陷返修手段

主要的缺陷返修手段见表2-41。

表2-41 缺陷返修手段

类型	缺陷种类	返修手段
表面缺陷	(1)余高过大、焊角过高; (2)焊角尺寸不足; (3)焊瘤; (4)咬边; (5)成形不良	(1)打磨加工达到尺寸要求即可,平滑过渡; (2)堆焊修复,保证焊角尺寸; (3)打磨加工,使之平滑过渡; (4)浅形打磨、深形补焊,然后打磨光滑; (5)打磨成形,必要时补焊后再打磨成形
内部缺陷	(1)气孔; (2)裂纹; (3)层间撕裂; (4)未熔合; (5)未焊透; (6)夹渣	(1)探伤确定缺陷性质、尺寸和位置; (2)气刨清除缺陷; (3)整形待焊区打磨、开坡口; (4)补焊; (5)焊后打磨成形(热处理后进行); (6)检查、探伤

2. 缺陷返修的规定

(1)焊接缺陷返修工艺评定

对核安全设备所使用的碳钢或低合金钢焊缝、奥氏体不锈钢焊缝、在碳钢或低合金钢表面堆焊奥氏体不锈钢层、镍基合金堆焊层上缺陷的返修(补焊),应按照有关规定制定缺陷返修工艺评定文件,并实施。

当返修工艺方法、所选焊材等基本参数与原工艺相同时,可不再评定。

(2)返修对焊工的要求

根据 NNSA - HAJ - 0002 - 2019,在缺陷返修前,取得相应资格证书的焊工方可担任缺陷返修工作。

(3)返修次数的规定

按照 EJ/T 1027.10—1996《压水堆核电厂核岛机械设备焊接规范焊接缺陷的补焊》规定:在焊缝同一位置补焊次数以两次为限,对于双面焊缝的缺陷,内外返修补焊则按一次计算,对超过两次(经同意批准)的返修应按不符合项处理。

(4)返修工艺的制定

返修前须编制一份返修工艺或作业指导书,重要设备焊缝缺陷的返修工艺应经单位专业技术负责人审核,总工程师批准。

(5)缺陷返修的实施

略。

(6)返修区的无损探伤

略。

(7)填写返修记录和返修报告

略。

四、焊前准备

(一)试件

1. 材质

13MnNiMo54。

2. 规格

350 mm × 200 mm × 50 mm。

3. 试件清理

必须清除表面氧化物,并且不得存在任何氧化痕迹。

4. 标注编号

在试件上标注焊接操作工项目考试编号。

(二)工具

钳式电流电压表、数字型接触式测温仪、低应力钢印、电动角向磨光机、敲渣锤、拖线板、砂轮片、钢刷。

(三)防护

操作人员应穿工作服、劳保鞋,戴工作帽、口罩、耳塞、手套、防护眼镜。

（四）焊接设备及焊接工装夹具的检查

（1）启动焊机前，检查各处的接线是否正确、牢固可靠。电流表和电压表应在有效期内。

（2）焊机运行检查、极性检查、辅助按钮以及工装夹具是否可以正常使用，工装夹具扳手是否齐全。

（3）按焊接工艺规程调试焊接电流，并用钳型电流电压表检查焊接参数是否在规定的适用范围内。

（4）焊前按图纸等技术要求规定检查堆焊面，堆焊面上不得存在任何裂纹、较大凹坑（≥2 mm）、分层等缺陷，堆焊前应用砂纸、丙酮等清理堆焊面，表面不得有油污、锈斑及其他杂质。

（5）地线应完全展开。

（6）检查地线连接处表面的洁净度。

（7）操作机就位后，检查操作机的立柱是否固定锁死。

（8）检查系统控制板，在变位器上校核检验焊接速度。

（9）导电嘴和导电嘴上的导电块的状况是否良好，必要时应对它们进行清洗或更换。

（10）检查焊带的完好性，不得有任何缺口、分层等缺陷，否则应及时剪除；检查焊带的送带状况，确保焊带在机头中能够自由滑动。

（11）检查焊剂漏斗及其出口的位置状况（图 2－41），必要时对它们进行更换并校正它们的位置。应注意到，如果铺在焊道上的焊剂过厚，会影响焊缝的表面成形。

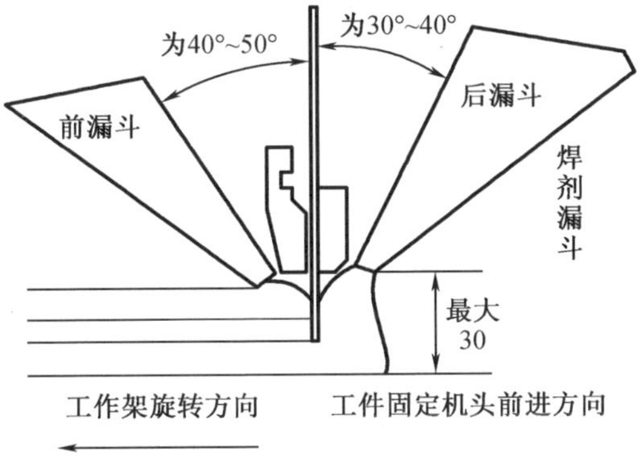

图 2－41　焊剂漏斗

（四）焊接材料检查

（1）焊前应检查每盘焊带，上面应有明确的标识（标明焊带的牌号、规格等），未用完的焊带应与标识一起保存。标识不清即不能辨识焊带牌号时，应通知有关单位进行取样检验，若仍无法确定焊带牌号则立即报废。

（2）严禁使用任何非不锈钢焊带盘焊带，严禁不同牌号焊带盘在同一个盘上。

（3）不锈钢焊带应注意避免与其他材料的焊带、焊丝混放及与非不锈钢材料直接接触。

（4）不锈钢带极堆焊焊剂应注意避免与其他焊剂放在一起，并防止其他污物混入。

（5）往操作焊剂料斗装焊剂前，须彻底清理焊剂料斗保证无其他牌号或批号的焊剂。

（五）文件准备

焊前需准备焊接用工艺规程、流转卡、质量计划、适用性文件和监考记录表。

（六）预热

（1）预热的目的：防止冷裂纹缺陷的产生。

（2）预热措施：试件放在加热平台上，两块试板整体加热，天然气加热装置在两个以上才能保证整体加热温度的均匀。如用单个天然气加热装置进行加热，试件温度可能会不均匀，从而在焊接时增加难度，也可能试件一半温度达到要求另一半温度没有达到要求或超出要求。试件加热不均匀易出现冷裂焊接缺陷，这是不允许的。所以要模拟产品整体加热，根据焊接工艺规程 GC－SAW－04－1 得知，预热温度最小为 150 ℃。

（3）试件放在加热平台上，两块试板整体点火加热，用测温仪至少每 30 min 测一次试件温度（测试件六点）并将测试件六点温度数据填写在监考记录表中。试件预热图及测试件六点如图 2－42 所示。

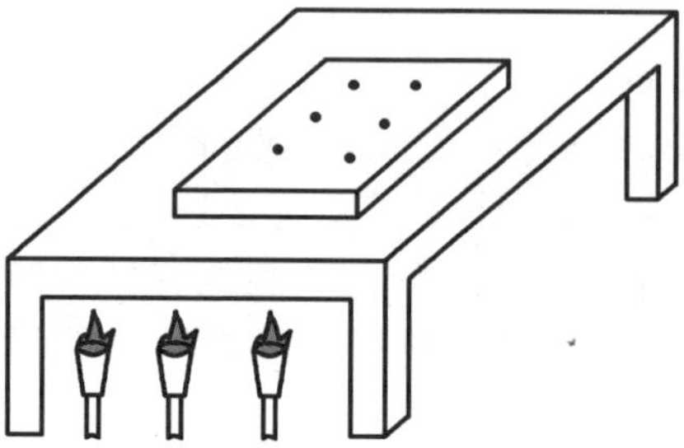

图 2－42　试件预热及测试件六点

（4）预热参数要严格按工艺文件要求执行。

（5）采用气体预热时应保证火焰充分燃烧，且避免火焰与工件堆焊面直接接触和堆焊面过烧（最好在背面预热）。堆焊面存在由于火焰不完全燃烧而生成的炭黑或过烧氧化时，应彻底清除。

五、焊接操作

（一）装配与定位

预热温度达到工艺规程要求后，将试件固定在工作平台上以防止试件变形。采用焊接固定的方法是一种强制性固定，所以在焊接过程中试件不能自由伸缩，显然试件会由此产生巨大的热应力。所以一定要将试件焊牢在工作平台上，以防止试件在焊接过程中突然弹起损坏焊接机头或影响焊接质量。在试件长度及宽度方向每隔 200 mm 焊接不小于 100 mm 的装配焊缝，如图 2－43 所示。

（二）隔离层及覆层的焊接操作要领

隔离层堆焊，亦称过渡层堆焊，主要用于两种成分和性能差异悬殊材料的堆焊，其目的是防止堆焊层结合区冶金缺陷的形成。在某些接头中，为免去消除应力处理，也常采用塑性良好的隔离层。在大型锻件表面，为避免冶金偏析区的不良影响或多层容器环缝坡口侧面层板间隙处形成夹渣，也经常采用隔离层的堆焊。隔离层金属的成分和性能基本上介于所堆焊材料与基体材料之间，或采用与两种材料均能互熔的镍基合金。

覆层堆焊主要是指在工件整个表面堆焊一层耐蚀的合金层。对于与腐蚀介质接触的厚壁工件，如采用整体高合金耐蚀材料，则成本十分昂贵，最经济的办法是采用碳钢和低合金钢厚板作为基层,并在其与腐蚀介质接触一面堆焊一层或多层耐蚀合金。耐蚀合金的成分应根据腐蚀介质的特性选择。

(1)先根据试件规格进行焊道排道。试件为 350 mm × 200 mm × 50 mm 规格,焊接工艺规程要求第一层至少堆焊三道,第一层的焊接参数可设置为电流 732 A,电压 27.2 V,焊接速度 141 mm/min。此参数焊接后的焊道宽度在 61 mm,焊道搭接量为 9 mm,则整个焊缝的宽度为 61 mm + 52 mm + 52 mm = 165 mm。在据试件边缘(200 mm - 165 mm) ÷ 2 = 17.5 mm 处作为焊道的起弧点。第二层由于焊接速度变为 102 mm/min,焊道宽度变为 68 mm,搭接量也变为 8 mm,只能焊接两道焊道,故焊接起弧点就相应变化为据试件边缘(200 mm - 128 mm) ÷ 2 = 36 mm 处。由此可将整个焊缝均匀排布在试件中心位置,以保持试件表面焊缝分布美观。

(2)使用焊带专用剪刀沿焊带边缘 30° ~ 45°剪断,焊带端部形成一个尖角,如图 2 - 44 所示。在焊接第二道焊道及后续焊道时,焊带尖角必须要靠近前一道焊道,这样在焊接起弧时,起弧点在前一道焊道上,可以避免起弧不顺利,损伤母材。

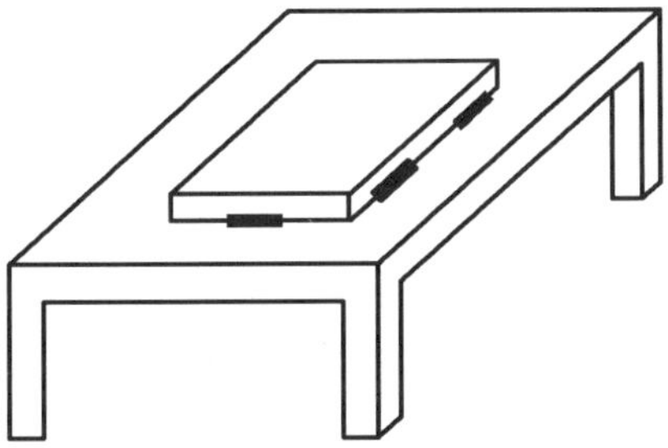

图 2 - 43　试件装配

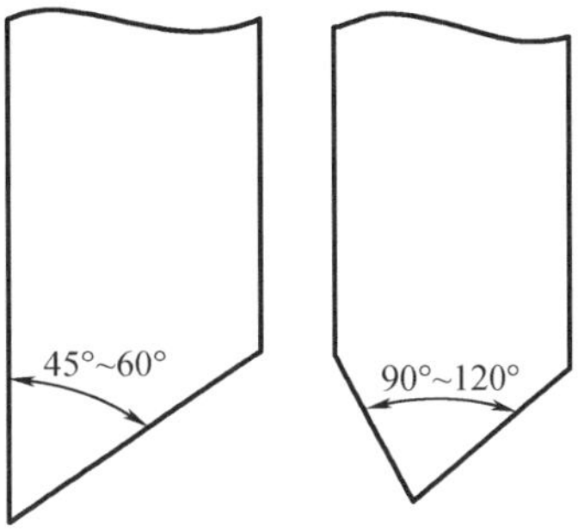

图 2 - 44　焊带端部形状

(3)焊接参数的设置。第一层焊缝的焊接参数可设置为电流 732 A,电压 27.2 V,焊接速度 141 mm/min。第二层的焊接参数设置为电流 732 A,电压 27.2 V,焊接速度 102 mm/min。焊接速度设置后,必须用检定过还在有效期内的钢直尺和秒表在试件上进行焊接速度的检测,以确定焊接速度的正确。

(4)将堆焊机头降到试件待焊面上方,用焊带伸出长度模板放到机头导电嘴和试件待焊面之间,调节机头高度,使导电嘴接触到模板上,因为模板的高度为 25 mm,据此能确定焊带伸出长度,推荐伸出长度为 25 ~ 28 mm。

(5)焊道的起弧点和停弧点必须在试件的引灭弧板上,这样可以避免在起弧和停弧时造成的缺陷和不利因素。

(6)起弧前先要用检定过未到有效期的数字型接触式测温仪测量试件表面三个点的温度,并记录在焊接参数及层温记录表上,每道焊道焊接前都要进行测量和记录。低于规程要求的层温 150 ℃时,一定要停止焊接进行后热,超出规程要求的层温 250 ℃时,也要停止焊接,待层温降低后才能进行焊接。

(7)第一道焊接完毕后,先用不锈钢敲渣锤去除焊渣。用砂轮机上的不锈钢钢丝轮把焊道上残留的小焊渣清理干净,再换铝基不锈钢砂轮片打磨焊道边缘不规则的地方和弧坑处的裂纹和气孔。打磨时注意砂轮机的打磨角度和力度,要让焊道边缘圆滑,无咬边、台阶、凹坑、焊道边缘内凹等不规则形状出现。打磨后,用不锈钢钢丝刷清理试件上残留的焊剂、铁屑、砂轮片等杂质。

(8)可根据焊道的打磨情况适当调节搭接量的大小，一般情况下搭接量还是接近上限为好。

(9)焊接时，注意焊剂的厚度。正常情况下，焊剂覆盖厚度比带极的干伸长度要高大约5 mm。在带极埋弧堆焊过程中，如果焊剂覆盖厚度过低，电弧会变得不稳定，同时飞溅情况增加。如果焊剂覆盖厚度过高，焊剂会压在熔池上，给焊道留下印记，同时会增加焊剂消耗量，并抑制熔池排气从而导致气孔产生。

(10)焊缝的接头方法：用角相磨光机把收弧处20～25 mm打磨出斜坡，再重新引弧。

(三)焊接参数调节要领

带极埋弧堆焊过程中，堆焊参数对堆焊层表面质量和性能影响最大。正确选择焊接参数，是获得优质堆焊层的重要前提。因此，必须掌握各种焊接参数对熔深、稀释率、焊道厚度、焊道宽度的影响，熔深和稀释率将会直接影响到堆焊层的化学成分，使熔合线和热影响区的组织性能发生变化。

1. 焊接电流

焊接电流对堆焊层的质量和成形影响较大。如焊接电流过小，则会导致焊道过窄，边缘不均匀，还可能出现未焊透，电弧燃烧也不稳定，甚至出现熄弧、短路、焊带顶出导电块等现象；如焊接电流过大，则会恶化焊道形状。在较大的焊接电流和较高的堆焊速度下，熔渣会流到带极前面，而影响焊道成形。带极尺寸不同，带极埋弧堆焊所选用的焊接电流也不同。实际生产中电流密度(单位面积的焊带通过的电流强度)比电流本身更重要。带极埋弧堆焊的典型电流密度在20～25 A/mm^2。不同尺寸焊带的典型焊接电流如图2－45所示。其他条件一定的情况下，焊接电流的大小将影响焊缝金属的熔深，焊接电流对焊缝尺寸和稀释率(速度恒定)的影响如图2－46所示。焊接电流值增大，熔深加深，且母材的熔化量增加，从而导致稀释率增大，而稀释率在一定程度上又决定了堆焊层的化学成分及组织，特别是C、Cr、Ni含量，C、Cr、Ni的含量又将直接影响堆焊层抗腐蚀的能力。因此，选取合适的电流值进行堆焊是保证焊接层质量的关键。

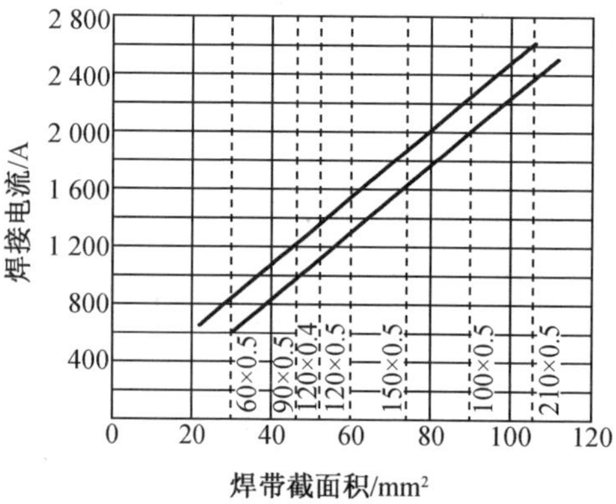

图2－45　不同尺寸焊带的典型焊接电流

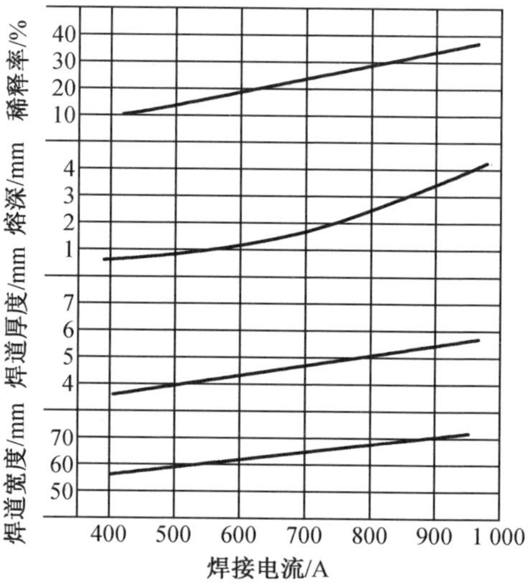

图2－46　焊接电流对焊缝尺寸和稀释率的影响

2. 电弧电压

焊接过程中电弧燃烧是否稳定与电弧电压有直接的关系，电弧电压对堆焊层的质量，特别是堆焊焊缝的表面形状和光滑程度有较大的影响，但对带极的熔化率和母材的熔透深度影响较小。最合适的电弧电压取决于带极的材料和焊剂的类型，对于耐蚀合金的堆焊，适用的电弧电压为 26 ~ 32 V；对于耐磨合金堆焊，适用的电弧电压为 32 ~ 35 V；对于碳素钢堆焊，适用的电弧电压为 28 ~ 31 V。最优的电弧电压与焊剂、焊接位置、焊接电流等许多因素有关。过高的电弧电压会引起咬边，在小直径圆柱体焊件表面堆焊时，则会导致熔池金属的流失；过低的电压则难以引弧，且电弧燃烧不稳定，焊缝宽度变窄。

3. 焊接速度

带极堆焊速度的快慢决定着堆焊层熔敷金属的厚度，也影响着堆焊层的化学成分及组织。它取决于带极的规格、带极材料的种类、焊剂的类型和焊件结构形状等。堆焊速度选择恰当，可以达到必需的母材熔透深度和较高的堆焊效率，堆焊速度应与所选定的焊接电流和电弧电压相匹配。

焊接速度太快，焊缝的中间部位趋向于变凹。同样，如果焊接速度太慢，将促使熔透深度减小，堆焊金属层厚度增加，焊缝表面变得粗糙且不均匀，并可能会引起飞边，焊下一道焊缝时，可能产生焊接缺陷。焊接速度对焊缝形状的影响如图 2 －47 所示。在焊接操作过程中，应随时测量焊缝高度，调整焊缝的高度为 4 ~ 5 mm。

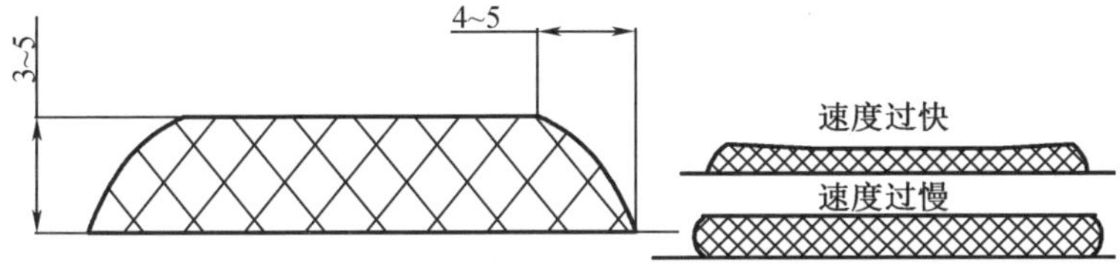

图 2 －47　焊接速度对焊缝形状的影响

4. 焊道搭接量

为了使两焊道间平滑过渡，控制焊道间不产生夹渣、咬边和凹陷，同时也为了防止焊道间产生应力集中，更好地控制稀释率，得到平滑的焊缝，焊缝的搭接量必须严格控制。搭接量是指焊带边缘到前一个焊缝边缘的重叠距离。搭接由熔敷金属类型和焊缝厚度决定，通常搭接范围为 5 ~ 10 mm，如图 2 －48 所示。堆焊时，若后续焊道对先前焊道的搭接量太小，易在焊道搭接处产生咬边或凹陷，前焊道与后焊道之间形成尖角，产生应力集中；若搭接量过大，则焊道搭接不平整或产生夹渣。为使焊缝成形美观，消除弧坑缺陷和焊缝凹陷，保证焊缝质量，实践中，对每一焊道的起弧、收弧、搭接量及中断后重新起弧，都有特殊的要求，如图 2 －49 所示，可使用模板或尺子来调整焊道搭接，如图 2 －50 所示。

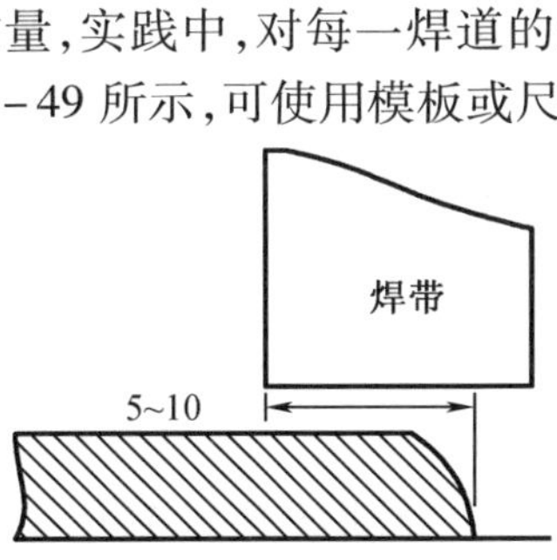

图 2 －48　搭接量

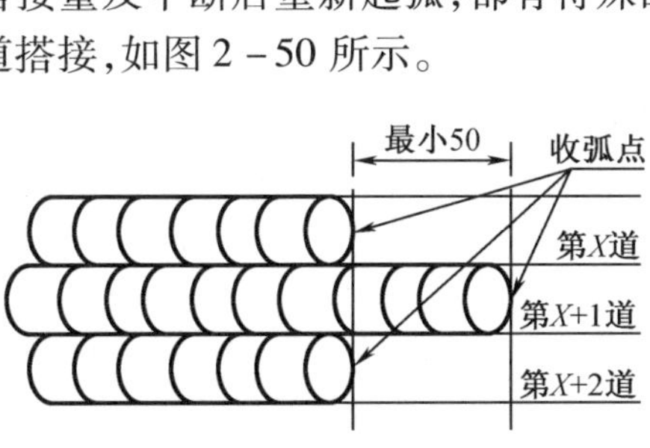

图 2 －49　相邻焊道收弧点的排布

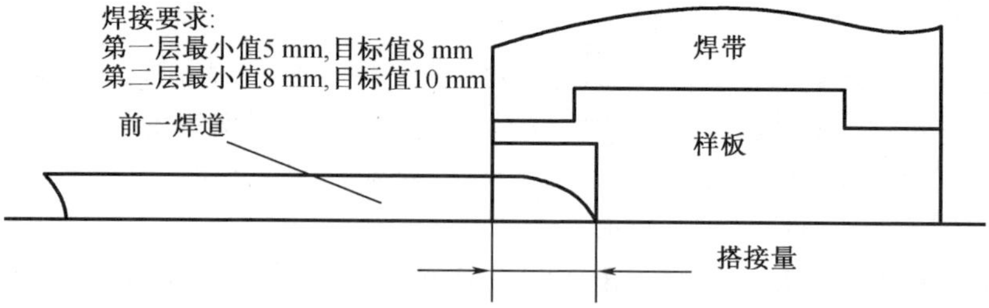

图 2-50　搭接量调整

5. 两层焊道间的偏移量

两层焊道间的偏移量是指堆焊中沿焊道长度方向,第二层焊道与第一层焊道搭接线的相对位置,如图 2-51 所示。

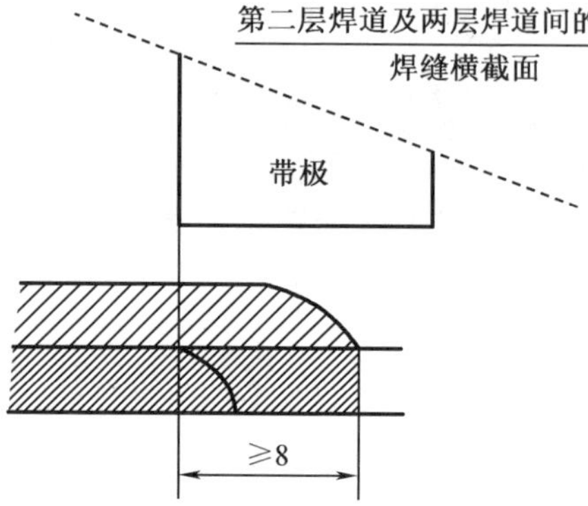

图 2-51　两层焊道间的偏移量

6. 焊剂覆盖深度

当焊剂覆盖深度过浅时会出现电弧不稳、飞溅大的现象,同时更容易产生缺陷。当焊剂覆盖深度过深时,压在熔敷金属上的焊剂过重而留下痕迹,焊缝边缘不能形成较好的圆滑过渡,而且熔池内的气体不易排出,容易产生缺陷。焊剂的覆盖深度通常为 25 ~ 35 mm。

7. 焊缝的接头

由于某些情况而必须进行焊缝的接头时,用砂轮把收弧处 20 ~ 25 mm 打磨平滑,再重新开始施焊,如图 2-52 所示。

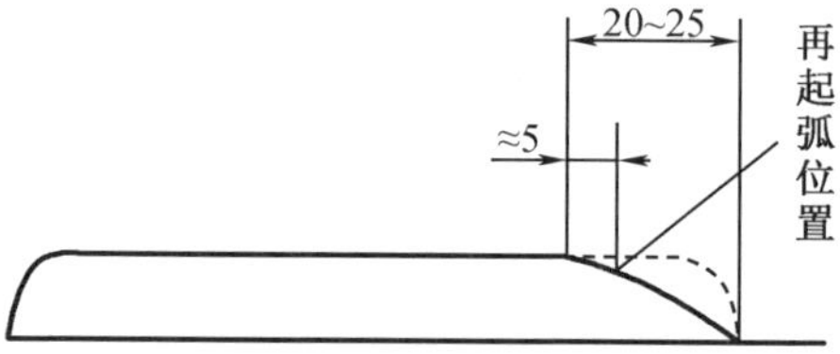

图 2-52　再起弧位置

8. 电弧电压、焊带伸出长度及焊剂的堆积厚度

工件与导电块之间的距离,即焊带的伸出长度。焊带伸出长度过长,带极的电阻热增加,熔化速度加快,熔化时焊带末端的形状不好,有大熔滴挂于末端,焊道成形较差;反之,焊带伸出长度过短,容易烧损导电,通常焊带伸出长度以 30 ~ 40 mm 为宜。在堆焊中,电弧

电压、焊带伸出长度及焊剂的堆积厚度之间存在一种优化组合关系，这种优化组合不仅决定熔池的保护效果，而且与焊道的宽度、外观成形以及熔深大小、道间是否产生夹渣等都有影响。实践中，电弧电压25～29 V，焊带伸出长度20～30 mm，焊剂的堆积厚度20～40 mm，能获得满意的焊缝质量。

9. 焊带的位置

堆焊时注意控制好焊带与工件的相对位置。对于圆筒形工件内外壁堆焊时，机头与焊件间的相对位置对焊缝成形影响很大，偏离中心的距离取决于圆筒的直径，直径越大，偏离中心的距离越大。通常情况下偏离中心的距离为17～60 mm。

(四)焊道记录图、焊接参数与层温记录表

焊道记录图、焊接参数与层温记录表见表2－42和表2－43。

表2－42 监考记录表1

<table>
<tr><td colspan="5" rowspan="2">焊接操作工项目考试施焊及监考记录表</td><td colspan="7">施焊及监考记录表编号：×××</td></tr>
<tr><td colspan="7">考试计划编号：×××</td></tr>
<tr><td colspan="2">参考焊接操作工单位</td><td colspan="10">×××股份有限公司</td></tr>
<tr><td colspan="2">项目代号</td><td colspan="10">SAW－M P S PA 07 09 Z1</td></tr>
<tr><td colspan="2">焊接操作工姓名</td><td colspan="3">×××</td><td colspan="4">工位编号</td><td colspan="3">×××－H－×</td></tr>
<tr><td colspan="2">考试用焊接
工艺规程编号</td><td colspan="3">GC－SAW－04－1</td><td colspan="4">焊接操作工项目
考试编号</td><td colspan="3">SAW－04－A01</td></tr>
<tr><td colspan="2">考试日期</td><td colspan="3">×××</td><td colspan="7" rowspan="5">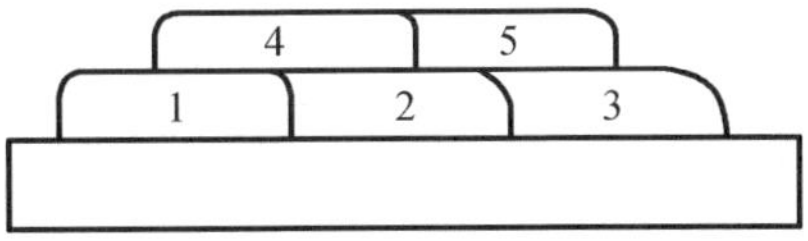</td></tr>
<tr><td colspan="2">考试开始时间</td><td colspan="3">9:20</td></tr>
<tr><td colspan="2">考试终止时间</td><td colspan="3">12:30</td></tr>
<tr><td colspan="2">考试开始时间</td><td colspan="3"></td></tr>
<tr><td colspan="2">考试终止时间</td><td colspan="3"></td></tr>
<tr><td rowspan="2">焊道序号</td><td rowspan="2">焊材规格</td><td rowspan="2">电流极性</td><td rowspan="2">电流/A</td><td rowspan="2">电压/V</td><td rowspan="2">焊速/(mm·min^{-1})</td><td colspan="3" rowspan="2">预热温度或层间温度/℃</td><td colspan="2">保护气体流量/(L·min^{-1})</td><td rowspan="2">其他</td></tr>
<tr><td>正面</td><td>背面</td></tr>
<tr><td>1</td><td>60 mm×0.5 mm</td><td>直流反接</td><td>732</td><td>27.7</td><td>141</td><td>152</td><td>153</td><td>157</td><td>—</td><td>—</td><td>EQ308L焊带/焊剂</td></tr>
<tr><td>2</td><td>60 mm×0.5 mm</td><td>直流反接</td><td>732</td><td>27.7</td><td>141</td><td>162</td><td>168</td><td>169</td><td>—</td><td>—</td><td>EQ308L焊带/焊剂</td></tr>
<tr><td>3</td><td>60 mm×0.5 mm</td><td>直流反接</td><td>732</td><td>27.7</td><td>141</td><td>180</td><td>186</td><td>190</td><td>—</td><td>—</td><td>EQ308L焊带/焊剂</td></tr>
<tr><td>4</td><td>60 mm×0.5 mm</td><td>直流反接</td><td>732</td><td>27.7</td><td>102</td><td>191</td><td>195</td><td>199</td><td>—</td><td>—</td><td>EQ308L焊带/焊剂</td></tr>
<tr><td>5</td><td>60 mm×0.5 mm</td><td>直流反接</td><td>732</td><td>27.7</td><td>102</td><td>201</td><td>205</td><td>208</td><td>—</td><td>—</td><td>EQ308L焊带/焊剂</td></tr>
</table>

参考焊接操作工(签字)：××× 监考人(签字)：×××

表 2-43 监考记录表 2

焊接操作工项目考试施焊及监考记录表		施焊及监考记录表编号：×××	
		考试计划编号：×××	
参考焊接操作工单位	×××股份有限公司		
项目代号	SAW-M P S PA 07 09 Z1		
焊接操作工姓名	×××	工位编号	×××-H-×
考试用焊接工艺规程编号	GC-SAW-04-1	焊接操作工项目考试编号	SAW-04-A01

项目				预热六点测温						层温三点测温			日期	时间
				A	*B*	*C*	*D*	*E*	*F*	1	2	3		
Ⅰ	Ⅱ	Ⅲ	Ⅳ	℃						℃				
√				24	24	24	24	24	24				×××	8:45
√				152	153	150	156	165	155				×××	9:15
		√		251	253	254	256	257	258				×××	12:30
		√		280	281	285	289	290	292				×××	13:00
		√		295	296	297	298	302	303				×××	13:30
		√		291	292	293	295	296	298				×××	14:00
			√	301	303	305	306	307	309				×××	14:30

注：①Ⅰ为预热开始，Ⅱ为焊接，Ⅲ为后热开始，Ⅳ为后热结束。

②根据操作内容分别在项目一栏中的Ⅰ、Ⅱ、Ⅲ、Ⅳ子栏中做好标记，并在后面的栏目内记录相应的规范或时间。

③在焊前预热 30 min。沿焊缝长度方向六个测温点 *A*、*B*、*C*、*D*、*E*、*F* 进行测温。

④每层焊缝焊接前，沿焊缝长度方向检查层间温度，对三个测温点 1、2、3 进行测温

参考焊接操作工（签字）：××× 监考人（签字）：×××

（五）后热及热处理

焊后后热、消氢处理及焊后热处理是焊接低合金高强钢防止焊接冷裂纹的重要措施。后热是指焊接后立即对焊件的全部（或局部）进行加热或保温，使其缓冷的工艺措施。常用于焊前预热温度不足，或预热温度过高操作者无法施焊，或因过高的预热温度而引起较大的附加热应力而增加了冷裂纹倾向的情况。根据规程 GC-SAW-04-1 得知，后热温度为 250~400 ℃，最短后热时间为 2 h。焊后热处理温度为 595~620 ℃，保温时间为 1~1.5 h，升、降温速度≤55 ℃/h，入、出炉温度≤350 ℃。

（六）注意事项

（1）完成每个焊道过程中应采取的预防措施：

①检查所有参数：电流、电压、工件温度、焊接速度。

②在焊道清理后，目测自检焊道的外观状况。

③对焊道起始处进行仔细的修磨。

④在进行下一道堆焊前，清理和修磨前一焊道的弧坑和搭接处。

⑤记录所有发现的问题和使用的参数。

⑥每个焊道完成后应进行的作业。必要时对焊道边缘的凸起进行修磨,可以使用碟形砂轮进行打磨,以消除所有可能粘在焊道边缘的焊渣颗粒。

⑦焊接过程中,每次停止焊接前,应采取预防措施。

在完成堆焊的过程中,会出现由于更换焊带、电弧中断、熔剂用完、起弧不良、接地不良等引起的焊接中断,应通过打磨来消除焊道结尾的焊口、焊道上的所有凸起、开始焊道、所有不良起弧(不能在同一个地方累积两次起弧,如果第一次起弧未被清除便绝不能在上面进行重新起弧)。

(2)焊接过程中严禁使用任何可能对堆焊层产生渗碳影响的碳素钢或其他低合金钢工具进行清理熔渣等工作,在进行中间热处理过程中应对已有堆焊层进行保护,避免其与碳素钢等铁素体材料直接接触。

(3)焊后热处理(包括焊前和焊接过程以及焊后的后热消氢处理)时,应对堆焊层进行保护,避免其与火焰直接接触和过烧。

(4)对可疑的焊接成形或表面须进行打磨或抛光,打磨应采用铝基无铁砂轮,并且该砂轮专用于打磨奥氏体不锈钢和镍基合金。应使用仅用于奥氏体不锈钢和镍基合金的不锈钢或尼龙刷对堆焊层进行清理。

(5)焊前严格对母材打磨,去除铁锈、油污等影响焊接的因素,必须预热。过渡层堆焊时,在保证焊道成形的前提下尽量降低过渡层堆焊厚度(3 ~ 3.5 mm);耐蚀层堆焊时,在保证焊道成形的前提下可以适当增加耐蚀层的厚度(3.5 ~ 4 mm)。

(6)焊接操作工实施焊接工作时,只允许穿橡胶、木制、塑料等非金属底的鞋子,鞋底不允许钉铁钉。

(七)磁控装置

带极堆焊时,由于磁收缩效应,会使堆焊层产生咬边,随着带极宽度增加,堆焊电流增大,咬边现象越重,必须采用外加磁场的方法来防止咬边的产生(磁控法),如图 2 - 53(a)所示。同时必须合理布置磁极位置,选择合理的激磁电流大小,外加磁场太强或太弱均会影响堆焊焊道的成形(图 2 - 53(b))。两个磁极的磁控电流可分别调整。

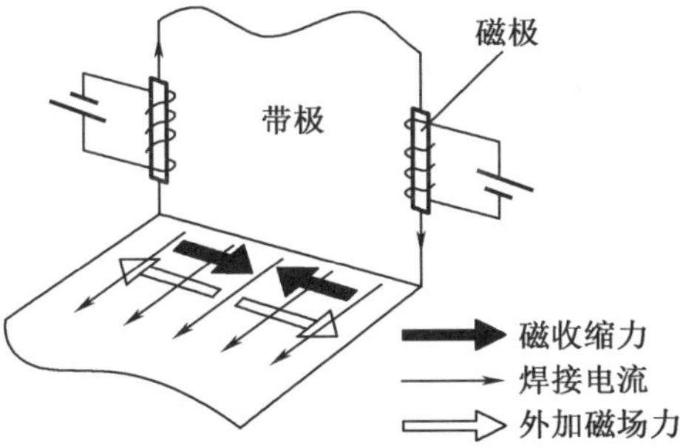

(a)磁控法克服咬边原理

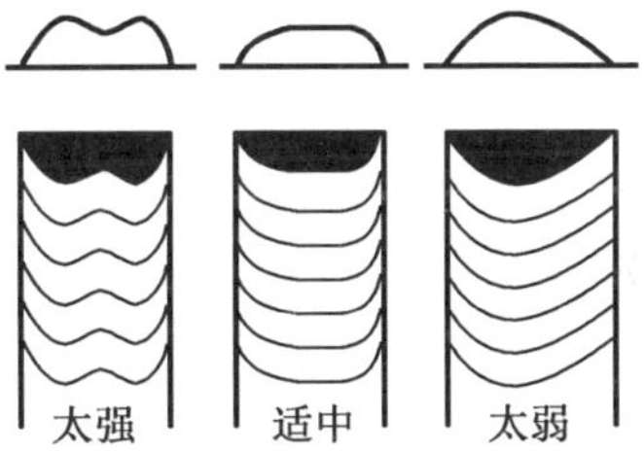

(b)磁控强度对成形的影响

图 2 - 53　磁场对焊缝的影响

1. 电磁场对堆焊熔池的影响

首先熟悉一个简单的电磁原理,当两根平行导线中通过相同方向电流时,导线会相互吸引。而带极堆焊中的焊带可看作许多根同向电流的导线,显然它们也会有相互吸引的倾向。在大电流通过焊带的情况下,如 60 mm 带宽或更宽的电渣带极堆焊过程中,这个电磁影响将非常明显,即堆焊进行过程中的熔池会承受到电磁力(劳伦力),使熔池倾向于从两边向中间流动,而直接导致焊道变窄、焊道边角更陡峭、脱渣更困难,并提升了焊道咬边的风险。

2. 磁控基本工作原理

为减小进行中熔池电流所产生的电磁力影响，需要采用磁控装置。磁场控制系统的工作原理如下：安装磁性相同但方向相反的外部磁场，在堆焊进行过程中，外部磁场所产生的电磁力与内部自身产生的电磁力相抵消，外部磁场由两个磁芯棒（线圈）产生，一般称之为“N”极与“S”极。经验证明，将“N”极安装在已堆焊好的焊道一侧，将得到最佳的焊道成形，这个原理非常关键，如图 2－54 所示。

为轻易区分“N”极与“S”极磁芯棒，可以使用磁强仪。如果磁强仪接触“N”极磁芯棒，其指针将偏向负极一侧（显示负数）；如果磁强仪接触“S”极磁芯棒，其指针将偏向正极一侧（显示正数），如图 2－55 所示。

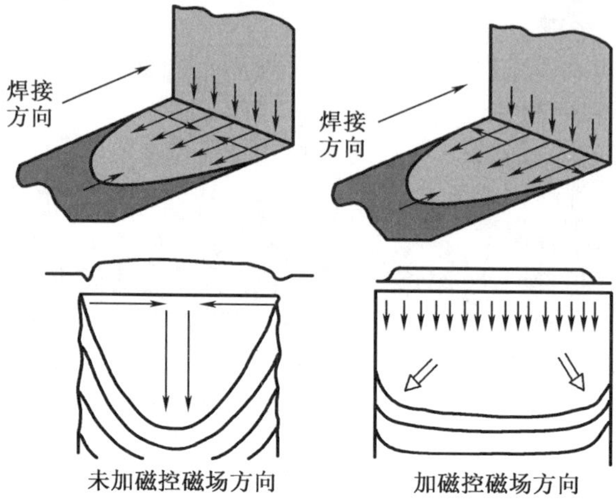

图 2－54　磁控原理

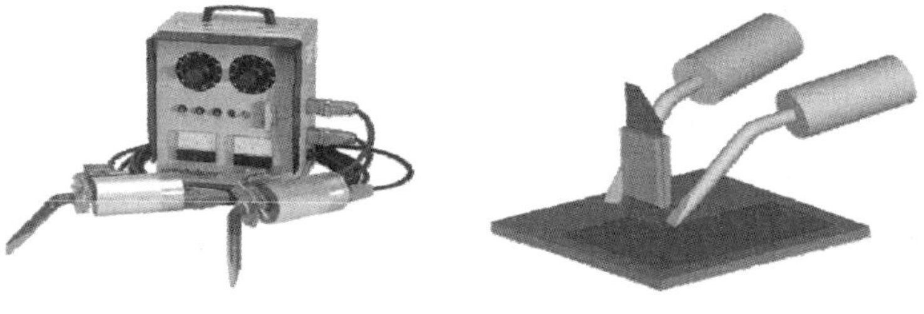

图 2－55　磁强仪示意图

3. 磁芯棒的安装位置

磁芯棒的安装位置非常关键，通过电线圈所产生的磁场必须位于熔池上方。因此，如果顺着堆焊方向看过去的话，磁芯棒的端部肯定在焊带之前，其端部距离焊带的直线距离为 3 mm。另外，为避免被熔化金属热辐射烤得太厉害，磁芯棒必须安装在横向距离焊带边缘约 15 mm 及垂直方向上距母材表面约 15 mm 的位置上，如图 2－56 所示。

4. 磁控装置对成形情况及焊道外观的影响

（1）可以通过观察焊道成形的波纹形状来调节磁控装置的磁场强度，当波纹变得匀称了，即表示使用了合理的磁场强度。

（2）相对另一个磁场线圈，如果这个磁场线圈电流过高或过低，就可能出现咬边。

（3）如果一侧出现咬边，应调高这一侧线圈的工作电流或调低另一侧线圈的工作电流。

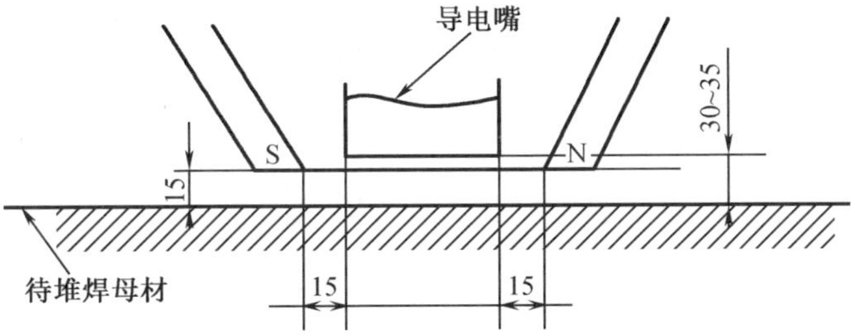

图 2 –56　磁芯棒安装示意图

(4)通常情况下,将北极工作电流初始设置为3.5 A,而南极工作电流初始设置为3.0 A来开始调试。

(5)考虑到无法精确定量计算电磁场的影响,因此每个磁芯棒的工作电流显然根据不同的带极堆焊接操作工况来调节设置。

(6)标准的磁控装置允许两个磁芯棒的最大工作电流为5 A,万一如果来自工件的电磁影响太强,那么必须使用更强的磁场强度的磁芯棒。

(7)如果磁芯棒设置了过高的参数,那么焊道将变得太宽,焊道中部将凹进去。

(8)如果对磁控装置使用过低的参数,那么焊道将变窄,焊道中部将凸起。

5. 磁控装置的安装

(1)将顶部转动轴安装在带极堆焊机头的横杆上,将底部转动轴与支架相连,底部转动轴比顶部转动轴有更大的孔,然后将磁芯棒插过底部转动轴。注意,不要忘记在底部转动轴与磁芯棒之间套上绝缘管。

(2)调节安装位置。为获得最佳的磁控保护效果,请注意相对位置的安装精度。

(3)连接电缆将磁芯棒与控制箱接通。

(4)检查相对位置和N/S级磁芯棒的安装位置。在控制箱这侧,北极的插口在南极插口之上。

(5)根据工况和焊道成形情况,通过电流调节旋钮来调节南极与北极的工作电流。

堆焊实物图如图2 –57所示。

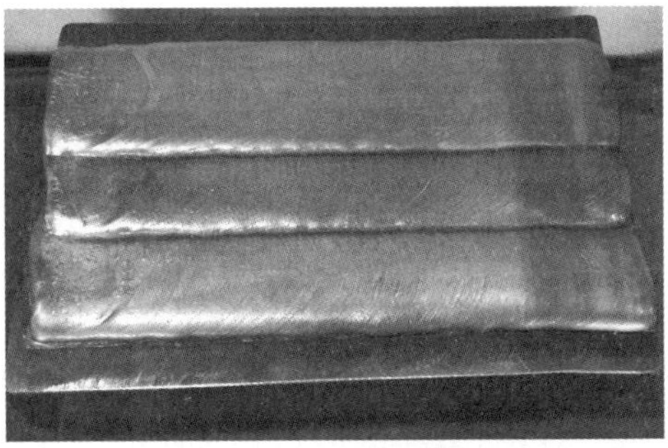

图 2 –57　堆焊实物图

六、焊后检查

(一)检验试验项目和数量

焊工、焊接操作工技能评定试件的检验项目、检查数量和试样数量见表2 –44。每个试件应先进行目视检验,合格后再进行其他项目检验。

表 2－44　堆焊试件检验项目、检查数量和试样数量

<table>
<tr><td colspan="2" rowspan="3">试件形式</td><td>试件厚度或管径</td><td colspan="7">检验项目</td></tr>
<tr><td rowspan="2">厚度
/mm</td><td rowspan="2">目视检验
/件</td><td rowspan="2">超声波检验
/件</td><td rowspan="2">渗透检验
/件</td><td colspan="3">弯曲试验/个</td><td rowspan="2">宏观金相
检验/个</td></tr>
<tr><td>面弯</td><td>背弯</td><td>侧弯</td></tr>
<tr><td rowspan="2">堆焊
试件</td><td>耐蚀</td><td rowspan="2">50</td><td>1</td><td rowspan="2">1(UT)</td><td rowspan="2">1(PT)</td><td rowspan="2">—</td><td rowspan="2">—</td><td>2</td><td rowspan="2">2</td></tr>
<tr><td>耐磨</td><td>1</td><td>—</td></tr>
</table>

注：表中目视检验试件数量即试样数量。

（二）目视检验

（1）试件的目视检验，采用目视或 5 倍放大镜进行。手工焊的板材试件两端 20 mm 内的缺陷不计，焊缝的余高和宽度可用焊缝检验尺测量最大值和最小值，但不取平均值，单面焊的背面焊缝宽度可不测定。

（2）试件焊缝的目视检验应符合下列要求：

①焊缝表面应是焊后原始状态，不允许加工修磨或返修；

②焊缝外形尺寸应符合堆焊两相邻焊道之间的凹下量不得大于 1.5 mm，焊道高度差应小于或等于 1.5 mm，焊道间搭接接头的平面度在试件范围内不得大于 1.5 mm；

③焊缝边缘直线度：机械化焊≤3 mm；

④各种焊缝表面不得有裂纹、未熔合、夹渣、气孔、焊瘤和未焊透。机械化焊和自动焊的焊缝表面不得有咬边和凹坑；

⑤属于一个技能评定项目的所有试件目视检验的结果均符合目视检验（2）各项要求，该项试件的目视检验为合格，否则判定为该项技能评定不合格。

（三）无损检验

1. 超声波检验

试件的超声波（UT）无损检验应按照 NB/T 20003.3—2010 的要求进行，焊缝质量应符合一级焊缝的检验要求。

2. 渗透检验

试件的渗透检验（PT）应按照（NB/T 20003.3—2010）的要求进行，焊缝质量应符合一级焊缝的检验要求。

无损检验不合格的判定为该项技能评定不合格。

（四）试件的弯曲试验

（1）弯曲试验的试件应从无损检验中发现缺陷最多的区域切取。正常情况下板状试件可按图 2－58 的位置截取弯曲试样，弯曲试样的形式和尺寸如图 2－59 所示。堆焊侧弯试样宽度至少应包括堆焊层全部、熔合线和基层热影响区。试样上的余高及焊缝背面的垫板应用机械方法去除，面弯和背弯试样的拉伸面应平齐，且保留焊缝两侧中至少一侧的母材原始表面。

（2）做横弯或侧弯试验时，对于断后伸长率 $A \geq 20\%$ 的母材，弯头（或内辊）直径应为 $4T$，弯曲角度应为 180°；而断后伸长率 $A < 20\%$ 的母材，应采用下列公式：

$$d = (100t_s/A) - t_s$$

式中，d 为弯头（或内辊）的直径；t_s 为弯曲试样厚度；A 为母材标准要求的最低断后伸长率。

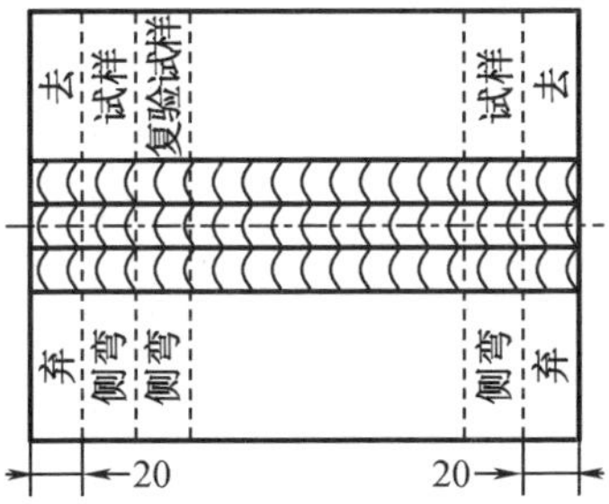

图 2－58　截取弯曲试样

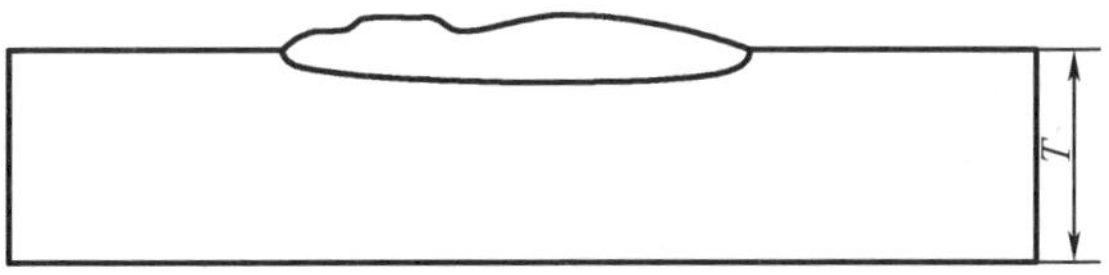

图 2－59　焊接接头弯曲试样的形式和尺寸

（3）弯曲时，应将试样弯到使其两端成平行为止，此时，材料的任何部分不再受到压力。

（4）试件弯曲到规定的角度后，其拉伸面上不得有任何一个横向（试样宽度方向）裂纹或缺陷的长度大于 1.5 mm，纵向（试样长度方向）裂纹或缺陷的长度大于 3 mm。试样的棱角开裂不计，但确因焊接缺陷引起试样的棱角开裂，其长度应进行评定。

（5）试件的两个弯曲试样的试验结果均合格时，弯曲试验为合格。两个试样均不合格时，不允许复验，弯曲试验为不合格。其中一个试样不合格时，允许从原试件上另取一个试样进行复验，复验合格，弯曲试验才为合格。

（6）在弯曲试验中压头位置相对于焊缝偏离时，弯曲试验结果无效。

（五）金相检验

（1）金相宏观检验应用机械方法截取、磨光，再用金相砂纸按“由粗到细”的顺序磨制，然后经适当的浸蚀，使焊缝金属和热影响区有一个清晰的界限。该面上的焊接缺陷用目视或 5 倍放大镜检查，若宏观检查显示出存在有疑问区域，则必须进行微观检查。

（2）每个试样检查面经宏观检验应符合下列要求：

①没有裂纹、未熔合、未焊透；

②蒸汽发生器或热交换器的管子和管板焊缝根部线性缺陷应不超过 0.1 mm；

③气孔或夹渣的最大尺寸不得超过 1.5 mm；当气孔或夹渣大于 0.5 mm，不大于1.5 mm 时，其数量不得多于 1 个；当只有小于或等于 0.5 mm 的气孔或夹渣时，其数量不得多于 3 个。

（3）对于板材角焊缝的金相试验取样要求如下：除两端宽度各 20 mm 外，相邻任意两个金相试样截面不得小于 30 mm。

（六）奥氏体－铁素体不锈钢与镍基合金的堆焊和预堆边特殊焊缝技能评定要求

（1）试件的厚度适用范围按照表 2－45 执行。

表 2－45　堆焊试件材料厚度的适用范围

堆焊试件材料厚度/mm	适用范围/mm
<25	≥T
≥25	≥25

（2）应当按照确定的堆焊层和隔离层（最高等级）制造条件进行渗透检验和超声波检验。

（3）破坏检验包括弯曲试验、宏观金相检验、微观金相检验和化学分析（仅对手工焊不锈钢堆焊层）。

（4）弯曲试验：

①试样数量为两个侧弯试样。取样应在垂直于焊缝的方向上，试样的尺寸为厚10 mm，宽 30 mm，并且整个堆焊层厚度应包含在宽 30 mm 的范围内；

②试样的切取应在无损检验发现缺陷最多的地方；

③检验标准：压头直径为试样厚度的 4 倍，弯曲 180°检验区内单个裂纹、气孔或夹渣的长度不得大于 3 mm。

（5）宏观金相检验和微观金相检验：

①在堆焊层的横截面上进行宏观金相检验和微观金相检验，对于多层堆焊，无论是第一层还是后面焊层，需验证各焊层的搭接条件，在检验中不存在任何大小的裂纹、未焊透、未熔合及任何不合格的气孔、夹杂；

②宏观检验有怀疑的区域，应进行微观检验以消除对观察到的缺陷痕迹的疑问（夹渣、致密性不好、裂纹、组织结构）。

（6）化学分析（仅对手工焊不锈钢堆焊层）：

①要求进行堆焊层的化学分析。

②在距最小评定厚度的堆焊表面层 2～3 mm 取钢屑进行化学分析，其含碳量应在下列范围内：$w(\mathrm{C}) \leqslant 0.035\%$（力求 $<0.030\%$）；若 $w(\mathrm{C}) > 0.035\%$，并且铬含量高于 19.00%，需进行晶间腐蚀试验，如果晶间腐蚀试验的结果合格，则可允许碳含量高于 0.035%，但不超过 0.040%。

③对于不锈钢隔离层堆焊（在合金钢或非合金钢上堆焊的隔离层），化学分析应从第一层堆焊金属的连续熔敷区取样，要求的值为 $w(\mathrm{Cr}) \geqslant 17.00\%$，$w(\mathrm{Ni}) \geqslant 9.00\%$。

（七）试件的检验报告

1. 民用核安全设备焊接操作工项目考试目视检验报告

本项目考试目视检验报告见表 2－46。

表 2－46　项目考试目视检验报告

报告编号：SAW－04－A01－VT－2020－焊考－001

<table>
<tr><td colspan="2">考试项目代号</td><td colspan="4">SAW－M P S PA 07 09 Z1</td></tr>
<tr><td colspan="2">实施计划编号</td><td>×××－11－××－××</td><td colspan="2">焊接操作工项目考试编号（试件编号）</td><td>SAW－04－A01</td></tr>
<tr><td colspan="2">焊接操作工姓名</td><td>×××</td><td colspan="2">依据标准</td><td>NNSA－HAJ－0002－2019</td></tr>
<tr><td colspan="2">焊接方法</td><td>SAW－M</td><td colspan="2">母材牌号和规格</td><td>13MnNiMo54
350 mm×200 mm×50 mm</td></tr>
<tr><td>试件形式</td><td>板堆焊</td><td>焊接位置</td><td colspan="2">PA</td><td></td></tr>
<tr><td colspan="3">原始状态</td><td colspan="3">原始</td></tr>
<tr><td colspan="3">焊缝余高</td><td colspan="2">裂　纹</td><td>咬　边</td></tr>
<tr><td colspan="3">—</td><td colspan="2">无</td><td>无</td></tr>
<tr><td colspan="3">焊缝余高差</td><td colspan="2">未熔合</td><td>背面凹坑</td></tr>
<tr><td colspan="3">—</td><td colspan="2">无</td><td>—</td></tr>
<tr><td colspan="3">比坡口每侧增宽</td><td colspan="2">夹渣</td><td>变形角度</td></tr>
<tr><td colspan="3">—</td><td colspan="2">无</td><td>—</td></tr>
</table>

表 2－46(续)

原始状态	原始		
宽度差	气孔	错边量	
—	无	—	
焊缝边缘直线度	焊瘤	角焊缝凹凸度	
—	无	—	
背面焊缝余高	未焊透	焊脚尺寸	
—	—	—	
堆焊焊道高度差	堆焊凹下量	通球检验	
1.0 mm	0.9 mm	—	
堆焊焊道平面度			
0.8 mm			
目视检验结果(合格、不合格)	合格	检验日期	×××
检验人员	×××	证书号	×××
复审人员	×××	证书号	×××

2. 民用核安全设备焊接操作工项目考试超声波检验报告

堆焊试件的超声波检验应按照 NB/T 20003.3—2010 的要求进行，焊缝质量应符合一级焊缝的检验要求，检验报告见表 2－47。

表 2－47　超声波检验报告

报告编号:SAW－04－A01－UT－2020－焊考－001

焊接操作工姓名:	×××	项目考试编号:	SAW－04－A01
考试项目代号	SAW－M P S PA 07 09 Z1		

验收标准: NB/T 20003.3—2010

试样类型	标识	尺寸	示意图
超声波检验	SAW－04－A01	350 mm×200 mm×50 mm	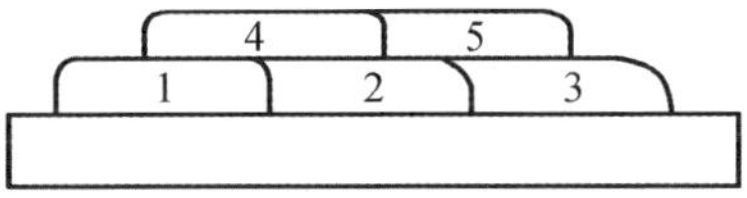

超声波检验

标识	缺陷描述	结果
SAW－04－A01	超声波检验未发现裂纹、未熔合、未焊透、气孔及夹渣等低倍超标缺陷	合格
结论	试件的超声波检验(UT)按照 NB/T 20003.3—2010 的要求进行，焊缝质量应符合一级焊缝的检验要求。 结论:合格	

检验人员	×××	证书号	×××	日期:×××
复审人员	×××	证书号	×××	日期:×××

表 2－47(续)

照片	
考试编号	×××
实物 照片	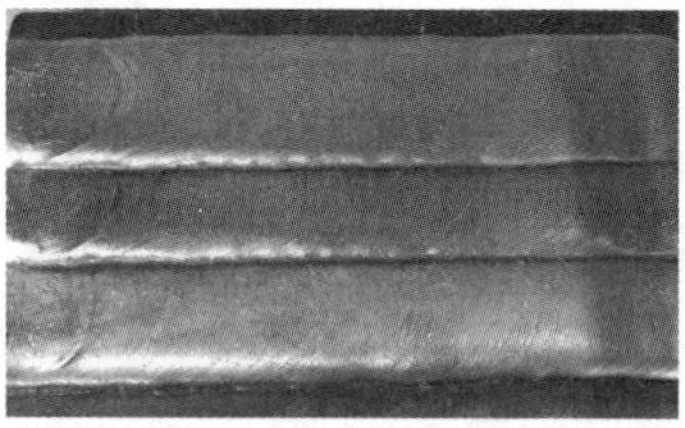

3. 民用核安全设备焊接操作工项目考试渗透检验检验报告

试件的堆焊渗透检验应按照 NB/T 20003.3—2010 的要求进行,焊缝质量应符合一级焊缝的检验要求,检验报告见表 2－48。

表 2－48　渗透检验报告

报告编号:SAW－04－A01－PT－2020－焊考－001

焊接操作工姓名:	×××	项目考试编号:	SAW－04－A01
考试项目代号	SAW－M P S PA 07 09 Z1		

验收标准: NB/T 20003.3—2010

试样类型	标识	尺寸	示意图
渗透检验	SAW－04－A01	350 mm×200 mm×50 mm	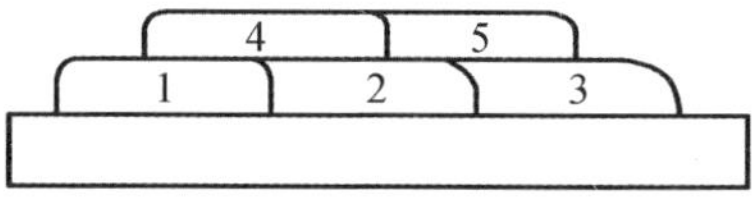

渗透检验		
标识	缺陷描述	结果
SAW－04－A01	渗透检验未发现裂纹、未熔合、未焊透、气孔及夹渣等低倍超标缺陷	合格
结论	试件的渗透检验(PT)按照 NB/T 20003.3—2010 的要求进行,焊缝质量应符合一级焊缝的检验要求。 结论:合格	

检验人员	×××	证书号	×××	日期:×××
复审人员	×××	证书号	×××	日期:×××

照片	
考试编号	×××
实物 照片	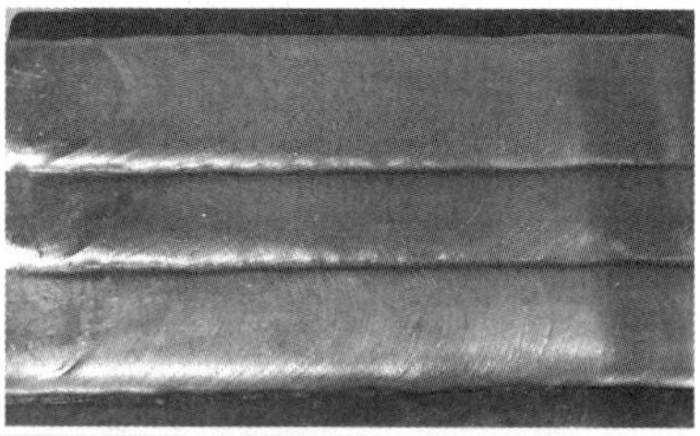

4. 民用核安全设备焊接操作工项目考试弯曲检验报告

堆焊试件的弯曲检验应按照 NNSA－HAJ－0002－2019 6.1.4 中的弯曲试验的要求进行，检验报告见表 2－49。

表 2－49 弯曲检验报告

报告编号：SAW－04－A01－PT－2020－焊考－001

<table>
<tr><td>技能考试项目代号</td><td colspan="7">SAW－M P S PA 07 09 Z1</td></tr>
<tr><td rowspan="3">弯曲试验</td><td>试样类型</td><td>试样号</td><td>取样位置</td><td>试样尺寸（厚/mm×宽/mm）</td><td>弯曲角度</td><td>弯头直径/mm</td><td>结果</td></tr>
<tr><td>侧弯</td><td>SAW－04－A01－P1</td><td>按标准</td><td>20×10</td><td>180°</td><td>46</td><td></td></tr>
<tr><td>侧弯</td><td>SAW－04－A01－P2</td><td>按标准</td><td>20×10</td><td>180°</td><td>46</td><td></td></tr>
<tr><td>验收标准</td><td colspan="7">试样弯曲到规定的角度后，其拉伸面上不得有任何一个横向（试样宽度方向）裂纹或缺陷的长度大于 1.5 mm，纵向（试样长度方向）裂纹或缺陷的长度大于 3 mm。对于堆焊试样检验区不应出现明显裂缝，单个裂纹、气孔或夹渣的长度不得大于 3 mm</td></tr>
<tr><td colspan="8">照片</td></tr>
<tr><td>实物照片</td><td colspan="7">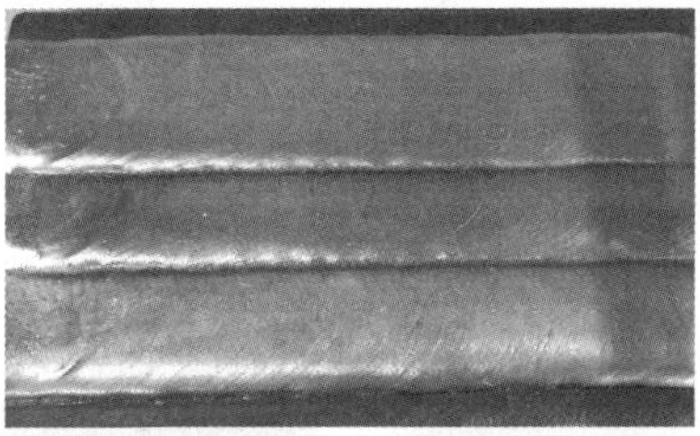</td></tr>
<tr><td>试样照片</td><td colspan="7">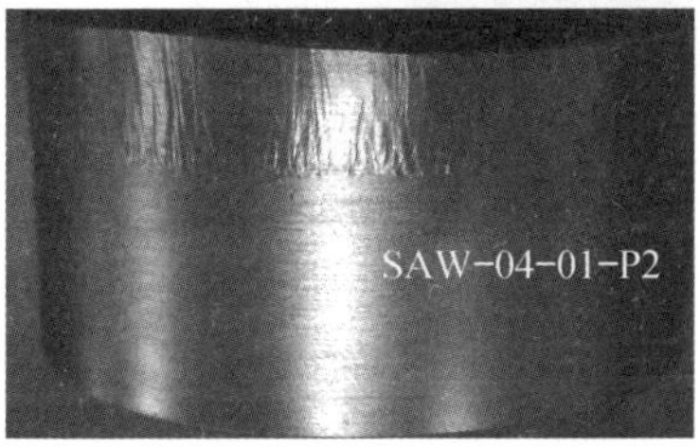

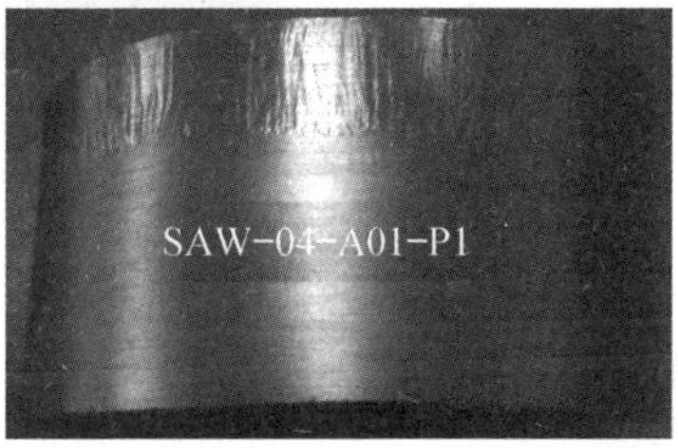
</td></tr>
<tr><td colspan="4">试验设备：×××</td><td colspan="4">设备编号：×××</td></tr>
<tr><td colspan="2">缺陷描述</td><td colspan="6">弯曲检验未发现裂纹、未熔合、未焊透、气孔及夹渣等低倍超标缺陷</td></tr>
<tr><td colspan="2">结论</td><td colspan="2">合格</td><td colspan="4">不符合项报告编号：</td></tr>
<tr><td colspan="2">试验者</td><td colspan="2">姓名：×××</td><td colspan="2">日期：×××</td><td colspan="2">签名：×××</td></tr>
<tr><td colspan="2">审核者</td><td colspan="2">姓名：×××</td><td colspan="2">日期：×××</td><td colspan="2">签名：×××</td></tr>
</table>

5. 民用核安全设备焊接操作工项目考试金相检验报告

堆焊试件的金相检验应按照 NB/T 20003.3—2010 的要求进行，焊缝质量应符合一级焊缝的检验要求，检验报告见表 2－50。

表 2-50　金相检验报告

报告编号:SAW-04-A01-MAT-2020-焊考-001

焊接操作工姓名:	×××	项目考试编号:	SAW-04-A01
考试项目代号	SAW-M P S PA 07 09 Z1		
验收标准	NNSA-HAJ-0002-2019	WPS No.	GC-SAW-04-1
接头形式	堆焊	母材厚度/规格	350 mm×200 mm×50 mm
焊材类别和牌号/规格	EQ309L 焊带/60 mm×0.5 mm/EQ309L 焊剂 EQ308L 焊带/60 mm×0.5 mm/EQ308L 焊剂		

试样类型	标识	尺寸	示意图
堆焊	SAW-04-1-MA1	50 mm×12 mm	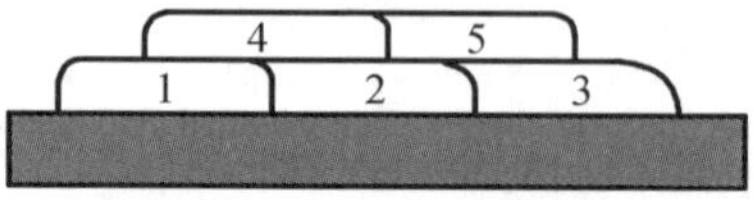
	SAW-04-1-MA2	50 mm×12 mm	

试样焊缝金相照片			
SAW-04-1-MA1 SAW-04-1-MA2	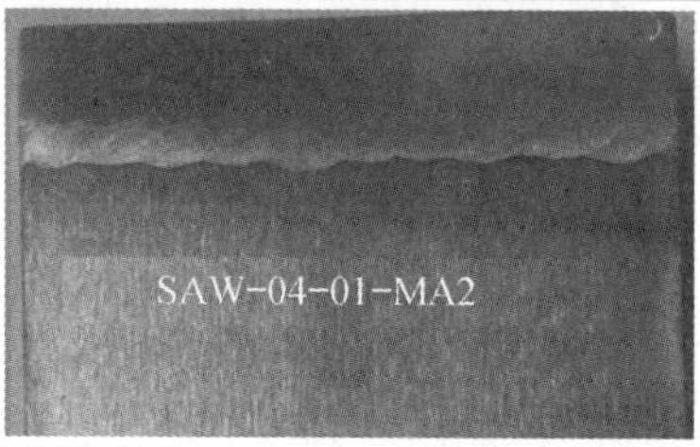	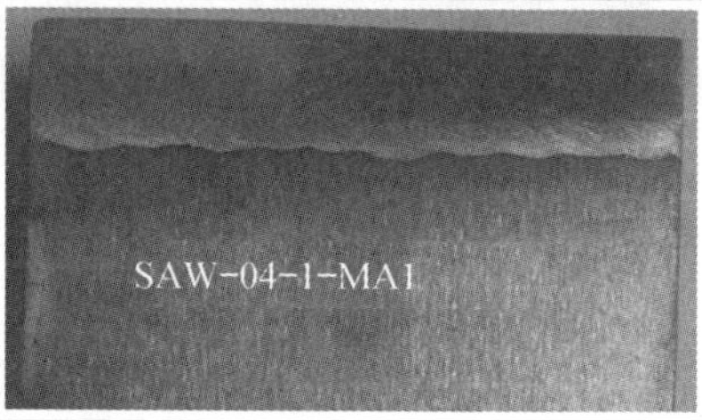	
标示	照片		
	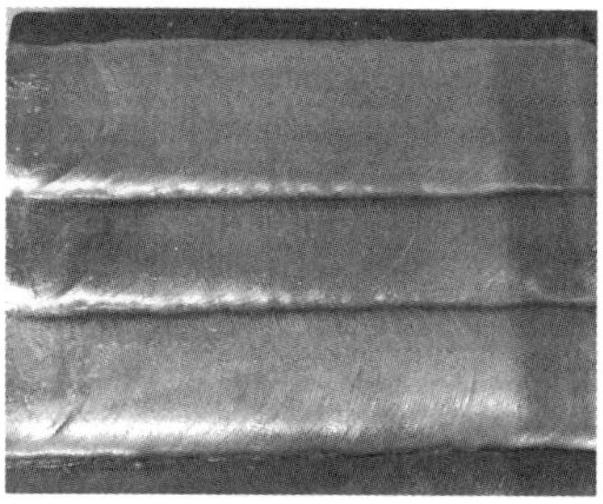		
试验者	姓名:×××	日期:×××	签名:×××
审核	姓名:×××	日期:×××	签名:×××
批准	姓名:×××	日期:×××	签名:×××

七、焊接操作工培训自我评价记录表的填写

(一)焊接操作工自我评价

焊接操作工培训自我评价记录表包括劳保用品的穿戴、焊接辅助工具准备、焊接设备检查、焊接工装夹具检查、文件准备、焊接过程、焊后和安全八个方面。其中前五个方面的内容必须在焊前检查确认,第六方面是在焊接过程中边焊边记录,第七方面是焊后对设备、工具、文件等的检查记录,第八方面则是安全文明生产。

（二）技能教师评价

经过一段时间的培训，焊接操作工基本上掌握了低合金钢板平位奥氏体不锈钢带极堆焊的操作技术，培训教师应对焊接操作工的技能水平做出评价，并根据培训是否合格确定该焊接操作工能否参加 NNSA－HAJ－0002－2019 标准项目考试。

八、技能评定报告编制

SAW04 是 NNSA－HAJ－0002－2019 基本项目之一，故学习和掌握该项目的操作技术非常重要，对保证核电设备的焊接质量至关重要。通过长期的培训实践证明，本书所介绍的操作技术不仅方便焊接操作工学习和掌握，焊接质量好，合格率高，而且缩短了培训周期，是一种行之有效的焊接技能操作技术。本项目的焊接操作工技能评定报告见表 2－51。

表 2－51　焊接操作工技能评定报告

<table>
<tr><td>评定日期</td><td>×××</td><td>编号</td><td>SAW－2020－04</td></tr>
<tr><td>姓名</td><td colspan="2">×××</td><td rowspan="5">照片</td></tr>
<tr><td>身份证号</td><td colspan="2">×××</td></tr>
<tr><td>聘用单位</td><td colspan="2">×××股份有限公司</td></tr>
<tr><td>焊接操作工编号</td><td colspan="2">×××</td></tr>
<tr><td>焊接工艺规程</td><td colspan="2">GC－SAW－04－1</td></tr>
<tr><td>技能评定项目代号</td><td colspan="3">SAW－M P S PA 07 09 Z1</td></tr>
<tr><td></td><td>代号</td><td>含义</td><td>适用范围</td></tr>
<tr><td>焊接方法</td><td>SAW－M</td><td>机械化埋弧焊</td><td>机械化埋弧焊</td></tr>
<tr><td>焊机型号</td><td>—</td><td>—</td><td>—</td></tr>
<tr><td>试件形式</td><td>P</td><td>板接头</td><td>P 接头、T 接头 $D \geq 500$ mm</td></tr>
<tr><td>焊缝形式</td><td>S</td><td>堆焊</td><td>堆焊</td></tr>
<tr><td>焊缝金属厚度/mm</td><td>—</td><td>—</td><td>—</td></tr>
<tr><td>管材外径/mm</td><td>—</td><td>—</td><td>—</td></tr>
<tr><td>焊接位置</td><td>PA</td><td>平焊</td><td>PA 平焊位置</td></tr>
<tr><td rowspan="3"></td><td>07</td><td>无自动跟踪系统</td><td>有无自动跟踪系统均可</td></tr>
<tr><td>09</td><td>直接目视观察控制</td><td>直接目视观察控制</td></tr>
<tr><td>Z1</td><td>奥氏体－铁素体不锈钢与镍基合金的堆焊和预堆边</td><td>奥氏体－铁素体不锈钢与镍基合金的堆焊和预堆边</td></tr>
<tr><td>特殊焊缝技能评定</td><td></td><td></td><td></td></tr>
<tr><td>检验情况</td><td colspan="3"></td></tr>
</table>

表 2－51(续)

检验项目		检验结果		试验报告编号	
项目考试目视检验报告		合格		SAW－04－A01－VT－2020－焊考－001	
项目考试超声波检验报告		合格		SAW－04－A01－UT－2020－焊考－001	
项目考试渗透检验报告		合格		SAW－04－A01－PT－2020－焊考－001	
项目考试弯曲检验报告		合格		SAW－04－A01－GBT－2020－焊考－001	
项目考试金相检验报告		合格		SAW－04－A01－MAT－2020－焊考－001	
编制	×××	审核	×××	批准	×××

第六节　双弧双丝埋弧焊厚板焊接

本节根据 NNSA－HAJ－0002－2019，对低合金钢双弧双丝埋弧焊厚板焊接技能操作项目的要点、焊接工艺规程、常见焊接缺陷及解决办法、焊前准备、焊接操作、焊后检查、焊接操作工培训自我评价记录表的填写和技能评定报告编制等方面进行讲解。

为了叙述方便，项目考试代号为 SAW－M BW PA 02 bs 07 09 11 的低合金钢双弧双丝埋弧焊厚板焊接以下均称为“SAW05”。

一、本项目要点简介

厚板拼接常规采用单丝双面焊接技术，通常工艺为双面开坡口，单面焊接完成后翻面，再对焊道依次进行清根、打底、填充和盖面，虽然能满足质量要求，但其工序繁多、工艺复杂、效率低、成本高。但选用双弧双丝埋弧焊机，用高效率的双弧双丝焊接方法来改变这种焊接工艺，大幅度地提高了生产效率，降低了生产成本和焊接操作工操作技能。

在热输入一定的条件下，需要准确地匹配各焊接参数以获得符合规范要求的焊接接头，满足工件质量，并适用于车间生产。

焊接电源的外特性、电流密度、电弧的倾角等对熔深都有较大影响。我们采用前丝焊接电源直流反接，大的焊接电流密度，匹配低的电弧电压及尽量短的电弧长度，以便获得尽量大的焊缝熔深。后丝则选用小的焊接电流密度和大的电弧电压相匹配，辅以前倾的电弧角度。如果不控制后丝的焊接电流，则势必造成热输入量过大，且前、后丝熔敷金属叠加导致焊缝余高增加，从而不能满足焊缝表面质量要求。

当电弧电压增大时，焊缝宽度增加，而当焊接速度较快时，则焊缝会被拉细，所以后丝尽量采用较大的电弧电压。

为尽量提高焊接速度而又要有足够的熔深，所以必须采用较大的焊接电流密度。

二、SAW05 工艺规程

(一)试件厚度为 25 mm I 型坡口形式焊接工艺参数

试件厚度为 25 mm 板对接 I 形坡口平位双弧双丝埋弧焊技能操作焊接工艺规程见表 2－52。

表 2－52 板对接 I 形坡口平位双弧双丝埋弧焊技能操作焊接工艺规程

编号:GC－SAW－05－1 Rev. A

<table>
<tr><td>技能考试项目代号</td><td colspan="3">SAW－M BW PA 02 bs 07 09 11</td></tr>
<tr><td>工艺评定报告编号/依据标准/有效期</td><td>PQR×××/RCC-M 2000+2002 补遗/长期有效</td><td>自动化程度/稳压系统/自动跟踪系统</td><td>机械焊/无自动跟踪系统/直接目视观察控制</td></tr>
<tr><td colspan="2">焊接接头</td><td colspan="2" rowspan="6">焊接接头简图(有衬垫的应标明衬垫的形式和截面尺寸):
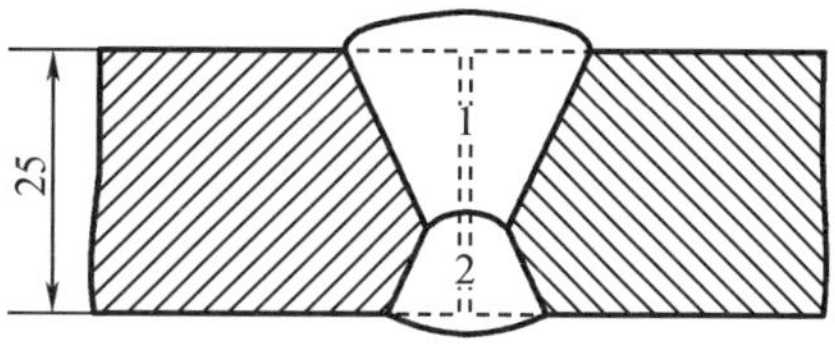</td></tr>
<tr><td>坡口形式</td><td>I 形</td></tr>
<tr><td>垫(材料)</td><td>—</td></tr>
<tr><td>焊缝金属厚度</td><td>25 mm</td></tr>
<tr><td>管子直径</td><td>—</td></tr>
<tr><td>焊机型号</td><td>MZS－1250</td></tr>
<tr><td colspan="2">母材</td><td colspan="2">填充金属</td></tr>
<tr><td>类别号</td><td>—</td><td>焊材类型(焊条、焊丝、焊带等)</td><td>焊丝</td></tr>
<tr><td>牌号</td><td>Q345</td><td>焊材型(牌)号/规格</td><td>H08A/ϕ3.2 mm、ϕ5.0 mm</td></tr>
<tr><td>规格</td><td>试板两块,650 mm×25 mm,L=125 mm</td><td>焊剂型(牌)号</td><td>SJ101</td></tr>
<tr><td colspan="2">焊接位置</td><td colspan="2">保护气体类型/混合比/流量</td></tr>
<tr><td>焊接位置</td><td>平焊(PA)</td><td>正面</td><td>—</td></tr>
<tr><td>焊接方向</td><td>—</td><td>背面</td><td>—</td></tr>
<tr><td>其他</td><td>—</td><td>尾部</td><td>—</td></tr>
<tr><td colspan="2">预热和层间温度</td><td colspan="2">焊后热处理</td></tr>
<tr><td>预热温度</td><td>26 ℃</td><td>温度范围</td><td>—</td></tr>
<tr><td>层间温度</td><td>150 ℃</td><td>保温时间</td><td>—</td></tr>
<tr><td>预热方式</td><td></td><td>其他</td><td>—</td></tr>
<tr><td colspan="4">焊接技术</td></tr>
<tr><td>最大热输入</td><td colspan="3">Q_{max}=3.515 kJ/mm</td></tr>
<tr><td>喷嘴尺寸</td><td>—</td><td>导电嘴与工件距离</td><td>30～35 mm</td></tr>
<tr><td>清根方法</td><td>—</td><td>焊缝层数范围</td><td>2 层</td></tr>
<tr><td>钨极类型/尺寸</td><td>—</td><td>熔滴过渡方式</td><td>—</td></tr>
<tr><td colspan="2">直向焊、摆动焊及摆动方法</td><td colspan="2">直道焊</td></tr>
<tr><td colspan="2">背面、打底及中间焊道清理方法</td><td colspan="2">用角向砂轮或碳弧气刨挑焊根后刷理或打磨后封底焊</td></tr>
</table>

表 2 -52(续)

焊接参数						
焊接方法	焊材		焊接电流		电压范围/V	焊接速度/($cm \cdot min^{-1}$)
	型(牌)号	规格/mm	极性	范围/A		
SAW - M 序号 1	H08A	前丝 ϕ5.0	直流反接	930 ~ 970	36 ~ 38	650
		后丝 ϕ3.2	交流	470 ~ 490	40 ~ 42	
SAW - M 序号 2	H08A	前丝 ϕ5.0	直流反接	950 ~ 1 050	36 ~ 38	650
		后丝 ϕ3.2	交流	470 ~ 490	40 ~ 42	

工艺说明	操作要领
(1)本规程根据 NNSA - HAJ - 0002 - 2019 编制。 (2)试件坡口形式和尺寸应当满足焊接工艺规程的要求。 (3)前丝采用 ZD7 - 1250IGBT 直流电源、后丝采用 ZDE - 1250 交直流方波电源、MZS - 3 机械双丝焊接小车这三台设备埋弧焊焊接工作站设备进行焊接。 (4)操作考试前,应当在主考人、监考人与焊接操作工共同在场确认的情况下,在试件上标注焊接操作工项目考试编号。 (5)焊接顺序:SAW - M 正面焊接序号 1 盖面层焊→碳弧气刨挑焊根→角向砂轮打磨→PT 检验坡口→SAW - M 封底焊。 (6)焊接完成后,试件按照 NNSA - HAJ - 0002 - 2019 5.2 中的目视检验要求的条件和方法进行。 (7)试件射线检验(RT)应按照《核电厂核岛机械设备无损检测第 3 部分:射线检测》(NB/T 20003.3—2010)的要求进行,焊缝质量应符合一级焊缝的检验要求。 (8)试样按照 NNSA - HAJ - 0002 - 2019 5.4 中的弯曲试验要求的条件和方法做两个侧弯试验	(1)技能评定用试件的待焊表面和两侧各 25 mm 范围内应当清理干净,去除铁屑、氧化皮、油、锈和污垢等。 (2)焊剂应当按规定要求烘干,随用随取;焊丝应当除油、除锈。 (3)焊丝调整: ①前焊丝垂直于试件,焊丝伸出长度 30 mm; ②后焊丝倾角 10° ~ 15°,焊丝伸出长度 35 mm; ③两丝间距 15 ~ 30 mm。 (4)焊接操作工技能评定时,允许使用引弧板和引出板。 (5)技能评定试件开始焊接后,焊接位置不得改变。 (6)技能评定试件焊缝表面焊层在目视检验前不允许修磨,检验合格后允许修磨。 (7)除表面焊层以外,允许焊接操作工在监考人员同意时,修磨去除轻微的缺陷。 (8)技能评定试件的焊缝不允许返修。 (9)所有检验结果均应当按照相关要求编制报告。 (10)焊接操作工或技能评定监督人员按照要求记录焊接过程实际参数

编制	×××	审核	×××	批准	×××
日期	×××	日期	×××	日期	×××
编制单位名称			×××股份有限公司		

(二)试件厚度 30 mm X 形坡口形式焊接工艺参数

试件厚度 30 mm 板对接 X 形坡口平位双弧双丝埋弧焊技能操作焊接工艺规程见表 2 -53。

表 2-53 板对接 X 形坡口平位双弧双丝埋弧焊技能操作焊接工艺规程

编号:GC-SAW-M-05-2 Rev. A

技能考试项目代号	SAW-M BW PA 02 bs 07 09 11		
工艺评定报告编号/依据标准/有效期	PQR×××/RCC-M 2000+2002 补遗/长期有效	自动化程度/稳压系统/自动跟踪系统	机械焊/无自动跟踪系统/直接目视观察控制
焊接接头		焊接接头简图(有衬垫的应标明衬垫的形式和截面尺寸): 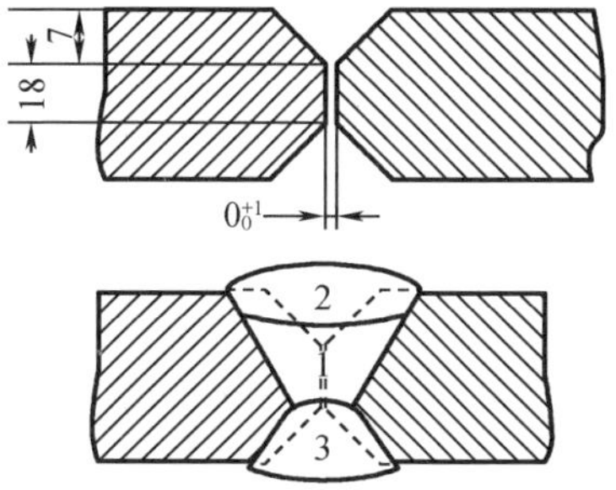	
坡口形式	X 形		
垫(材料)	—		
焊缝金属厚度	30 mm		
管子直径	—		
焊机型号	MZS-1250		
母材		填充金属	
类别号	—	焊材类型(焊条、焊丝、焊带等)	焊丝
牌号	Q345	焊材型(牌)号/规格	H08A/ϕ3.2 mm、ϕ5.0 mm
规格	试板两块,650 mm×30 mm,L=125 mm	焊剂型(牌)号	SJ101
焊接位置		保护气体类型/混合比/流量	
焊接位置	平焊(PA)	正面	—
焊接方向	—	背面	—
其他	—	尾部	—
预热和层间温度		焊后热处理	
预热温度	26 ℃	温度范围	—
层间温度	150 ℃	保温时间	—
预热方式		其他	—
焊接技术			
最大热输入	Q_{max}=3.85 kJ/mm		
喷嘴尺寸	—	导电嘴与工件距离	30~35 mm
清根方法	—	焊缝层数范围	3 层
钨极类型/尺寸	—	熔滴过渡方式	—
直向焊、摆动焊及摆动方法		直道焊	
背面、打底及中间焊道清理方法		用角向砂轮或碳弧气刨挑焊根后刷理或打磨后封底焊	

表 2-53(续)

焊接参数						
焊接方法	焊材		焊接电流		电压范围/V	焊接速度/(cm·min^{-1})
	型(牌)号	规格/mm	极性	范围/A		
SAW-M 序号 1	H08A	前丝 ϕ5.0	直流反接	950~1000	32~34	650
		后丝 ϕ3.2	交流	750~850	34~36	
SAW-M 序号 2	H08A	前丝 ϕ5.0	直流反接	750~850	34~36	650
		后丝 ϕ3.2	交流	650~750	36~40	
SAW-M 序号 3	H08A	前丝 ϕ5.0	直流反接	1 100	34~36	650
		后丝 ϕ3.2	交流	750~850	38~40	

工艺说明	操作要领
(1)本规程根据编制。 (2)试件坡口形式和尺寸应当满足焊接工艺规程的要求。 (3)前丝采用 ZD7-1250IGBT 直流电源、后丝采用 ZDE-1250 交直流方波电源、MZS-3 机械双丝焊接小车这三台设备埋弧焊焊接工作站设备进行焊接。 (4)操作考试前,应当在主考人、监考人与焊接操作工共同在场确认的情况下,在试件上标注焊接操作工项目考试编号。 (5)焊接顺序:SAW-M 正面焊接序号 1 打底层层焊→SAW-M 正面焊接序号 2 盖面层焊→碳弧气刨挑焊根→角向砂轮打磨→PT 检验坡口→SAW-M 封底焊。 (6)焊接完成后,试件按照 NNSA-HAJ-0002-2019 5.2 中的目视检验要求的条件和方法进行。 (7)试件射线检验(RT)应按照《核电厂核岛机械设备无损检测第 3 部分:射线检测》(NB/T 20003.3—2010)的要求进行,焊缝质量应符合 1 级焊缝的检验要求。 (8)试样按照 NNSA-HAJ-0002-2019 5.4 中的弯曲试验要求的条件和方法做两个侧弯试验	(1)技能评定用试件的待焊表面和两侧各 25 mm 范围内应当清理干净,去除铁屑、氧化皮、油、锈和污垢等。 (2)焊剂应当按规定要求烘干,随用随取;焊丝应当除油、除锈。 (3)焊丝调整: ①前焊丝垂直于试件,焊丝伸出长度 30 mm; ②后焊丝倾角 10°~15°,焊丝伸出长度 35 mm; ③两丝间距 15~30 mm。 (4)焊接操作工技能评定时,允许使用引弧板和引出板。 (5)技能评定试件开始焊接后,焊接位置不得改变。 (6)技能评定试件焊缝表面焊层在目视检验前不允许修磨,检验合格后允许修磨。 (7)除表面焊层以外,允许焊接操作工在监考人员同意时,修磨去除轻微的缺陷。 (8)技能评定试件的焊缝不允许返修。 (9)所有检验结果均应当按照相关要求编制报告。 (10)焊接操作工或技能评定监督人员按照要求记录焊接过程实际参数

编制	×××	审核	×××	批准	×××
日期	×××	日期	×××	日期	×××
编制单位名称			×××股份有限公司		

三、常见焊接缺陷产生原因及解决方法

未焊透、气孔和夹渣是焊接生产中经常遇到的典型焊接缺陷,它不仅削弱焊缝的有效

工作断面，同时也会带来应力集中，显著降低焊缝金属的强度和韧性，对动载强度和疲劳强度更为不利。在个别情况下，气孔和夹渣还会引起裂纹，因此焊接生产中对气孔和夹渣的问题都十分重视。

双弧双丝埋弧焊在焊接25 mm以上的厚钢板，焊缝无裂纹、气孔、夹渣、未熔合、未焊透及其他缺陷。

四、焊前准备

（一）两种不同厚度材料的焊接

1. 试件厚度为25 mm I形坡口

材质为Q345，厚度为25 mm，不开坡口，无间隙拼板，焊接试件的I形坡口形式及尺寸如图2－60所示。

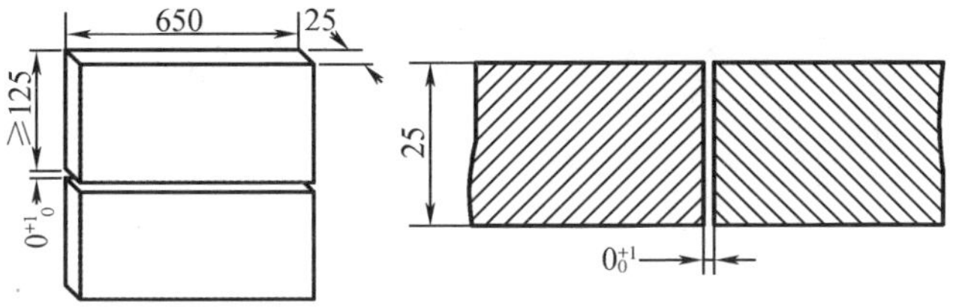

图2－60 焊接试件的I形坡口形式及尺寸

2. 试件厚度为30 mm X形坡口

材质为Q345，厚度为30 mm，留钝边18 mm，焊接试件的X形坡口形式及尺寸如图2－61所示。

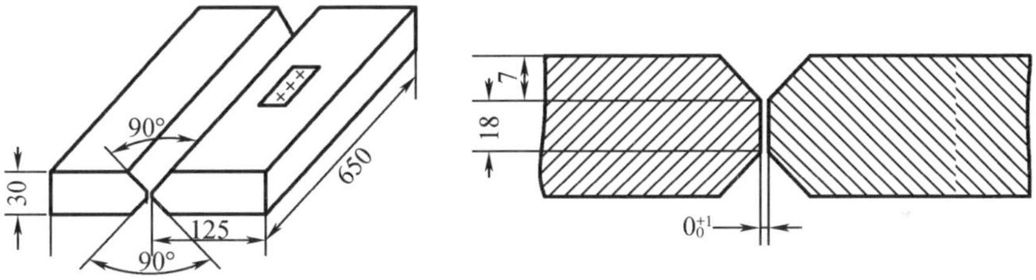

图2－61 焊接试件的X形坡口形式及尺寸

（二）焊接设备

前丝采用ZD7－1250IGBT直流电源、后丝采用ZDE－1250交直流方波电源、机械双丝焊接小车。机械化双弧双丝埋弧焊设备系统如图2－62所示。

（三）焊接材料

(1)焊丝H08A、ϕ3.2 mm、ϕ5.0 mm。

(2)焊剂SJ101。

（四）焊前准备

(1)焊接环境环境温度26℃，相对湿度76%。

(2)焊丝调整，如图2－63所示：

①前焊丝垂直于试件，焊丝伸出长度30 mm；

图 2-62　机械化双弧双丝埋弧焊设备系统

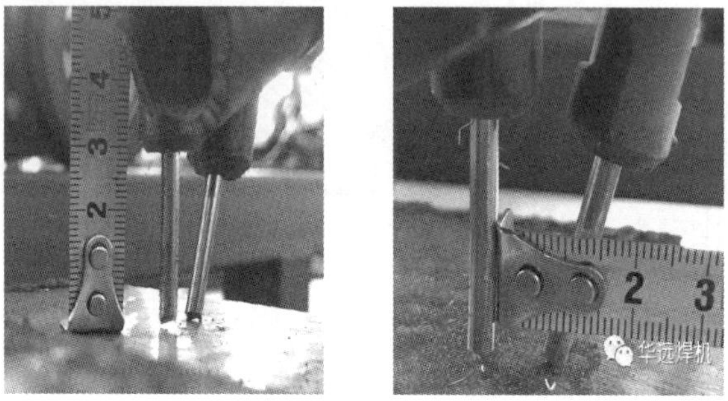

图 2-63　机械化双丝埋弧两丝距离调节

②后焊丝倾角 10°～15°，焊丝伸出长度 35 mm；

③两丝间距 15～30 mm。

五、焊接操作

(一)试件厚度 25 mm 板对接 I 形坡口形式焊接

双弧双丝埋弧焊在拼焊 25 mm 及以内的钢板时，无须开坡口和清根，正反面各焊接一层，焊缝外观成形良好，无裂纹、气孔、夹渣、未熔合、未焊透及其他缺陷。由于无须开坡口、清根、多层焊接等工序，效率为单丝埋弧焊的 2～3 倍。

1. 试件厚度 25 mm 板对接 I 形坡口形式焊接工艺参数现场记录

试件厚度 25 mm 板对接 I 形坡口形式焊接现场记录表见表 2-54。

表 2-54　试件厚度 25 mm 板对接 I 形坡口形式焊接现场记录表

焊接操作工项目考试施焊及监考记录表	施焊及监考记录表编号：×××
	考试计划编号：×××
参考焊接操作工单位	×××股份有限公司
项目代号	SAW-M BW PA 02 bs 07 09 11

表 2-54(续)

焊接操作工姓名	×××	工位编号	×××-H-×
考试用焊接工艺规程编号	GC-SAW05-1	焊接操作工项目考试编号	SAW05-A01
考试日期	×××		
考试开始时间	8:30		
考试终止时间	17:30		
考试开始时间			
考试终止时间			

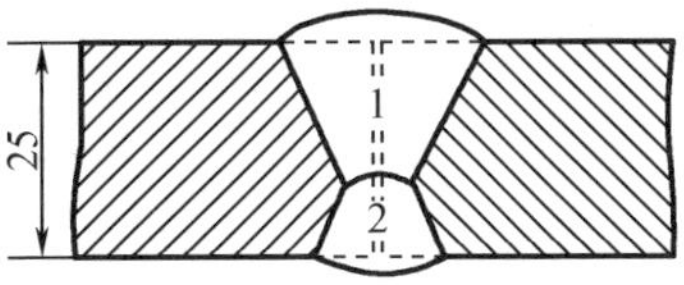

焊道序号	焊材规格/mm	电流极性	电流/A	电压/V	焊速/(mm·min^{-1})	预热温度或层间温度/℃			保护气体流量/(L·min^{-1}) 正面	保护气体流量/(L·min^{-1}) 背面	其他
定位焊	φ3.2	直流反接	120	24	—	26	26	26	—	—	E5015
1	φ5.0	直流反接	950	36~38	650	36	33	35	—	—	H08A/ SJ101
	φ3.2	交流	480	40~42	650						
2	φ5.0	直流反接	1 000	36~38	650	60	70	65	—	—	H08A/ SJ101
	φ3.2	交流	480	40~42	650						

参考焊接操作工(签字):××× 监考人(签字):×××

2. 试件厚度 25 mm 板对接 I 形坡口形式焊接热输入

试件厚度 25 mm 板对接 I 形坡口形式平位双弧双丝埋弧焊技能操作焊接热输入见表 2-55。

表 2-55 25 mm 焊缝工艺评定热输入报告

焊接接头形式	焊接顺序
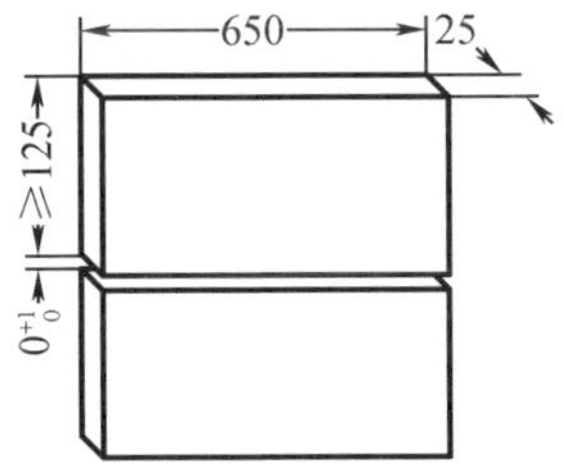	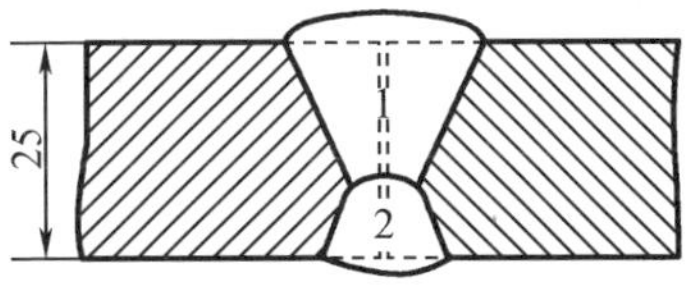

焊接工艺参数记录表

WPS No.		GC-SAW05-1			PQR No.		PQR-SAW-M-05-1	
焊接序号	焊接操作工姓名	规格/mm	焊接电流/A	电源电压/V	熔敷金属长度/mm	熔敷时间/s	焊接速度/(mm·s^{-1})	热输入/(kJ·mm^{-1})
1	×××	5.0	950	37	650	650	1	3.5
	×××	3.2	480	41	650	650	1	2.0

表 2-55(续)

WPS No.		GC-SAW05-1			PQR No.		PQR-SAW-M-05-1	
焊接序号	焊接操作工姓名	规格/mm	焊接电流/A	电源电压/V	熔敷金属长度/mm	熔敷时间/s	焊接速度/(mm·s^{-1})	热输入/(kJ·mm^{-1})
2	×××	5.0	1 000	37	650	650	1	3.7
	×××	3.2	480	41	650	650	1	2.0
热输入/(kJ·mm^{-1})								
Q_{max}					3.5			
Q_{min}					2.0			

职责	部门	姓名	签字	日期
编制	×××	×××	×××	×××
审核	×××	×××	×××	×××
批准	×××	×××	×××	×××

现场监督:×××　　评定焊接日期:×××

(二)试件厚度 30 mm 板对接 X 形坡口形式焊接

双弧双丝埋弧焊在焊接 25 mm 以上的钢板,采用 X 形坡口焊接,根据板厚调整正反面焊接参数和层数,焊缝无裂纹、气孔、夹渣、未熔合、未焊透及其他缺陷。由于前丝直流用于熔深、后丝交流用于熔敷,较易获得高熔深、表面成形美观的焊缝,特别适用于厚板的焊接。

1. 试件厚度 30 mm 板对接 X 形坡口形式焊接工艺参数现场记录

试件厚度 30 mm 板对接 I 形坡口形式焊接现场记录表见表 2-56。

表 2-56　试件厚度 30 mm 板对接 X 形坡口形式焊接现场记录表

焊接操作工项目考试施焊及监考记录表		施焊及监考记录表编号:×××	
		考试计划编号:×××	
参考焊接操作工单位	×××股份有限公司		
项目代号	SAW-M BW PA 02 bs 07 09 11		
焊接操作工姓名	×××	工位编号	×××-H-×
考试用焊接工艺规程编号	GC-SAW05-02	焊接操作工项目考试编号	SAW05-A02
考试日期	×××	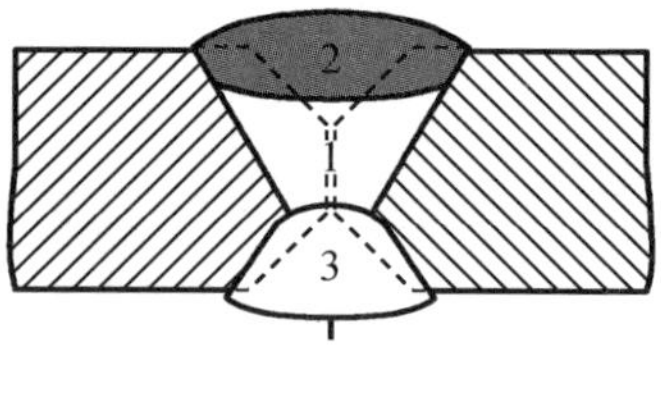	
考试开始时间	8:30		
考试终止时间	10:30		
考试开始时间			
考试终止时间			

表 2－54(续)

焊道序号	焊材规格/mm	电流极性	电流/A	电压/V	焊速/(mm · min⁻¹)	预热温度或层间温度/℃			保护气体流量/(L · min⁻¹)		其他
									正面	背面	
定位焊	ϕ3.2	直流反接	120	24	—	26	26	26	—	—	E5015
1	ϕ5.0	直流反接	980	33	650	46	43	45	—	—	H08A/ SJ101
	ϕ5.0	交流	800	35	650						
2	ϕ5.0	直流反接	800	35	650	115	115	120	—	—	H08A/ SJ101
	ϕ5.0	交流	700	38	650						
3	ϕ5.0	直流反接	1 100	33	650	115	115	120	—	—	H08A/ SJ101
	ϕ5.0	交流	800	390	650						

参考焊接操作工(签字):××× 监考人(签字):×××

2. 试件厚度 30 mm 板对接 X 形坡口形式焊接热输入

试件厚度 30 mm 板对接 X 形坡口形式平位双弧双丝埋弧焊技能操作焊接热输入见表 2－57。

表 2－57 30 mm 焊缝工艺评定热输入报告

焊接接头形式	焊接顺序
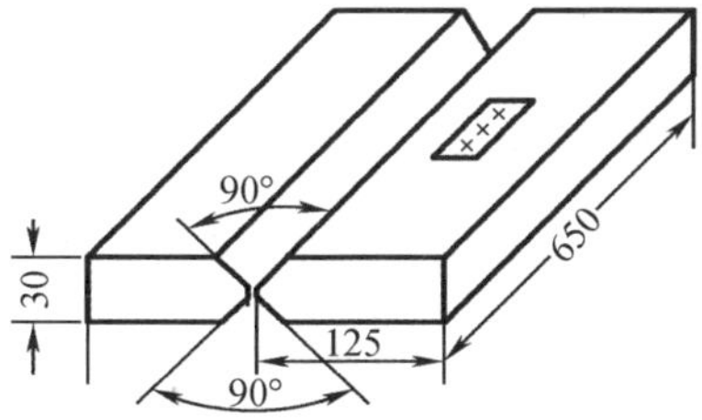	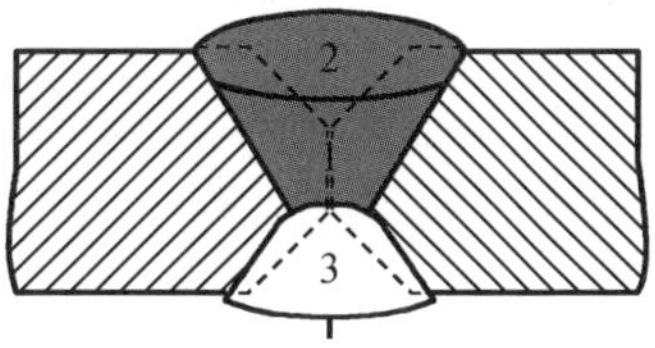

焊接工艺参数记录表

WPS NO.		GC－SAW－M－05－2			PQR NO.		PQR－SAW－M－05－2	
焊接序号	焊接操作工姓名	规格/mm	焊接电流/A	电源电压/V	熔敷金属长度/mm	熔敷时间/s	焊接速度/(mm · s⁻¹)	热输入/(kJ · mm⁻¹)
1	×××	5.0	975	33	650	650	1	3.2
		5.0	800	35	650	650	1	2.8
2	×××	5.0	800	35	650	650	1	2.8
		5.0	700	38	650	650	1	2.7
3	×××	5.0	1 100	35	650	650	1	3.9
		5.0	800	40	650	650	1	3.2

表 2-57(续)

热输入/(kJ·mm^{-1})				
Q_{max}		3.9		
Q_{min}		2.7		
职责	部门	姓名	签字	日期
编制	×××	×××	×××	×××
审核	×××	×××	×××	×××
批准	×××	×××	×××	×××

现场监督:×××　　　　评定焊接日期:×××

六、焊后检查

(一)目视检查

试件按照 NNSA-HAJ-0002-2019 5.2 中的目视检验要求的条件和方法进行。机械化双丝埋弧正面焊缝成形图,如图 2-64 所示。

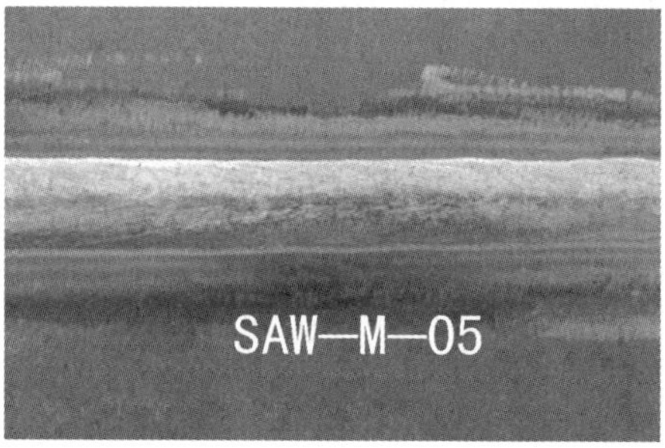

图 2-64　机械化双丝埋弧正面焊缝成形图

(二)射线检验

试件射线检验(RT)应按照 NB/T 20003.3—2010 的要求进行,焊缝质量应符合一级焊缝的检验要求。

(三)侧弯试验

试样按照 NNSA-HAJ-0002-2019 5.4 中的弯曲试验要求的条件和方法做两个侧弯试验。

焊接接头横断面图如图 2-65 所示。

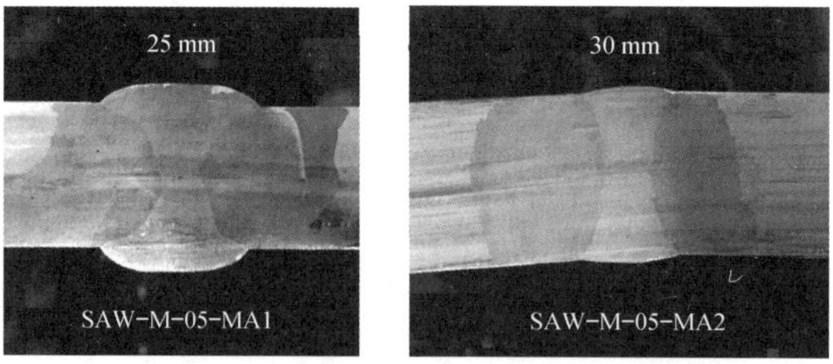

图 2-65　机械化双丝埋弧焊接接头横断面图

七、焊接操作工培训自我评价记录表的填写

（一）焊接操作工自我评价

焊接操作工培训自我评价记录表包括劳保用品的穿戴、焊接辅助工具准备、焊接设备检查、焊接工装夹具检查、文件准备、焊接过程、焊后和安全八个方面。其中前五个方面的内容必须在焊前检查确认，第六方面是在焊接过程中边焊边记录，第七方面是焊后对设备、工具、文件等的检查记录，第八方面则是安全文明生产。

（二）技能教师评价

经过一段时间的培训，焊接操作工基本上掌握了双弧双丝埋弧焊厚板焊接的操作技术，培训教师应对焊接操作工的技能水平做出评价，并根据培训是否合格确定该焊接操作工能否参加 NNSA－HAJ－0002－2019 项目考试。

八、技能评定报告编制

SAW05 是民用核安全设备焊接操作工培训、考试和取证基本项目之一，故学习和掌握该项目的操作技术非常重要，对保证核电设备的焊接质量至关重要。通过长期的培训实践证明，本书所介绍的操作技术不仅方便焊接操作工学习和掌握，焊接质量好，合格率高，而且缩短了培训周期，是一种行之有效的焊接技能操作技术。

本项目的焊接操作工技能评定报告见表 2－58。

表 2－58　焊接操作工技能评定报告

评定日期	×××	编号	SAW－2020－05
姓名	×××		照片
身份证号	×××		
聘用单位	×××股份有限公司		
焊接操作工编号	×××		
焊接工艺规程	GC－SAW05－1		
技能评定项目代号	SAW－M BW PA 02 bs 07 09 11		
	代号	含义	适用范围
焊接方法	SAW－M	机械化埋弧焊	埋弧焊
焊机型号	—	—	—
试件形式	—	—	—
焊缝形式	BW	对接焊缝	对接焊缝
填充材料	—	—	—
焊缝金属厚度/mm	—	—	—
板材厚度/mm	—	—	—
管材外径/mm	—	—	—
焊接位置	PA	平焊	PA 位置

表 2－58(续)

	代号	含义	适用范围
焊接要素	02	有(实芯焊丝)	有或无填充材料(实芯焊丝)
	bs	双面焊	带衬垫单面焊或双面焊
	—	—	—
	07	无自动跟踪系统	有无自动跟踪系统均可
	09	直接目视观察控制	直接目视观察控制
	11	无熔化衬环	有无熔化衬环均可
特殊焊缝技能评定			

检验情况					
检验项目		检验结果		试验报告编号	
项目考试目视检验报告		合格		SAW－05－A01－VT－2020－焊考－001	
项目考试射线检验报告		合格		SAW－05－A01－RT－2020－焊考－001	
项目考试弯曲检验报告		合格		SAW－05－A01GBT－2020－焊考－001	
编制	×××	审核	×××	批准	×××

第三章 自动钨极惰性气体保护焊

第一节 自动钨极惰性气体保护焊简介

一、自动钨极惰性气体保护焊的概述

钨极惰性气体保护焊是在惰性气体的保护下，利用钨极与焊件间产生的电弧热熔化母材和填充焊丝（如果有），从而形成焊缝。焊接时，保护气体从焊枪的喷嘴中连续喷出、在电弧的周围形成保护层隔绝空气，保护电极和焊接熔池以及临近焊缝的母材热影响区，以形成优质的焊接接头。

本章介绍的是带自动送丝功能和自动行走功能的自动钨极惰性气体保护焊。自动钨极惰性气体保护焊设备一般包括焊接电源、焊枪、供气系统、供水系统、焊接控制装置、行走机构、送丝机构等。

焊接时，钨或钨合金制成的电极基本不熔化，故容易维持电弧长度的稳定。当焊接薄件时，一般无须开坡口和使用填充焊丝，采用不填丝的电弧熔化母材方式形成焊接接头，还可以采用脉冲电流以防止烧穿焊件。当焊接厚大焊件时，也可以先将焊丝预热后，再添加到熔池中，以提高熔覆速度。本章将对上述的几种典型应用分别进行介绍。

二、自动钨极惰性气体保护焊优缺点

自动钨极惰性气体保护焊是最常用的焊接方法之一，其主要的优点如下：

(1) 焊接过程稳定，焊接工艺参数可精确控制，电弧一旦引弧，就能够稳定燃烧。

(2) 由于焊接过程中有惰性气体的保护，可以有效地阻止空气中的氧、氮等侵入焊缝金属中，因此焊缝质量好。因此，自动钨极惰性气体保护焊是焊接易氧化的有色金属和合金以及难熔的活泼性金属的良好选择。

(3) 适于焊接薄板和全位置焊接，以及不加衬垫的单面焊双面成形工艺。

(4) 自动钨极惰性气体保护焊易于监测和控制，是理想的自动化乃至机器人化的焊接方法。

(5) 焊缝中不形成熔渣，焊接操作工可以清楚地看到熔池和焊缝成形过程。

自动钨极惰性气体保护焊主要的缺点如下：

(1) 由于焊接过程中要使用惰性保护气体，因此容易受焊接时的环境影响，抗侧风的能力较差。

(2) 焊接熔池没有熔渣保护，只靠惰性气体保护，容易产生气孔、裂纹等缺陷，因此要求

焊前必须严格去除工件上的油污、铁锈等。

(3)由于钨极的载流能力有限,使用的电流参数较低,熔透能力较差。

三、自动钨极惰性气体保护焊的应用

自动钨极惰性气体保护焊分为机械化钨极惰性气体保护焊和自动钨极惰性气体保护焊两类,操作机械化钨极惰性气体保护焊的人属于机械焊焊接操作工,用自动焊接装置完成全部焊接操作的人称为自动焊焊接操作工。自动钨极惰性气体保护焊的技能考试项目代号最后要缀上设备的商标号,含义是只能用与考试相同设备商标号的自动钨极惰性气体保护焊设备来焊接产品。

管子管板封口焊属于自动钨极惰性气体保护焊。管子管板自动钨极氩弧焊是蒸汽发生器或热交换器等核电、石油化工设备制造过程中的关键工序采用自动氩弧焊工艺,焊接工作量大,焊接位置苛刻,对焊缝的密封及力学性能要求高。

反应堆压力容器(RPV)是组成反应堆冷却剂系统压力边界的主要设备,与堆芯、堆内构件、控制棒驱动机构等组成压水堆本体。反应堆压力容器的功能是装载反应堆芯和堆内构件,密封高温高压冷却剂,并提供安全运行所必需的堆芯控制和堆内测量的导向和定位,因此 RPV 在设计、制造和检验中属于安全级别和质保级别一级设备。RPV 下封头探测计套管(TI 管)和 RPV 顶盖控制棒驱动机构套管(CRDM 管)的焊接是整个 RPV 制造技术中的重点及难点,其焊接质量的好坏将直接影响 RPV 产品的制造进度和制造质量,进而影响核电站的安全稳定运行。CRDM 即核反应堆压力容器中控制棒驱动机构,是用来驱动控制棒束组件、控制反应堆反应性的重要设备,位于反应堆压力容器的顶盖之上。本章讲的是 CRDM 组件的直管焊接,采用的是窄间隙脉冲 TIG 焊的方式来完成。

蒸汽发生器(SG)管板一侧要求堆焊镍基合金材料作为耐蚀层,镍基合金堆焊具有润湿性差,熔覆金属易出现气孔,热裂纹敏感性大,对焊接环境要求高等难点。采用自动热丝钨极氩弧焊堆焊镍基耐蚀层具有以下特点:焊接过程中熔池可视,堆焊热影响区小,稀释率较低,化学成分稳定,焊缝纯净度高,能有效地保障管板耐蚀性和后续管子/管板封口焊的质量。因此,采用自动热丝钨极氩弧焊镍基堆焊管板一次侧,要制定合理的焊接工艺参数和焊接过程控制措施,解决镍基合金焊接难点以及对环境要求高等。

本章讨论蒸汽发生器管子管板水平固定自动钨极惰性气体保护焊、CRDM 套管与法兰异种钢对接平位水平转动机械钨极氩弧焊及低合金钢机械热丝钨极氩弧焊平位镍基耐蚀层堆焊的技能操作项目要点简介。

第二节　蒸汽发生器管子管板水平固定自动钨极惰性气体保护焊(封口焊)

本节对蒸汽发生器管子管板水平固定自动钨极惰性气体保护焊技能操作项目的要点、常见焊接缺陷产生原因及解决方法、焊接工艺规程(包括考试工艺评定确认)、焊前准备、焊接操作、焊后检查和焊接操作工培训自我评价记录表的填写和技能评定报告编制等方面进行讲解。

为了叙述方便，项目考试代号为 POLYSOUDE PC350 - GTAW - A 01 04 07 ml CRC P600 Z2 G2 的蒸汽发生器管子管板封口焊以下均称为“GTAW - A - 01”。

一、本项目要点简介

蒸汽发生器管子管板封口焊是在低合金钢板上堆焊镍基隔离层后，与镍基合金管子端口进行焊接的一种焊接形式，是蒸汽发生器或热交换器等核电、石油化工设备制造过程中的关键工序，焊接工作量大，焊接位置苛刻，对焊缝的密封及力学性能要求高，采用自动氩弧焊工艺。

NS312(600)合金也称 INCONEL600，它是 Ni - Cr、Ni - Cr - Fe 耐蚀合金中用量最大的一种，它兼有耐蚀、耐热和抗氧化能力且易加工、焊接等特点，在大气、水和蒸汽介质中耐蚀性极佳，在一些弱酸、稀的氧化性和还原性酸中耐蚀性也很好，在各种弱有机酸中腐蚀率也很低。NS312 合金若经 550 ~ 850 ℃中温敏化处理，铬的碳化物沿晶界析出，产生贫铬区，从而使其在一些介质中具有晶间腐蚀倾向。NS312 合金无论在高浓度氯化物中，还是在含 OH^- 的苛性溶液中，以及在含有微量氯化物和氧的热水及高温水中，均具有优良的耐蚀性。但在使用中有时有应力腐蚀倾向，而且在某些条件下，例如在 250 ~ 350 ℃高压水和蒸汽中，还具有相当高的应力腐蚀敏感性。另外，NS312 合金不能用于耐孔蚀和易引起孔蚀的环境。NS312 合金的室温和低温力学性能与铬镍奥氏体不锈钢相近，具有良好的强度与塑、韧性的配合。其高温力学性能能显著优于含镍量低的一般奥氏体不锈钢，可以允许在承受载荷的条件下，在 600 ~ 650 ℃长期使用。NS312 合金广泛用于化学工业中，例如用于制造加热器、换热器、蒸发器、蒸馏塔、脂肪酸处理用冷凝器等，还可以用于热处理工业，制造各种结构件。在核动力工业中，NS312 合金是轻水堆核电厂的重要结构材料。

NS315(690)合金也称 INCONEL690，它是为了改善 NS312 合金的抗应力腐蚀性，在其基础上降碳、增铬而发展起来的。由于 NS315 合金中含铬高，故在氧化性酸介质中有良好的耐蚀性。对某些硝酸加氢氟酸混合介质耐蚀性亦佳。NS315 合金主要用于压水堆核电厂蒸发器传热管，以解决其他材料所出现的应力腐蚀断裂等问题；还可以用于耐硝酸及硝酸加氢氟酸等用途中，制造容器、管道和塔、槽等。

NS111(800)合金也称 INCONEL800，是一种含铝钛和铁的 Ni - Fe - Cr 合金，它除了具有很高的机械性能外，还具有良好的耐蚀性，多用于压水堆热交换器及其管道结构，沸水堆与气冷堆中的热交换器、核燃料包壳结构。

（一）适用范围

本教案适用于核电Ⅶ类钢管子管板水平固定自动钨极惰性气体保护焊的技能培训，也可作为核电技能教师在培训学员时的教学方案。

（二）教案编写依据

(1) NNSA - HAJ - 0002 - 2019。

(2) GTAW - A - 01 焊接工艺规程，编号：GC - GTAW - A - 1。

(3)适用性文件《预热、层温、后热和焊后热处理总要求》《对焊接操作的附加要求》和《焊接的总要求》。

（三）要点简介

(1)管子管板封口焊广泛采用自动氩弧焊工艺，并引进了不少具有当代先进技术水平的焊机，以提高工作效率，减轻劳动强度，确保焊接质量。

（2）自动钨极惰性气体保护焊是焊接管子管板封口焊最常用的方法。

①保护气体

使用氩气、氦气或二者混合气体作为保护气体，在氩气中加入少量的氢气（大约5%）适用于单道焊接，保护效果好，具有还原性，能够减小焊缝表面的氧化，在纯镍焊接时有助于避免气孔。单道焊时加氢的氩保护气体将增加电弧的热量，增大熔深，而且容易获得表面光滑的焊缝。

不填丝焊接薄的镍基耐蚀合金，与氩气相比，用氦气保护有如下特点：

a. 氦气导热率大，向熔池热输入也比较大；

b. 熔深大，同时可以改善熔池的浸润性，改善焊缝表面成形，并具有较高的正倾向（通过熔池具有较小黏度和较高温度与较好的控气孔能力）；

c. 有助于清除或减少焊缝中的气孔；

d. 焊接速度比用纯氩气时提高40%。

用长弧焊接，电弧电压高，热能高，适用于高速焊接。当焊接电流低于60 A时氦弧不稳定，因此用小电流焊接薄板时，应用氩气保护或另附高频电源焊接。为了保证管子管板封口焊的焊接质量，一般保护气体采用满足国标要求的高纯氩、高纯氦及高纯氢按工艺要求进行配比。

②钨极

钨极种类主要有纯钨极、钍钨极、铈钨极、锆钨极，管子管板封口焊一般采用钍钨极或铈钨极。其中钍钨极的电子发射能力强，允许的电流密度大，电弧燃烧较稳定，寿命较长，但钍元素具有一定的放射性，在国外较常使用；铈钨极引弧和稳弧性能不亚于钍钨极，化学稳定性高，允许的电流密度大，无放射性，是目前国内普遍采用的一种。

选定钨极之后，使用时其形状与尺寸是影响电弧和焊接质量的重要因素。若钨极端面凹凸不平，则产生的电弧不集中、不稳定，所以在使用前须对其端部进行磨削且成尖锥状。磨尖程度根据焊丝直径（填丝氩弧焊）和使用的电流大小来确定，例如在焊接薄板和使用小电流时，可使用小直径钨极，且其末端磨得尖些，这样容易引弧且电弧燃烧稳定；当电流较大时，由于电流密度过大，末端容易过热熔化，使钨极烧损，这种状况下锥角要适当增加或采用平顶锥形的钨极。钨极端部尺寸及使用电流范围见表3－1。

表3－1　钨极端部尺寸及使用电流范围

电极直径/mm	尖端直径/mm	锥角/（°）	直流正接	
			恒定电流范围/A	脉冲电流范围/A
1.0	0.125	12	2～15	2～25
	0.25	20	5～30	5～60
1.6	0.2	20	8～50	8～100
	0.3	20	10～70	10～140
2.4	0.3	20	12～90	12～180
	0.5	20	15～150	15～250

表 3-1(续)

电极直径/mm	尖端直径/mm	锥角/(°)	直流正接	
			恒定电流范围/A	脉冲电流范围/A
3.2	1.1	60	20 ~ 200	20 ~ 300
	1.5	90	35 ~ 250	35 ~ 300

通常情况下,蒸汽发生器管子管板封口焊使用的钨极直径为 ϕ2.4 mm,夹角为 20° ± 2°,尖端磨平,端部直径为 0.3 ~ 0.5 mm。

(四)焊机简介及编程介绍

1. 焊机简介

法国 POLYSOUDE 公司为蒸汽发生器管子管板封口焊而设计的专用焊机 POLYSOUDE PC350 适用该公司所有标准的焊接机头,能够进行氩弧焊、热丝氩弧焊和等离子弧焊。模块设计和有效的编程模式给操作带来了极大的方便,焊机的编程采用外接的便携式计算机进行,借助 POLYSOUDE 公司精心设计的焊接软件,利用简单的对话和命令,使操作工不需要进行特殊的培训。独特的逆变电源能够提供带或不带脉冲的直流电,电流波动小(<1%),响应速度快(达到 200 μs/200 A)。

POLYSOUDE PC350 焊机由机头、焊接电源、微型计算机(PC)和遥控板组成,包括可记录焊接程序和焊接循环的打印机,具体如图 3-1 所示。

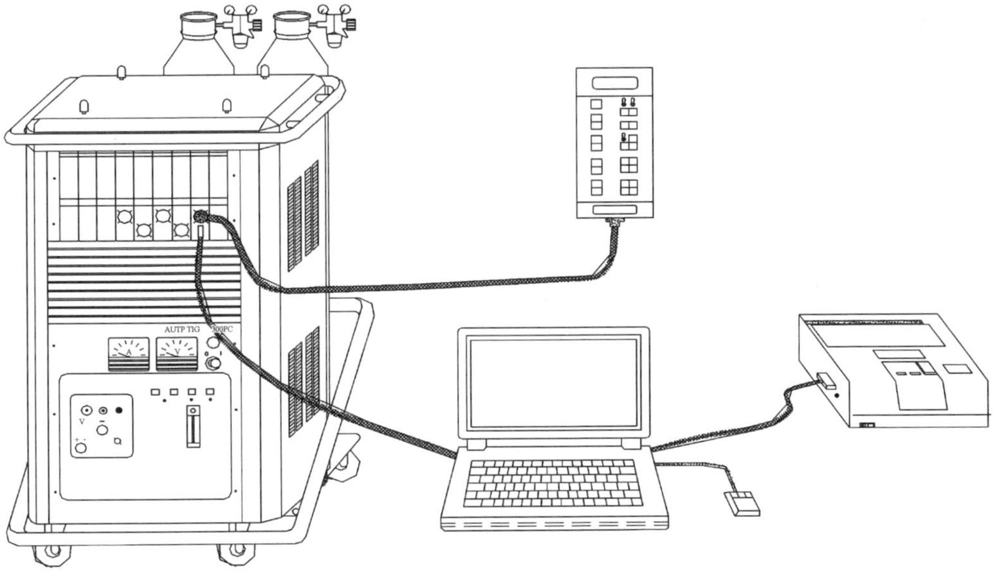

图 3-1　POLYSOUDE PC350 焊机

POLYSOUDE PC350 自动焊设备特性见表 3-2。

表 3-2 POLYSOUDE PC350 自动焊设备特性

输入电源	3 相 + 接地 230 V/400 V/415 V/500 V 或者 230 V/400 V/440 V/500 V +5%/-10% 50/60 Hz
功率	16 kVA
开路电压	75 V
绝缘级别	F
密封级别	IP 211
焊接电流范围	7~350 A
暂载率	100%/240 A 60%/350 A
输出电压	30 V
电流控制	+/-1%/I>100 A +/-1A/I<100 A
电流上升时间	200 μs
控制轴	电流、旋转、纵向移动、送丝、弧压控制、摆动、程序控制送气、辅助轴、输入/输出
其他选项	记录仪、外部轴(旋转、主轴和悬臂)
保护气体	焊炬气
(*)	起弧气、背面气体、尾气
气体控制	带电子流量指示器的流量计
电源冷却方式	强制气冷
焊炬冷却	带水流指示计的循环水
(*)	第二冷却回路
焊接期间实际电流电压显示	在焊机正面控制板上的电流表/电压表 在遥控板上显示 在计算机 PC 屏幕上显示
AUTOTIG 300PC 内存	15 行的程序 100 个
一个程序中的最大行数	250 行
编程	通过计算机的交互式软件
程序保存	计算机及焊机中
程序列表	专用打印机
尺寸(宽×厚×高)	742 mm×1 265 mm×1 370 mm
质量	≈325 kg

2. 编程介绍

焊接程序的编制可以在 PC 机上使用 POLYSOUDE 开发的专业软件 POW 进行编制,测试正确后导入到焊机,并使用焊机模拟调试。以下是 POW 软件的基本使用方法:

(1)对 POW 软件的安装说明:必须安装在默认目录(C 盘),否则容易报错误。

(2)安装完毕桌面上会出现一个图标,如图 3-2 所示。

双击打开出现主界面如图 3-3 所示。图 3-4 是中英文对照的主界面及快捷键。

(3)进入主界面后需要做的分别为修改语言、设备的配置(轴文件的加载(图 3-5))。

图 3－2　POW 软件图标

图 3－3　主界面

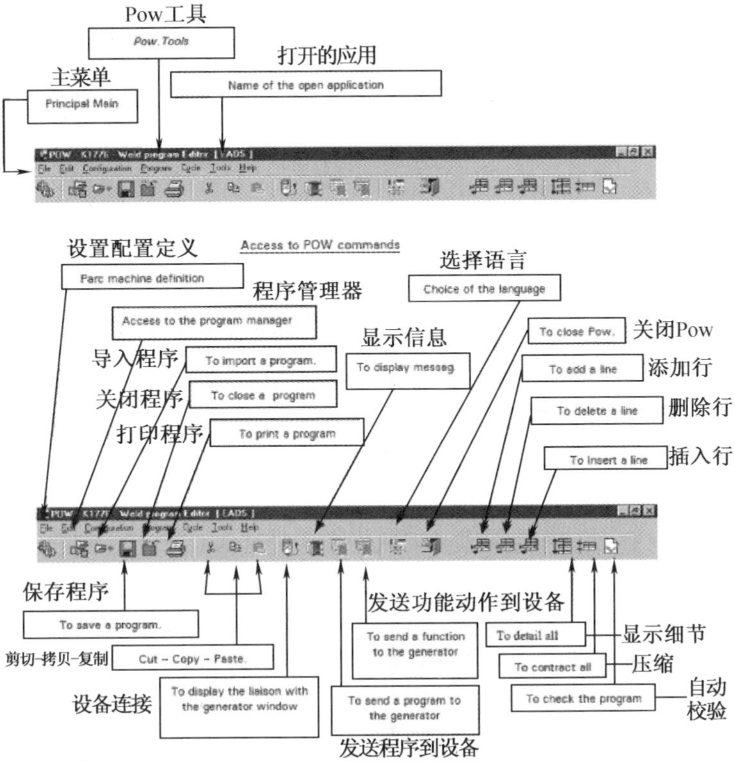

图 3－4　主界面及快捷键

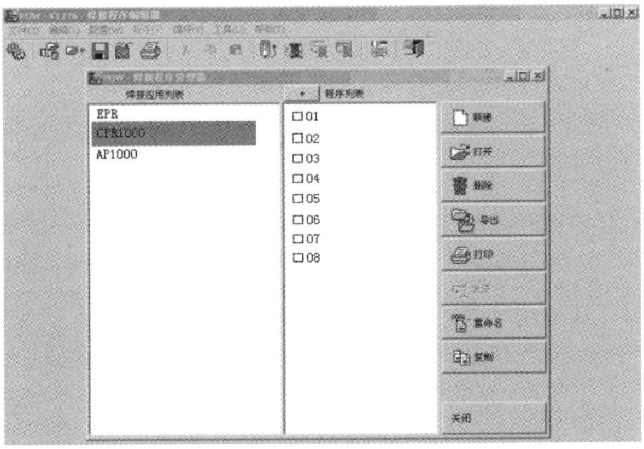

图 3－5　轴文件的加载

（4）程序及焊接应用管理如图 3－6 所示，可以实现对接程序的主要编辑命令：新建－修改－删除－导出－打印－另存为－重命名－复制等。

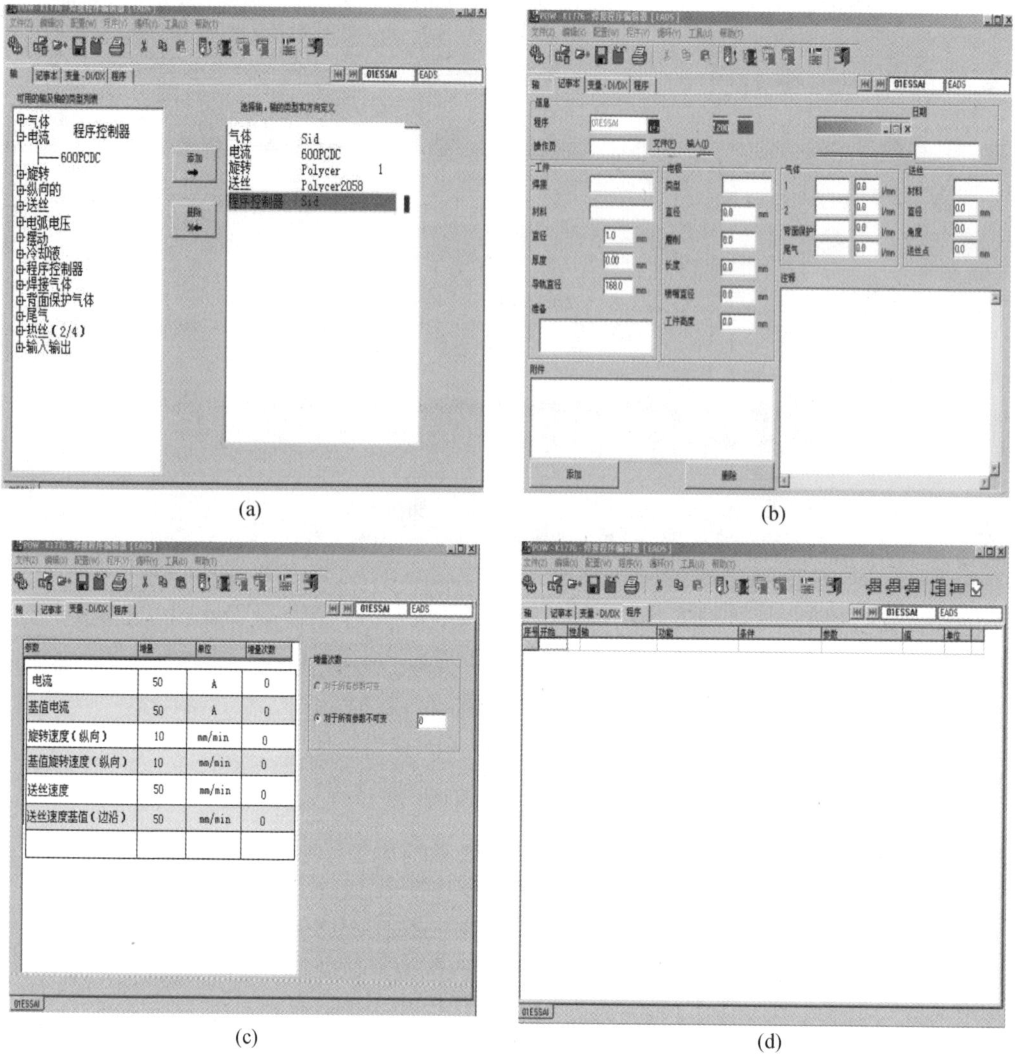

图 3－6　程序及焊接应用管理

（5）新建程序需要完成对轴文件的加载，对记事本制表（对钨极旋转的直径及管子的壁厚做出正确的输入）、变量制表（便于自己调整的数值）和程序制表（主要是把实际微小的焊接动作文字化、有次序的输入）进行设置和编程。

二、常见焊接缺陷产生原因及解决方法

自动钨极惰性气体保护焊焊接操作工在焊接管子管板封口焊的操作过程中，由于焊枪角度和电弧长度的稳定性等因素掌握不好将出现气孔、焊瘤、未焊透、夹钨、咬边、未熔合等焊接缺陷，同时焊缝截面宏微观可能存在焊喉不足或根部不连续缺陷。

（一）气孔

气孔缺陷如图 3－7 所示。

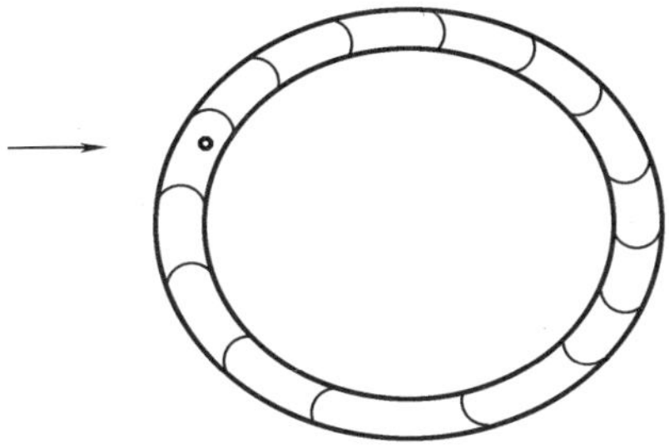

图3－7 气孔缺陷

1. 产生原因

(1)保护气体不纯；

(2)气路有泄漏，气流量过大或过小，气流中断，气流(焊前＋焊后)时间太短；

(3)钨极伸出长度过长，喷嘴直径过小；

(4)施焊的周围有强空气气流流动，影响了电弧稳定燃烧和氩气的保护作用；

(5)管子或管板清洁不干净有污染；

(6)焊接电弧过长，热输入量过大，导致电弧及熔池保护较差。

2. 解决方法

(1)认真清理焊接区域及其周围的油、锈等其他杂质，保证管子管板焊接区域的清洁度；

(2)认真检查气路，发现有泄漏的地方要立即更换气管，采用合适的气体流量；

(3)选择合适的焊接规范和参数；

(4)产品焊接前先在试机板上进行试焊，以便检查和调整各项参数，正确无误后再进行试板或产品的焊接。

(二)夹钨

1. 产生的原因

(1)钨极质量差，易烧损；

(2)电流及电压过大，钨极末端过热熔化烧损；

(3)焊接过程未及时检查钨极烧损情况及更换钨极；

(4)钨极长度伸出量过大，钨极太尖，焊枪操作不稳定，钨极与熔池相碰后，焊接操作工未能立即终止焊接，并及时清理钨粒，从而造成夹钨。

2. 解决方法

(1)选择质量好、耐烧损的钨极；

(2)控制电流电压，减轻钨极末端过热熔化；

(3)焊接过程中及时检查钨极烧损情况并更换钨极；

(4)调整钨极的伸出长度，钨极尖端磨平，端部直径为0.3～0.5 mm，夹角为20°±2°；

(5)焊接过程钨极与熔池相碰后应立即终止焊接，及时清理钨粒并更换钨极。

(三)咬边

咬边缺陷如图3－8所示。

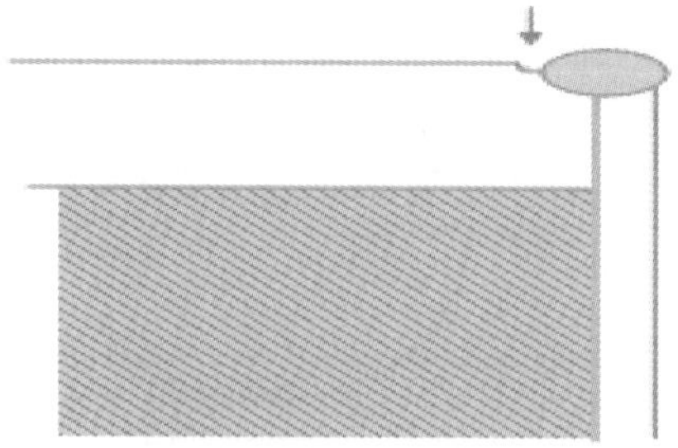

图 3-8　咬边缺陷

产生原因:焊接时,焊枪移动不平稳,电弧过长,停留时间短,焊接电流过大,电压过高,速度过快。

解决方法:合理选用焊接的各项参数,在装夹机头时一定要认真仔细,并反复检查多遍,试焊无误才进行试板或产品的焊接。

(四)未熔合

未熔合缺陷如图 3-9 所示。

1. 产生原因

(1)焊接电流过小,焊枪角度不正确;

(2)在立向下焊接时,焊枪横向摆动到坡口边缘时,未做必要的停留,以及在定位胀时管子与管板的根部间隙过大等;

(3)钨极旋转半径过大。

2. 解决方法

(1)采用合适的焊接参数,调整焊枪角度;

(2)减小钨极旋转半径。

(五)塌陷

塌陷缺陷如图 3-10 所示。

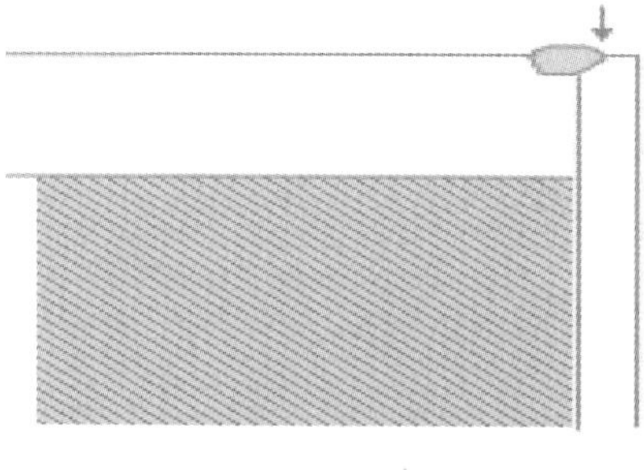

图 3-9　未熔合缺陷

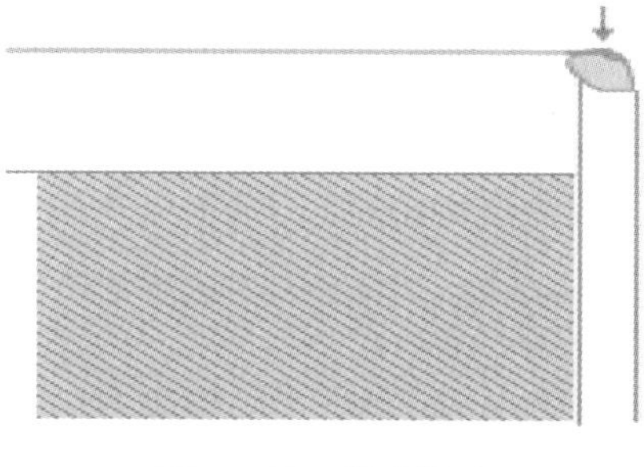

图 3-10　塌陷缺陷

产生原因:焊接电流过大,钨极对中不好,偏心,焊接速度过慢。

解决方法:

(1)选用合理的焊接参数装夹钨极时,一定要认真检查旋转半径和钨极距离管板的高度;

(2)在试机板上试焊,确定无误后才在产品或试板上进行焊接。

（六）裂纹

1. 裂纹形式及性质

蒸汽发生器管子管板封口焊裂纹的主要形式表现为焊缝根部的不连续，图3－11是三种典型的根部不连续形式。

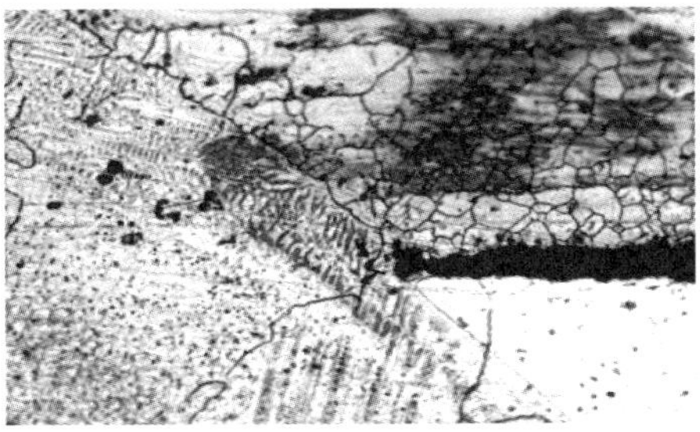
(a)熔合区球滴状孔洞

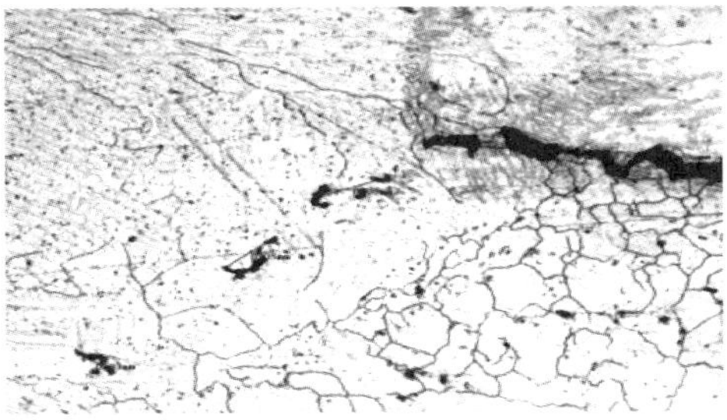
(b)根部裂纹伴随有聚集的球滴状裂纹

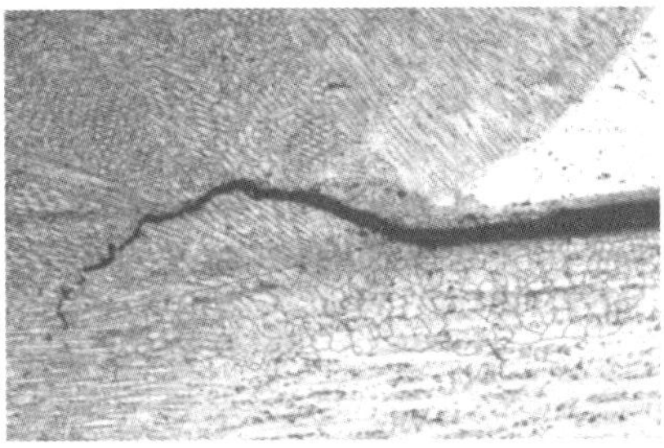
(c)高应力下焊缝被强行撕裂

图3－11 根部裂纹图

蒸汽发生器管子管板封口焊根部裂纹基本上具备以下特点：

（1）绝大部分裂纹尺寸在0.1 mm以下，少部分在0.1～0.3 mm，极少数大于0.3 mm，均属于微裂纹；

（2）几乎所有裂纹均位于焊缝根部附近的热影响区或熔合区，并且往管孔母材一侧沿熔合线发展；

（3）裂纹缺陷主要表现为三种形式，即熔合区球滴状孔洞（图3－11(a)）、根部裂纹伴随有聚集的球滴状裂纹（图3－11(b)）和高应力下焊缝被强行撕裂（图3－11(c)）。

从以上分析可以判定蒸汽发生器管子管板根部裂纹为焊接热裂纹中的液化裂纹。

2. 原因分析

封口焊的根部裂纹为液化裂纹。液化裂纹是受焊接热循环作用使晶间低熔点共晶熔化而造成的。尤其是高温快速冷却，在收缩产生的高应力集中情况下，焊缝极易被强行撕裂，产生液化裂纹。

实际焊接过程中，主要是由于电流过大、焊接速度过快、焊缝经历多次热循环（重熔），并在管子定位胀后及受热过程中产生的应力作用下产生热裂纹。同时，管板的热处理状态对焊缝根部裂纹也存在影响。

3. 解决方法

（1）控制焊接热输入量，选择合适的焊接参数；

（2）尽量减少焊缝的热循环次数；

（3）通过优化定位胀参数减少根部应力集中；

(4)优化管板的热处理状态。

(七)管子缩口

1. 产生原因

钨极的旋转半径过小,钨极与管板的距离过高电压偏大,钨极严重烧损电弧不稳,堆焊层金属流动性太大。

2. 解决方法

在机头上认真装夹钨极,仔细检查钨极的相关尺寸,在试机板上试焊,并用内径检查工装进行检测,确定无误后才在产品或试板上进行焊接,及时更换钨极,必要时可在规程范围内调整焊接参数减小热输入。

(八)焊喉尺寸不够

1. 产生原因

电流太小,热输入量太小;电压太高,熔深不足;钨极旋转半径太大,熔合不良;机头定位偏向、不平,局部熔合不良。

2. 解决办法

增大电流,减小电压,减小钨极旋转半径,机头定位准确。

三、GTAW－A－01 焊接工艺规程

(一)焊接操作工项目考试工艺评定确认

1. 特殊项目考试

特殊项目考试指特殊焊缝的技能评定。

GTAW－A－01 是特殊焊接操作工项目考试,适用范围按 NNSA－HAJ－0002－2019 6.2中的热交换器或蒸发器管板焊接填写。

2. 焊接操作工项目考试工艺评定确认记录表填写

对于每个项目考试,应使用适用的焊接工艺评定作为编制考试用焊接工艺规程的支持。考前考核单位或聘用单位必须根据工艺评定填写焊接操作工项目考试工艺评定确认记录表确认其适用性。GTAW－A－01 的焊接操作工项目考试工艺评定确认记录表见表 3－3。

表 3－3　焊接操作工项目考试工艺评定确认记录表

编号:PDQR－12－27

焊接操作工项目考试项目代号	POLYSOUDE PC350－GTAW－A 01 04 07 ml CRC P600 Z2 G2		
焊接工艺规程编号	GC－GTAW－A－1		
焊接工艺评定编号	PQR×××REV. B		
焊接工艺评定提供单位	×××	评定有效期	不限
焊接工艺规程依据标准	RCC－M 2000	标准适用工程	×××项目
技能变素	工艺评定试件	工艺评定的覆盖范围	变素代号
焊接方法	自动钨极氩弧焊	自动钨极氩弧焊	GTAW－A
试件形式	板－管	板－管	P－T
焊缝形式	角焊缝	角焊缝	—

表 3－3(续)

母材类别	镍基堆焊层和镍基合金管	镍基堆焊层和镍基合金管	—
焊接材料	无	无	—
焊缝金属厚度	1.09 mm	1.09 mm	—
管材外径	19.05 mm	19.05 mm	—
焊接位置	水平固定全位置焊	水平固定全位置焊	PF＋PG
焊接要素	单层	单层	—
试件检验与 NNSA－HAJ－0002－2019 的符合性		符合	
结论:该工艺评定按照国家核安全局认可的标准,可以覆盖操作技能考试,同意使用			

编制	×××	审核	×××	批准	×××
日期	×××	日期	×××	日期	×××

(二)焊接工艺规程

焊接工艺规程是直接发到焊接操作工手里指导生产和培训的焊接工艺文件,对于核电的产品和每个考试项目,应做到“一点一卡、一项一卡”,即一个焊接结点一张工艺卡片。

GTAW－A－01 技能操作项目的焊接工艺规程见表 3－4 和表 3－5。

表 3－4　焊接工艺规程

编号:GC－GTAW－A－1　Rev. A

<table>
<tr><td colspan="2">技能考试项目代号</td><td colspan="3">POLYSOUDE PC350－GTAW－A 01 04 07 ml CRC P600 Z2 G2</td></tr>
<tr><td colspan="2">工艺评定报告编号/依据标准/有效期</td><td>PQR×××/RCC－M 2000/长期有效</td><td>自动化程度/稳压系统/自动跟踪系统</td><td>自动焊/无自动稳压系统/无自动跟踪系统</td></tr>
<tr><td colspan="2">焊接接头</td><td colspan="3" rowspan="6">焊接接头简图:(有衬垫的应标明衬垫的形式和截面尺寸):
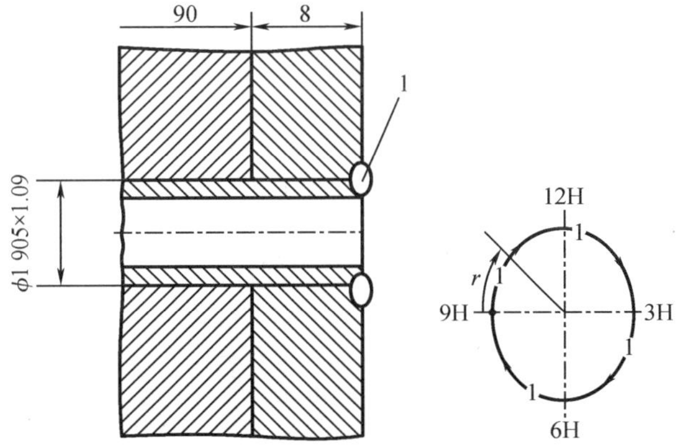

试板钻孔(孔径 $\phi 19.28^{+0.07}_{-0.03}$ mm, 孔间距 27.43 ± 0.4 mm 呈正方形分布),试板厚度≥90 mm</td></tr>
<tr><td>坡口形式</td><td>管子管板封口焊</td></tr>
<tr><td>衬垫(材料)</td><td>—</td></tr>
<tr><td>焊缝金属厚度</td><td>见简图</td></tr>
<tr><td>管子直径</td><td>ϕ19.05 mm</td></tr>
<tr><td>其他</td><td>焊机型号
POLYSOUDE PC350</td></tr>
</table>

表 3－4(续)

母材		填充金属	
类别号	Ⅶ	焊材类型(焊条、焊丝、焊带等)	—
牌号	试板:18MND5 或等同的低合金钢＋镍基堆焊层 管子:NC30Fe 或等同的镍基合金管子	焊材型(牌)号/规格	—
规格	管子 6 根,ϕ19.05×1.09 mm,$L\geqslant$150 mm	焊剂型(牌)号	—

焊接位置		保护气体类型/混合比/流量	
焊接位置	水平固定全位置焊(PF－PG)	正面	30% Ar(纯度 99.995%)＋70% He(纯度 99.995%) 流量:10～16 L/min
焊接方向	立向上、立向下	背面	—
清根方法	—	焊缝层数范围	1 层
钨极类型/尺寸	WCe－20/ϕ2.4 mm	熔滴过渡方式	—
直向焊、摆动焊及摆动方法		脉冲焊接	

焊接参数

焊层	焊接方法	焊材		焊接电流		电压范围/V	焊接速度/(cm·min^{-1})
		型(牌)号	规格/mm	极性	范围/A		
1	GTAW－A	—	—	见焊接循环图	8～18	见焊接循环图	1

工艺说明	操作要领
(1)本规程根据 NNSA－HAJ－0002－2019 编制,考试一共焊 6 根管子。 (2)操作考试前,应当在主考人、监考人与焊接操作工共同在场确认的情况下,在试件上标注焊接操作工项目考试编号。 (3)管子位置:管子端面与管板表面平齐。 (4)定位胀:采用 4.0～4.6 N·m 扭矩,在管板堆焊表面 23 mm 的长度范围进行定位胀。 (5)焊接顺序:9 点钟位置起弧,连续焊接 1 圈。 (6)焊接完成后,试件做 6 个目视检验。 (7)对每一根管子,在通过最后焊道搭接区的径向截面上取样进行宏观金相试样检验(两个观察面)试样做 12 个宏观金相	(1)操作考试前,参考焊接操作工应将坡口表面及两侧清理干净,去除铁屑、氧化皮、油、锈和污垢等。 (2)每一焊道中间不得停弧。 (3)焊缝表面最后一层应保持原始状态,不允许修磨和返修。 (4)所有检验结果均应当按照相关要求编制报告。 (5)焊接操作工或技能评定监督人员按照要求记录焊接过程实际参数

表 3－5　焊接循环参数

项目	参数范围
IB－基值电流/A	35～45
TB－基值电流时间/ms	125
IH－峰值电流/A	75～85
TH－峰值电流时间/ms	125
下降时间/s	5～10
电极旋转直径/mm	20～22
旋转角度/(°)	365～370
电极距工件距离/mm	1.5～1.7
速度/(mm·min^{-1})	115～125
TR－预熔时间/s	0.5～2
IR－预熔电流/A	30～55
焊接设备	POLYSOUDE PC350

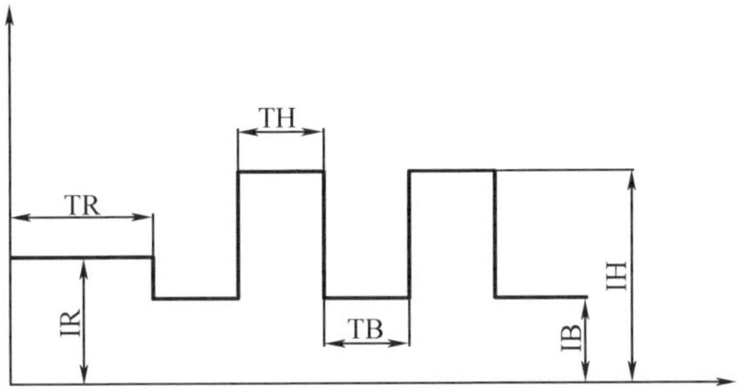

参数示意图

四、焊前准备

焊前准备清单见表 3－6。

表 3－6　GTAW－A－01 焊前准备清单

序号	名称	型号	备注
文件类			
1	规程、作业指导书		文件类
2	流转卡		文件类
3	焊缝生产数据单		文件类
4	层间温湿度记录表		文件类
劳保类			
5	清洁服		劳保类
6	工作帽		劳保类

表 3－6(续)

序号	名称	型号	备注
劳保类			
7	白手套		劳保类
8	口罩		劳保类
9	护目镜		劳保类
10	头戴式面罩		
设备类			
11	定位胀枪	720－550	设备类
12	扭矩测量仪	ModelP－15	设备类
13	胀管器	W8314TC	设备类
14	焊机	POLYSOUDE PC350	设备类
16	数据采集仪	POLYSOUDE	设备类
17	电脑		
18	稳压电源		
19	钨极磨光机		设备类
20	电钻		
量具检测类			
21	氩气流量计	合格检定期内	量具检测类
22	接触式测温仪	合格检定期内	量具检测类
23	游标卡尺	合格检定期内	量具检测类
24	钨极长度检测工装	合格检定期内	量具检测类
25	内径检测工装	合格检定期内	量具检测类
26	管端平齐检测工装	合格检定期内	量具检测类
27	定位胀检测工装	合格检定期内	量具检测类
28	气瓶减压阀		
辅料类			
29	合金钢磨头	ϕ3 mm	工具类
30	笔形钢丝刷		辅料类
30	清洁棒		辅料类
32	白布	若干	辅料类
33	丙酮	若干	辅料类
焊材类			
34	钨极	ϕ2.4 mm	焊材类
35	气体	30% Ar＋70% He	焊材类

（一）工具

胀枪、胀管器、扭矩测量仪、电动砂轮机、砂轮片、钨极磨光机、管端加工机、风磨笔、砂帽、清洁白布、游标卡尺、钨极定位检查工装、通止规、拔管工具、钳型电流电压表、平面磨光机、低应力钢印、吸尘器、钢丝管刷、白布条、笔形钢丝刷、磨料刷、毛毡塞等。

（二）防护

操作人员应穿戴清洁的白色连体服、专用工作帽、专用鞋套、口罩、耳塞、白色干净不起毛手套、防护眼镜、面罩。

（三）对焊接操作工的要求

（1）焊接操作工实操考试前必须经过焊培组织的理论培训并考试合格，必须对清洁度、定位胀、机头上的配件装夹、焊接系统调试运行有充分了解，操作要严谨、规范。

（2）具体要求：

①工作环境要求温度在 18 ~25 ℃，湿度在 60% 以下；

②试件（管子、管孔）经清理后用白布进行检查，不得有任何污物存在；

③定位胀后的清理一定要仔细，不可用过多的丙酮进行管孔清理，避免丙酮渗到管子与管板的间隙中，清理后需有半个小时丙酮挥发时间，才能进行后续的焊接工作。

（四）试件

1. 试件材质、规格及数量

管子材质：NC30Fe 镍基合金　规格（mm）：ϕ19.05 mm ×1.09 mm　$L \geqslant 150$ mm　数量：6 根

堆焊试板 PT、UT 检查合格后打上材质钢印、炉批号、考试项目代号及管孔坐标。

2. 焊前清理

（1）先用平面磨光机对管板堆焊层进行抛光；

（2）在清洁室外用磨料刷来回多次打磨清理，每次停留时间要达 5 s 以上，在清洁室内则用钢丝管刷对管孔进行清理；

（3）用吸尘器或氮气来清理打磨好的管板灰尘和杂质；

（4）用白布管刷来清理管孔，直到拉出的白布干净没有任何污迹为止；

（5）用笔型钢丝刷来清理管板表面；

（6）用毛毡塞封堵管孔，并用塑料布将已清理好的试板包裹住；

（7）检查管子的壁厚、尺寸是否与规程相符，再用丙酮清理试管，等丙酮挥发完后用干净白布包住待用。

3. 胀接准备

（1）穿管前，去除准备穿管的管板孔上的保护工装（毛毡塞），试板一次侧表面及管孔内壁距一次侧表面 30 mm 范围用干净不起毛的白布和丙酮进行清理。

（2）穿管前试板管子用干净不起毛的白布和丙酮清理全长内外壁，产品 U 形管则清理前端外壁 500 mm 范围及内壁 30 mm 范围。使用丙酮时量不宜过多，待丙酮完全挥发后再实施穿管。

（3）检查人员需对管孔进行 100% 的清洁度检查，对清理后的管孔再次用白布进行清洁度检查，确认管孔中没有灰尘和金属屑。擦拭后白布应清洁，任何污点均不可接受。

（4）对于管板的管孔内距表面 25 mm 的区域，用外来光源（照度不小于 500 lux，且不能耀眼）辅助进行 100% 的目视检查。

(5)对于产品,穿管后定位胀前,管子伸出约 50 mm,对内侧半径较小的管子可伸出约 30 mm,用干净不起毛的白布和丙酮清理,如图 3-12 所示。

图 3-12　定位胀前的清理及检查

(6)对于产品,穿管后为了保证二次侧管子间隙,调整后部分管子端部需要用管端加工机进行加工。

(7)管子穿好后需调整至与管板堆焊面平齐的状态,由检验人员进行检查。管子管板装配如图 3-13 所示。

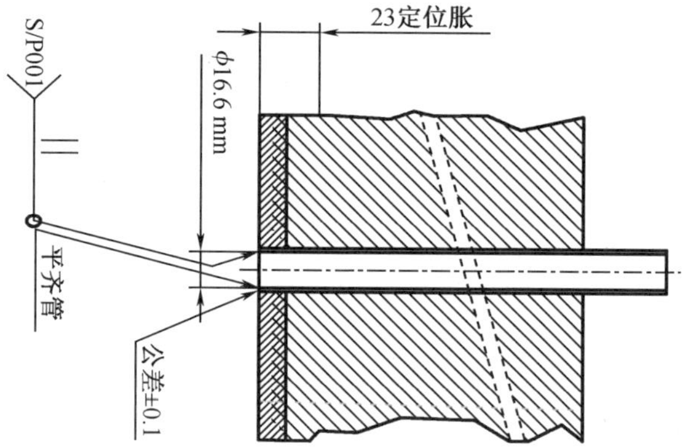

图 3-13　管子管板装配

4. 定位胀

定位胀有消除管子与管板间隙的作用,能有效地防治焊缝中的气孔及焊缝根部裂纹。所以胀接力矩的选择很重要,以某产品为例,选定胀接力矩为 4 ~4.6 N · m,胀管器为四轴,选用型号为 W8314TC,胀枪选用 TCEM 公司 720 -550B 的型号,如图 3-14 所示。

(1)在已校准的扭矩测量仪上进行胀枪扭矩校对,至少需要校对 5 次,使胀枪扭矩在工艺参数设定范围内(4 ~4.6 N · m)。

(2)胀管器的调整,应采用四珠胀管器;胀接最小长度 23 mm,应从胀管器的端面开始到胀珠的直段末端为止(胀珠的锥段长度不能计算在内)。EPR 项目及 AP1000 项目余排使用电动设备定位胀枪扭矩要求(8 ±0.5)N · m,胀接前应用扭矩测量仪检查扭矩值。

(3)胀接前在胀珠及胀杆上均匀地涂上水溶性油脂,装配好整套胀管器并重新检查胀接的有效长度。

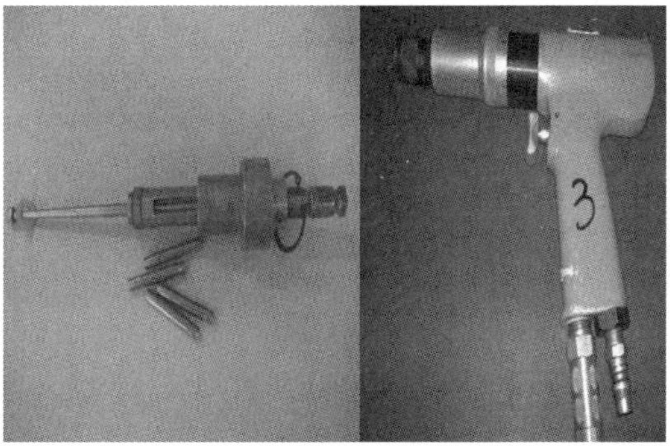

图 3-14　胀枪实物照片

(4)在试板上进行管子的胀接(在操作时一定要注意胀管器的端面要与管板贴紧才能进行胀接)。

(5)试板上所需的管子胀接完成后,胀接后封口焊前用丙酮和干净、不起毛的白布清理距管端约 30 mm 长的范围,要求用丙酮清理后至少有半小时的挥发时间后方可焊接。

(6)定位胀及清理后,自检管子的伸出、缩进长度,应控制在 0.1 mm 以内。

(7)交质量检验人员或监考老师检查,如图 3-15 所示。

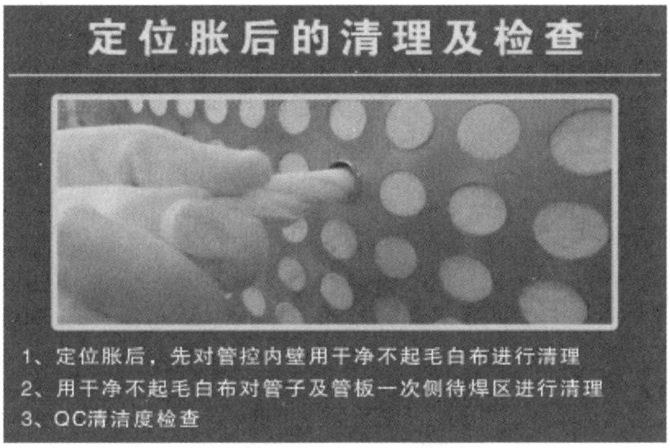

图 3-15　定位胀后的清理及检查

5. 焊前检查

焊前检查见表 3-7。

表 3-7　焊前检查表

序号	检查项目	要求值
1	确认气体类型	30% Ar + 70% He
2	气瓶压力	$\geq 2.0 \times 10^6$ Pa
3	气体输出压力	$3.0 \times 10^5 \sim 4.0 \times 10^5$ Pa
4	气体流量	10 ~ 16 L/min
5	联结焊接机头	—
6	联结焊接电源	—

表 3-7(续)

序号	检查项目	要求值
7	设备供电	—
8	设置焊接记录仪	—
9	待焊区附近空气湿度	≤60% RH,≥18 ℃
10	电流极性	直流正接
11	电极与工件距离	1.5~1.7 mm
12	电极旋转直径	20.0~22.0 mm
13	机头旋转方向	顺时针
14	机头旋转开始位置	9 点钟位置
15	焊接过程	一圈
16	焊接速度	120 mm/min
17	钨极	直径:2.4 mm,钨极夹角:20°±2°,端部直径:0.3~0.5 mm
18	管子管板装配	平齐管板±0.1 mm

(五)焊前调试

启动焊机前,检查各处的接线是否正确、牢固可靠,电流表、电压表及减压阀是否在有效期内,工装夹具运行是否正常,用钳型电流电压表检查电流是否准确。

(1)根据现在提供的 POLYSOUDE 公司 TS25 机头,对机头上的定位装置进行尺寸核对(固定弹簧为 ϕ17 mm),再拆下其他装置进行清理(如固定锥套等)。

(2)根据焊接规范要求,调整钨极的尖部距管板的高度为 1.5~1.7 mm,再调整钨极的旋转直径为 20.0~22.0 mm,如图 3-16 和图 3-17 所示。

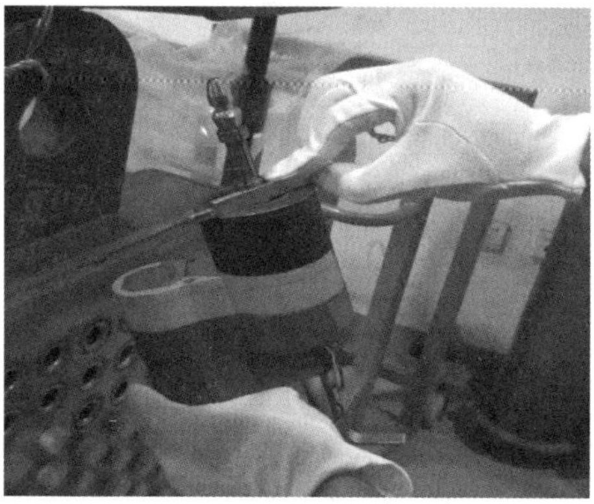

图 3-16 检查钨极伸出长度图

图 3-17 测量钨极旋转直径图

在遥控器上手动旋转钨极至 9 点钟的起弧位置,并设成模拟焊接,如图 3-18 所示。

图 3-18 程序模拟调试,检查程序正确性以及设备状况图

(4)核对焊接程序中的数值(应与焊接规范要求一致)及程序号,在焊接电源上接实时数据采集仪、电脑和打印机。

(5)在遥控器上核对程序号,启动焊接开始键,查看气体流量(应为 10 ~ 16 L/min),观察电极旋转一周所需时间应为 22 ~ 26 s。

(6)在遥控器上设成正常焊接模式,在试机板上进行施焊,同时用钳形电流表进行实际测量(应为 80 ~ 90 A),查看数据采集是否正常工作,观察焊接时电压应为 8 ~ 18 V,在焊接完第一个焊口后需对焊缝进行 DT、VT 检查,合格后才能进行见证件试板及产品的焊接。

(7)上述调试及所有设备运行完全正常后,才能在试板上进行焊接,每焊完一个焊口后都需检查钨极的烧损情况,如有异状需按表 3-8 的要求更换钨极。在进行下一个焊口时必须参照上一个焊口焊接时的电压,如两个焊口电压的差距大时,需停机更换钨极。

表 3-8 钨极烧损更换标准

序号	钨极烧损程度	参考照片	说明	使用要求
1	新钨极		钨极夹角:20° ±2° 端部直径:0.3 ~0.5 mm 表面完好、光洁	装夹钨极,调整好伸出长度即可使用
2	轻微烧损		钨极外形尺寸无改变 表面轻微高温氧化,端部较平	用小锉刀轻磨、清理钨极端部方可继续使用
3	中度烧损		端部明显烧损、不平,尺寸不满足要求 存在较小焊瘤,氧化明显	必须更换钨极
4	严重烧损	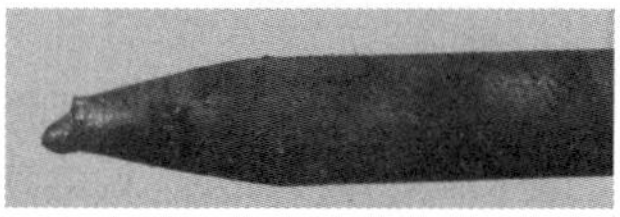	端部严重烧损,产生变形,严重不平 存在较大焊瘤,严重氧化	必须更换钨极

(六)文件准备

焊前需准备焊接用工艺规程、流转卡、质量计划、适用性文件和监考记录表,详见表3-9。

表3-9 文件准备

序号	文件编号	文件名称
1	×××SG-ST×××	蒸汽发生器管子管板封口焊流转卡
2	×××SG-ST×××	蒸汽发生器管子管板封口焊流转卡
3	×××SG-×××	数据单
4	×××SG-×××	蒸汽发生器管子管板封口焊见证件规程
5	×××SG-×××(PT)	管板图
6	—	焊接参数与预热、后热及层温记录表
7	—	生产焊缝数据单
8	清洁规程	蒸汽发生器管板及管板试板的管孔清理
9	定位胀规程	蒸汽发生器管子管板定位胀规程
10	检查规程	蒸汽发生器清洁度检查规程
11	焊接指导书	蒸汽发生器管子管板作业指导书

(七)采集仪规范设置步骤

采集仪设置步骤如图3-19至图3-25所示。

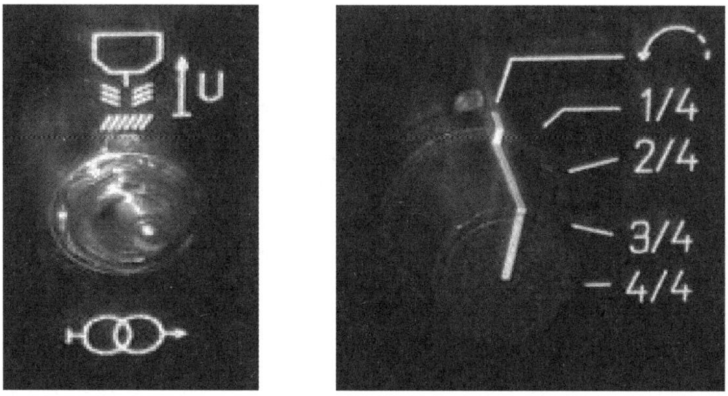

(a)焊接电源电压采集模式　　(b)标准旋转

图3-19 连接采集仪

(1)准备工作:

①连接采集仪与电脑网线,装好采集仪与焊机数据线,装好电脑与焊机数据线;

②打开焊机电源和采集仪电源,打开电脑;

③打开POW软件,选择焊接程序,检查软件是否与焊机连接好;

④设置采集仪IP,保证采集仪与电脑、焊机连接好;

⑤检查采集仪调节开关是否拨至焊接电源电压采集模式、标准旋转。

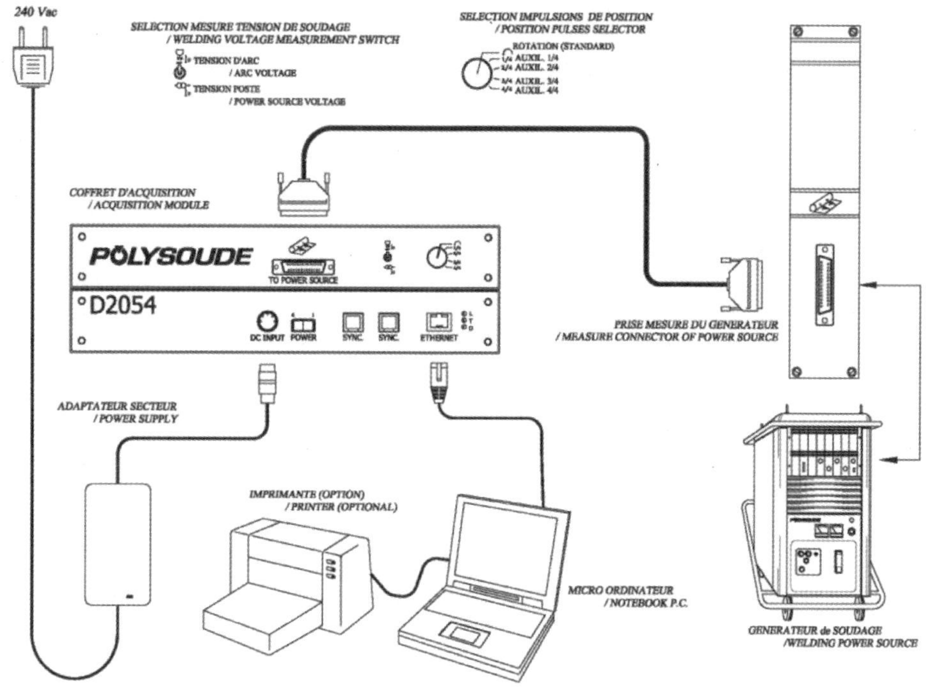

图 3 – 20　设备连接示意图

(2)在桌面上打开采集软件图标进入主界面,如图 3 – 21 所示。

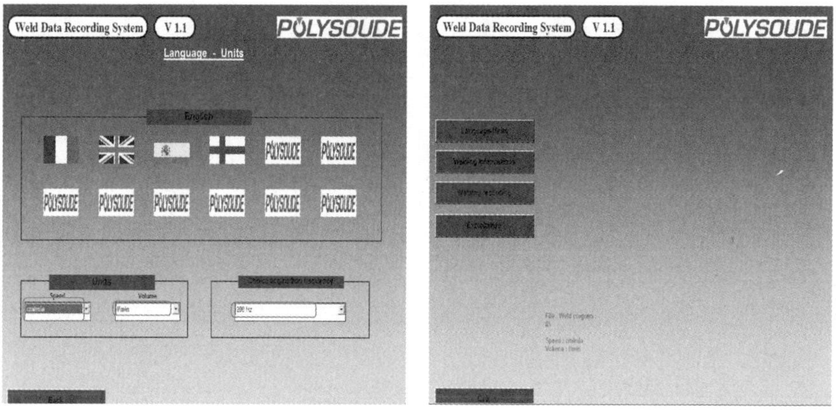

图 3 – 21　软件界面

(3)点击 Language – Unites,进行语言和单位设置,设置好后按 Back 返回主界面。

(4)点击 Welding informations,进行焊接信息设置。点击 Equipmen 设置好后按 Back 返回,再按 Save File 返回。

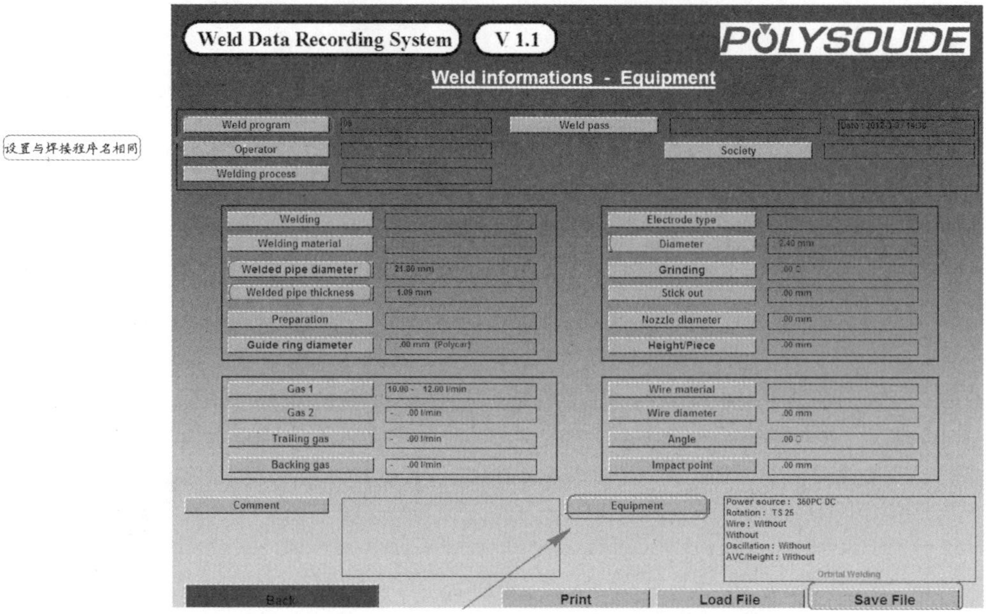

图 3-22　焊接信息 Welding informations 设置界面

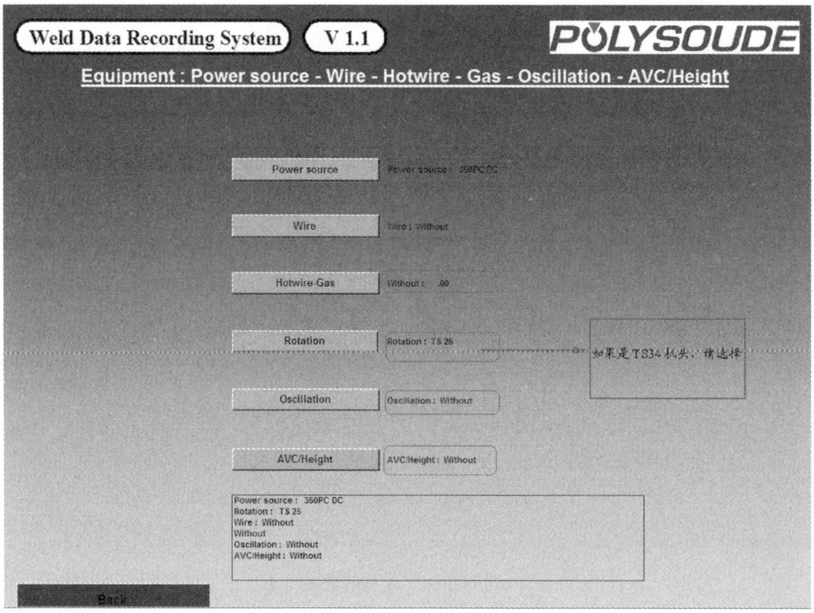

图 3-23　Equipmen 设置界面

(5)点击 Welding recording,进入记录模式。

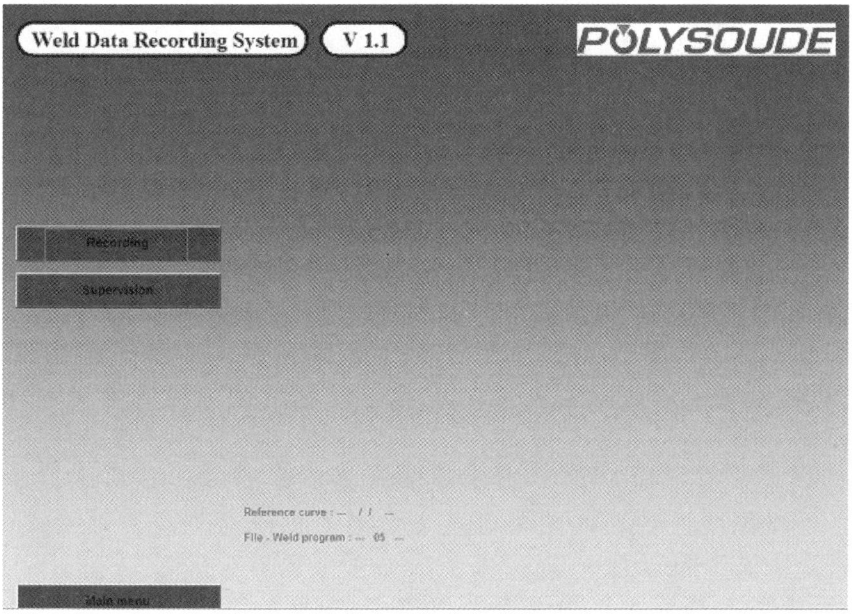

图 3－24　焊接记录模式

(6)再点击 Recording,这样采集仪就设置好了,焊接时可以采集数据了。

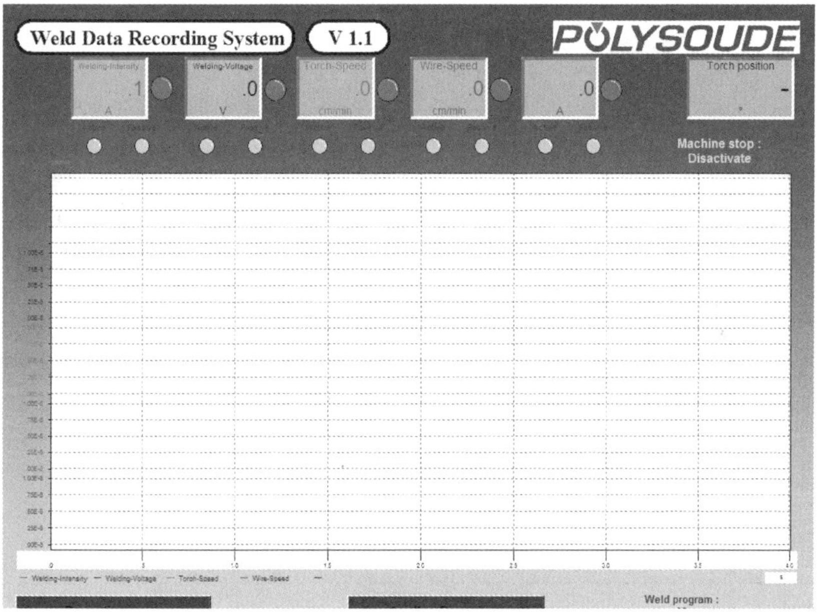

图 3－25　采集仪设置步骤图组

(7)需要查看采集图时,返回主界面,如图 3－26 所示。点击 Exploitation,打开已保存的数据采集记录文件。

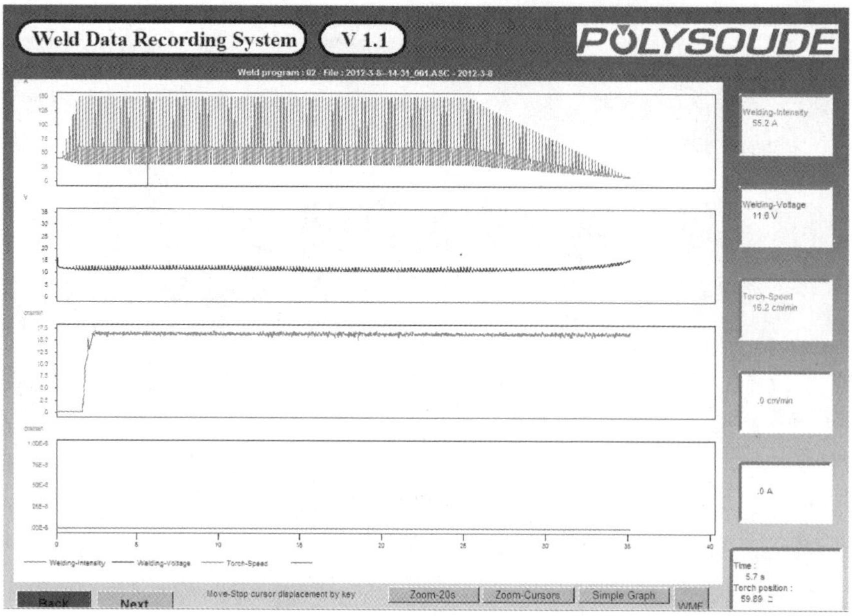

图 3-26　查看数据采集记录

五、焊接操作

焊接前、中、后的操作项及记录表见表 3-10。

表 3-10　操作清单

操作序号	内容	操作者姓名	操作日期
A	将试板在工位上固定		
B	清理待焊区域的管孔		
C	清理试板表面		
D	清理试管		
E	胀接		
F	清理胀接后的管孔表面		
G	焊接		
H	焊后表面清理		

POLYSOUDE PC350 封口焊设备通过焊接软件 POW 进行参数预置，按工艺规程参数编制程序，管子管板封口焊焊接循环为程序控制，焊接过程中不需要人员干预。焊接机头为 TS25 及 TS34 两种型号，采用不同型号机头焊接不改变工艺参数，不同型号机头应选择相应的焊接程序。整个焊接过程参数可通过采集仪记录曲线，并打印记录。

（1）总要求：采用不填丝自动钨极惰性气体保护焊工艺，直流，管子平齐管板，全位置焊接。焊接前应更换一个新的钨极，调整焊接机头。再次确认焊接循环和程序的正确性，并先在试机板上确认参数，然后才能焊接试板，如图 3-27 所示。

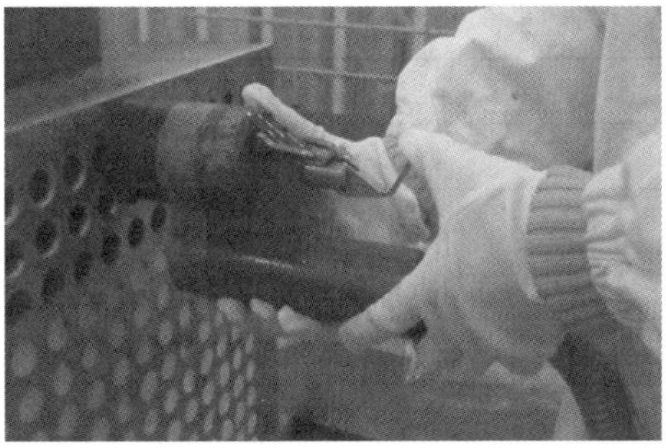

图 3－27　焊接前定位机头，确保机头与管板贴平，不摆动

（2）焊接操作：

①在试机板上试焊，正常焊接电流在 75～85 A、电流衰减时间控制在 10 s。焊接总共进行一圈，从 9 点钟位置开始，不填丝，连续焊。为了避免出现弧坑裂纹，要求衰减截止电流在 5 A 以内，这是普通氩弧焊机不能达到的。

②焊前检查钨极伸出长度及其旋转半径，每焊一个孔都需检查钨极烧损情况并用小锉刀轻磨钨极端部，注意及时更换钨极，如图 3－28 和图 3－29 所示。

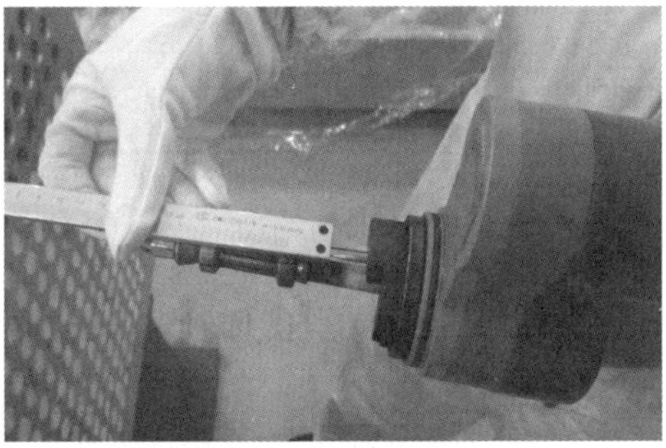

图 3－28　测量钨极伸出长度

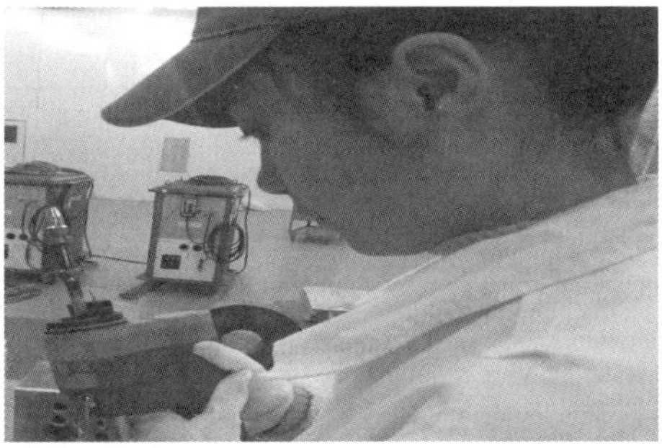

图 3－29　检查钨极烧损情况

③当各种准备工作结束并检查确认后，至少模拟焊接一次以排除送气管道内的空气。起弧前检查焊接机头在管孔的装配情况，需对中良好，气体保护罩贴合管板表面。

④焊接过程中必须关注实时的焊接参数、电弧状态和电弧声音的变化，出现异常时要灵活有效应对，可控制电弧衰减或紧急停机。

⑤设置焊接循环参数和焊接程序，见图 3－30、表 3－11 和表 3－12。

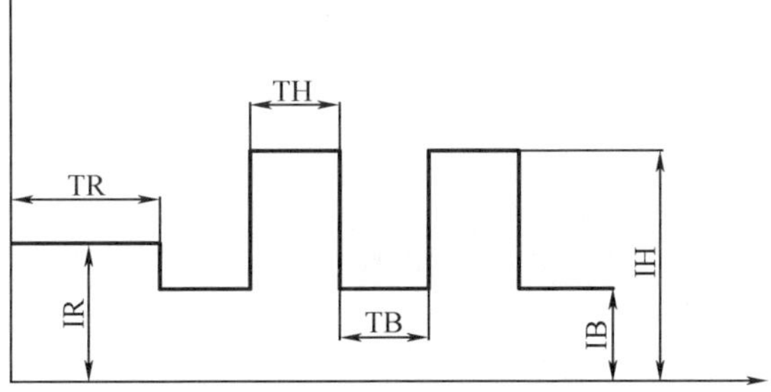

图 3－30　焊接循环图

表 3-11 焊接循环参数表

项目	参数范围
IB-基值电流/A	35~45
TB-基值电流时间/ms	125
IH-峰值电流/A	75~85
TH-峰值电流时间/ms	125
下降时间/s	5~10
电极旋转直径/mm	20~22
旋转角度/(°)	365~370
电极距工件距离/mm	1.5~1.7
速度/(mm·min^{-1})	115~125
TR-预熔时间/s	0.5~2
IR-预熔电流/A	30~55
焊接设备	POLYSOUDE PC350

表 3-12 管子管板端面焊接不填丝焊接程序

动作顺序	时间	程序内容
1		送气
2	送气后 5 s	高频起弧
3	高频起弧后 2 s	电流上升
4	电流上升后 2 s	电极旋转
5	电极旋转后 1 s	焊接
6	焊接后 720 s	衰减
7	衰减后 1 s	停止旋转
8	停止旋转后 5 s	停止送气

(3)待试板完全焊完冷却后,用专用笔形钢丝刷对试板进行清理,仔细检查焊缝外观并检查尺寸,如图 3-31 所示。

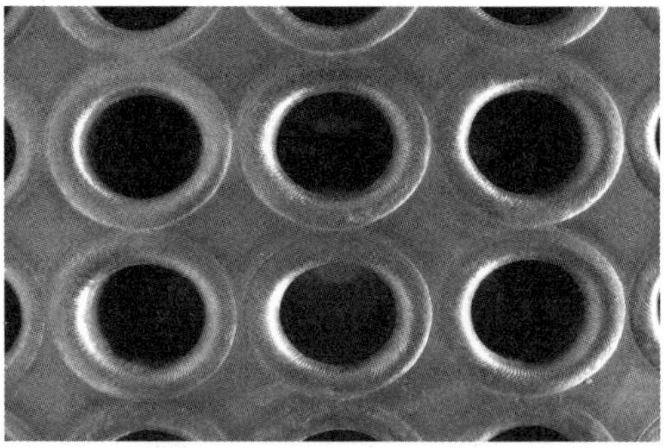

图 3-31 焊接完成待检照片

(4)焊道记录图、焊接参数与层温记录的填写，见表 3－13。

表 3－13　监考记录表

焊接操作工项目考试施焊及监考记录表		施焊及监考记录表编号：×××	
		考试计划编号：×××	
参考焊接操作工单位	×××股份有限公司		
项目代号	POLYSOUDE PC350－GTAW－A 01 04 07 ml CRC P600 Z2 G2		
焊接操作工姓名	×××	工位编号	H－××
考试用焊接工艺规程编号	GC－GTAW－A－1	焊接操作工项目考试编号	GTAW－A－01
考试日期	×××	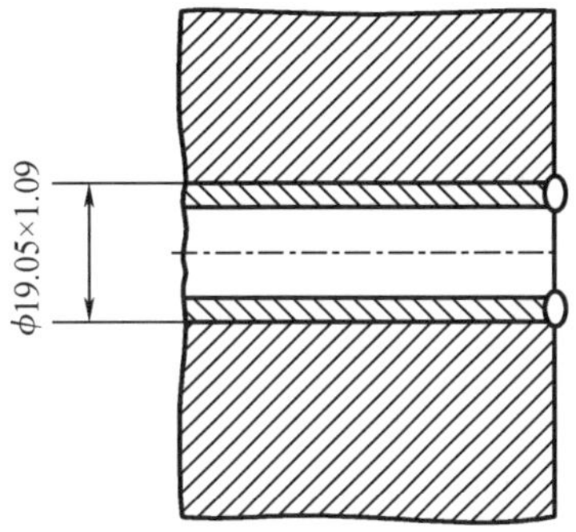	
考试开始时间	9:00		
考试终止时间	10:30		
考试开始时间			
考试终止时间			

焊道序号	焊材规格	电流极性	电流/A	电压/V	焊速/(mm·min^{-1})	预热温度或层间温度/℃			保护气体流量/(L·min^{-1})		其他
									正面	背面	
1	—	直流正接	79.2	11	120	25	26	27	12	—	—
2	—	直流正接	79.5	10.9	120	27	29	30	12	—	—
3	—	直流正接	79.3	11.1	120	33	36	38	12	—	—
4	—	直流正接	79.2	11	120	35	37	38	12	—	—
5	—	直流正接	79.6	11.1	120	33	36	38	12	—	—
6	—	直流正接	79.2	10.9	120	36	38	40	12	—	—

参考焊接操作工(签字)：×××　　　　监考人(签字)：×××

六、焊后检查

(一)外观检查

管－板焊缝的外观检查，用目视或低倍放大镜(不大于 5 倍)检查，焊缝不得低于母材，用专用工具检查焊缝的缩口量，缝表面应是焊后原始状态，不允许加工修磨或返修，焊缝表面不得有裂纹、未熔合、夹渣、气孔、焊瘤和未焊透。机械化焊和自动焊的焊缝表面不得有咬边和凹坑。

GTAW－A－01 的目视检验报告见表 3－14。

表 3-14　GTAW-A-01 的目视检验报告

报告编号:GTAW-A-01-VT-2020-焊考-001

项目代号	POLYSOUDE PC350-GTAW-A 01 04 07 ml CRC P600 Z2 G2		
实施计划编号	12-×××	焊接操作工项目考试编号	GTAW-A-01
焊接操作工姓名	×××	依据标准	NNSA-HAJ-0002-2019
焊接方法	GTAW-A	母材牌号和规格	镍基堆焊层+NC 30 Fe ϕ19.05×1.09 mm
试件形式	管子+管板	焊接位置	PF+PG
原始状态		原始	

焊缝余高	裂纹	咬边
—	①无 ②无 ③无 ④无 ⑤无 ⑥无	①无 ②无 ③无 ④无 ⑤无 ⑥无
焊缝余高差	未熔合	背面凹坑
—	①无 ②无 ③无 ④无 ⑤无 ⑥无	—
比坡口每侧增宽	夹渣	变形角度
—	①无 ②无 ③无 ④无 ⑤无 ⑥无	—
宽度差	气孔	错边量
—	①无 ②无 ③无 ④无 ⑤无 ⑥无	—
焊缝边缘直线度	焊瘤	角焊缝凹凸度
—	①无 ②无 ③无 ④无 ⑤无 ⑥无	①凸度 0.1 ②凸度 0.1 ③凸度 0.1 ④凸度 0.1 ⑤凸度 0.1 ⑥凸度 0.1
背面焊缝余高	未焊透	焊脚尺寸
—	—	①K=1.1 ②K=1.1 ③K=1.1 ④K=1.1 ⑤K=1.1 ⑥K=1.1
堆焊焊道高度差	堆焊凹下量	通球检验
—	—	—
堆焊焊道平面度		
—		

目视检验结果(合格、不合格)	合格	检验日期	×××
检验人员	×××	焊接操作工技能评定报告号	×××
复审人员	×××	焊接操作工技能评定报告号	×××

（二）塞规检验管子缩口（100%）（本条考试不要求）

管子缩口会减小管子名义内径，缩口量不应超过尺寸检查规程的规定值。

（三）渗透探伤（本条考试不要求）

方法：根据相应渗透探伤规程或标准执行。

验收标准：任何显示都是不可接受的。

（四）射线探伤（本条考试不要求）

方法：根据相应射线探伤规程或标准执行。

验收标准：根据相应射线探伤规程或标准执行。

（五）金相检验

每个焊接操作工要焊接的管子数量为6根。对每一根管子，在通过最后焊道区的径向搭接面上做两个宏观检验，如图3－32所示。

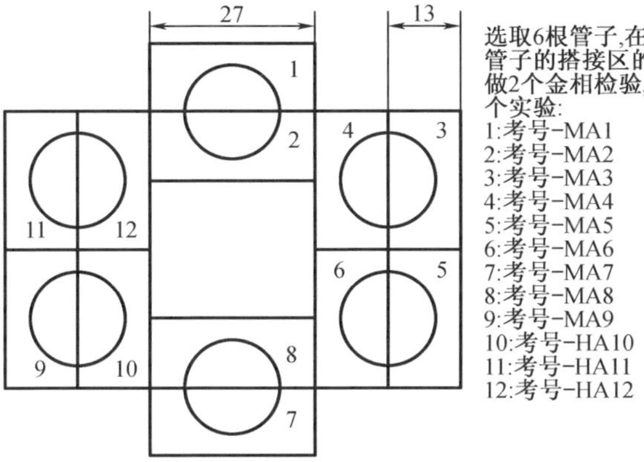

图3－32　试样的截取示意图

金相宏观检验应用机械方法截取、磨光，再用金相砂纸按“由粗到细”的顺序磨制，然后经适当的侵蚀，使焊缝金属和热影响区有一个清晰的界限。该面上的焊接缺陷用目视或5倍放大镜检查，若宏观检查显示出存在有疑问区域，则必须进行微观检查。每个试样检查面经宏观检验应符合下列要求：没有裂纹、未熔合、未焊透；管子和管板焊缝根部线性缺陷应不超过0.1 mm；气孔或夹渣的最大尺寸不得超过1.5 mm；当气孔或夹渣大于0.5 mm，不大于1.5 mm时，其数量不得多于1个；当只有小于或等于0.5 mm的气孔或夹渣时，其数量不得多于3。金相宏观示意图如图3－33所示。

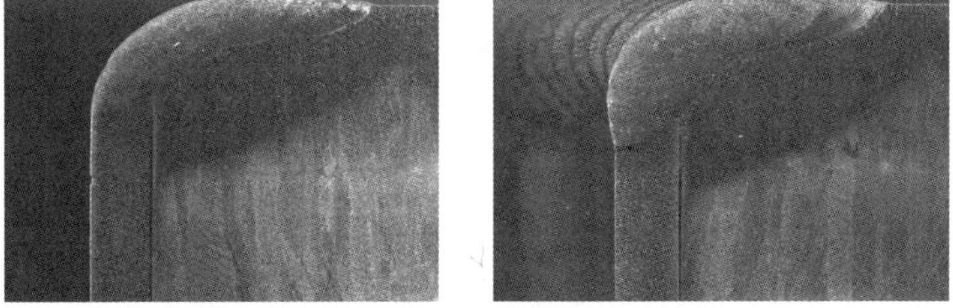

(a)3H(10X)　　(b)9H(10X)

图3－33　金相宏观示意图

七、焊接操作工培训自我评价记录表的填写

(一)焊接操作工自我评价

焊接操作工培训自我评价记录表共包括劳保用品的穿戴、焊接辅助工具准备、焊接设备检查、焊接工装夹具检查、文件准备、焊接过程、焊后和安全八个方面。其中前五个方面的内容必须在焊前检查确认,第六方面是在焊接过程中边焊边记录,第七方面是焊后对设备、工具、文件等的检查记录,第八方面则是安全文明生产。

(二)技能教师评价

经过一段时间的培训,焊接操作工基本上掌握了蒸汽发生器管子管板水平固定自动钨极惰性气体保护焊的操作技术,培训教师应对焊接操作工的技能水平做出评价,并根据培训是否合格确定该焊接操作工能否参加 NNSA - HAJ - 0002 - 2019 项目考试。

八、技能评定报告编制

封口焊是蒸汽发生器或热交换器等核电、石油化工设备制造过程中的关键工序;焊接工作量大,焊接位置苛刻,对焊缝的密封及力学性能要求高;是民用核安全设备焊接操作工培训、考试和取证最重要的项目之一,故学习和掌握该项目的操作技术非常重要,对于保证核电设备的焊接质量至关重要。通过长期的培训实践证明,本书所介绍的操作技术不仅方便焊接操作工学习和掌握,焊接质量好,合格率高,而且缩短了培训周期,是一种行之有效的焊接技能操作技术。GTAW - A - 01 的技能评定报告见表 3 - 15。

表 3 - 15　GTAW - A - 01 的技能评定报告

评定日期	×××	编号	GTAW - A - 2020 - 01
姓名	×××		照片
身份证号	×××		
聘用单位	×××股份有限公司		
焊接操作工编号	×××		
焊接工艺规程	GC - GTAW - A - 1		
技能评定项目代号	POLYSOUDE PC350 - GTAW - A 01 04 07 ml CRC P600 Z2 G2		
	代号	含义	适用范围
焊接方法	GTAW - A	自动钨极惰性气体保护焊	自动钨极惰性气体保护焊
焊机型号	POLYSOUDE PC350	POLYSOUDE PC350 焊机型号	同焊机型号 POLYSOUDE PC350
试件形式	—	—	—
焊缝形式	—	—	—
填充材料	—	—	—
焊缝金属厚度/mm	—	—	—

表 3－15　焊接操作工技能评定报告

	代号	含义	适用范围
板材厚度/mm	—	—	—
管材外径/mm	—	—	—
焊接位置	—	—	—
焊接要素	01	无填充焊丝	无填充焊丝
	04	有弧压传感控制或焊缝传感控制	有弧压传感控制或焊缝传感控制
	07	无自动跟踪系统	有无自动跟踪系统均可
	ml	多层焊	单层或多层焊均可
	CRC P600	焊接控制系统编号	CRC P600 焊接控制系统
	Z2	热交换器或蒸汽发生器管板焊接	热交换器或蒸汽发生器管板焊接
特殊焊缝技能评定			
检验情况			

检验项目	检验结果	试验报告编号
项目考试目视检验报告	合格	GTAW－A－01－VT－2020－焊考－001
项目考试渗透检验报告	合格	GTAW－A－01－PT－2020－焊考－001
项目考试金相检验报告	合格	GTAW－A－01－MAT－2020－焊考－001

编制	×××	审核	×××	批准	×××

第三节　CRDM 套管与法兰异种钢对接平位水平转动机械钨极氩弧焊

本节对 CRDM 套管与法兰异种钢对接平位水平转动机械钨极氩弧焊技能操作项目的要点、焊接工艺规程、常见焊接缺陷产生原因及解决方法、焊前准备、焊接操作、焊后检查、培训自我评价记录表的填写和技能评定报告编制等方面进行讲解。

为了叙述方便，项目考试代号为 GTAW－M BW PA 02 ss mb 07 09 11 的 CRDM 套管与法兰异种钢对接平位水平转动机械钨极氩弧焊以下均称为“GTAW－M－01”。

一、本项目要点简介

管子的材质为 NC30Fe（Alloy 690）、管座的材质为 Z2CN19.10（0Cr18Ni9），属于异种钢镍基焊接。镍基合金对许多介质具有良好的抗腐蚀能力，具有良好的高温和低温力学性能。镍基合金在焊接过程中会出现很多问题,容易产生热烈纹、气孔、夹杂、晶间腐蚀等缺陷,会影响产品的安全性能和寿命。由于 CRDM 管是镍基与不锈钢对接,在异种钢焊接时还要同时兼顾焊缝金属的韧性、塑性指标以及抗裂性,先了解这两种材质的特点。

NC30Fe 镍基合金,它是为了改善 Alloy600 镍基合金的抗应力腐蚀性能,在其基础上降碳、增铬而发展起来的。由于合金中含铬高,故在氧化性酸介质中有良好的耐蚀性,对某些硝酸加氢氟酸混合介质耐蚀性亦佳。

Z2CN19.10 奥氏体不锈钢因组织无淬硬性,因此焊接性良好,焊接时无须采用特殊工艺,一般的熔焊方法,如焊条电弧焊、钨极惰性气体保护焊、惰性气体保护焊、等离子弧焊等,均可获得优质的焊接接头。但是,如果焊接填充材料选用不当或工艺不正确,也有可能产生晶间腐蚀、焊接热裂纹、475℃脆性和 σ 相脆化等缺陷。

(一)适用范围

本教案适用于核电 CRDM 套管与法兰异种钢对接平位水平转动机械钨极氩弧焊焊接的技能培训,也可作为核电技能教师在培训学员时的教学方案。

(二)教案编写依据

(1)NNSA - HAJ - 0002 - 2019。

(2)CRDM 套管与法兰异种钢对接平位水平转动机械钨极氩弧焊焊接工艺规程,编号:GC - GTAW - M - 1。

(3)适用性文件《预热、层温、后热和焊后热处理总要求》《对焊接操作的附加要求》和《焊接的总要求》。

(三)要点简介

反应堆压力容器是核电设备中的重要核心部件,CRDM 管是用来驱动控制棒约束机构的,其重要性也就决定了该焊接焊缝必须达到最高、最好的要求。

(1)镍基合金的焊接特点:

①由于镍基合金为单相奥氏体组织,与不锈钢相比具有高度焊接热裂纹敏感性,特别是焊缝易产生多边化晶间裂纹。这种裂纹一般为微裂纹,焊后对焊缝进行着色探伤时,短时间内发现不了,但经过一段时间后会显露出来。这说明裂纹非常微细,但有时也能发展为较宽的宏观裂纹。如果在单相奥氏体焊缝中加入固溶强化的 Mo、W、Mn、Cr、Nb 等元素,就可有效地抑制镍基合金多边化结晶的发展,从而显著提高了抗热裂纹能力。限制热输入、避免采用大热输入焊接,也有利于防止热裂纹的产生。此时,如果热输入过小,会加速焊缝的凝固结晶速度,更易形成多边化晶界。此外,在一定应力下有助于多边化裂纹的产生。

②液态金属的流动性差,焊缝熔深浅,这是镍基合金的固有特性。依靠加大焊接电流不是解决此问题的办法,因为电流增大会产生裂纹和气孔,降低接头的耐蚀性,所以为了获得良好的焊缝成形,应采用电弧小摆动工艺。

(2)采用全机械钨极氩弧焊水平转动位置进行焊接,对接的坡口形式属于窄间隙,由于坡口的间隙较窄,焊接的钨极伸出长度也较长,气体保护较困难,所以焊前一定彻底清理焊接区表面。镍基合金对污染物的危害极为敏感,母材应尽可能在固溶状态下焊接。

①机械钨极氩弧焊最常用的保护气体是氩气,成本低,密度大,保护效果好。氩气中加入体积分数为 5% 的氢气,有还原作用。本教案中所采用的保护气体化学成分比例是 70%

He(99.995%)+30% Ar(99.995%)。保护气体流量是 30～45 L/min,氦气的导热性大,传向熔池的热输入比较大,能提高焊接速度,减少产生气孔的可能性。但氦弧焊时,若焊接电流小于 60 A,则电弧不稳定。

②使用直流正接,采用高频引弧以及电流衰减的收弧技术。在保证焊透的条件下,应采用较小的焊接热输入,多层焊时应控制层间温度,焊接析出强化合金及热裂纹敏感性大的合金时更要控制层间温度。弧长尽量短,薄件焊接时焊枪可不做摆动,但厚件多层焊时,为使熔敷金属与母材及前道焊缝充分熔合,焊枪可适当摆动。为防止背面氧化,在试管背面通以保护气体进行反面保护。为加强焊接区的保护效果,也可在焊嘴后侧加一输入保护气体的辅助拖罩。

(3)Alloy 690 镍基合金与 0Cr18Ni9 不锈钢对接,由于物理性质的差异,易产生较大的焊接应力,热裂纹的倾向较大。

(4)做好“三磨”,即焊道接头、焊道与焊道、各焊层之间,在焊接前应进行表面打磨,使金属表面干净,露出光泽,无任何缺陷。

二、GC－GTAW－M－1 焊接工艺规程

焊接工艺规程是直接发到焊接操作工手里指导生产和培训的焊接工艺文件,对于核电的产品和每个考试项目,应做到“一点一卡、一项一卡”,即一个焊接结点一张工艺卡片。GC－GTAW－M－1 的焊接工艺规程见表 3－16。

表 3－16　GC－GTAW－M－1 的焊接工艺规程

编号:GC－GTAW－M－1

技能考试项目代号	GTAW－M BW PA 02 ss mb 07 09 11		
工艺评定报告编号/依据标准/有效期	TSD－PQR×××/RCC－M 2000/长期有效	自动化程度/稳压系统/自动跟踪系统	自动焊/有自动稳压系统/无自动跟踪系统
焊接接头		焊接接头简图(有衬垫的应标明衬垫的形式和截面尺寸): 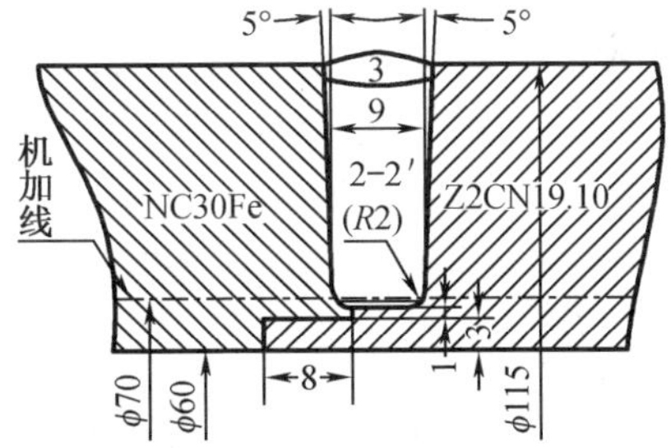	
坡口形式	U 形		
衬垫(材料)	NC30Fe 或等同类钢＋Z2CN19.10 或等同类钢		
焊缝金属厚度	22.5 mm		
管子直径	115 mm		
其他	—		
母材		填充金属	
类别号	Ⅶ/Ⅵ	焊材类型(焊条、焊丝、焊带等)	焊丝
牌号	NC30Fe 或等同类钢＋Z2CN19.10 或等同类钢	焊材型(牌)号/规格	ERNiCrFe－7/φ0.9 mm
规格	φ115 mm×27.5 mm,L≥125 mm	焊剂型(牌)号	—

表 3 – 16(续)

<table>
<tr><td colspan="4">焊接位置</td><td colspan="4">保护气体类型/混合比/流量</td></tr>
<tr><td colspan="2">焊接位置</td><td colspan="2">平位水平转动焊(PA)</td><td>正面</td><td colspan="3">70% He(99.995%)+30% Ar(99.995%)/30 ~ 45 L/min</td></tr>
<tr><td colspan="2">焊接方向</td><td colspan="2">—</td><td>背面</td><td colspan="3">Ar (99.995%)/20 ~ 30 L/mn</td></tr>
<tr><td colspan="4">预热和层间温度</td><td colspan="4">焊后热处理</td></tr>
<tr><td colspan="2">最低预热温度</td><td colspan="2">5℃</td><td>温度范围</td><td colspan="3">—</td></tr>
<tr><td colspan="2">最高层间温度</td><td colspan="2">225℃</td><td>保温时间</td><td colspan="3">—</td></tr>
<tr><td colspan="8">焊接技术</td></tr>
<tr><td colspan="2">最大热输入</td><td colspan="6">—</td></tr>
<tr><td colspan="2">喷嘴尺寸</td><td colspan="2">—</td><td colspan="2">电极与工件距离</td><td colspan="2">2 ~ 4 mm</td></tr>
<tr><td colspan="2">清根方法</td><td colspan="2">机加</td><td colspan="2">焊缝层数范围</td><td colspan="2">8 ~ 12 层</td></tr>
<tr><td colspan="2">钨极类型/尺寸</td><td colspan="2">WCe – 20/ϕ3.2 mm</td><td colspan="2">熔滴过渡方式</td><td colspan="2">—</td></tr>
<tr><td colspan="4">直向焊、摆动焊及摆动方法</td><td colspan="4">盖面和填充层自熔做横向摆动</td></tr>
<tr><td colspan="8">焊接参数</td></tr>
<tr><td rowspan="2">焊层</td><td rowspan="2">焊接方法</td><td colspan="2">焊材</td><td colspan="2">焊接电流</td><td rowspan="2">电压范围/V</td><td rowspan="2">焊接速度/(cm·min^{-1})</td></tr>
<tr><td>型(牌)号</td><td>规格/mm</td><td>极性</td><td>范围/A</td></tr>
<tr><td>1</td><td>GTAW – M</td><td>ERNiCrFe – 7</td><td>ϕ0.9</td><td>直流正接</td><td>见表 3 – 17</td><td>10 ~ 16</td><td>60 ~ 90</td></tr>
<tr><td>2</td><td>GTAW – M</td><td>ERNiCrFe – 7</td><td>ϕ0.9</td><td>直流正接</td><td>见表 3 – 17</td><td>10 ~ 16</td><td>60 ~ 90</td></tr>
<tr><td>2′</td><td>GTAW – M</td><td>自熔不填丝</td><td>—</td><td>直流正接</td><td>见表 3 – 17</td><td>10 ~ 16</td><td>60 ~ 90</td></tr>
<tr><td>3</td><td>GTAW – M</td><td>ERNiCrFe – 7</td><td>ϕ0.9</td><td>直流正接</td><td>见表 3 – 17</td><td>10 ~ 16</td><td>60 ~ 90</td></tr>
<tr><td colspan="4">工艺说明</td><td colspan="4">操作要领</td></tr>
<tr><td colspan="4">(1)本规程根据 NNSA – HAJ – 0002 – 2019 编制。
(2)使用 ESAB 钨极惰性气体保护电弧焊焊接工作站设备进行焊接。
(3)操作考试前,应当在主考人、监考人与焊接操作工共同在场确认的情况下,在试件上标注焊接操作工项目考试编号。
(4)焊接完成后,试件按照 NNSA – HAJ – 0002 – 2019 5.2 中的目视检验要求的条件和方法进行。
(5)试件射线检验(RT)应按照《核电厂核岛机械设备无损检测第 3 部分:射线检测》(NB/T 20003.3—2010)的要求进行,焊缝质量应符合一级焊缝的检验要求。
(6)试样按照 NNSA – HAJ – 0002 – 2019 5.4 中的弯曲试验要求的条件和方法做两个侧弯试验</td><td colspan="4">(1)焊接操作工技能评定应按照焊接工艺规程来进行。在条件满足所有相关要求(如焊接方法、填充材料、试件形式、焊缝形式、焊接位置、试验要求等)的情况下,焊接操作工技能评定可以和焊接工艺评定同时进行。
(2)操作考试前,参考焊接操作工应将坡口表面及两侧各 25 mm 范围内清理干净,去除铁屑、氧化皮、油、锈和污垢等。
(3)焊丝应当除油、除锈。焊接操作工技能评定试件每一焊道中间不得停弧。
(4)非手工焊操作技能考试时,允许加引弧板和熄弧板。
(5)除表面焊层以外,允许焊接操作工在监考人员同意时,修磨去除轻微的缺陷。
(6)技能评定试件的焊缝不允许返修。
(7)技能评定试件焊缝表面焊层在目视检验前不允许修磨,检验合格后允许修磨。
(8)所有检验结果均应当按照相关要求编制报告。
(9)焊接操作工或技能评定监督人员按照要求记录焊接过程实际参数</td></tr>
</table>

表 3-16(续)

编制	×××	审核	×××	批准	×××
日期	×××	日期	×××	日期	×××
编制单位名称			×××股份有限公司		

表 3-17　技术要求

数量	
电流种类	直流
电极	电极种类:WCe-20; 电极直径:ϕ3.2 mm
极性	电极接负
电极伸出长度/mm	12~25
焊丝与电极之间的距离/mm	2~4
送丝角	65°~70°
焊炬/接头平面纵向倾斜	5°与焊接方向(相同)
是否弧压控制	—
电极距焊道表面高度/mm	2~4
层间搭接角度	6°~15°
引弧时间/s	1~3
焊接循环	
预通气时间/s	5~15
通气延迟时间/s	5~15
起弧电流/A	60~90
熄弧持续时间/s	8~15
基值焊接电流/A	90~130(序号 1)
	130~185(序号 2-3)
	130~185(序号 2′)
峰值焊接电流/A	200~240(序号 1)
	240~285(序号 2-3)
	220~285(序号 2′)
电弧电压/V	10~16
送丝速度/(m·min^{-1})	0.5~1.0(序号 1)
	1.2~2.0(序号 2-3)
	不适用(序号 2′)
脉冲频率/Hz	0.2~0.5
摆动两端停滞时间/s	0.5(适用序号 2′,根据坡口实际宽度,如果需要)
摆动速度/(mm·min^{-1})	400~600(适用序号 2′,根据坡口实际宽度,如果需要)
摆幅/mm	1~3(适用序号 2′,根据坡口实际宽度,如果需要)
最高焊接层温/℃	225

待焊面及层间清理：清理或打磨　　　　背面清根方式：机加

三、常见焊接缺陷产生原因及解决方法

镍基合金虽然具有优异的耐应力腐蚀性能,但是熔点低、导热率低,而焊接熔池铁水黏性大、流动性差,因此在焊接过程中容易出现焊接热裂纹、未焊透、未熔合、夹渣和气孔等缺陷。

(一)气孔

1. 产生部位

主要产生在焊缝边缘,焊缝表面。

2. 产生原因

焊件清理不干净、气流过大、气体纯度不够、层温过高、电压过高。

3. 解决方法

(1)认真仔细清理坡口及其周围的油、锈和其他杂质;

(2)焊前仔细检查气瓶的标示以及炉批号是否为合格的标示;

(3)随着焊道深度的变化,气体流量也要不断变化;

(4)装配要求无间隙——不能自己动用电动砂轮打磨强行装配;

(5)层间温度严格控制在 80 ℃以下;

(6)特别是小夹角处应圆滑过渡,打磨工具要求能磨到小夹角处的根部;

(7)焊接过程中仔细观察电弧电压的变化,保证短弧焊接防止电压过高。

(二)热裂纹

焊接热裂纹多产生于接近固相线的高温下,有沿晶界分布的特征,有时也能在低于固相线的温度下沿着“多边化边界”形成。焊接热裂纹通常产生于焊缝金属内,也可能在焊接熔合线邻近的热影响区组织内(母材金属)。按裂纹产生的机理、形态和温度区间不同,焊接热裂纹可分为凝固裂纹、液化裂纹、多边化裂纹和失塑裂纹 4 种。

1. 产生部位

主要产生在焊缝表面。

2. 产生原因

焊接应力集中、衰减时间不够。

3. 解决方法

焊接前仔细检查夹紧工装是否已经将试件夹紧无缝隙,延长衰减时间。

(1)凝固裂纹

凝固裂纹又称结晶裂纹,产生在焊缝金属凝固过程后期的脆性温度区间。此时焊缝金属结晶接近完成,但晶粒间尚存在着很薄的液相层,塑性很低,当冷却不均匀收缩而产生的拉伸变形超过临界值时,即会沿晶界液相层开裂。这种裂纹大多起源于树枝状晶的最终汇合处,沿晶间扩展,严重时裂纹一直扩展到焊缝表面,因而凝固裂纹断口上可发现明显的氧化色。凝固裂纹常出现在含硫、磷(有时含硅、碳)较多的碳钢焊缝中和单相奥氏体不锈钢、耐热钢、镍基合金及铝合金焊缝中。

防止凝固裂纹发生的冶金措施有调整成分,细化晶粒,严格控制会形成低熔点共晶的杂质元素含量,以提高金属材料在脆性温度区间的塑性,缩小脆性温度区间,并从焊接构件设计和焊接工艺上设法尽量减少在脆性温度区间的拉伸应变。液化裂纹在邻近焊接熔池的

母材区或多层焊的前一焊道上，因受焊接热影响而发生晶界液化，并在拉伸应变下形成裂纹。

(2)液化裂纹

金属材料的晶粒边界聚集较多的低熔点物质，由于快速加热使某些金属化合物分解而来不及扩散，局部晶界产生某些合金元素的富集而达到共晶成分，使局部组织的熔点下降，在焊接热影响下促使局部晶界液化。

防止液化裂纹产生的措施有严格控制母材的杂质含量，合理选用焊接材料，制定合理的焊接工艺规范，尽量减少焊接热作用。多边化裂纹是在焊缝金属凝固结晶不平衡的条件下，在低于固相线温度的高温区域，沿多边形化边界形成的热裂纹。它与一次结晶的晶界无明显关系，较多产生于单相奥氏体金属中。

(3)多边化裂纹

由于焊接的高温过热和不平衡的结晶条件，使奥氏体结晶中形成大量空位和位错，在一定温度和应力作用下排列成亚晶界 - 多边形化晶界，当此晶界与有害杂质富集区重合时，往往会在拉应力作用下形成多边化裂纹。

防止多边化裂纹的措施有加入可提高多边化激活能的合金元素，如在镍 - 铬基单相奥氏体金属中加入适量的钨、铝或钽等元素，使多边形化晶界来不及形成，可以有效地避免产生多边化裂纹，同时还应减少焊接过热和焊接应力。

(4)失塑裂纹

失塑裂纹又称高温低塑性裂纹，在焊接热影响区或多层焊的前一焊道上，因焊接热循环的作用致使塑性陡降，在拉伸应力下沿二次结晶晶界形成的热裂纹。其裂纹敏感温度区域略低于再结晶温度，多数发生在奥氏体钢和合金及少数高强度钢的焊接接头中。其裂纹产生条件有些类同于多边化裂纹，但其裂纹形成机制和裂纹形态却各不相同。

防止此种裂纹的有效措施是减少有害杂质。

(三)未熔合

1. 产生部位

主要产生在填充层和盖面层焊缝的边缘。

2. 产生原因

主要是由于钨极端部和焊丝端部未对准坡口正中，电压过低，层间清理的不够干净、不够圆滑，盖面时焊枪摆动幅度不够以及送丝速度的选择偏大造成的。

3. 解决方法

(1)焊接之前将钨极以及焊丝对准坡口正中；

(2)焊接过程中仔细观察电弧长短变化情况，使钨极与焊缝的距离保持 2 ~ 3 mm，避免电弧电压过低造成未熔合缺陷；

(3)加强层间的清理，尽量将凹凸不平的地方打磨圆滑；

(4)盖面时根据焊缝坡口的宽度选择合理的摆动幅度，摆幅不能够太窄；

(5)送丝速度不能够太快。

(四)咬边

1. 产生部位

主要产生在盖面层沿焊趾的母材部位。

2. 产生原因

焊枪与焊缝距离大导致电压过高，电弧偏弧，送丝速度不够，焊枪角度不正确。

3. 解决方法

(1)焊接过程中要集中精力观察电弧长短变化，尽量采用短弧焊接；

(2)焊接过程中接地线位置要正确；

(3)根据最后一层填充层后坡口深度，选择相应的送丝速度，送丝速度不能过小；

(4)选择正确的焊枪角度。

(五)夹钨

1. 产生部位

主要产生在焊缝表面。

2. 产生原因

由于焊接时电弧电压过低，导致钨极与熔池接触；钨极连续使用时间长，出现烧损严重，导致钨极微粒混入了焊缝中。夹钨的性质相当于夹渣。

3. 解决方法

(1)选择质量好耐烧损的钨极；控制电流电压，减轻钨极末端过热熔化烧损；

(2)焊接过程中仔细观察电弧长短变化情况，使钨极与焊缝的距离保持 2 ~ 3 mm，以防止钨极与熔池相碰；

(3)随时观察钨极燃烧时的状况，出现钨极烧损立马更换，然后将焊缝上夹钨处用角向磨光机打磨干净。

四、焊前准备

(一)试件

(1)材质：套管 NC30Fe + 法兰 Z2CN19.10，规格 ϕ115 mm × 27.5 mm，$L \geq 125$ mm。

(2)焊材型(牌)号/规格：ERNiCrFe - 7/ϕ0.9 mm。

(3)保护气体类型/混合比：70% He(99.995%) + 30% Ar(99.995%)。

(4)试件清理：用丙酮对坡口内外表面以及焊接区域 50 mm 范围内进行清理干净，再装配。

(5)打上材质钢印、炉批号、考试项目代号。

(二)使用的工装和工具

使用的工装和工具见表 3 - 18。

表 3 - 18　工装和工具表

序号	工具	要求	备注
1	测温计	接触式、在检定日期内使用	1 个
2	水平尺	长度 600 mm	1 把
3	游标卡尺	在检定日期内使用	1 把
4	钢直尺	长度 150 mm	1 把
5	钢丝刷	不锈钢材质	宽度 7 ~ 9 mm，3 把

表 3-18(续)

序号	工具	要求	备注
6	钢丝轮	不锈钢材质	宽度 7~9 mm,5 个
7	手电筒	强光手电	1 个
8	标记笔		
9	气动砂带机		
10	电动砂轮机		
11	流量计	最大流量 50 L/min	
12	不脱毛棉布		
13	丙酮		
14	毛刷		不脱毛
15	扳手		
16	尖嘴钳子		
17	气罩	焊机专用	
18	工具箱		
19	送丝软管	焊机专用	
20	送丝铜管组件	焊机专用	
21	风磨笔		一套,配磨头若干
22	砂轮片	无铁吕基砂轮片	
23	内六角		
24	桌子		
25	送丝嘴	焊机专用	
26	钨极	$\phi3.2$ mm	
27	手工锉刀	硬质合金	
28	百分表		
29	白手套		

(三)防护

操作人员应穿工作服、劳保鞋,戴工作帽、口罩、耳塞、手套、防护眼镜、面罩。

(四)焊接设备已检标志及焊接工装夹具的检查

(1)焊接设备。

CRDM 管 TIG 焊接设备整体型号为 RR－Maxstar700－250,以下简要介绍焊接设备的构造、性能及使用准则。

CRDM 管 TIG 焊接设备适合 CPR1000、AP1000、EPR 机组的 CRDM 管 TIG 自动焊接,焊接方式为接管旋转水平位置来焊接,也可用于其他工件的冷、热丝焊接。机床为卧式结构,配备一台米勒公司生产的 Maxstar700 型直流逆变脉冲 TIG 焊接电源,一套冷却水循环装置,对焊枪进行冷却,直板 TIG 焊枪采用特殊喷嘴,可直接深入到坡口内,保证焊缝质量。

另外专机配置了焊枪摆动机构和弧长控制装置，满足厚壁深坡口焊道的自动焊接。电控系统部分以三菱 PLC 为控制核心，能够准确控制机床的各种动作，操作盒上安装有触摸屏，便于修改各项控制参数，使用安全可靠，故障率低，见表 3－19。

表 3－19　CRDM 管自动焊机设备清单

电气控制箱冷气机	DL－620
CRDM 管 TIG 焊接设备	RR－Maxstar700－50
焊接电源	Maxstar700
水箱	Panasonic YX－09KGC1
变压器	TRANS－10

(2)启动焊机前，检查各处的接线是否正确、牢固可靠。

(3)检查电源线路、水冷系统、保护气体回路是否能正常运行。

(4)焊机试运行检查正反旋转是否正常，旋转速度是否可调节，焊接极性检查(直流反接)、辅助按钮的正确使用以及工装夹具是否可以正常使用、工装夹具扳手齐全。

(5)检查送丝嘴是否完好，影响送丝的稳定性及准确性时，必须及时更换。

(6)通过手动送丝检查送丝是否通畅。

(7)工位要有防风装置。

(8)在试机件上模拟整套系统运行。

(五)文件准备

焊前需准备焊接用工艺规程、流转卡、质量计划、适用性文件和监考记录表。

五、焊接操作

CRDM 管(控制棒驱动机构套管)由镍基合金(NC30Fe)和不锈钢(Z2CN19.10)对接焊而成，焊接工艺采用窄间隙脉冲自动氩弧焊，填充材料为 ERNiCrFe－7 镍基材料焊丝。工件坡口根部宽度 9 mm，深度 23.5 mm，坡口角度为 5°。焊接保护气体由 70% 氦气和 30% 的氩气组成，背面保护气体为 99.995% 的纯氩气。焊接过程中采用单道多层焊，填丝不摆动和自熔摆动等方法。

(一)焊前装配与调试

(1)用龙门架将 CRDM 套管吊装在焊机卡盘一侧，用水平尺初步检查安装的水平度，将法兰安装在另一端，水平尺初步检查安装的水平度。

(2)用丙酮清理坡口，距离坡口边缘 50 mm 不得有油污及灰尘等存在。

(3)装配坡口，用百分表固定在焊机机头上检查装配后的直线度。

(4)将机头调整至竖立位置，钨极的起始长度为 24 mm，焊丝与钨极距离调整为 2.5 mm 左右，焊接过程中由电弧电压控制。

(5)采用打底焊参数焊接第一道，焊前检查气体保护流量，钨极尖端对准套管和法兰的焊缝装配线。

（6）焊机角度调整为 5°，进行剩余工序的焊接。钨极长度根据坡口深度来决定，焊接时钨极尖端对准坡口中心，如图 3－34 所示。

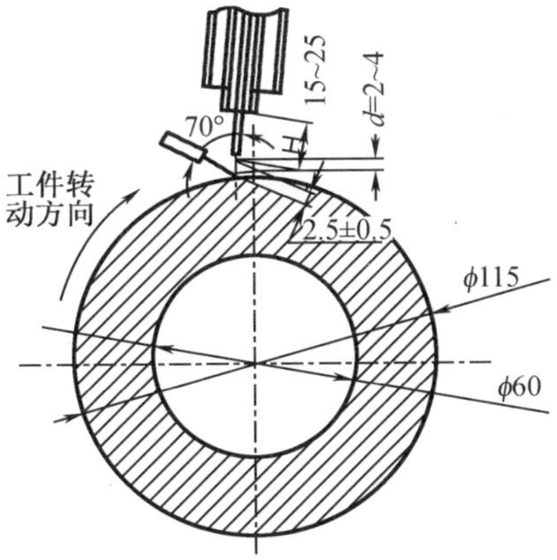

图 3－34　焊接示意图

（二）焊接操作

焊机开机后要检查气体是否接正确，保护气体剩余压力是否大于 3 MPa，背面保护气体是否大于 1 MPa。焊接过程中，每一道开始焊接时检查一下剩余气体压力是否满足要求，不满足要求时必须更换保护气体。

（1）更换新气体前须认真检查气瓶上的标签是否正确，新更换保护气体需要手动预通气一段时间，以保证气体纯度。

（2）开始焊接第一道之前，首先用毛刷把坡口内部的灰尘以及杂物清理干净。其次将钨极伸出长度调至 24 mm，然后调整焊枪角度为 90°，将钨极对准坡口正中间，离待焊面 3 mm 距离引燃电弧。

（3）焊接时要仔细观察电弧情况，观察电弧高低、偏吹情况，听焊接时气流声音是否正常。仔细观察焊丝与焊件的高度，如果出现焊丝成滴状滴落，那么就要把焊丝往下调，调到贴近焊缝。

（4）第一层焊完后层温一般是 200 ℃，然后冷却 30 min 左右，冷却到 80 ℃以下。然后开始用角向磨光机打磨收尾处，用锉刀锉焊缝两边缘，直至露出金属光泽。

（5）第一层清理干净后，调整焊接机头，进行第二层的焊接。将焊接机头调整为 95°，钨极伸出长度为 24 mm。钨极对准焊缝正中，焊接过程中应该仔细观察电弧情况。焊接完成第二道之后更换钨极，然后将弧坑打磨干净，把焊缝两边缘清理干净。此层焊完之后进行降温，降到 80 ℃，仔细检查焊缝两边缘有没有气孔存在。如果有气孔，应该用砂轮机打磨去除。

（6）第二层焊接完成之后对圆度和直线度再次进行检查，检查与装配时的差距。如果发生轻微的偏差，在焊接后续焊道时一定要仔细观察固定椎座的紧固变化情况。一旦出现松弛，立马紧固上。

（7）进行第二层不填丝自熔焊接。这一层焊接非常重要，因为是整个焊缝的第一道自熔焊接。首先参数要调试好，一定要关闭送丝开关，以免焊接时焊丝送出。这是至关重要的一个环节，如果出现送丝情况，唯一的办法就是立即停止焊接，然后将送丝焊接的那一段打磨掉。此层焊接摆动 2 mm，注意不能让钨极碰到坡口面，以免出现打伤坡口和夹钨出现。此层焊接完成后温度大概是 180 ℃，冷却 40 min，弧坑打磨干净，焊缝两边缘磨出金属光泽，不能有凹凸不平的情况出现。

(8)后续焊道的焊接方法与前面三层的焊接方法一样,焊接过程中一定要勤换钨极,仔细观察钨极烧损情况。

(9)焊到最后3层时温度特别高,焊完之后温度在240 ℃左右,所以冷却时间应该延长,一般一层冷却40 min ~1 h,而且温度要冷却至越低越好,最好是冷却到室温。

(10)每焊完10根CRDM管,焊接操作工需检查设备气透镜和尾气罩是否有杂物堵塞,并及时清理或更换,更换保护装置配件后需要在试机板上进行试焊,观察保护效果达到之前焊接产品的效果时,方可继续焊接产品。

(11)电源的冷却水需经常检查,水量不足时补充冷却水达到最小水位要求。

(12)焊接工位需打扫清理干净,工件、工具存放处和设备表面要保持干净。

(13)焊接过程中应该随时检查焊接机头角度是否正确,如果不正确应该立即调整。

(14)坡口一定要用丙酮清理干净,不能有油污存在。

(15)焊接作业过程中禁止吹风扇以及其他会引起侧风的行为。

(16)每道起弧时要将焊丝剪短,保证离钨极至少10 mm。

(17)在施焊过程中,焊接操作工需仔细观察送丝、熔池形成情况,可根据实际情况对钨极与工件距离、钨极与焊丝相对位置等规范参数进行小范围调整,但需要满足工艺规范要求。

(18)每道焊缝焊完后焊接操作工要对焊缝表面进行自检,收弧处可以拿砂带机或砂轮(无铁砂轮片)打磨平滑,整个焊道用不锈钢钢丝刷清理表面的氧化皮,直至表面出现明亮的金属光泽,尤其注意镍基一侧焊缝金属的清理。

(19)坡口深度小于6 mm时,采用短弧焊接,钨极距离焊道表面2.5 ~3 mm,以防止对两坡口边缘的烧损。

(20)焊接过程中必须严格控制层间温度,使层间温度小于或等于80 ℃。

(三)操作技术要求

操作技术要求见表3-20和表3-21。

表3-20　电极参数技术要求

数量	1
电流种类	直流
电极	电极种类:WCe-20;电极直径:ϕ3.2 mm
极性	电极接负
电极伸出长度/mm	12 ~25
焊丝与电极之间的距离/mm	2 ~4
送丝角	65° ~70°
焊炬/接头平面纵向倾斜	5°与焊接方向(相同)
是否弧压控制	—
电极距焊道表面高度/mm	2 ~4
层间搭接角度	6° ~15°
引弧时间/s	1 ~3

表 3－21　焊接热循环技术要求

预通气时间/s	5～15
通气延迟时间/s	5～15
起弧电流/A	60～90
熄弧持续时间/s	8～15
基值焊接电流/A	90～130(序号 1)
	130～185(序号 2－3)
	130～185(序号 2′)
峰值焊接电流/A	200～240(序号 1)
	240～285(序号 2－3)
	220～285(序号 2′)
电弧电压/V	10～16
送丝速度($m \cdot min^{-1}$)	0.5～1.0(序号 1)
	1.2～2.0(序号 2－3)
	不适用(序号 2′)
脉冲频率/Hz	0.2～0.5
摆动两端停滞时间/s	0.5(适用序号 2′,根据坡口实际宽度,如果需要)
摆动速度/($mm \cdot min^{-1}$)	400～600(适用序号 2′,根据坡口实际宽度,如果需要)
摆幅/mm	1～3(适用序号 2′,根据坡口实际宽度,如果需要)
最高焊接层温/℃	225(目标值 80)

待焊面及层间清理：清理或打磨　　　　背面清根方式：机加

(四)焊缝成形

机械钨极惰性气体保护焊是属于机械焊,在规范的焊接参数下采取好的保护措施,采用单道焊带摆动焊接,焊缝成形非常好,在焊缝表面几乎看不到任何咬边、气孔等缺陷。CRDM 管焊后焊缝外观如图 3－35 所示。

(a)CRDM管俯视图

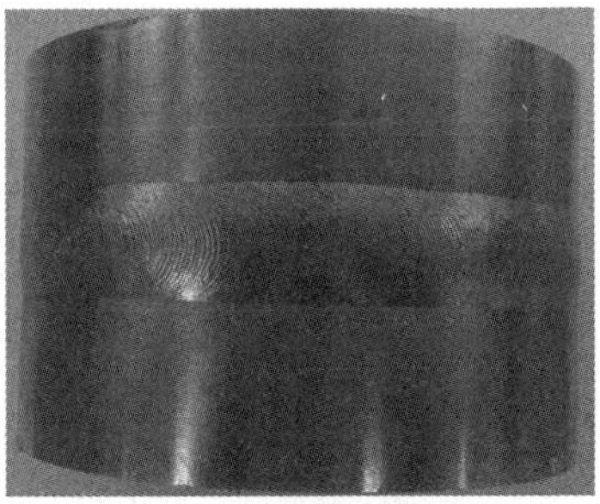

(b)CRDM管侧视图

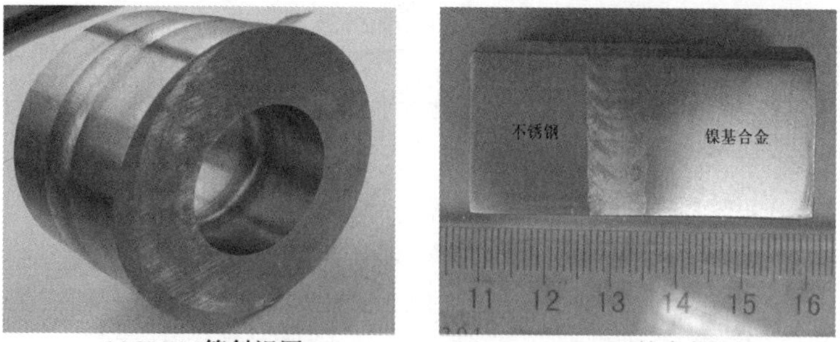

(c)CRDM管斜视图　　(d)CRDM管金相图

图3-35　CRDM管焊后焊缝外观图

（五）焊接操作工监考记录表

焊接过程中，焊接参数、层温和焊道分布图应记录到监考记录表上（表3-22和表3-23）。

表3-22　监考记录表1

焊接操作工项目考试施焊及监考记录表		施焊及监考记录表编号：×××	
		考试计划编号：×××	
参考焊接操作工单位	×××股份有限公司		
项目代号	GTAW-M BW PA 02 ss mb 07 09 11		
焊接操作工姓名	×××	工位编号	H-30
考试用焊接工艺规程编号	GC-GTAW-M-1	焊接操作工项目考试编号	GTAW-M-01
考试日期	×××	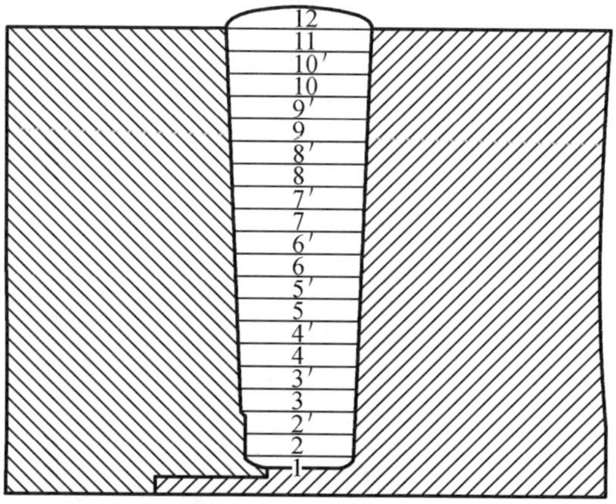	
考试开始时间	8:30		
考试终止时间	17:00		
考试开始时间			
考试终止时间			

焊道序号	焊材规格/mm	电流极性	电流/A	电压/V	焊速/(mm·min^{-1})	预热温度或层间温度/℃			保护气体流量/(L·min^{-1}) 正面	背面	其他
1	ϕ0.9	直流正接	95	11	80	14	15	15	32	25	ERNiCrFe-7
2	ϕ0.9	直流正接	100	11	80	70	72	75	32	25	ERNiCrFe-7
2′	—	直流正接	100	11	80	77	80	80	32	25	

表 3－22(续)

焊道序号	焊材规格/mm	电流极性	电流/A	电压/V	焊速/(mm·min⁻¹)	预热温度或层间温度/℃			保护气体流量/(L·min⁻¹)		其他
									正面	背面	
3	ϕ0.9	直流正接	155	12	80	70	73	77	32	25	ERNiCrFe－7
3′	—	直流正接	155	12	80	75	78	72	32	25	
4	ϕ0.9	直流正接	155	12	80	70	72	75	32	25	ERNiCrFe－7
4′	—	直流正接	155	12	80	66	70	72	32	25	
5	ϕ0.9	直流正接	155	12	80	70	74	79	32	25	ERNiCrFe－7
5′	—	直流正接	155	12	80	77	79	80	32	25	
6	ϕ0.9	直流正接	155	12	80	80	80	78	32	25	ERNiCrFe－7
6′	—	直流正接	155	12	80	73	77	74	32	25	
7	ϕ0.9	直流正接	155	12	80	68	72	76	32	25	ERNiCrFe－7
7′	—	直流正接	155	12	80	70	75	77	32	25	

参考焊接操作工(签字):×××　　　　监考人(签字):×××

表 3－23　监考记录表 2

<table>
<tr><td colspan="2" rowspan="2">焊接操作工项目考试施焊及监考记录表</td><td colspan="2">施焊及监考记录表编号:×××</td></tr>
<tr><td colspan="2">考试计划编号:×××</td></tr>
<tr><td>参考焊接操作工单位</td><td colspan="3">×××股份有限公司</td></tr>
<tr><td>项目代号</td><td colspan="3">GTAW－M BW PA 02 ss mb 07 09 11</td></tr>
<tr><td>焊接操作工姓名</td><td>×××</td><td>工位编号</td><td>H－30</td></tr>
<tr><td>考试用焊接工艺规程编号</td><td>GC－GTAW－M－1</td><td>焊接操作工项目考试编号</td><td>GTAW－M－01</td></tr>
<tr><td>考试日期</td><td>×××</td><td colspan="2" rowspan="5">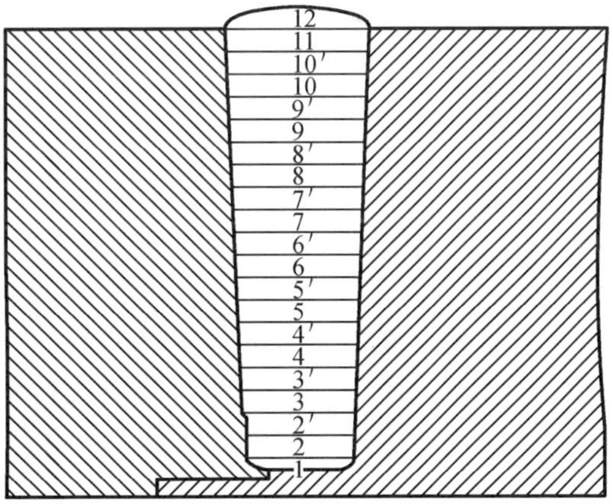
</td></tr>
<tr><td>考试开始时间</td><td>8:30</td></tr>
<tr><td>考试终止时间</td><td>17:00</td></tr>
<tr><td>考试开始时间</td><td></td></tr>
<tr><td>考试终止时间</td><td></td></tr>
</table>

焊道序号	焊材规格/mm	电流极性	电流/A	电压/V	焊速/(mm·min⁻¹)	预热温度或层间温度/℃			保护气体流量/(L·min⁻¹)		其他
									正面	背面	
8	ϕ0.9	直流正接	160	12	80	65	68	74	32	25	ERNiCrFe－7

表 3-23(续)

焊道序号	焊材规格/mm	电流极性	电流/A	电压/V	焊速/(mm·min^{-1})	预热温度或层间温度/℃			保护气体流量/(L·min^{-1})		其他
									正面	背面	
8′	—	直流正接	155	12	80	78	80	75	32	25	
9	ϕ0.9	直流正接	160	12	80	78	73	78	32	25	ERNiCrFe-7
9′	—	直流正接	155	12	80	74	77	80	32	25	
10	ϕ0.9	直流正接	160	12	80	74	76	79	32	25	ERNiCrFe-7
10′	—	直流正接	155	12	80	76	78	72	32	25	
11	ϕ0.9	直流正接	160	12	80	68	72	76	32	25	ERNiCrFe-7
12	ϕ0.9	直流正接	160	12	80	74	78	80	32	25	ERNiCrFe-7

参考焊接操作工(签字):×××　　　　监考人(签字):×××

六、焊后检查

焊后试件的检验项目、检查数量和试样数量见表 3-24。

表 3-24　试件检验项目、检查数量和试样数量

试件形式	管外径/mm	检验项目				
		目视检验/件	射线检验/件	弯曲试验/个		
				面弯	背弯	侧弯
管对接坡口焊缝试件	≥76	1	1	1	1	—

注:①表中目视检验试件数量即试样数量。

②对于 PF、PG、H-L045 及 J-L045 焊接位置,应做两个面弯和背弯试验,当试件厚度大于等于 10 mm 时,可以用 4 个侧弯试样代替面弯和背弯试样。

(一)目视检验

(1)采用直接目视或 5 倍放大镜进行。焊缝的余高和宽度可用焊缝检验尺测量最大值和最小值,但不取平均值,单面焊的背面焊缝宽度可不测定。

(2)焊缝表面应当是焊后原始状态,不允许加工修磨或返修。

(3)各种焊缝表面需进行目视检验,不得有裂纹、未熔合、夹渣、气孔、焊瘤和未焊透。机械化焊和自动焊的焊缝表面不得有咬边和凹坑。

(4)民用核安全设备焊接操作工项目考试 GTAW-M-01 的目视检验报告见表 3-25。

表 3－25　项目考试目视检验报告

报告编号:GTAW－M－01－VT－2020－焊考－001

评定项目代号	GTAW－M BW PA 02 ss mb 07 09 11		
实施计划编号	×××	焊接操作工项目考试编号	GTAW－M－－01
焊接操作工姓名	×××	依据标准	NNSA－HAJ－0002－2019
焊接方法	GTAW－M	母材牌号和规格	Alloy 690＋0Cr18Ni9 ϕ115×27.5 mm　$L\geqslant$125 mm
试件形式	T－T	焊接位置	PA

原始状态	原始	
焊缝余高	裂纹	咬边
0.7～1.1 mm	无	无
焊缝余高差	未熔合	背面凹坑
0.4 mm	无	—
比坡口每侧增宽	夹渣	变形角度
2.0～2.5 mm 2.0～2.5 mm	无	—
宽度差	气孔	错边量
2 mm(32～30 mm)	无	0.5 mm
焊缝边缘直线度	焊瘤	角焊缝凹凸度
0.5 mm	无	—
背面焊缝余高	未焊透	焊脚尺寸
—	无	—
堆焊焊道高度差	堆焊凹下量	通球检验
—	—	—
堆焊焊道平面度		
—		

目视检验结果(合格、不合格)	合格	检验日期	×××
检验人员	×××	焊接操作工技能评定报告号	×××
复审人员	×××	焊接操作工技能评定报告号	×××

(二)无损检验

技能评定试件的其他无损检验按照 NB/T 20003.3—2010 中一级焊缝的检验要求执行。无损检验不合格的判定为该项技能评定不合格。

(1)本验收标准适用于隔离层和强度焊缝,受检区域包括焊缝金属和邻近母材区域,母材区域规定如下:

①被检工件厚度 $t>30$ mm 时,距实际坡口边缘 10 mm 的范围内;

②被检工件厚度 $t\leqslant30$ mm 时,距实际坡口边缘 5 mm 的范围内。

如果在检测过程中,上述规定的区域之外有缺陷,应按照相应的材料标准对检出缺陷评定。

(2)下列情况为不合格:

①任何裂纹、未熔合、未焊透、咬边。

②单个气孔的最大尺寸(L)大于等于表3-26的值。

表3-26　气孔检验标准

壁厚 t/mm	缺陷长度 L/mm
$t \leqslant 4.5$	$t/3$
$4.5 < t \leqslant 6$	1.5
$6 < t \leqslant 10$	2
$10 < t \leqslant 25$	2.5
$25 < t \leqslant 50$	3
$50 < t$	4

③在12倍板厚或150 mm较小值范围内,任何线性(或密集)气孔长度之和超过一个板厚。如果两气孔间距小于6倍的较大孔径时,则视两气孔为同一条形(或密集)气孔(不包括间距)。

④单个夹渣长度大于等于表3-27时,两个单独的缺陷间距为较短者的6倍时,视为单个缺陷(包括间距)。

表3-27　夹渣检验标准

壁厚 t/mm	缺陷长度 L/mm
$t \leqslant 6$	1.5
$6 < t \leqslant 10$	3
$10 < t \leqslant 60$	$t/3$
$60 < t$	20

⑤任一夹渣组累计长度在12倍板厚范围内超过一个板厚。当两夹渣间距小于较大者的6倍时,则视为同一夹渣组(不包括间距)。

(三)弯曲试验

弯曲试样应当从停弧再焊处和无损检验中发现缺陷最多的区域切取。当取2个弯曲试样时,停弧再焊处和缺陷最多区域各取1个;当取4个弯曲试样时,停弧再焊处取2个试样,缺陷最多区域至少取1个试样。管试件可按图3-36的位置截取弯曲试样,弯曲试样的形式和尺寸如图3-37所示。试样上的余高及焊缝背面的垫板应当采用机械方法去除,面弯和背弯试样的拉伸面应当平齐,且保留焊缝两侧中至少一侧的母材原始表面。

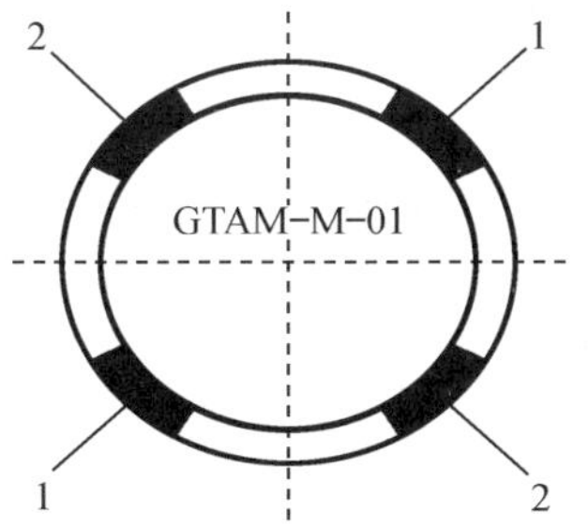

1－1个横向背弯试样或1个侧弯试样；
2－1个横向面弯试样或1个侧弯试样。

图3－36　管材弯曲试样取样位置

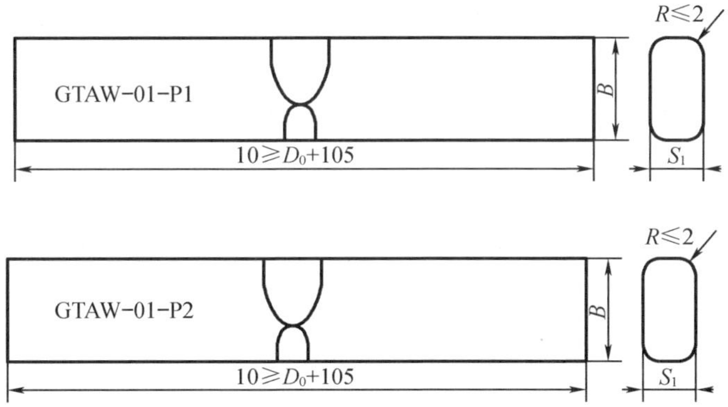

B为试件全厚度，S_1 = 10 mm

图3－37　焊接接头弯曲试样的形式和尺寸

(1)试件按表3－24的要求做弯曲试验。侧弯两个，弯曲角度180°。

(2)试件取样及试样标识：试样加工应符合NNSA－HAJ－0002－2019管理规定。

(3) 弯曲检验标准：

①弯曲试验时，应将试样弯到使其两端成平行为止，此时，材料的任何部分不再受到压力。

②试件弯曲到规定的角度后，其拉伸面上不得有任何一个横向(沿试样宽度方向)裂纹或缺陷的长度大于1.5 mm，纵向(沿试样长度方向)裂纹或缺陷的长度大于3 mm。试样的棱角开裂不计，但确因焊接缺陷引起试样的棱角开裂，其长度应进行评定。

③试件弯曲试样的试验结果均合格时，弯曲试验为合格。两个试样均不合格时，不允许复验，弯曲试验为不合格。其中一个试样不合格时，允许从原试件上另取一个试样进行复验，复验合格，弯曲试验为合格。

七、焊接操作工培训自我评价记录表的填写

(一)焊接操作工自我评价

焊接操作工培训自我评价记录表共包括劳保用品的穿戴、焊接辅助工具准备、焊接设备检查、焊接工装夹具检查、文件准备、焊接过程、焊后和安全八个方面。其中前五个方面的内容必须在焊前检查确认，第六方面是在焊接过程中边焊边记录，第七方面是焊后对设备、工具、文件等的检查记录，第八方面则是安全文明生产。

(二)技能教师评价

经过一段时间的培训，焊接操作工基本上掌握了CRDM套管与法兰异种钢对接平位水平转动机械钨极氩弧焊的操作技术，培训教师应对焊接操作工的技能水平做出评价，并根据培训是否合格确定该焊接操作工能否参加NNSA－HAJ－0002－2019项目考试。

八、技能评定报告编制

GC－GTAW－M－01是民用核安全设备焊接操作工培训、考试和取证基本项目之一，故学习和掌握该项目的操作技术非常重要，对于保证核电设备的焊接质量至关重要。通过

长期的培训实践证明，本书所介绍的操作技术不仅方便焊接操作工学习和掌握，焊接质量好，合格率高，而且缩短了培训周期，是一种行之有效的焊接技能操作技术。

本项目的技能评定报告编制见表3－28。

表3－28　焊接操作工技能评定报告

<table>
<tr><td>评定日期</td><td colspan="2">×××</td><td>编号</td><td colspan="2">GTAW－M－2020－01</td></tr>
<tr><td>姓名</td><td colspan="3">×××</td><td colspan="2" rowspan="5">照片</td></tr>
<tr><td>身份证号</td><td colspan="3">×××</td></tr>
<tr><td>聘用单位</td><td colspan="3">×××股份有限公司</td></tr>
<tr><td>焊接操作工编号</td><td colspan="3">×××</td></tr>
<tr><td>焊接工艺规程</td><td colspan="3">GC－GTAW－M－1</td></tr>
<tr><td>技能评定项目代号</td><td colspan="5">GTAW－M BW PA 02 ss mb 07 09 11</td></tr>
<tr><td></td><td>代号</td><td colspan="2">含义</td><td colspan="2">适用范围</td></tr>
<tr><td>焊接方法</td><td>GTAW－M</td><td colspan="2">机械化钨极惰性气体保护焊</td><td colspan="2">钨极惰性气体保护电弧焊</td></tr>
<tr><td>机械化焊</td><td></td><td colspan="2"></td><td colspan="2"></td></tr>
<tr><td>焊机型号</td><td>—</td><td colspan="2">—</td><td colspan="2">—</td></tr>
<tr><td>试件形式</td><td>—</td><td colspan="2">—</td><td colspan="2">—</td></tr>
<tr><td>焊缝形式</td><td>BW</td><td colspan="2">对接焊缝</td><td colspan="2">对接焊缝</td></tr>
<tr><td>填充材料</td><td>—</td><td colspan="2">—</td><td colspan="2">—</td></tr>
<tr><td>焊缝金属厚度/mm</td><td>—</td><td colspan="2">—</td><td colspan="2">—</td></tr>
<tr><td>板材厚度/mm</td><td>—</td><td colspan="2">—</td><td colspan="2">—</td></tr>
<tr><td>管材外径/mm</td><td>—</td><td colspan="2">—</td><td colspan="2">—</td></tr>
<tr><td>焊接位置</td><td>PA</td><td colspan="2">平焊</td><td colspan="2">PA位置</td></tr>
<tr><td rowspan="5">焊接要素</td><td>02</td><td colspan="2">有（实芯焊丝）</td><td colspan="2">有或无（实芯焊丝）</td></tr>
<tr><td>ss mb</td><td colspan="2">单面焊/带衬垫</td><td colspan="2">带衬垫单面焊或双面焊</td></tr>
<tr><td>07</td><td colspan="2">无自动跟踪系统</td><td colspan="2">有无自动跟踪系统均可</td></tr>
<tr><td>09</td><td colspan="2">直接目视观察控制</td><td colspan="2">直接目视观察控制</td></tr>
<tr><td>11</td><td colspan="2">无熔化衬环</td><td colspan="2">有无熔化衬环均可</td></tr>
<tr><td>特殊焊缝技能评定</td><td></td><td colspan="2"></td><td colspan="2"></td></tr>
<tr><td colspan="6">检验情况</td></tr>
<tr><td>检验项目</td><td colspan="2">检验结果</td><td colspan="3">试验报告编号</td></tr>
<tr><td>项目考试目视检验报告</td><td colspan="2">合格</td><td colspan="3">GTAW－M－01－VT－2020－焊考－001</td></tr>
<tr><td>项目考试无损检验报告</td><td colspan="2">合格</td><td colspan="3">GTAW－M－01－RT－2020－焊考－001</td></tr>
<tr><td>项目考试弯曲检验报告</td><td colspan="2">合格</td><td colspan="3">GTAW－M－01－GBT－2020－焊考－001</td></tr>
<tr><td>编制</td><td>×××</td><td>审核</td><td>×××</td><td>批准</td><td>×××</td></tr>
</table>

第四节　板机械热丝钨极氩弧焊平位镍基耐蚀层堆焊

本教案根据 RCC－M 及 NNSA－HAJ－0002－2019 标准，对低合金钢机械热丝 TIG 堆焊技能操作项目的要点、焊接工艺规程、常见焊接缺陷产生原因及解决方法、焊前准备、焊接操作、焊后检查、焊接操作工培训自我评价记录表的填写、生产应用以及技能报告的编制等方面讲解。

为了叙述方便，项目考试代号为 GTAW－M P S PA 02 07 09 Z1 的低合金钢机械热丝 TIG 堆焊以下均称为"GC－GTAW－M－2"。

一、本项目要点简介

机械热丝 TIG 堆焊在三代核电站设备上应用范围比较广泛，已经成了核心的焊接技术。机械热丝钨极氩弧焊的焊接过程稳定，熔敷率和焊接速度接近于 GMAW，可单独地调节电弧的电流和熔敷率，易于控制焊缝的热输入量，并且能准确地控制余高和最终的焊缝成形。由于热丝温度高，可有效去除水分等杂质，所以能有效地消除焊缝中的气孔，焊缝力学性能优良。机械热丝钨极氩弧焊增加了钨极氩弧焊的工艺灵活性，具备在较宽熔敷率范围内焊接高质量焊缝的能力，能减少焊接热输入，保证焊接质量，改善焊缝性能。正是由于这些优点，使得机械热丝钨极氩弧焊在许多领域中得到推广应用。与其他堆焊方式相比，热丝 TIG 堆焊的焊丝熔敷系数高，母材稀释率低，焊缝成形美观，可显著减少焊缝咬边的概率。

试板母材为 13MnNiMo54，焊材为直径 ϕ1.2 mm 的 ERNiCrFe－7 镍基合金焊丝。试板和焊丝化学成分分别见表 3－29、表 3－30。

表 3－29　13MnNiMo54 试板化学成分

w(C)/%	w(Mn)/%	w(Si)/%	w(Ni)/%	w(S)/%	w(P)/%	w(Nb)/%
0.15	1.45	0.41	0.88	0.002	0.007	0.015
w(Cr)/%	w(Mo)/%	w(Cu)/%	w(Al)/%	w(V)/%	w(Ti)/%	
0.27	0.32	0.04	0.0036	0.005	0.006	

表 3－30　ER NiCrFe－7 镍基合金焊丝化学成分

w(C)/%	w(Si)/%	w(S)/%	w(P)/%	w(Fe)/%	w(Nb+Ta)/%
0.023	0.17	<0.0003	0.005	10.06	<0.016
w(Mn)/%	w(Ni)/%	w(Cr)/%	w(Co)/%	w(Cu)/%	w(Ti)/%
0.284	59.14	29.14	<0.0003	<0.005	0.563

（一）适用范围

本教案适用于核电机械热丝 TIG 堆焊的技能培训，也可作为核电技能教师在培训学员时的教学方案。

（二）教案编写依据

（1）NNSA－HAJ－0002－2019。

（2）机械热丝TIG堆焊焊接工艺规程，编号：GC－GTAW－M－2。

（3）适用性文件《预热、层温、后热和焊后热处理总要求》《对焊接操作的附加要求》和《焊接的总要求》。

（三）要点简介

机械热丝TIG堆焊应注意焊前的清理、温度的控制、层间的打磨、钨极的打磨、焊丝及焊枪的角度、伸出长度等的调节，且应时刻观察焊接过程有无异常现象发生，确保在设定的正常参数范围内焊出合格的焊缝。

1. 预热与后热

镍基合金堆焊对温度控制要求很高，一旦层间温度过高，则很可能产生热裂纹。焊接过程中，预热温度保持在160～225 ℃，并随时监控试件温度，一旦温度过高，则停止焊接。另外，焊接结束后，要对工件进行后热，以起到消氢的效果。

2. 清洁

热丝TIG堆焊对待焊面和焊丝中的杂质很敏感，容易造成堆焊层表面氧化物过多、气孔、夹渣等缺陷。所以，不仅要妥善保管焊丝，焊前彻底清理待焊面，焊接过程中还要随时监测待焊区是否清洁。另外，定时更换钨极、清理保护气体过滤罩也是非常必要的。

3. 焊枪角度及焊道搭接量

如果焊枪倾斜角度过大或钨极伸出喷嘴长度过长，则对气体保护不利，会造成电弧保护不充分，电弧不稳，造成夹渣、未熔合等缺陷，同时电弧的热量不集中，熔滴过渡形式不好，也会影响电流的稳定性，使焊道成形不好，因此焊枪的角度必须选择好。适当的焊道间搭接量也很重要，搭接量过小，会造成焊缝表面不平整；搭接量过大，会造成堆焊层过厚，熔合线附近容易出现夹渣、气孔等缺陷。

因此，每道焊接前，焊接操作工都要对钨极伸出喷嘴长度进行重新测量定位，也要对钨极在焊道上的位置按照工艺参数焊道搭接量要求重新测量定位。

4. 注意要点

（1）第一层：焊道的均匀排布，层温的控制；

（2）填充：焊道的打磨清理，钨极的调试；

（3）盖面：焊道的搭接，平面度的调整。

二、GC－GTAW－M－2 焊接工艺规程

焊接工艺规程是直接发到焊接操作工手里指导生产和培训考试的焊接工艺文件，对于核电的产品和每个考试项目，应做到“一点一卡、一项一卡”，即一个焊接结点一张工艺卡片。

GC－GTAW－M－2 技能操作项目的焊接工艺规程见表3－31。

表 3-31　焊接工艺规程

编号:GC-GTAW-M-2　Rev. A

技能考试项目代号	GTAW-M P S PA 02 07 09 Z1		
工艺评定报告编号/依据标准/有效期	GTAW(C)-3-×××× ASME 1998/长期有效	自动化程度/稳压系统/自动跟踪系统	自动焊/有自动稳压系统/无自动跟踪系统

焊接接头		焊接接头简图(有衬垫的应标明衬垫的形式和截面尺寸):
坡口形式	堆焊	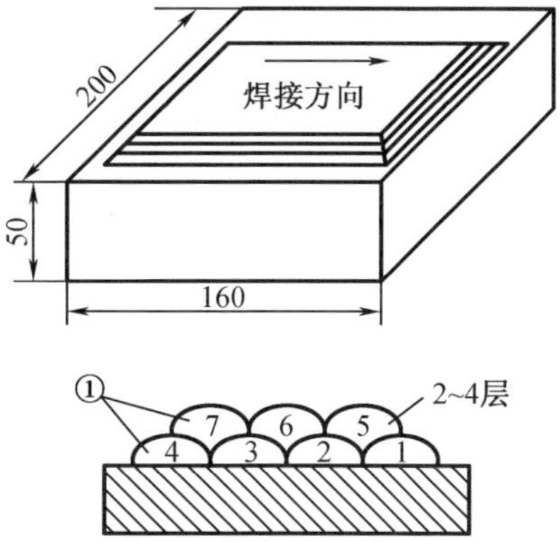
衬垫(材料)	—	
焊缝金属厚度	—	
管子直径	—	
其他	—	堆焊尺寸不小于宽 70 mm×长 150 mm×厚 8 mm

母材		填充金属	
类别号	Ⅲ	焊材类型(焊条、焊丝、焊带等)	焊丝
牌号	13MnNiMo54 或等效的合金钢	焊材型(牌)号/规格	ERNiCrFe-7/ϕ1.2 mm
规格	试板 1 块:200 mm×160 mm×50 mm	焊剂型(牌)号	/

焊接位置		保护气体类型/混合比/流量	
焊接位置	平焊(PA)	正面	95% Ar+5% H_2/20~25 L/min
焊接方向	—	背面	—
其他	—	尾部	95% Ar+5% H_2/25~35 L/min

预热和层间温度		焊后热处理	
最低预热温度	121 ℃	温度范围	595~625 ℃
最高层间温度	225 ℃	保温时间	1~1.5 h
预热方式	天然气火炬加热	其他	最高进出炉温度:350 ℃ 最大升降温速率:55 ℃/h

焊接技术			
最大热输入	$Q_{max}=[U(\mathrm{V})\times I(\mathrm{A})/V(\mathrm{mm/s})]\times 10^{-3}=3.62$ kJ/mm		
喷嘴尺寸	—	导电嘴与工件距离	—
清根方法	—	焊缝层数范围	≥2 层
钨极类型/尺寸	WCe-20/ ϕ2.4 mm,ϕ4.0 mm	熔滴过渡方式	—
直向焊、摆动焊及摆动方法		多道直道焊	
背面、打底及中间焊道清理方法		刷理或打磨	

表 3-31(续 1)

焊接参数							
焊层	焊接方法	焊材		焊接电流		电压范围/V	焊接速度/(cm·min^{-1})
		型(牌)号	规格/mm	极性	范围/A		
1	GTAW	ERNiCrFe-7	ϕ1.2	直流正接	335~385	12~14.5	92.5~119.4

工艺说明	操作要领
(1)本规程根据 NNSA-HAJ-0002-2019 编制。 (2)操作考试前,应当在主考人、监考人与焊接操作工共同在场确认的情况下,在试件上标注焊接操作工项目考试编号。 (3)堆焊完成后,奥氏体-铁素体不锈钢与镍基合金的堆焊和预堆边特殊焊缝技能评定要求。 (4)焊接完成后,试件按照 NNSA-HAJ-0002-2019 5.2 中的目视检验要求的条件和方法进行。 (5)试件渗透检验(PT)应按照《核电厂核岛机械设备无损检测第 3 部分:射线检测》(NB/T 20003.3—2010)的要求进行,焊缝质量应符合一级焊缝的检验要求。 (6)试件射线检验(RT)应按照《核电厂核岛机械设备无损检测第 3 部分:射线检测》(NB/T 20003.3—2010)的要求进行,焊缝质量应符合一级焊缝的检验要求。 (7)试件无损检验合格后按热处理要求进行热处理,并出具热处理报告。 (8)试样按照 NNSA-HAJ-0002-2019 6.1.4 中的弯曲试验要求的条件和方法做两个侧弯试验。 (9)试样按照 NNSA-HAJ-0002-2019 6.1.5 中的宏观金相检验和微观金相检验要求的条件和方法做两个金相试验	(1)操作考试前,参考焊接操作工应将待堆焊表面清理干净,去除铁屑、氧化皮、油、锈和污垢等。 (2)每道焊缝堆焊前应检查温度,在焊接中断且温度降至低于最低预热温度之前,须进行后热处理。后热温度:200~400 ℃;最短后热时间:2 h;后热方式:天然气火炬加热。 (3)堆焊过程每一焊道中间不得停弧。 (4)堆焊焊缝表面最后一层应保持原始状态,不允许修磨和返修

编制	×××	审核	×××	批准	×××
日期	×××	日期	×××	日期	×××
编制单位名称			×××股份有限公司		

三、常见焊接缺陷产生原因及解决方法

(一)气孔

1.产生部位

在焊缝的各个部位都有可能产生,一般在焊道起弧和收弧处较容易出现。气孔一般分为三种,即氢气孔、氮气孔和一氧化碳气孔。

2.解决方法

焊前清理焊接面及其周围的油污、铁锈、氧化皮和其他杂质,选择合适的焊接参数,使用模板控制钨极干伸长度(推荐长度 15 mm)。焊接时注意焊接区域空气流动不要太大,以保护好熔池。焊后仔细打磨收弧处的弧坑。

(二)夹渣

1. 产生部位

主要存在于各焊道搭接处及收弧处的弧坑。

2. 解决方法

在焊前仔细清理焊接面的杂质,保持待焊面的清洁无污染,使用模板控制焊道搭接量(约 14 cm),选择合适的焊接参数。焊接时注意待焊面上有无杂质出现,焊后首先要彻底清除前一焊道的熔渣,使用打磨工具对焊道进行仔细打磨。先用不锈钢钢丝轮进行焊道表面抛光,去除焊道上残留的细小熔渣。再用铝基不锈钢砂轮片打磨焊道边缘不规则处及弧坑,使其圆滑过渡。

(三)咬边

1. 产生部位

主要产生于焊道与母材交接处及焊道间的搭接处。

2. 解决方法

焊前先使用模板选择正确的焊丝伸出长度,调整焊丝与钨极的距离,让焊丝安静地过渡到熔池里面,焊丝不要偏离钨极中心太大,电弧电压不能过大(推荐 12.5 ~ 14.0 V)。焊接时注意焊接参数的微调。

(四)未熔合

1. 产生部位

主要产生于各焊道间搭接处。

2. 解决方法

使用模板选择正确的焊道搭接量,选择合适的焊接参数,焊道打磨时注意要打磨圆滑过渡,不能出现凸台和凹坑及不规则形状。

(五)热裂纹

1. 产生部位

焊缝及热影响区。

2. 解决方法

严格控制焊接工艺参数,控制预热温度、层间温度以及后热、热处理等工序。焊接时应合理选择焊接顺序,采用多层多道焊接。

四、焊前准备

(一) 试件

(1)材质:13MnNiMo54 或等效材质。

规格:200 mm × 160 mm × 50 mm。

(2)试件清理:试件待焊面的油污、铁锈、氧化皮等污染物用砂轮机、丙酮等清理干净,直至露出金属光泽。

(3)试件预热后再进行定位焊及装配。

(4)在试件上标注焊接操作工项目考试编号。

(5)工件周围采用塑料及铁架围起来,对工位形成防风保护。焊接机头周围也要用陶瓷纤维布围起来,形成更好的防风保护(图3-38)。

图3-38 防风保护

(二)参数设置

(1)技术要求,见表3-32。

表3-32 机械热丝钨极氩弧焊堆焊参数设置

电极参数	
数量	1
电流种类	直流
极性	钨极接负
热丝电流/A	60~80
送丝速度/($m \cdot min^{-1}$)	4~4.8
摆动	
摆动速度/($cm \cdot min^{-1}$)	115~145(130)
摆动幅度/mm	12~16(14)
停顿时间/s	0.1~0.3(0.1)
焊道间焊炬偏移/mm	11~15(13.5)
两层间摆动区域偏移量/%	30~50
电极和焊丝位置(图3-33)	
焊丝伸出长度/mm	18~22(20)
焊丝/电极距离/mm	1~5(3)
焊丝/电极角度/(°)	70
焊丝/电极对中心的偏移/mm	0~0.5
焊枪/待焊面纵向倾斜	10°与焊接方向相反
电极/喷嘴伸出距离/mm	13~17(15)

表 3－32(续)

焊接循环(图 3－40)	
预通气时间/s	5～10
通气延迟时间/s	20～30
电流开始和送丝开始延迟时间/s	2.5
开始电流/A	160
弧坑填充时间/s	3.5
弧坑填充电流/A	160
电压控制开始延迟时间/s	1
摆动开始延迟时间/s	2
开始电压/V	12
弧坑填充电压/V	12
预送丝速度/($m \cdot min^{-1}$)	3.5
预送丝时间/s	1

(2)焊枪或电极位置,如图 3－39 所示。

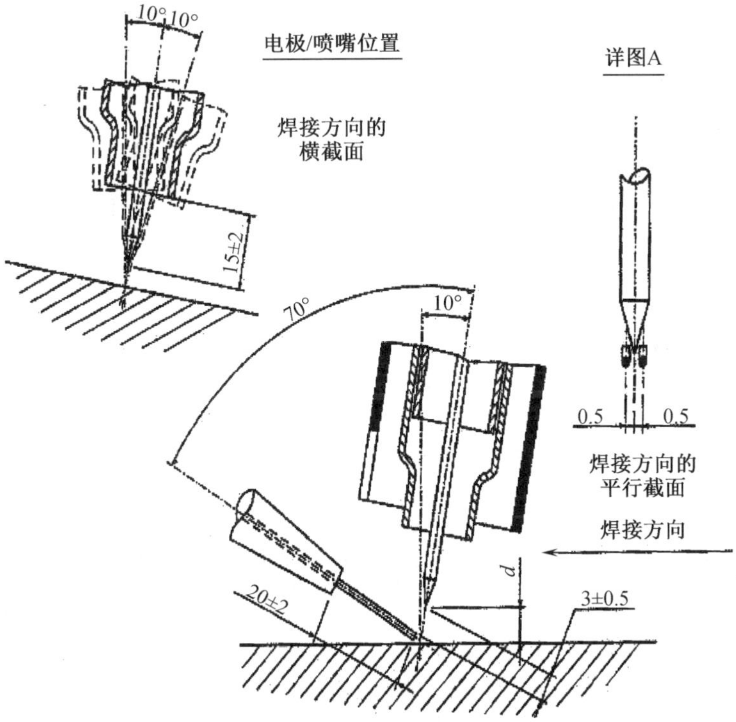

图 3－39　焊枪或电极位置

注:距离 d 由电弧电压控制。

(3)焊接循环,如图 3-40 所示。

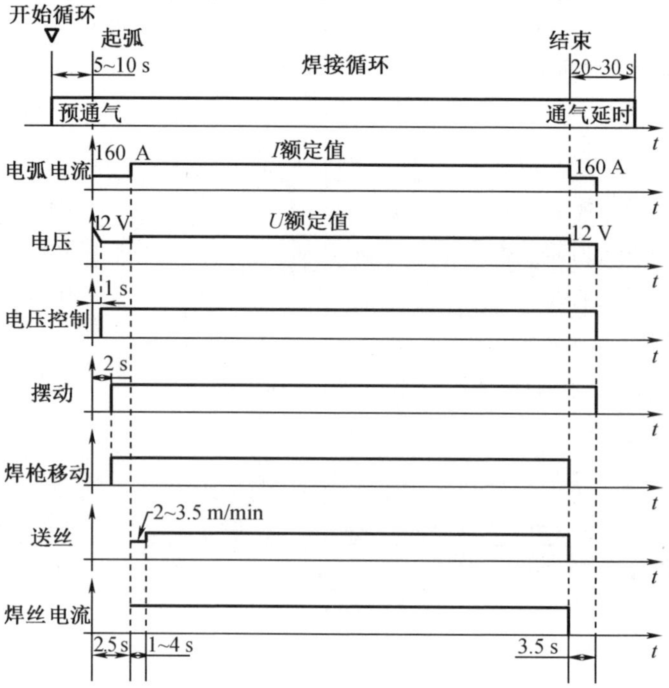

图 3-40　焊接循环

(三)工具

(1)斜口钳,钢丝钳,内六角扳手一套,钢直尺,卷尺,活动扳手,氩气减压表,钨棒,钨极磨削机,钳形电流表,数字型接触式测温仪,电动角向磨光机,手持式面罩,拖线板,砂轮片,不锈钢钢丝刷。

(2)钨极的磨削:钨极要磨成 30°的斜面,端部磨成约 0.5 mm 的平端面,如图 3-41 所示。

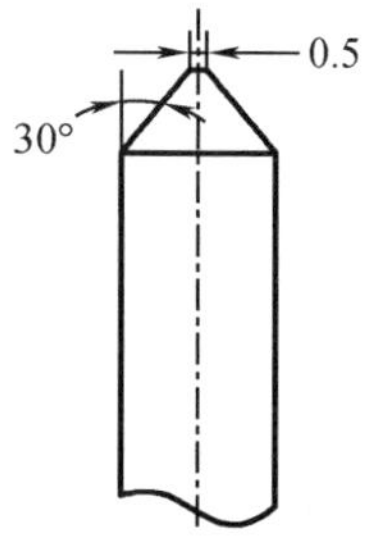

图 3-41　钨极打磨示意图

(四)防护

操作人员应穿工作服、劳保鞋,戴工作帽、口罩、耳塞、手套、防护眼镜。

(五)文件准备

焊前需准备焊接用工艺规程、流转卡、质量计划、适用性文件和监考记录表。

(六)焊前检查

(1)检查焊机是否正常运转。

(2)检查气瓶中气体是否足量,气体压力低于 2 MPa 时需更换气瓶。

(3)检查焊枪中的气体保护罩是否清洁。

(4)检查焊枪的气透镜、钨极、送丝嘴是否正常。

(5)检查送丝系统是否正常,包括焊丝导管是否通畅,压丝轮、送丝轮与焊丝之间的间隙是否正常。检查压丝轮、送丝轮的磨损情况,必要时更换压丝轮、送丝轮或调整其位置。

(6)检查工件待焊面上的温度是否符合要求。

(7)检查气体流量是否在文件规定范围之内。

(8)按照焊接工艺规程文件设置好焊接参数,并传输到焊接电源里。

(9)启动电源,手动调节气体流量计的旋钮,使气体流量在文件规定的范围内。

(七)预热

(1)预热的目的:焊接开始前,对焊件的全部(或局部)进行加热的工艺措施叫预热。预热的目的是降低焊接应力,对于厚度较大的低碳钢和低合金钢,通过预热可降低焊接应力,防止冷裂纹。

(2)预热措施:试件放在加热平台上使试板整体受热,天然气加热火炬要在两个或两个以上才能保证试板整体加热温度的均匀。如用单个天然气加热火炬进行加热,试件温度可能会不均匀,从而在焊接时可能使试件一半温度达到要求另一半温度没有达到要求。试件加热不均匀易出现冷裂纹,这是绝对不允许的,所以要保证试板达到整体受热。

根据焊接工艺规程 GC－GTAW－M－2 得知,预热温度为 121～225 ℃,基于低合金钢材易于产生冷裂纹的特征,取焊接工艺规程预热温度的上限,在这里推荐预热温度取 170～200 ℃为好。预热装置如图 3－42 所示。

(3)试件放在加热平台上,试板整体点火加热开始测温,用测温仪每 30 min 测量一次试件温度(平均测量试件六点),并将试件六点温度数据填写在监考记录表中。测试件六点分布如图 3－43 所示,测试件六点温度具体数据见监考记录表。

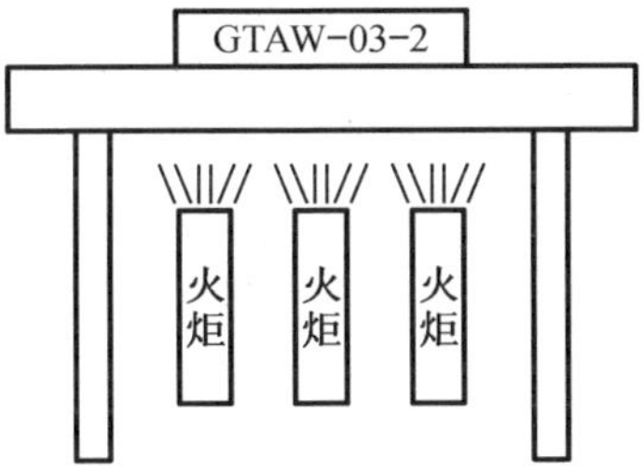

图 3－42　预热装置示意图

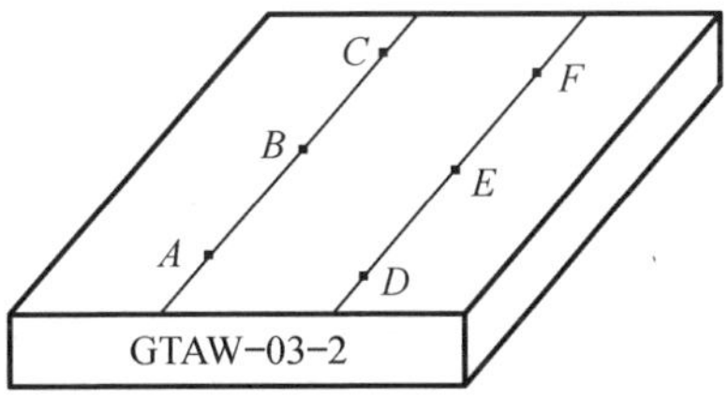

图 3－43　测试件六点分布

(八)焊材的领用和正确使用方法

1. 焊材的领用

根据规程 GC－GTAW－M－2 所示焊材选用规格为 ϕ1.2 mm 的 ERNiCrFe－7 焊丝。焊接操作工应凭焊接流转卡、员工证到焊材烘焙库领取焊丝,在领取焊丝时需确认牌号、炉批号和检验编号是否和工艺规程相符。

2. 焊材的应用

领出来的焊丝应当使用焊丝盘固定好，正确装入焊机中，在焊丝盘明显处应有该焊丝的牌号、炉批号、规格、检验编号和有效期。

3. 焊材的回收

焊接完后，废弃的焊材应当按照分类放置在废旧焊材回收处，多余的焊材回收保存在焊材库房指定处，并应有明显的标记牌，标记牌上应标明焊材的牌号、炉批号、规格、检验编号和有效期。

五、焊接操作

（一）固定试板及装配试板引灭弧板

（1）首先打磨试板装焊平台表面，平台表面应无使试板倾斜或阻碍焊机运行的突出物及障碍物。在固定试板之前先用焊机找正试板位置，使试板的堆焊方向与焊机焊接运行的方向一致，试板的轴线与焊机的焊接运行轨迹保持平行状态。

（2）固定试板和装配试板引灭弧板前应当按照焊接工艺规程预热，最低预热温度121 ℃。根据规程领用 E9018M 焊条，规格 ϕ3.2 mm 和 ϕ4.0 mm 各 10 根，放入焊条保温桶并插上电源保温。先固定试板，在试板的四个角处用 E9018M 焊条进行手工焊焊接 8 条固定焊缝，焊缝长度为 50 mm 或以上，焊高 10 mm 左右。再用等同试件母材材质的两块 200 mm×80 mm×10 mm 的板材作为引灭弧板，满焊引灭弧板于试板待焊面等高处，焊完后打磨飞溅及手工焊焊缝平齐。

（二）堆焊焊接操作要领

（1）先根据试件规格进行焊道排道。试件为 200 mm×160 mm×50 mm 规格，焊接工艺规程要求堆焊层宽度至少为 70 mm。第一层堆焊 5 道，焊接参数可设置为电流 350 A，电压 13.9 V，焊接速度 10 cm/min。此参数焊接后的焊道宽度在 27～29 mm，焊道搭接量为 14～15 mm，则整个焊缝的宽度约为 28 mm + 14 mm + 14 mm + 14 mm + 14 mm = 84 mm。我们就可以在据试件边缘（200 − 84）mm ÷ 2 = 58 mm，再加上一道焊缝宽度的一半（58 mm + 14 mm = 72 mm）作为焊道的起弧点，即钨极的位置处。第二层和第三层焊接参数不变，下一层第一道钨极的位置比上一层钨极的位置往内移动约 2 mm，同时注意焊道搭接量，是否能够排下五道焊缝，如果不能排下，可以后续焊缝搭接量小一些，排四道焊缝。要确保堆焊层宽度大于 70 mm，焊缝厚度大于 8 mm。由此可将整个焊缝均匀排布在试件中心位置，以保持试件表面焊缝分布美观。

（2）焊接参数的设置。每一层焊缝的焊接参数可设置为电流 350 A，电压 13.9 V，焊接速度 10 cm/min。焊接速度设置后，必须用检定过还在有效期内的钢直尺和秒表在试件上进行焊接速度的检测，以确定焊接速度的正确。

（3）将堆焊机头降到试件待焊面上方。使钨极与待焊面的距离约为 2 mm，调节机头高度。

（4）焊道的起弧点和停弧点尽量靠近试板端面，把试板尽量堆焊更多，这样可以避免在起弧和停弧时造成的缺陷与不利因素。

（5）起弧前先要用检定过还在有效期内的数字型接触式测温仪测量试件表面三个点的温度，并记录在焊接参数及层温记录表上，并且每道焊道焊接前都要进行测量和记录。低于规程要求的层温 121 ℃时，一定要停止焊接进行后热；超出规程要求层温 225 ℃时，也要停止焊接，待层温降低后才能进行焊接。

(6)第一道焊接完毕后,用不锈钢钢丝轮把焊道上残留的小焊渣清理干净,再换铝基不锈钢砂轮片打磨焊道边缘不规则的地方和弧坑处的裂纹与气孔。打磨时注意砂轮机的打磨角度和力度,要让焊道边缘圆滑,无咬边、台阶、凹坑、焊道边缘内凹等不规则形状出现。打磨后,用不锈钢钢丝刷清理试件上残留的焊剂、铁屑、砂轮片等杂质。

(7)在第二道及后续焊道焊接时,用搭接量样板确定焊道搭接量。搭接量约为 14 mm,使钨极放在样板上端面。

(三)焊道记录图、焊接参数与层温记录表

(1)焊前预热,每 30 min 记录温度一次,每次测六个位置。

(2)焊接过程中每一道焊接前都要测量层间温度,每次测三个位置。真实记录填写好焊接电流、电压、温度及焊道。

(3)焊后后热,每 30 min 记录温度一次,每次测六个位置。

(4)在监考记录表上画出焊道分布图。

焊接参数、层间温度记录和焊道分布图应在焊接过程中进行记录,见表 3－33 和表 3－34。

表 3－33　监考记录表 1

<table>
<tr><td colspan="6" rowspan="2">焊接操作工项目考试施焊及监考记录表</td><td colspan="6">施焊及监考记录表编号:×××</td></tr>
<tr><td colspan="6">考试计划编号:×××</td></tr>
<tr><td colspan="3">参考焊接操作工单位</td><td colspan="9">×××股份有限公司</td></tr>
<tr><td colspan="3">项目代号</td><td colspan="9">GTAW－M P S PA 02 07 09 Z1</td></tr>
<tr><td colspan="3">焊接操作工姓名</td><td colspan="3">×××</td><td colspan="4">工位编号</td><td colspan="2">×××－H－27</td></tr>
<tr><td colspan="3">考试用焊接工艺规程编号</td><td colspan="3">GC－GTAW－M－2</td><td colspan="4">焊接操作工项目考试编号</td><td colspan="2">GC－GTAW－M－2</td></tr>
<tr><td colspan="3">考试日期</td><td colspan="3">×××</td><td colspan="6" rowspan="5">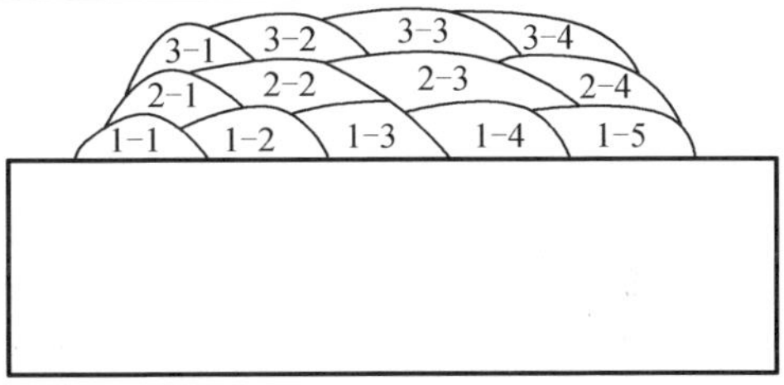
</td></tr>
<tr><td colspan="3">考试开始时间</td><td colspan="3">10:00</td></tr>
<tr><td colspan="3">考试终止时间</td><td colspan="3">14:30</td></tr>
<tr><td colspan="3">考试开始时间</td><td colspan="3"></td></tr>
<tr><td colspan="3">考试终止时间</td><td colspan="3"></td></tr>
<tr><td rowspan="2">焊道序号</td><td rowspan="2">焊材规格/mm</td><td rowspan="2">电流极性</td><td rowspan="2">电流/A</td><td rowspan="2">电压/V</td><td rowspan="2">焊速/(mm·min^{-1})</td><td colspan="3" rowspan="2">预热温度或层间温度/℃</td><td colspan="2">保护气体流量/(L·min^{-1})</td><td rowspan="2">其他</td></tr>
<tr><td>正面</td><td>背面</td></tr>
<tr><td>1－1</td><td>ϕ1.2</td><td>直流正接</td><td>350</td><td>13.5</td><td>100</td><td>178</td><td>180</td><td>185</td><td>25</td><td>28</td><td>ERNiCrFe－7</td></tr>
<tr><td>1－2</td><td>ϕ1.2</td><td>直流正接</td><td>350</td><td>13.9</td><td>100</td><td>175</td><td>182</td><td>188</td><td>25</td><td>28</td><td>ERNiCrFe－7</td></tr>
<tr><td>1－3</td><td>ϕ1.2</td><td>直流正接</td><td>350</td><td>13.9</td><td>100</td><td>190</td><td>195</td><td>189</td><td>25</td><td>28</td><td>ERNiCrFe－7</td></tr>
<tr><td>1－4</td><td>ϕ1.2</td><td>直流正接</td><td>350</td><td>13.9</td><td>100</td><td>188</td><td>190</td><td>195</td><td>25</td><td>28</td><td>ERNiCrFe－7</td></tr>
<tr><td>1－5</td><td>ϕ1.2</td><td>直流正接</td><td>350</td><td>13.9</td><td>100</td><td>185</td><td>195</td><td>198</td><td>25</td><td>28</td><td>ERNiCrFe－7</td></tr>
</table>

表 3-33(续)

焊道序号	焊材规格/mm	电流极性	电流/A	电压/V	焊速/(mm·min^{-1})	预热温度或层间温度/℃			保护气体流量/(L·min^{-1})		其他
									正面	背面	
2-1	ϕ1.2	直流正接	350	13.9	100	200	195	201	25	28	ERNiCrFe-7
2-2	ϕ1.2	直流正接	350	13.9	100	200	205	200	25	28	ERNiCrFe-7
2-3	ϕ1.2	直流正接	350	13.9	100	185	190	195	25	28	ERNiCrFe-7
2-4	ϕ1.2	直流正接	350	13.9	100	195	188	200	25	28	ERNiCrFe-7
3-1	ϕ1.2	直流正接	350	13.9	100	200	210	205	25	28	ERNiCrFe-7
3-2	ϕ1.2	直流正接	350	13.9	100	202	204	205	25	28	ERNiCrFe-7
3-3	ϕ1.2	直流正接	350	13.9	100	210	205	210	25	28	ERNiCrFe-7
3-4	ϕ1.2	直流正接	350	13.9	100	198	205	204	25	28	ERNiCrFe-7

参考焊接操作工(签字):×××　　　　监考人(签字):×××

表 3-34　监考记录表 2

焊接操作工项目考试施焊及监考记录表		施焊及监考记录表编号:×××	
		考试计划编号:×××	
参考焊接操作工单位	×××股份有限公司		
项目代号	GTAW-M P S PA 02 07 09 Z1		
焊接操作工姓名	×××	工位编号	×××-H-27
考试用焊接工艺规程编号	GC-GTAW-M-2	焊接操作工项目考试编号	GC-GTAW-M-2

项目				预热六点测温						层温三点测温			日期	时间
				A	*B*	*C*	*D*	*E*	*F*	1	2	3		
Ⅰ	Ⅱ	Ⅲ	Ⅳ	℃						℃				
√				24	24	24	24	24	24				×××	8:30
√				120	120	130	124	124	124				×××	9:00
√				140	160	150	145	165	155				×××	9:30
√				173	170	175	178	175	180				×××	10:00
		√		208	213	216	219	222	220				×××	14:30
		√		255	255	258	260	265	260				×××	15:00
		√		280	285	288	290	298	295				×××	15:30
		√		320	330	325	335	326	340				×××	16:00
		√		350	355	360	353	345	356				×××	16:30
			√	360	355	362	358	365	357				×××	17:00

注:①Ⅰ为预热开始,Ⅱ为焊接,Ⅲ为后热开始,Ⅳ为后热结束。

②根据操作内容分别在项目一栏中的Ⅰ、Ⅱ、Ⅲ、Ⅳ子栏中做好标记,并在后面的栏目内记录相应的规范或时间。

③在焊前预热 30 min。沿焊缝长度方向六个测温点 *A*、*B*、*C*、*D*、*E*、*F* 进行测温。

④每层焊缝焊接前,沿焊缝长度方向检查层间温度,对三个测温点 1、2、3 进行测温

参考焊接操作工(签字):×××　　　　监考人(签字):×××

（四）后热及热处理

焊后后热、消氢处理及焊后热处理是焊接低合金高强钢防止焊接冷裂纹的重要措施。后热是指焊接后立即对焊件的全部（或局部）进行加热或保温，使其缓冷的工艺措施。常用于焊前预热温度不足，或预热温度过高操作者无法施焊，或因过高的预热温度而引起较大的附加热应力而增加了冷裂纹倾向的情况下。根据规程 GC－GTAW－M－2 得知，热处理温度为 595～620 ℃，保温时间 1～1.5 h，升、降温速度≤55 ℃/h，入、出炉温度≤350 ℃。

六、焊后检查

（一）外观检验

试件按 NNSA－HAJ－0002－2019 做外观检验：

（1）NNSA－HAJ－0002－2019 不允许缺陷：焊缝表面应保持原始状态，不得有任何修磨及补焊。焊缝表面不应有裂纹、未熔合、夹渣、气孔、焊瘤、未焊透等缺陷。机械化焊的焊缝表面不得有咬边和凹坑。

（2）NNSA－HAJ－0002－2019 外观检查要求见表 3－35。

表 3－35　焊缝外观检查表

堆焊焊道高度差	堆焊凹下量	堆焊焊道平面度
≤1.5 mm	≤1.5 mm	≤1.5 mm

（3）民用核安全设备焊接操作工项目考试外观检验报告。

外观检验报告见表 3－36。

表 3－36　项目考试外观检验报告

报告编号：GC－GTAW－M－2－VT－2020－焊考－001

实施计划编号	×××－11－××－××	焊接操作工项目考试编号 （试件编号）	GTAW－M－2
焊接操作工姓名	×××	依据标准	NNSA－HAJ－0002－2019
焊接方法	GTAW－M	母材牌号和规格	13MnNiMo54 200 mm×160 mm×50 mm
试件形式	板堆焊	焊接位置	PA
原始状态		原始	
焊缝余高		裂纹	咬边
—		无	无
焊缝余高差		未熔合	背面凹坑
—		无	—
比坡口每侧增宽		夹渣	变形角度
—		无	—

表 3-36(续)

原始状态	原始		
宽度差	气孔	错边量	
—	无	—	
焊缝边缘直线度	焊瘤	角焊缝凹凸度	
—	无	—	
背面焊缝余高	未焊透	焊脚尺寸	
—	—	—	
堆焊焊道高度差	堆焊凹下量	通球检验	
0.5 mm	0.5 mm	—	
堆焊焊道平面度			
0.5 mm			
外观检验结果(合格、不合格)	合格	检验日期	×××
检验人员	×××	证书号	×××
复审人员	×××	证书号	×××

(二)无损探伤

试件的无损检验应符合核安全设备Ⅰ级焊缝的检验要求的规定,试件的无损检验应符合核安全设备Ⅰ级焊缝的检验要求的规定,试件按 NNSA-HAJ-0002-2019 做渗透探伤和超声波探伤。

1. 渗透探伤

此处试件的无损检验应符合 NB/T 20003.3—2010 中一级焊缝的检验中的标准。无损检验不合格的判定为该项技能评定不合格。

受检件表面应清洁、干燥、无油脂、无污染及任何氧化皮、焊渣、飞溅、铁屑、毛刺以及涂层,经打磨或机加工后的表面粗糙度 *Ra* 不应大于 6.3 μm,经喷丸或喷砂后的铸件不应大于 12.5 μm。

评定显示应在显像剂干燥后的 10~30 min 进行。按显示尺寸,把显示分为"线形显示"和"圆形显示"两种。一个显示的最大尺寸与最小尺寸之比大于 3 时,为线形显示;线性显示外的其他所有显示,为圆形显示。除非另有规定,只记录尺寸大于 2 mm 的显示。

下述显示不合格:

(1)线形显示;

(2)尺寸大于 4 mm 的圆形显示;

(3)直线状排列的 3 个或 3 个以上显示,且边缘距小于 3 mm;

(4)最不利情况下放置,最大边长不超过 20 cm 的 100 cm^2 范围内:对Ⅰ级部件,有 5 个或 5 个以上显示;呈链状显示,即使其显示尺寸小于 2 mm,但当其显示累计总长超过 20 mm 时,应做进一步分析,以确定这些显示的性质。

2. 超声波探伤

此处参照 CPR1000 项目相应超声波探伤标准。

扫查表面必须无油污、氧化皮黏附,无干耦合介质及所有其他可能影响声波在被检工件中传播，或有碍探头自由移动，或引起误判（由于声波转换造成的干扰波）的表面杂质及不平整，表面粗糙度 $Ra \leq 6.3\ \mu m$。

对于堆焊层，幅度大于等于50%参考波幅的所有体积型缺陷以及幅度大于等于参考波幅的所有连续未熔合型缺陷，均应记录。

下列缺陷是不允许的：

（1）对体积型缺陷，当其幅度大于反射体幅度50%，且其长度大于等于100 mm；

（2）对连续未熔合缺陷，当其面积大于等于参考反射体的面积，按照上述验收标准，当未熔合区域的总面积大于等于堆焊层总面积的3%，则该堆焊层将返工重焊。

检验结束后，如果耦合剂可能对以后的制造或检查有（妨碍）影响，则应将耦合剂清除干净。对完工的奥氏体钢或镍基合金部件，必须应将扫查表面上的耦合剂全部清除干净。

（三）弯曲检验

（1）试样做两个侧弯试验。

（2）取样应在垂直于焊缝的方向上，试样的尺寸为厚10 mm，宽30 mm，并且整个堆焊层厚度应包含在宽30 mm的范围内，试样的切取应在无损检验发现缺陷最多的地方。

（3）试件取样及试样标识：

①试件取样如图3－44所示。

②试样标识如图3－45所示。

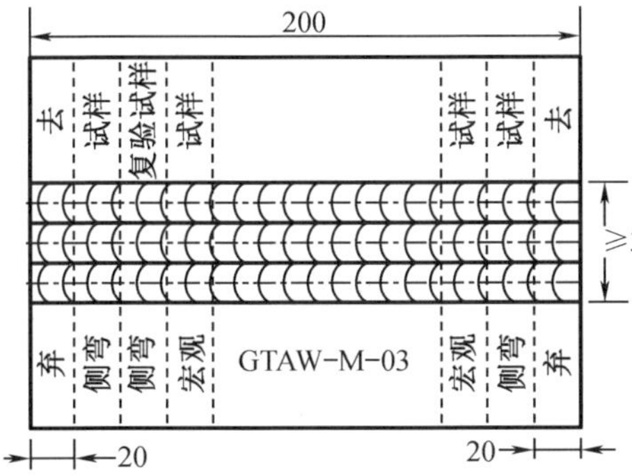

图3－44　板材堆焊试件取样图

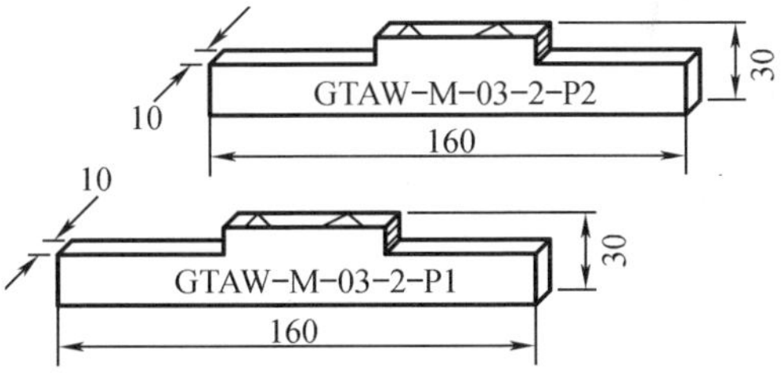

图3－45　堆焊侧弯试样

（4）弯曲检验标准：

①弯曲试验时，应将试样弯到使其两端成平行为止，此时，材料的任何部分不再受到压力。

②压头直径为试样厚度的4倍，弯曲180°检验区不应出现明显裂纹，单个裂纹、气孔或夹渣的长度不得大于3 mm。

③试件弯曲试样的试验结果均合格时，弯曲试验为合格。两个试样均不合格时，不允许复验，弯曲试验为不合格。若其中一个试样不合格时，允许从原试件上另取一个试样进行复验，复验合格，弯曲试验为合格。

弯曲试验检验标准及记录表格见表3－37。

表 3-37　弯曲试验检验标准及记录表格

弯曲试验	试样类型	试样号	取样位置	试样尺寸 (厚/mm×宽/mm)	弯曲角度	弯头直径/mm	结果
	侧弯	GTAW-M-03-P1	按标准	10×30	180°	46	
	侧弯	GTAW-M-03-P2	按标准	10×30	180°	46	
	验收标准:压头直径为试样厚度的4倍,弯曲180°检验区不应出现明显裂纹,单个裂纹、气孔或夹渣的长度不得大于3 mm。 试件弯曲试样的试验结果均合格时,弯曲试验为合格。两个试样均不合格时,不允许复验,弯曲试验为不合格。若其中一个试样不合格时,允许从原试件上另取一个试样进行复验,复验合格,弯曲试验为合格。 在弯曲试验中压头位置相对于焊缝偏离时,弯曲试验结果无效						
	试验设备:×××				设备编号:×××		
	试验员/日期:×××				审核/日期:×××		

(四)宏观金相检验

(1)试样做两个宏观金相试验。

(2)金相宏观检验应用机械方法截取、磨光,再用金相砂纸按"由粗到细"的顺序磨制,然后经适当的浸蚀,使焊缝金属和热影响区有一个清晰的界限,该面上的焊接缺陷用目视或5倍放大镜检查。若宏观检查显示出存在有疑问区域,则必须进行微观检查。

(3)在堆焊层的横截面上进行宏观检验和微观检验,对于多层堆焊,无论是第一层还是后面的焊层,这一检验的目的是证实符合搭接条件,在焊缝完好性检验中不存在任何大小的裂纹、未焊透、与母材结合不良、未熔合及任何不合格的气孔、夹杂物。

(4)试件取样及试样标识:试样加工应符合 NNSA-HAJ-0002-2019 管理规定。

①试件取样如图 3-44 所示。

②试样标识如图 3-46 所示。

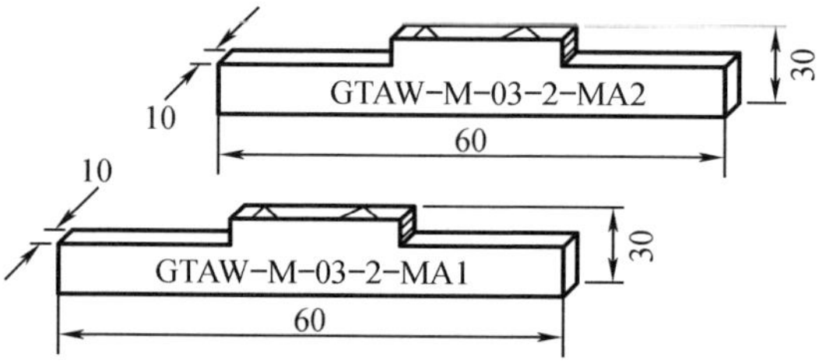

图 3-46　堆焊金相试样

(5)金相检验标准:

①没有裂纹、未熔合、未焊透;

②气孔或夹渣的最大尺寸不得超过 1.5 mm;当气孔或夹渣大于 0.5 mm,不大于 1.5 mm 时,其数量不得多于1个;当只有小于或等于 0.5 mm 的气孔或夹渣时,其数量不得多于3个。

七、焊接操作工培训自我评价记录表的填写

（一）焊接操作工自我评价

焊接操作工培训自我评价记录表共包括劳保用品的穿戴、焊接辅助工具准备、焊接设备检查、焊接工装夹具检查、文件准备、焊接过程、焊后和安全八个方面。其中前五个方面的内容必须在焊前检查确认，第六方面是在焊接过程中边焊边记录，第七方面是焊后对设备、工具、文件等的检查记录，第八方面则是安全文明生产。

（二）技能教师评价

经过一段时间的培训，焊接操作工基本上掌握了低合金钢机械热丝 TIG 堆焊的操作技术，培训教师应对焊接操作工的技能水平做出评价，并根据培训是否合格确定该焊接操作工能否参加 NNSA－HAJ－0002－2019 项目考试。

八、生产应用

焊接操作工取得核电焊接操作工考试项目后，并不说明可以直接焊接产品，只是取得了某项的操作资格。焊接操作工针对试件的培训、考试与实际产品的焊接相比，在焊接条件等各方面均有不同，存在较多差异，故学员应在本岗位通过生产实习并针对产品取得了相应的实际操作能力，经班组和车间同意，方能上岗焊接产品。

管板一次侧双机头堆焊。双机头同时堆焊的形式，采用龙门架将两个同样的焊机联系起来，可同时在一个工件上执行联动堆焊作业，也可单独控制。对工件已堆焊区域清洁度保护、保温、待焊面清理、预热、焊接操作工保护、气体保护都提出了更高的要求，而且由于整个产品堆焊过程持续时间长，工作量大，采取适当措施如制作工装固化工艺、参数记录等，对保证每班工人的堆焊质量非常重要。

（一）工位布置

工位布置主要包括以下内容：

（1）两个机头的热丝 TIG 焊机，这两个机头对称相反地安装，机头可以沿管板做径向运动；

（2）一个转台；

（3）一个焊接操作工操作平台；

（4）用于在堆焊过程中保护熔池的气体保护罩及其固定架。

（二）堆焊区域及堆焊顺序

管板上共有四个堆焊区域，如图 3－47 所示。A 区域：外部区域（管板圆弧段），用焊条电弧焊堆焊。B 区域：过渡区域，用两个热丝 TIG 焊机头进行圆周堆焊。C 区域：过渡区域，用一个热丝 TIG 焊机头进行圆周堆焊。D 区域：中心区域，用热丝 TIG 焊机进行直道堆焊。

管板堆焊应按照以下顺序进行：

阶段 1：双机头圆周焊，从外面朝圆心焊；

阶段 2：单机头圆周焊，从外面朝圆心焊；

阶段 3：中心区域，直道堆焊；

阶段 4：管板圆弧段，焊条电弧焊。

注：在管板圆弧段焊条电弧焊堆焊前，应用样板检查外部区域的堆焊层尺寸，如果热丝

TIG 堆焊区域厚度低于 12 mm，应再执行几道保证堆焊层厚度。

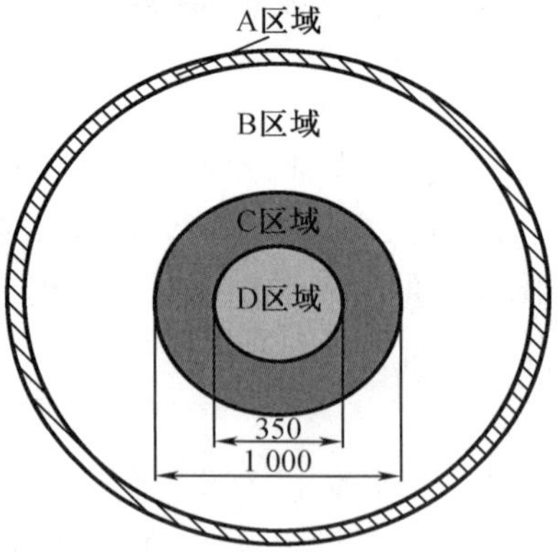

图 3－47　管板堆焊区域划分示意图

（三）双机头圆周区域堆焊

1. 机头定位

两个机头应装在同一直径的两端，以使两机头上焊枪沿着同一直径来回运动，应保证横梁和管板的相对位置不变；每个机头焊一层。例如，对于开始两层，机头 A 执行第一层，机头 B 执行第二层，两个机头应规则地隔开三道的宽度。例如，当机头 A 正在执行第一层的第四道，机头 B 则执行第二层的第一道。

2. 双机头区域焊接开始阶段

先用机头 A 执行第一层的前三道。对于第一道，钨极应定位在距离转台中心最近区域，距离管板内壁 56 mm 处，以减少手工堆焊的圆弧段区域。然后，两个机头应同时进行焊接。当机头 A 开始堆焊第一层的第四道时，机头 B 应开始堆焊第二层的第一道，同样的方法应用于第三层和第四层。第 N 层的第一道应比第 $N-1$ 层的第一道往圆心偏移 0 ~ 2 mm（目标值：2 mm），且每层起弧点都应在距离转台中心最近的区域内，如图 3－48 所示。

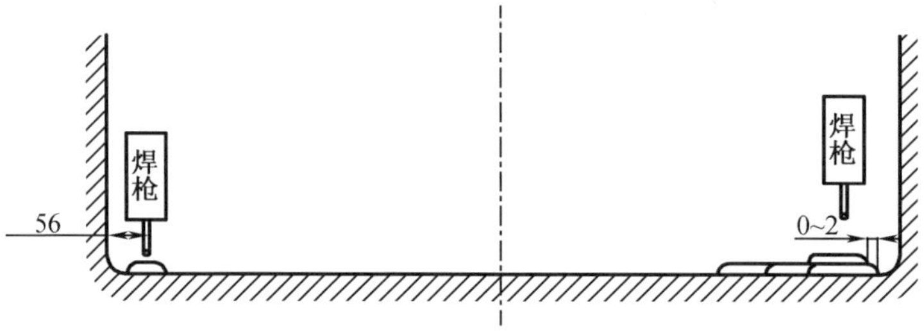

图 3－48　双机头区域焊接开始阶段示意图

3. 调整两个机头速度的方法

用旋转平台旋转来达到焊接速度，每焊一道都要用秒表来测定焊接速度。焊接速度应以距离转台中心较远的机头为准，应为（11.5 ± 1.5）cm/min（目标值为 10.5 cm/min）。定时检查第二个机头的速度，必须控制在 8 ~ 13 cm/min。

4. 两个机头焊接前进速度调整间隔要求

当距离管板圆心较远的机头在管板外径和直径为 1 600 mm 的圆之间时，机头的前进速度应每三道调整一次，为（11.5 ± 1.5）cm/min（目标值：10.5 cm/min）；焊接进入直径为

1 600 mm 的范围时，每焊一道都要调整距离圆心较远那个机头的速度。

5. 双机头焊接

(1)焊接前

①为了防止横梁移动或焊机出现故障后失去参考点，应在横梁轨道上做好标记；

②每道焊接之前检查气瓶中剩余气体的容量及焊丝盘上焊丝的量，确保能满足下一道的用量；

③每班开始工作之前检查焊丝和电极的相对位置；

④每班开始之前检查气透镜是否良好；

⑤每道焊接前检查钨极、送丝嘴、钨极喷嘴是否良好；

⑥每班开始前检查气体保护罩及其滤网是否清洁；

⑦抛光待焊区并吸尘以保证待焊面的清洁；

⑧以处于较大直径的机头调整焊接速度，应为(11.5 ±1.5)cm/min（目标值:10.5 cm/min）；同时检查处于较小直径的机头速度，应为 8 ~ 13 cm/min；

⑨在管板上放置石棉布作为管板待焊面及焊接操作工的保护，不允许直接踩在管板上；

⑩每道开始焊接前检查待焊面上的温度。

(2)焊接开始(注:先用哪个机头开始焊接是不强制的)

机头 A 开始焊接:

①检查熔池成形情况，必要时对焊丝或电压等参数进行调节；

②检查焊机手控盒上显示的焊接参数是否正确，同时检查焊机上气体流量表上的显示是否正确。

机头 B 开始焊接:

①检查熔池成形情况，并对焊丝和电压等参数进行调节；

②检查焊机手控盒上显示的焊接参数是否正确，同时检查焊机上气体流量表上的显示是否正确。

(3)焊接过程中

①填焊接数据记录单；

②当接头到达两机头中间的区域时打磨接头，且一定要使用挡风板，同时吸尘，不能影响到焊机的气体保护和待焊区的清洁度；

③检查焊道熔敷金属成形情况；

④时刻留意送丝是否顺畅；

⑤时刻留意周围环境空气流动是否正常，是否影响到焊接过程中的气体保护；

⑥以处于较大直径的机头检查焊接速度是否为(11.5 ±1.5)cm/min（目标值:11 cm/min）；

⑦时刻留意待焊面的清洁，必要时采用刷子顺着焊道方向清理待焊面。

(4)焊接结束

焊道搭接在前一道后，停止机头 A 和 B。

(5)焊接后

①打磨搭接处；

②用气动不锈钢刷抛光清理焊道；

③在焊接数据记录单中记录焊接过程中任何发生的情况。

(6)异常情况处理

根据焊接开始时、焊接过程中、焊接结束阶段,以及在单机头、双机头或中心区域产生的异常情况,应具体情况具体处理。

可能出现的异常情况:

①由于送丝机堵塞或送丝轮空转导致送丝异常;

②不能启动;

③气体相关的缺陷;

④电极与管板的黏结;

⑤焊机异常。

如果一个机头因为异常情况而不能继续焊接,其未完成的焊道可由另一个仍能焊接的机头完成。

(7)丢失参考点后机头的重新定位

当一个机头因为异常情况停止,另一个机头继续焊接时,重新定位应按照继续焊接的这个机头,主要有两种方法:

方法一:用样板,将其放在电极和前一个焊道的边缘之间,如图3-49所示。

方法二:沿两焊道之间的搭接线移动机头(28±1)mm,如图3-50所示。

(8)在管板边缘执行附加焊道

每层的第一道都要比前一层的第一道往里偏移0~2 mm,如果需要,可以沿着外缘再堆焊一道或者多道附加焊道,以保证堆焊厚度足够。堆焊厚度可以用检查管板圆弧段尺寸的样板来辅助检查。

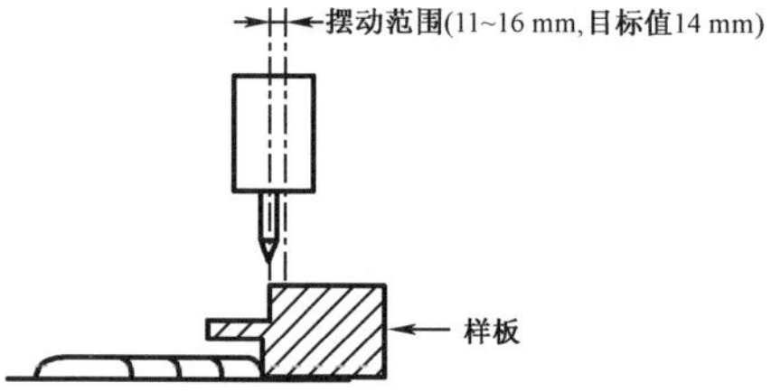

图3-49　机头重新定位方法一

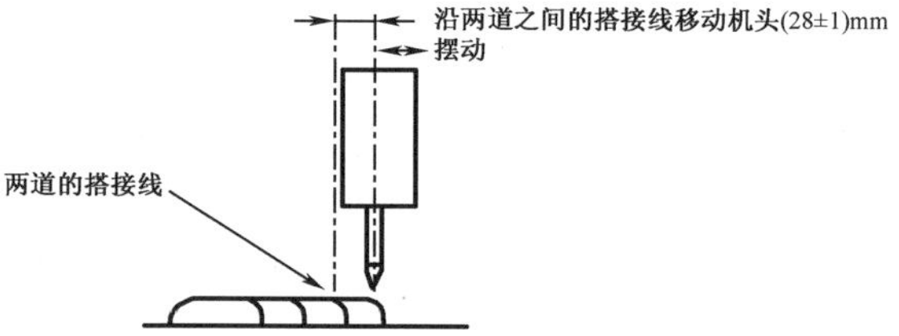

图3-50　机头重新定位方法二

(四)单机头圆周区域堆焊

1. 单机头圆周堆焊区域结构

对于第一层和第二层,当两个机头都到达1 000 mm的直径时:

(1)机头A应继续第一层的圆周堆焊,直到350 mm的直径;

(2)机头B应继续第二层的圆周堆焊,直到400 mm的直径。

类似地,对于第三层和第四层,当两个机头都到达1 000 mm的直径时:

(1)机头A应继续第三层的圆周堆焊,直到350 mm的直径;

(2)机头B应继续第四层的圆周堆焊,直到400 mm的直径。

2. 速度设定间隔

每道的焊接速度都应调整为(11.5±1.5)cm/min(目标值:10.5 cm/min)。

注:增加或减少焊接速度的调整频率应根据实际测量的焊接速度来定。

3. 单机头焊接时的工艺要求

除了机头数目不同,工艺要求同双机头要求一致。当机头堆焊到达内径 350 mm 时,单机头圆周堆焊区域结束。

4. 中心区域堆焊

(1)区域划分及焊接顺序

堆焊到直径约 350 mm 时,圆周堆焊区域结束,此时需要进行中心区域的直道焊接。旋转平台不转动,焊接速度由焊机轨道来控制完成。机头与圆周堆焊面应为 90°,以使机头的摆动运动与悬臂梁前进方向垂直;横梁的定位应保证机头的横向运动可以使机头到达所有中心堆焊区域;转台应不动,焊接速度应在滑块上控制。

直道区域是一个直径为 350 mm 的圆周区域,如图 3-51 所示。

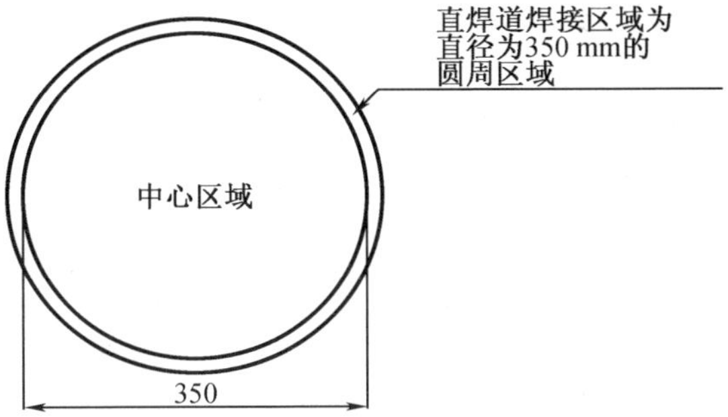

图 3-51　直道区域划分示意图

中心区域堆焊的四层应按照以下顺序:单机头圆周堆焊第一层结束→直焊道堆焊中心区域的第一层→单机头圆周堆焊第二层结束→直焊道堆焊中心区域的第二层→单机头圆周堆焊第三层结束→直焊道堆焊中心区域的第三层→单机头圆周堆焊第四层结束→直焊道堆焊中心区域的第四层。

(2)焊接速度调整

直道区域堆焊的速度控制与圆周堆焊的速度不同,是靠操作架进行控制,中心区域所有焊道的速度应设为 9~11 cm/min(目标值 10.5 cm/min)。

(3)注意事项

每一层中心区域的堆焊开始前,相对应层的单机头圆周堆焊区域最里面的焊道要打磨圆滑。堆焊第 N 层的第一道时,要参照双机头重新定位的方法,与相应层的单机头圆周堆焊区域的最后一道相对应。每一层中心区域的堆焊应从中间开始,然后交替往两边焊;且每层的焊道方向跟前一层的焊道方向垂直。

堆焊过程中注意监控工件表面温度,确保整个堆焊层温度均匀。

(4)中心区域堆焊的打磨说明

为了操作简单,假设单机头圆周堆焊区域四层的最后一道都超过了相同的直径,实际上每层的堆焊区域直径可能都不同。在 350~500 mm,中心区域直道焊前,要对中心区域周围的焊道进行打磨,使其形成约 45°的斜面,这样才能很好地保证中心区域直道的焊接质量。下面介绍具体的打磨过程:

①单机头圆周焊第一层最后一道,如图 3-52 所示。

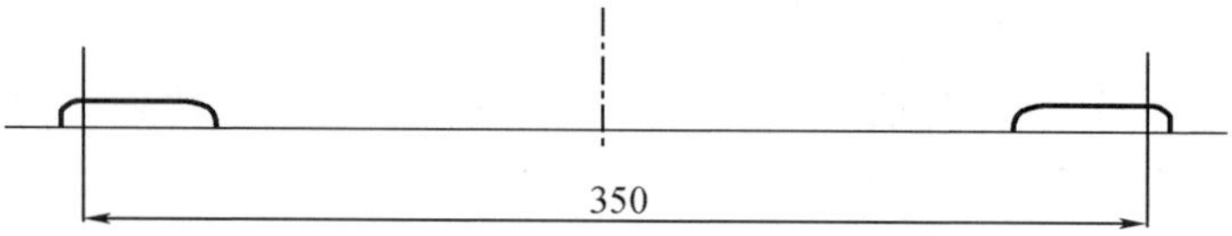

图 3－52　单机头圆周焊第一层最后一道示意图

②打磨后的焊道内侧形态，如图 3－53 所示。

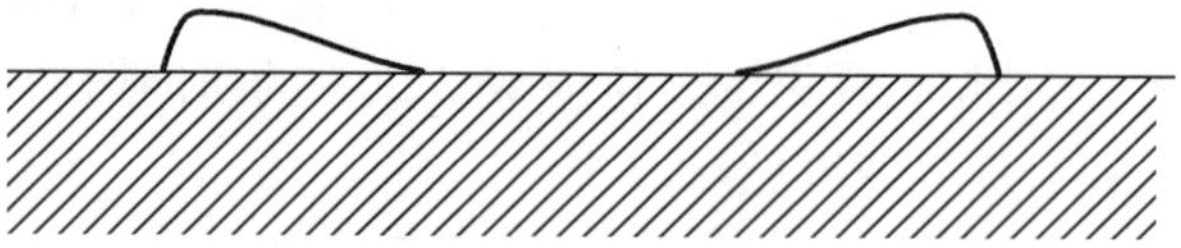

图 3－53　单机头圆周焊第一层最后一道打磨后示意图

③中心区域堆焊第一层，直道堆焊，如图 3－54 所示。

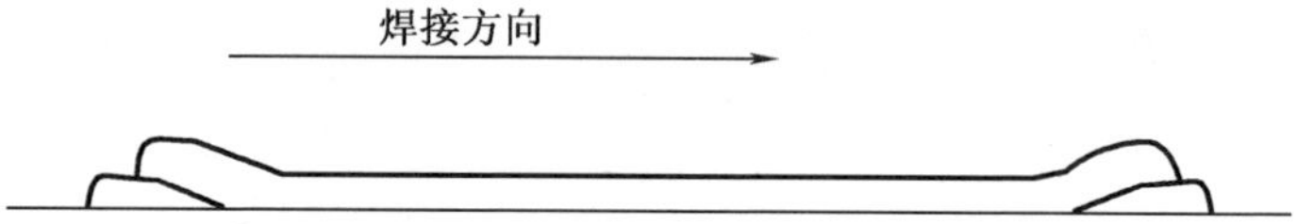

图 3－54　中心区域直道堆焊第一道示意图

④直道堆焊第一道，打磨去除多余部分后的形态，如图 3－55 所示。

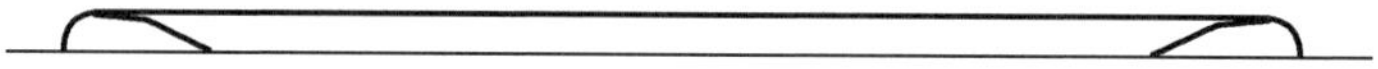

图 3－55　中心区域直道堆焊第一道打磨后示意图

⑤单机头圆周焊第二层最后一道，如图 3－56 所示。

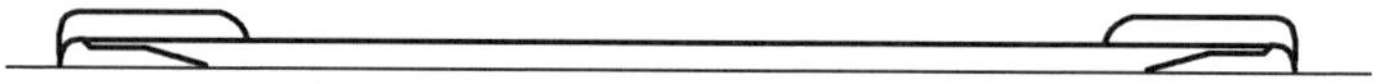

图 3－56　单机头圆周焊第二层最后一道示意图

⑥打磨后的焊道内侧形态，如图 3－57 所示。

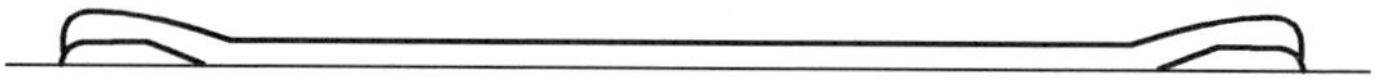

图 3－57　单机头圆周焊第二层最后一道打磨后示意图

⑦中心区域堆焊第二层，直道堆焊，如图 3－58 所示。

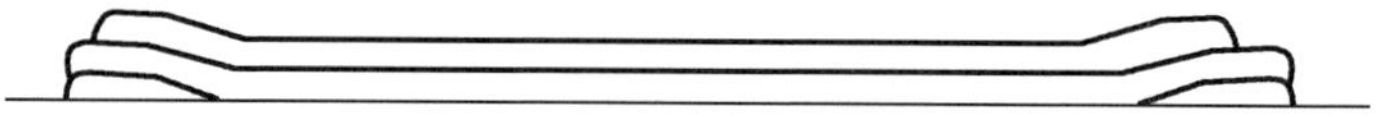

图 3－58　中心区域堆焊第二层直道堆焊示意图

⑧打磨去除多余部分后的形态，如图 3－59 所示。

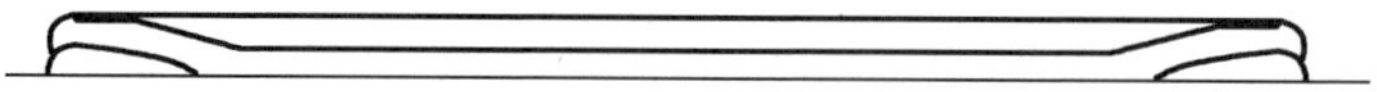

图 3－59　中心区域堆焊第二层直道堆焊打磨后示意图

⑨单机头圆周焊第一个机头堆焊第三层最后一道，如图 3－60 所示。

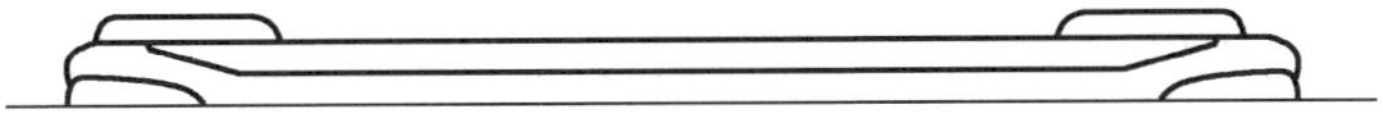

图 3－60　单机头圆周焊堆焊第三层最后一道示意图

⑩打磨后的焊道内侧形态，如图 3－61 所示。

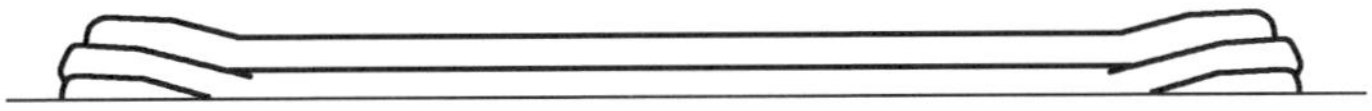

图 3－61　单机头圆周焊堆焊第三层最后一道打磨后示意图

⑪中心区域堆焊第三层，直道堆焊，如图 3－62 所示。

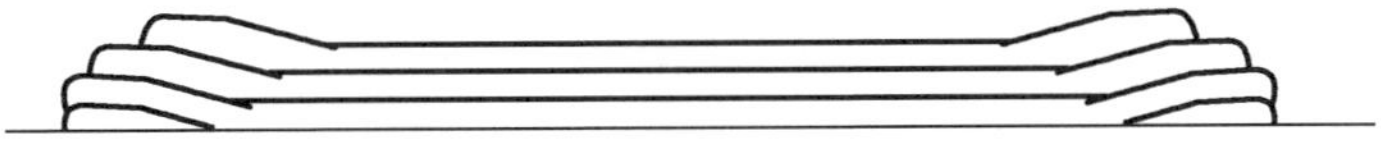

图 3－62　中心区域堆焊第三层直道堆焊示意图

⑫打磨去除多余部分后的形态，如图 3－63 所示。

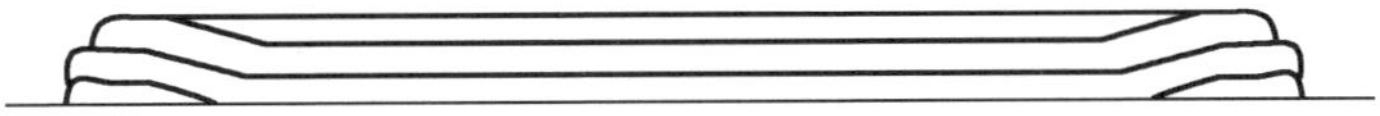

图 3－63　中心区域堆焊第三层直道堆焊打磨后示意图

⑬单机头圆周焊第四层最后一道，如图 3－64 所示。

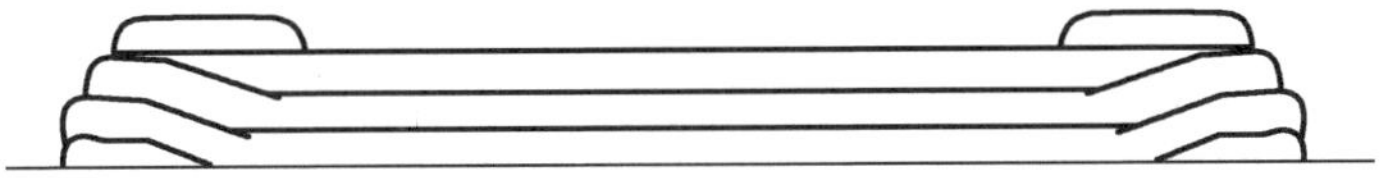

图 3－64　单机头圆周焊第四层最后一道示意图

⑭打磨后的焊道内侧形态，如图 3－65 所示。

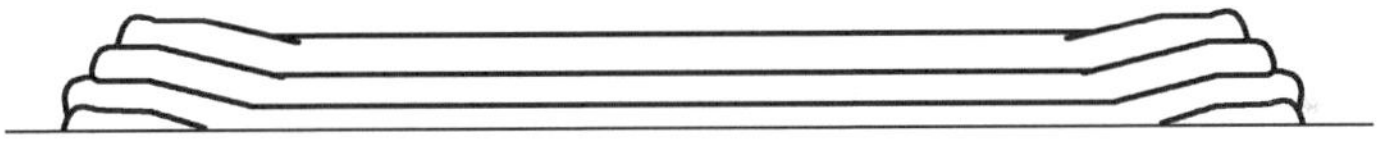

图 3－65　单机头圆周焊第四层最后一道打磨后示意图

⑮中心区域堆焊第四层，直道堆焊 ，如图 3－66 所示。

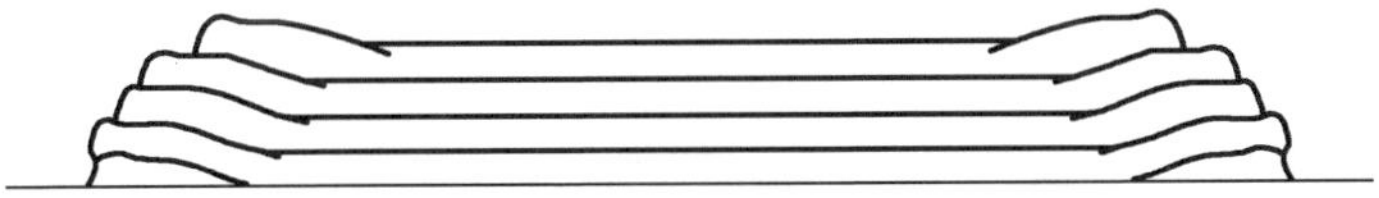

图 3－66　中心区域堆焊第四层示意图

⑯打磨去除多余部分后的形态，如图 3－67 所示。

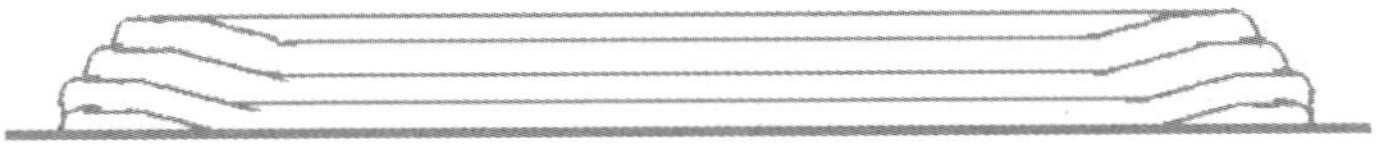

图 3－67　中心区域堆焊第四层打磨后示意图

（五）接管安全端隔离层镍基堆焊

接管安全端隔离层镍基堆焊的难点在于焊道的合理排道和内外两侧边缘堆焊金属要与母材平齐，如图 3－68 所示。

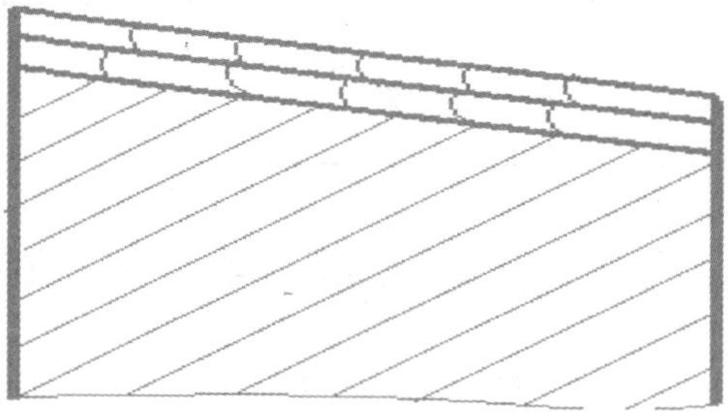

图 3－68　接管安全端隔离层镍基堆焊示意图

（1）焊道的合理排道：合理地安排焊道数量才能更好地完成焊接，得到很好的焊接质量。要测量堆焊总长度，估测每一道焊道宽度和搭接量，从而计算出焊道数量。在焊接的过程中，也要测量剩余待焊面的尺寸，尤其是最后的三道焊道要及时测量，才能使母材边缘熔化。

（2）接管内外两侧边缘堆焊：接管内外两侧边缘焊接难度比较大，主要是因为焊缝金属容易往下流淌，易造成流失和接管边缘焊接不到边缘。所以，先要确定焊道的宽度，再确定钨极的位置。焊道的宽度大约为 28 mm，钨极在焊道中心。所以一般情况下，钨极离边缘约 16 mm，要比焊道的一半多 2 mm。因为如果离边缘的距离太小，焊缝金属容易在起弧时流失，造成母材缺口，这样就容易形成焊接缺陷。起弧焊接开始后，马上观测焊缝熔池和母材边缘融化的情况，及时微调摆动中心位置，使边缘完全融化，焊缝金属饱满。

3. 每焊接完成一道后，用角向砂轮机打磨接头和笔形钢丝刷清理焊缝表面。

九、技能评定报告编制

热丝 TIG 堆焊在第三代核电核岛部件中应用很普遍，技能培训项目是民用核安全设备焊接操作工培训、考试和取证基本项目之一，也是一项比较新兴的焊接技术，故学习和掌握该项目的操作技术非常重要，对保证核电设备的焊接质量至关重要。通过长期的培训实践证明，本书所介绍的操作技术不仅方便焊接操作工学习和掌握，焊接质量好，合格率高，而且缩短了培训周期，是一种行之有效的焊接技能操作技术。

NNSA－HAJ－0002－2019－GTAW－M 项目的焊接操作工技能评定报告见表 3－38。

表 3－38　焊接操作工技能评定报告

评定日期	×××	编号	GTAW－2020－04
姓名	×××		照片
身份证号	×××		
聘用单位	×××股份有限公司		
焊接操作工编号	×××		
焊接工艺规程	GC－GTAW－M－2		
技能评定项目代号	GTAW－M P S PA 02 07 09 Z1		

表 3-38(续)

	代号	含义	适用范围
焊接方法	GTAW-M	机械化钨极惰性气体保护焊	机械化钨极惰性气体保护焊
焊机型号	—	—	—
试件形式	P	板接头	P 接头、T 接头 D≥500 mm
焊缝形式	S	堆焊	堆焊
填充材料	—	—	—
焊缝金属厚度/mm	—	—	—
板材厚度/mm	—	—	—
管材外径/mm	—	—	—
焊接位置	PA	平焊	PA 平焊位置
焊接要素	02	有(实芯焊丝)	有或无(实芯焊丝)
	07	无自动跟踪系统	有无自动跟踪系统均可
	09	直接目视观察控制	直接目视观察控制
	Z1	奥氏体-铁素体不锈钢和镍基合金的堆焊和预堆边	奥氏体-铁素体不锈钢和镍基合金的堆焊和预堆边
特殊焊缝技能评定			
检验情况			

检验项目	检验结果	试验报告编号
项目考试目视检验报告	合格	GC-GTAW-M-2 -VT-2020-焊考-001
项目考试无损检验报告	合格	GTAW-M- 03 -PT-2020-焊考-001
项目考试无损检验报告	合格	GTAW-M- 03 -UT-2020-焊考-001
项目考试弯曲检验报告	合格	GC-GTAW-M-2 -GBT-2020-焊考-001
项目考试金相检验报告	合格	GC-GTAW-M-2 -MAT-2020-焊考-001

编制	×××	审核	×××	批准	×××

第五节　J 形坡口机器人自动钨极惰性气体保护焊

本教案根据 RCC-M 及 NNSA-HAJ-0002-2019 标准,对机器人自动钨极惰性气体保护焊技能操作项目的要点、焊接工艺规程、常见焊接缺陷产生原因及解决方法、焊前准备、焊接操作、焊后检查、焊接操作工培训自我评价记录表的填写以及技能报告的编制等方面进行讲解。

本节 J 形坡口介绍包括隔离层堆焊和密封焊焊接。隔离层堆焊的 NNSA-HAJ-0002-2019 项目考试代号为 PC600 GTAW-A 02 04 06 08 Z1 的机器人自动钨极惰性气体保护焊,密封焊焊接的 NNSA-HAJ-0002-2019 项目考试代号为 PC600 GTAW-A 02 04 06 08 的机器人自动钨极惰性气体保护焊，为了叙述方便，下文均称此项目为“GTAW－A－02”。

一、本项目要点简介

(一) J形坡口介绍

穿透管－球形封头结构是核电设备压力容器最重要和最薄弱的机构之一，RPV上封头顶圆有65只控制棒驱动装置套管(CRDM管)，J形坡口焊接是在RPV下封头内表面机加J形坡口，冷装穿透管后进行焊接，是部分焊透的管板角焊缝，故称为J形坡口焊接，CRDM管结构设计如图3－69所示。

J形坡口的不规则、穿透管与球形封头壁厚的大差异和镍基合金的焊接性能决定了焊接过程是容器制造的薄弱环节之一。穿透管分布在球形封头不同位置形成的J形坡口形状迥异且极为不规则；镍基合金熔融金属流动性差，焊接过程易产生热裂纹、应变时效裂纹和气孔，对焊接参数敏感；目前世界核电行业在J形坡口焊接中仍大量使用手工焊接方式，焊接周期长、质量受焊接操作工个人技能影响大。且手工焊接劳动环境差，焊接效率和质量有待提高，焊接过程电参数无法实时记录和跟踪，不利于质量和工艺的跟踪、改进。随着核电产业的加速发展，对核岛主设备生产效率和焊接质量提出了更高的要求，焊接过程的自动化、数字化是主要发展方向。

(二)教案编写依据

(1)NNSA－HAJ－0002－2019。

(2)J形坡口隔离层堆焊技能操作焊接工艺规程，编号：GC－GTAW－A－2－1。

(3)J形坡口密封焊对接技能操作焊接工艺规程，编号：GC－GTAW－A－2－2。

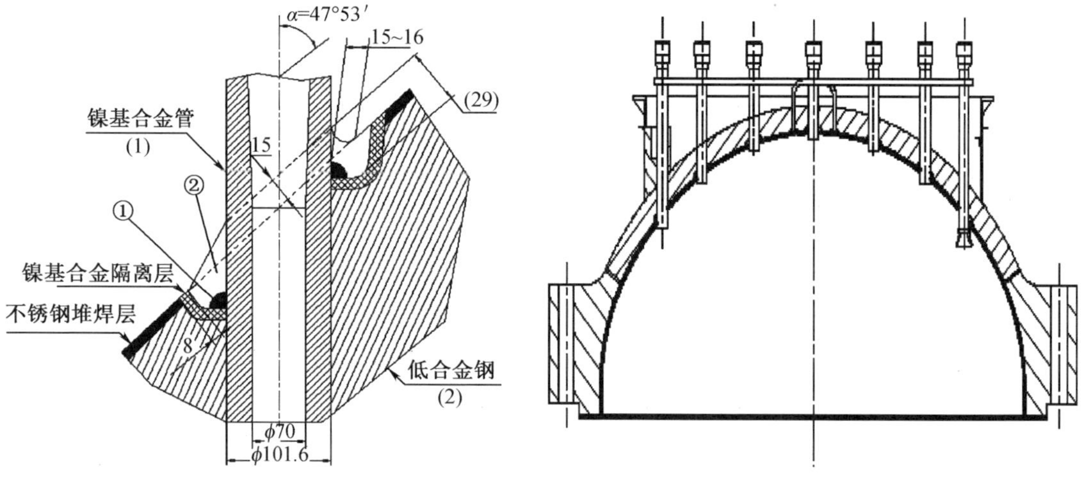

图3－69　CRDM管结构设计

(4)适用性文件《预热、层温、后热和焊后热处理总要求》《对焊接操作的附加要求》和《焊接的总要求》。

(三) 要点简介

J形坡口自动TIG焊机应用于600MW级、1000MW级和第三代核电站核岛主设备压力容器顶盖上CRDM管座与封头J形接头的镍基合金焊接。J形坡口自动焊机的主要功能是实现特殊位置脉冲钨极自动氩弧焊，用于贯穿件管座与封头之间特殊接头的焊接。此贯穿件管座轴线与封头轴线平行，贯穿件管座与封头之间连接为非焊透型的镍基合金焊接接头，空间形状特殊。

J形坡口机器人自动TIG焊接设备，J形坡口自动TIG焊接机器人如图3－70所示，是目前核电制造业最精密和最先进的焊接装置之一，集成了先进的电气控制系统、信号采集处理系统、传感系统、机械传动系统、焊接过程和参数控制系统。

J形坡口机器人焊接装备为具有自动功能的焊接机械，初步设计由控制系统、遥控器、焊接电源、焊接机头（机械臂）和辅助设备构成，具有灵巧、轻便的特点，方便移动，以适应不同堆型压力容器J形坡口焊接任务；具有较高的智能，对于三维空间坡口形状能自动生成和跟踪焊缝轨迹，自动修正焊缝轨迹并调整焊炬姿态，自动调节焊接电参数规范控制焊接质量。为了实现复杂J形坡口自动焊接功能，对焊接设备机械、信号采集处理和控制提出严格要求：

（1）具备灵巧机构（焊接机械臂），多个运动轴合成，实现焊接电弧的运动、焊丝送进和焊炬姿态的调节，满足管－球相连特殊坡口焊接；机头可达性好，专为狭小空间设计机头结构，防止工件干涉。

（2）稳定的高精度数字化电源，通过程序控制，实现焊接电流、电压、频率、波形、分段设置参数等；具备软件升级功能、焊接过程参数显示、记录等功能。

（3）具备不同的传感器，以探测焊缝坡口形状与位置、焊接温度场、熔池状态、熔透情况等。

（4）强大的传感器信号识别、处理系统，迅速适时地提供需要的控制参数，及时调整焊接参数和机械位置。

（5）合适的控制策略和方法，例如采用线性控制和各种非线性控制、模糊控制等，具备全自动完成焊接过程能力。

图3－70　J形坡口自动TIG焊接机器人

二、GTAW－A－02焊接工艺规程

J形坡口隔离层堆焊技能操作焊接工艺规程见表3－39，隔离层堆焊实物照片如图3－71所示。

表 3-39　J 形坡口隔离层堆焊技能操作焊接工艺规程

编号:GC-GTAW-A-2-1　Rev. A

技能考试项目代号	PC600 GTAW-A 02 04 06 08 Z1		
工艺评定报告编号/依据标准/有效期	PQR×××/RCC-M 2000+2002 补遗/长期有效	自动化程度/稳压系统/自动跟踪系统	自动焊/自动跟踪系统
焊接接头		焊接接头简图(有衬垫的应标明衬垫的形式和截面尺寸):	
坡口形式	J 形	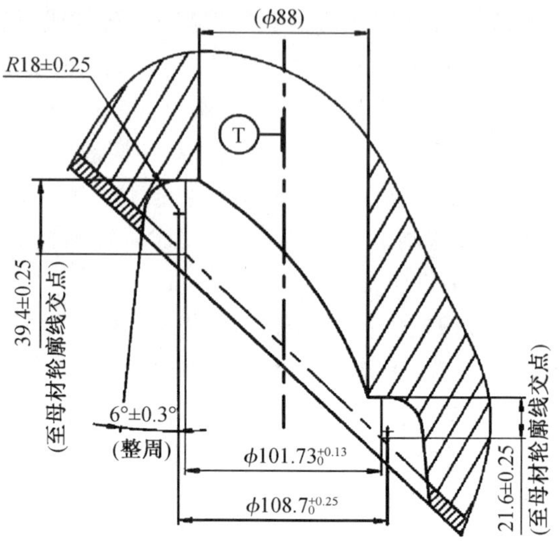	
垫(材料)	—		
焊缝金属厚度	7.5~8.5 mm		
管子直径	—		
焊机型号	PC600		

母材		填充金属	
类别号	低合金钢	焊材类型(焊条、焊丝、焊带等)	焊丝
牌号	16MND5	焊材型(牌)号/规格	ERNiCrFe-7A/ϕ0.9 mm
规格	试板 1 块,450 mm×300 mm×110 mm	焊剂型(牌)号	—
焊接位置		**保护气体类型/混合比/流量**	
焊接位置	立焊(PF)	正面	Ar 99.99%/35 L·min^{-1}
焊接方向	—	背面	—
其他	—	尾部	—
预热和层间温度		**焊后热处理**	
最低预热温度	-5 ℃	温度范围	—
最高层间温度	177 ℃	保温时间	—
预热方式		其他	—

焊接技术			
最大热输入	—		
喷嘴尺寸	—	导电嘴与工件距离	—
清根方法	—	焊缝层数范围	3~4 层
钨极类型/尺寸	Wc20/ϕ3.2 mm	熔滴过渡方式	—
直向焊、摆动焊及摆动方法		摆动焊	
背面、打底及中间焊道清理方法		用角向砂轮打磨清理	

表 3－39(续)

焊接参数						
焊接方法	焊材		焊接电流		电压范围/V	焊接速度/(cm · min^{-1})
	型(牌)号	规格/mm	极性	范围/A		
GTAW－A	ERNiCrFe－7A	ϕ0.9	直流正接	160(基值)～220(峰值)	—	90～120

工艺说明	操作要领
(1)本规程根据 NNSA－HAJ－0002－2019 编制。 (2)试件坡口形式和尺寸应当满足焊接工艺规程的要求。 (3)采用 PC600 交流电源和 RTE476L 机器人焊接系统进行焊接。 (4)操作考试前,应当在主考人、监考人与焊接操作工共同在场确认的情况下,在试件上标注焊接操作工项目考试编号。 (5)焊接完成后,目视检验(VT)按照 NNSA－HAJ－0002－2019 5.2 中的目视检验要求执行。 (6)试件渗透检验(PT)和超声波检验(UT)应按照《核电厂核岛机械设备无损检测第 3 部分:射线检测》(NB/T 20003.3—2010)中一级焊缝的检验要求执行	(1)技能评定用试件的待焊表面和两侧各 25 mm 范围内应当清理干净,去除铁屑、氧化皮、油、锈和污垢等。 (2)技能评定试件开始焊接后,焊接位置不得改变。 (3)技能评定试件焊缝表面焊层在目视检验前不允许修磨,检验合格后允许修磨。 (4)除表面焊层以外,允许焊接操作工在监考人员同意时,修磨去除轻微的缺陷。 (5)技能评定试件的焊缝不允许返修。 (6)所有检验结果均应当按照相关要求编制报告。 (7)焊接操作工或技能评定监督人员按照要求记录焊接过程实际参数

编制	×××	审核	×××	批准	×××
日期	×××	日期	×××	日期	×××
编制单位名称			×××股份有限公司		

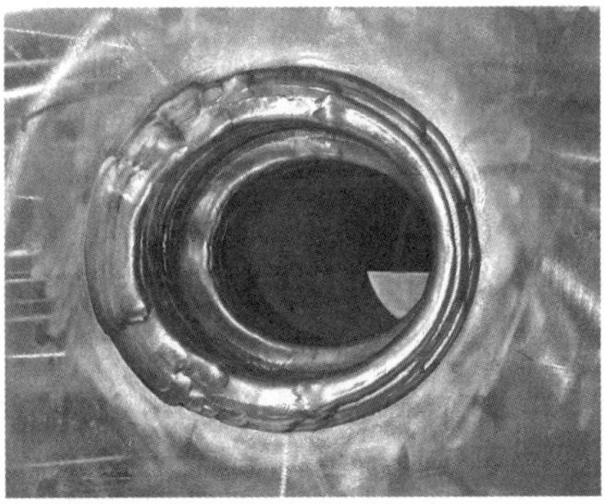

图 3－71　隔离层堆焊实物

J 形坡口密封焊对接焊技能操作焊接工艺规程见表 3－40,密封焊实物照片如图 3－72 所示。

表 3-40　J 形坡口密封焊对接技能操作焊接工艺规程

编号:GC-GTAW-A-2-2　Rev. A

技能考试项目代号	PC600 GTAW-A 02 04 06 08		
工艺评定报告编号/依据标准/有效期	PQR×××/RCC-M 2000+2002 补遗/长期有效	自动化程度/稳压系统/自动跟踪系统	自动焊/自动跟踪系统

焊接接头		焊接接头简图(有衬垫的应标明衬垫的形式和截面尺寸):
坡口形式	J 形	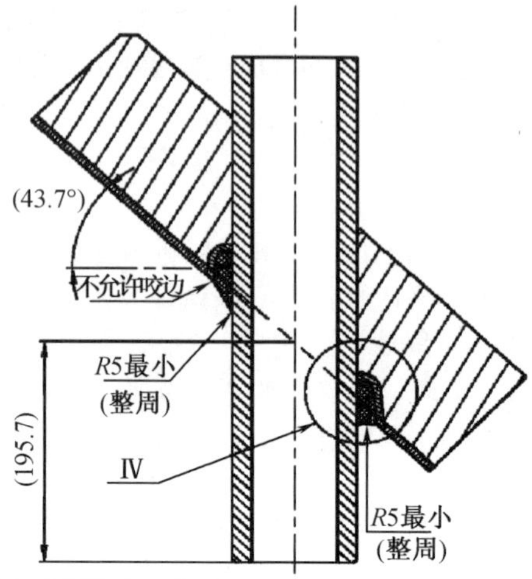
垫(材料)	—	
焊缝金属厚度	24 mm	
管子直径	—	
焊机型号	PC600	

母材		填充金属	
类别号	低合金钢+镍基隔离层 镍基合金	焊材类型 (焊条、焊丝、焊带等)	焊丝
牌号	16MND5+镍基隔离层 NC 30 Fe 或等效材料	焊材型(牌)号/规格	ERNiCrFe-7A,ϕ0.9 mm
规格	试板 1 块:450 mm×300 mm×110 mm 管子 1 根:ϕ70 mm×450 mm	焊剂型(牌)号	—

焊接位置		保护气体类型/混合比/流量	
焊接位置	立焊(PF)	正面	Ar 99.99%/35 L·min^{-1}
焊接方向	—	背面	—
其他	—	尾部	—

预热和层间温度		焊后热处理	
最低预热温度	-5 ℃	温度范围	—
最高层间温度	177 ℃	保温时间	—
预热方式		其他	—

焊接技术			
最大热输入	—		
喷嘴尺寸	—	导电嘴与工件距离	—
清根方法	—	焊缝层数范围	8~12 层
钨极类型/尺寸	Wc20/ϕ2.4	熔滴过渡方式	—
直向焊、摆动焊及摆动方法		摆动焊	
背面、打底及中间焊道清理方法		用角向砂轮和风磨笔打磨清理	

表 3－40(续)

焊接参数						
焊接方法	焊材		焊接电流		电压范围/V	焊接速度/(cm·min⁻¹)
	型(牌)号	规格/mm	极性	范围/A		
GTAW－A	ERNiCrFe－7A	ϕ0.9	直流正接	主电流:160(基值)~220(峰值)	—	90~120
				叠加电流:50		

工艺说明	操作要领
(1)本规程根据 NNSA－HAT－0002－2019 编制。 (2)试件坡口形式和尺寸应当满足焊接工艺规程的要求。 (3)采用 PC600 交流电源和 RTE476L 机器人焊接系统进行焊接。 (4)操作考试前,应当在主考人、监考人与焊接操作工共同在场确认的情况下,在试件上标注焊接操作工项目考试编号。 (5)焊接完成后,目视检验(VT)按照 NNSA－HAJ－0002－2019 5.2 中的目视检验要求执行。 (6)超声波检验(UT)应按照《核电厂核岛机械设备无损检测第 3 部分:射线检测》(NB/T 20003.3—2010)中一级焊缝的检验要求执行。 (7)宏/微观检验按照 NNSA－HAJ－0002－2019 5.5 中的金相检验要求执行	(1)技能评定用试件的待焊表面和两侧各 25 mm 范围内应当清理干净,去除铁屑、氧化皮、油、锈和污垢等。 (2)技能评定试件开始焊接后,焊接位置不得改变。 (3)技能评定试件焊缝表面焊层在目视检验前不允许修磨,检验合格后允许修磨。 (4)除表面焊层以外,允许焊接操作工在监考人员同意时,修磨去除轻微的缺陷。 (5)技能评定试件的焊缝不允许返修。 (6)所有检验结果均应当按照相关要求编制报告。 (7)焊接操作工或技能评定监督人员按照要求记录焊接过程实际参数

编制	×××	审核	×××	批准	×××
日期	×××	日期	×××	日期	×××
编制单位名称			×××股份有限公司		

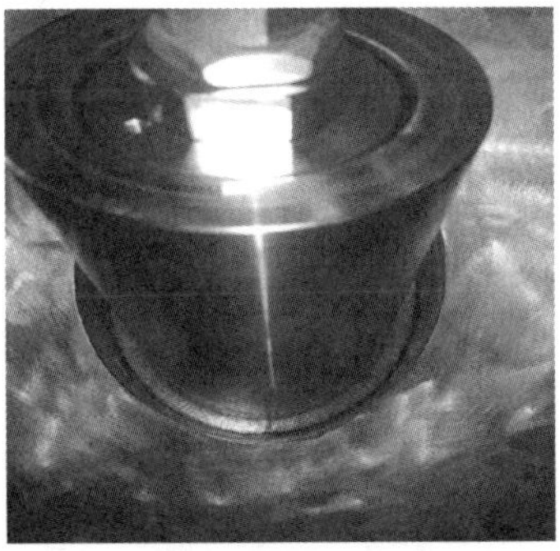

图 3－72　密封焊实物照片

三、常见焊接缺陷产生原因及解决方法

(一)气孔

产生部位:主要产生在焊缝接头引弧处和层间。

解决方法：清除坡口及其周围的油、锈和其他杂质。

（二）夹渣

产生部位：存在于各层焊道与母材的交接处。

解决方法：磨去除焊道的凹坑、沟槽、尖角和焊瘤，并清理干净打磨铁屑和打磨粉尘。

（三）咬边

产生部位：产生于焊缝焊趾处。

解决方法：选择合理的焊接参数，控制好焊接速度。

（四）焊接热裂纹

产生部位：焊缝收弧处、焊缝层间以及焊缝根部。

解决方法：选择合理的焊接参数，严格控制层间温度，控制好焊接速度，采用多层多道焊接，对焊缝收弧处、引弧处及焊道进行修磨。

（五）焊接变形

产生原因：焊接过程热输入过大，且焊接输入不对称，容易引起焊接变形。

解决办法：控制焊接热输入量；控制焊接过程道间和层间温度；焊接时采用多层分段对称施焊。

四、焊前准备

（一）隔离层堆焊

1. 试板材质与规格试板

材质：16MND5，规格：450 mm×300 mm×110 mm，数量 1 块。焊接试件的坡口形式及尺寸如图 3－73 所示。

2. 焊接隔离层堆焊焊枪

焊机采用的焊枪为水冷 TIG 机器人专用焊枪，根据机器人使用环境，具有高精度和强负载的特点，并满足双枪自动切换的功能，拆卸安装方便。

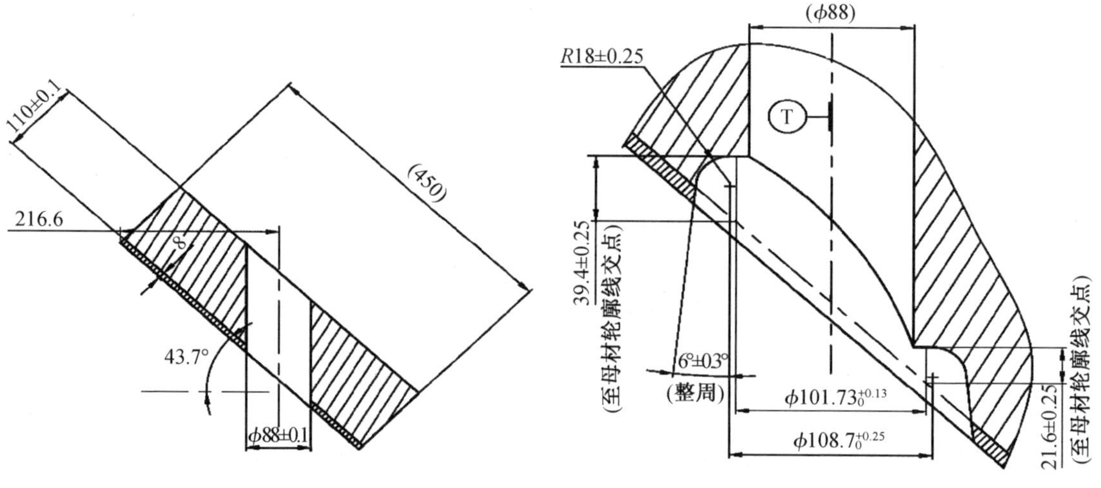

图 3－73　焊接试件的坡口形式及尺寸

隔离层堆焊焊枪安装于机器人端部，由焊枪、送丝机构、焊枪接口板、线束等构成。送丝机构包括送丝导管、热丝导电杆、导丝嘴,以及固定在焊枪上的机构。可使用0.8～1.2 mm 焊丝。热丝机构由热丝电缆、热丝导电杆和热丝导电嘴组成。焊接过程中,该机构将热丝电流传导到焊丝上,加热焊丝,以提高焊丝熔敷效率。隔离层堆焊焊枪如图 3－74 所示。

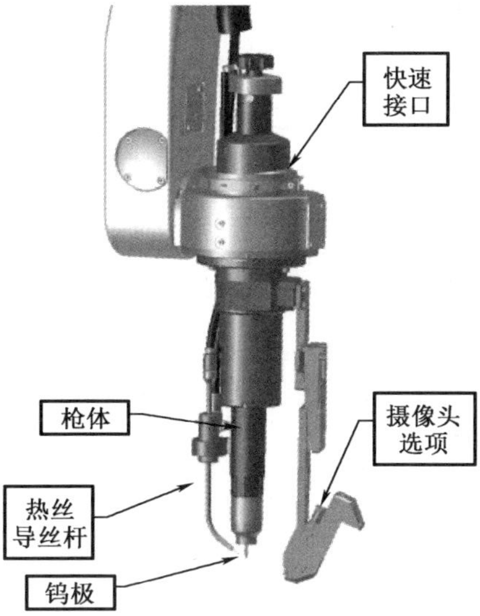

图 3－74　隔离层堆焊焊枪

3. 焊接材料

焊丝 ERNiCrFe－7A、ϕ0.9 mm。

4. 焊前准备

(1)工器具:数字型接触式测温仪、电动角向磨光机、头戴式面罩、钨极磨削机、氩气减压阀、显像剂(用于设备扫描试板位置)、砂轮片、钢丝刷。

(2)试件清理:必须去除表面氧化物、油、锈等,并且不得存在任何氧化痕迹,坡口表面打磨长度 10～50 mm,试管内壁用砂布打磨,砂出金属光泽。

(3)各轴校准:

①机械手 1～6 轴和外部轴 7～9 轴的零位校准;

②焊枪 TCP 校正;

③激光扫描器与钨极尖(TCP)的相对位置的确定,即激光扫描(每次更换钨极和气透镜都必须进行校准 TCP)。

(二)密封焊对接

1. 试板材质与规格试板

试板材质:16MND5＋镍基隔离层,规格:450 mm×300 mm×110 mm,数量 1 块。管子材质:NC 30 Fe 或等效材料,规格:ϕ70 mm×450 mm。焊接试件的坡口形式及尺寸如图 3－75 所示。

2. 密封焊窄间隙对接焊枪

密封焊窄间隙对接焊枪由焊枪、送丝机构、前后双路气、可升降和旋转 180°旋转气罩、摆动钨极组成。可精确配合焊接电源和机器人控制系统完成机器人焊接程序执行。密封焊窄间隙对接焊枪如图 3－76 所示。

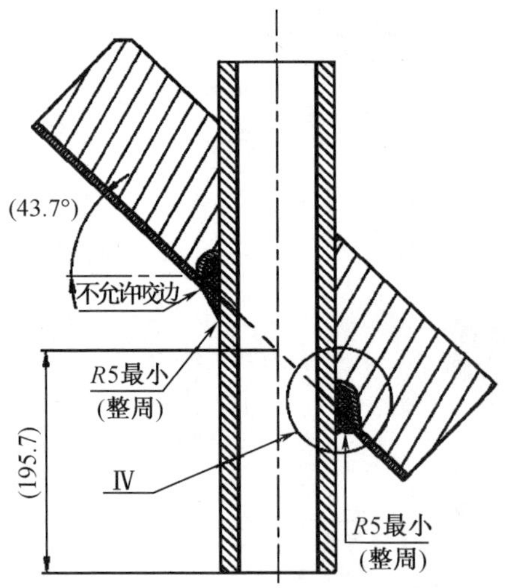

图 3-75　焊接试件的坡口形式及尺寸

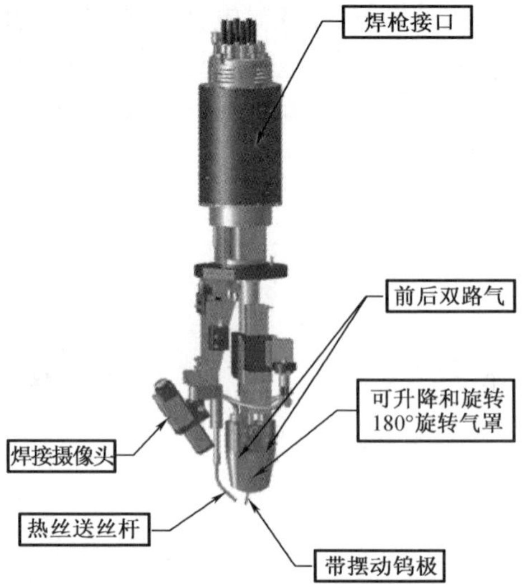

图 3-76　密封焊窄间隙对接焊枪

3. 焊接材料

焊丝 ERNiCrFe-7A、ϕ0.9 mm。

4. 焊前准备

(1)工器具:数字型接触式测温仪、电动角向磨光机、风磨笔、头戴式面罩、钨极磨削机、氩气减压阀、显像剂(用于设备扫描试板位置)、砂轮片、钢丝刷。

(2)试件清理:必须去除表面氧化物、油、锈等,并且不得存在任何氧化痕迹。

(3)内撑水冷防变形机构:此水冷机构至关重要,对镍基插管进行强制水冷,同时对镍基插管内壁提供支撑力,防止因焊接应力使镍基管的变形超差。焊接过程中 CRDM 管管座的变形量控制和 CRDM 管座变形量能否满足图纸中较小的变形量要求,机器人焊接程序及其空间轨迹的重复性和稳定性下降。

(4)试件装配:CRDM 管安放在液氮冷冻箱中冷却,冷却温度在 -196 ℃,并在取出后即可套入管孔内,达到管孔间隙过盈配合。

五、焊接操作

(一)隔离层堆焊焊接操作

通过机器人运动轨迹程序和焊接软件 POW 进行参数预置,按工艺规程参数编制程序,进行自动焊接,焊接过程中不需要人员干预。焊接机头选择堆焊焊枪,气体保护为 99.99% 的纯氩气,选择填充材料为 ERNiCrFe-7A 镍基材料焊丝,采用高频引弧,焊接过程中采用单道多层焊,填丝不摆动。

1. 轨迹验证

焊接第一道前,必须使用 K6 手操盒,进行验证机器人行走轨迹,如需要调整,按 CORR 修改键。

2. 焊接过程操作

(1)将机器人缓慢行走至起焊点上方,将速度调为慢速,点击 K6 手操盒“START”开始键,焊接机器人和焊接电源接到指令后,进行自动焊接,焊接时无须人工干预,可通过视频监控系统在中央控制台的液晶显示器上进行观察焊接过程，中央控制平台如图 3－77 所示；

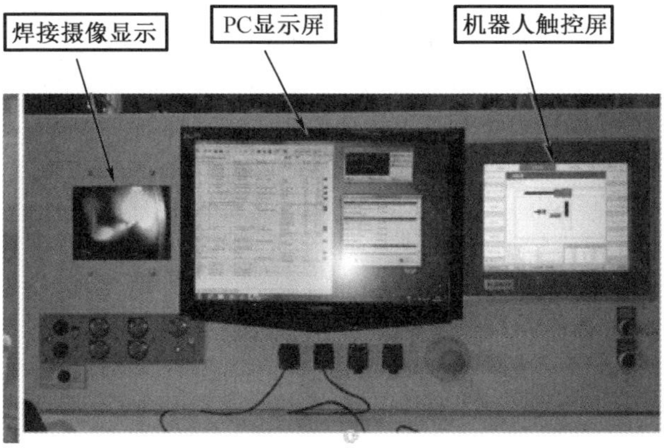

图 3－77　中央控制平台

（2）焊前和焊接过程中检查钨极伸出长度，每焊一个孔都需检查钨极烧损情况并用小锉刀轻磨钨极端部，注意及时更换钨极；

（3）焊接过程中需层间清理，控制层间温度；

（4）焊接过程中必须关注实时的焊接参数、电弧状态的变化，出现异常时要灵活有效应对，可使用焊接遥控器控制，如出现紧急情况可直接拍下急停按钮。

（二）密封焊对接焊

焊接机头更换为密封焊焊枪，气体保护为 99.99% 的纯氩气，选择填充材料为 ERNiCrFe－7A 镍基材料焊丝，规格：ϕ0.9 mm，采用高频引弧，焊接过程中采用单道多层焊，填丝不摆动。

1. 更换密封枪

（1）更换密封焊枪前必须关闭焊炬水冷箱电源、PC600－3 焊接电源和监控摄像系统和 LED 照明系统电源；

（2）使密封焊枪上部与下部支架、气罩上下移动及 LED 照明部件分离；

（3）固定支架在机器人手臂的第 6 轴上，使支架上的 3 个螺孔与机械手臂 6 轴的螺纹孔相对应，然后用 3 个螺杆固定；

（4）把密封焊枪上部小心放入 6 轴及固定支架，同时把相对应的电缆、水管、气管和送丝管穿过固定支架的孔；

（5）在固定支架处使用 3 个螺杆固定密封焊枪上部；

（6）安装摄像头和焊丝摆动装置的推动气缸；

（7）安装水冷导电杆的陶瓷绝缘管及锁紧环；

（8）安装 LED 电源、喷嘴及喷嘴上下移动集成装置到喷嘴旋转轴；

（9）安装送丝导向长管、送丝导向长管与固定支架的连接器、送丝铜管、送丝铜管内特氟龙塑料管、送丝嘴及焊接监控摄像头；

（10）连接所有电缆、固定电缆在合适的位置；

（11）连接焊接电缆、气管、水管、监控摄像头电缆到机器人 1 轴处的连接板（把颜色相同的进行连接），连接送丝管到送丝机，并把电缆束连接在平衡吊上；

（12）安装送丝导向长管与固定支架连接器。

2. 更换钨极

44 mm 标准钨极安装后的长度约为 31 mm,49 mm 加长钨极安装后的长度约为 36 mm。

3. 检测焊枪功能

(1)开启焊炬水冷箱电源、PC600 - 3 焊接电源、监控摄像系统和 LED 照明系统电源,检查接头处是否有漏水;

(2)测试气罩左、右旋转和上、下移动,是否会使钨极尖发生位置移动:

①使喷嘴位于上限位处旋转喷嘴,观察钨极尖是否有移动;

②使喷嘴位于钨极夹处旋转喷嘴,观察钨极夹是否有移动。

(3)调整摄像头焦距

旋转调节齿轮,直到摄像头焦距合适,监控图像清晰。

4. 更换激光扫描器支架

(1)更换密封焊枪使用的 ICAM 激光扫描器支架,测试摘取 ICAM 激光扫描器程序;

(2)运行测试机器人自动摘、取激光扫描器,在此过程中一定要仔细观察,如果发现异常,立即停止运行程序。

5. 零位校准

(1)机械手 1 ~6 轴和外部轴的 7 ~9 轴的零位校准(机器人各轴校零在更换焊枪之后、编辑一个新程序之前、修改旧程序之前和机器人本体或焊枪与其他物体发生碰撞后,零位易发生偏移,应进行基准校零,各轴未校零的机器人不能用于编程和焊接。一般来讲,1、2、3 应逐一进行校零,4、5、6 轴要同时校零,尤其是第 5 轴最易受外力所影响,导致第 5 轴零位丢失)。

(2)焊枪 TCP 校正。

(3)激光扫描器与钨极尖(TCP)的相对位置的确定,即激光扫描。同时,每次更换钨极和气透镜都必须进行校准 TCP。

6. 焊前扫描

使用激光器扫描工件得出坡口中心参考点坐标。

7. 焊接程序编程(焊接操作工不需要掌握)

(1)机器人编程(与对焊枪编程工序一致,参数改变);

(2)焊机编程。

8. 轨迹验证

焊接第一道前,必须使用 K6 手操盒,进行验证机器人行走轨迹,如需要调整,按 CORR 修改键,密封焊焊道示意图如图 3 - 78 所示。

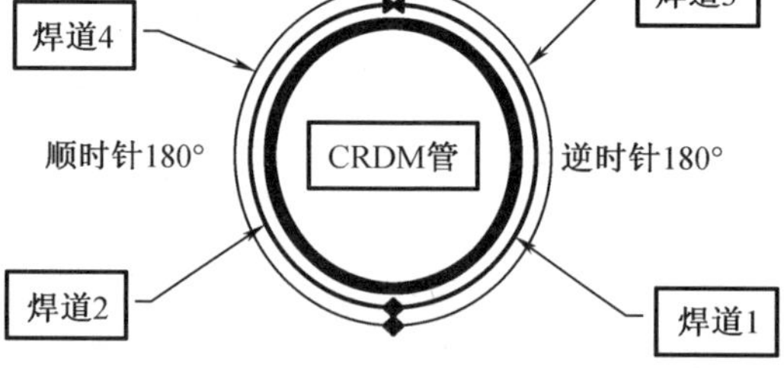

图 3 - 78　密封焊焊道示意图

9. 气体验证

在 POW 程序中设置气体保护 20 s,在 POW 中执行气体保护工序验证气体。

10. 焊接过程

(1)保证侧壁熔合:采用钨极角度偏置焊接,钨极偏转角度后对向侧壁,焊接时钨极角度不变。左侧焊道焊接时对向左侧保证左侧侧壁熔合良好,右侧焊道焊接时保证右侧熔合良好,左右焊道相互上下搭接约 1/3 焊缝宽度,保证焊道平整。

(2)将机器人缓慢行走至起焊点上方,将速度调为慢速,点击 K6 手操盒“START”开始键,焊接机器人和焊接电源接到指令后,进行自动焊接,焊接时无须人工干预,可通过视频监控系统在中央控制台的液晶显示器上进行观察焊接过程。

(3)焊前和焊接过程中检查钨极伸出长度,每焊一个孔都需检查钨极烧损情况并用小锉刀轻磨钨极端部,注意及时更换钨极。

(4)焊接过程中需层间清理,控制层间温度。

(5)焊接过程中必须关注实时的焊接参数、电弧状态的变化,出现异常时要灵活有效应对,可使用焊接遥控器控制。

(6)如出现紧急情况可直接拍下 K6 手操盒的急停按钮。

11. 注意事项

(1)气路连接:与气瓶相连接一定要用减压计,正常一瓶满气压力为 10 ~ 12 MPa,设置输出压力最低为 0.4 MPa,若气路较长,可将输出压力适当调大,0.5 ~ 0.6 MPa。

(2)蓝色水箱用于水冷焊枪,白色水箱用于水冷 ICAM,在更换焊枪或 ICAM 时,必须先关闭对应的水冷设备。

(3)一般一个程序中只能保存一个中断步点,在焊接中断后,若再从中断步点断续施焊,应先“ GOTO STEP”到中断步点,再“START ”开始焊接,否则容易撞枪。(注意:有时一个程序会产生两个中断步点或中断步点位置出错)

(4)注意 Linear 和 Non - Linear 模式时机器人运动的不同:Linear 机器人严格在两点之间走直线;Non - Linear 机器人选择最优路径运行,可能会与工件相撞,应极其谨慎的对待。

(5)当机器人本体或焊枪与其他物体发生碰撞后,要按照如下程序进行检查和恢复:

①目视检查机器人本体是否受损;

②对机器人各轴进行校零;

③目视检查焊枪是否受损;

④TCP 检查;

⑤进行激光校准。

六、焊后检查

(一)隔离层堆焊检查

待试板完全焊完冷却后,仔细检查焊缝外观并检查尺寸,堆焊隔离层后的实物图如图 3 - 79 所示。

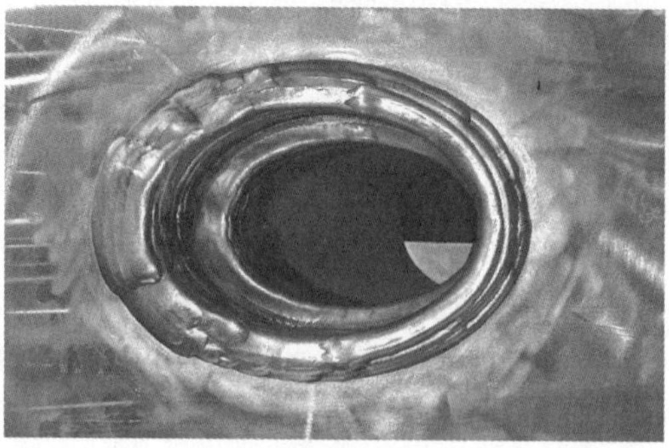

图 3-79 隔离层堆焊实物图

(二)密封焊对接焊焊缝检查

1. 外观检查(VT)

不允许缺陷,焊缝表面应保持原始状态,不得有任何修磨及补焊,表面不应有裂纹、未熔合、夹渣、气孔、焊瘤、未焊透等缺陷。

2. 渗透(PT)检查

角接接头组合焊缝进行打磨后,检验人员按照 NB/T 20003.3—2010 中一级焊缝的检验要求对焊缝做 PT 检验,并出具 PT 检查报告。

3. 超声波(UT)检验

角接接头组合焊缝超声波(UT)检验应按照 NB/T 20003.3—2010 中一级焊缝的检验要求执行并出具 UT 检查报告。。

4. 金相观检验(GBT)

角接接头组合焊缝切割成金相试样后,宏/微观检验按照 NNSA - HAJ - 0002 - 2019 5.5 中的金相检验要求执行。

七、焊接操作工培训自我评价记录表的填写

(一)焊接操作工自我评价

GTAW - A - 02 项目焊接操作工培训自我评价记录表共包括劳保用品的穿戴、焊接辅助工具准备、焊接设备检查、焊接工装夹具检查、文件准备、焊接过程、焊后和安全八个方面。其中前五个方面的内容必须在焊前检查确认,第六方面是在焊接过程中边焊边记录,第七方面是焊后对设备、工具、文件等的检查记录,第八方面则是安全文明生产。

(二)技能教师评价

GTAW - A - 02 经过一段时间的培训,焊接操作工基本上掌握了 J 形坡口机器人自动钨极惰性气体保护焊的操作技术,培训教师应对焊接操作工的技能水平做出评价,并根据培训是否合格确定该焊接操作工能否参加 NNSA - HAJ - 0002 - 2019 项目考试。

八、技能评定报告编制

(一)J 形坡口堆焊是 RPV 上封头的焊接中一个难关

J 形坡口堆焊是 RPV 上封头的焊接中一个难关,现可实现自动化焊接,但对焊接质量

要求更高，J 形坡口自动化焊接的难点是机器人程序编制，要求操作者不仅有过硬的焊接技术，更要学习并掌握机器人编程，更需操作者有强烈的工作责任心和质量意识，才能焊出优质的产品。

（二）焊接过程中容易出现缺陷

反应堆压力容器是核电设备中的重要核心部件，CRDM 管与封头密封焊对接焊，其重要性也就决定了该焊接焊缝必须达到最高、最好的要求。焊接过程中容易出现气孔、夹渣、咬边、热裂纹等缺陷，要求操作者在焊接过程中选择合理的参数，注意严格控制层间温度，控制好焊接速度，采用多层多道焊接，对焊缝收弧处、引弧处及焊道进行修磨。

（三）技能评定报告

GTAW－A－02 是民用核安全设备焊接操作工培训、考试和取证基本项目之一，故学习和掌握该项目的操作技术非常重要，对保证核电设备的焊接质量至关重要。通过长期的培训实践证明，本书所介绍的操作技术不仅方便焊接操作工学习和掌握，焊接质量好，合格率高，而且缩短了培训周期，是一种行之有效的焊接技能操作技术。

本项目的焊接操作工技能评定报告见表 3－41 J 形坡口隔离层堆焊和表 3－42 J 形坡口密封焊焊接。

表 3－41　J 形坡口隔离层堆焊的焊接操作工技能评定报告

评定日期	×××	编号	GTAW－A－2020－02
姓名	×××		照片
身份证号	×××		
聘用单位	×××股份有限公司		
焊接操作工编号	×××		
焊接工艺规程	GC－ GTAW－A－2－1		
技能评定项目代号	PC600 GTAW－A 02 04 06 08 Z1		
	代号	含义	适用范围
焊接方法	GTAW－A	自动钨极惰性气体保护焊	自动钨极惰性气体保护焊
焊机型号	PC600＋RTE476L	PC600＋RTE476L	同样机器人焊机型号
试件形式	—	—	—
焊缝形式	—	—	—
填充材料	—	—	—
焊缝金属厚度/mm	—	—	—
板材厚度/mm	—	—	—
管材外径/mm	—	—	—
焊接位置	—	—	—

表 3－41(续)

焊接要素	02	有(实芯焊丝)	有或无(实芯焊丝)
	04	有弧压传感控制或焊缝传感控制	有弧压传感控制或焊缝传感控制
	08	有自动跟踪系统	仅限有自动跟踪系统
	CRC P600	焊接控制系统编号	CRC P600 焊接控制系统
	Z1	奥氏体－铁素体不锈钢与镍基合金的堆焊和预堆边	奥氏体—铁素体不锈钢和镍基合金的堆焊和预堆边
特殊焊缝技能评定			

检验情况					
检验项目		检验结果	试验报告编号		
项目考试目视检验报告		合格	GTAW－A－02－A01－01－VT－2020－焊考－001		
项目考试渗透波检验报告		合格	GTAW－A－02－A01－1－01－PT－2020－焊考－001		
项目考试超声波检验报告		合格	GTAW－A－02－A01－1－01－UT－2020－焊考－001		
项目考试金相检验报告		合格	GTAW－A－02－A01－1－01－GBT－2020－焊考－001		
编制	×××	审核	×××	批准	×××

表 3－42　J 形坡口密封焊的焊接操作工技能评定报告

评定日期	×××	编号	GTAW－A－2020－02
姓名	×××		照片
身份证号	×××		
聘用单位	×××股份有限公司		
焊接操作工编号	×××		
焊接工艺规程	GC－ GTAW－A－2－2		
技能评定项目代号	PC600 GTAW－A 02 04 06 08		
	代号	含义	适用范围
焊接方法	GTAW－A	自动钨极惰性气体保护焊	自动钨极惰性气体保护焊
焊机型号	PC600＋RTE476L	PC600＋RTE476L	同样机器人焊机型号
试件形式	—	—	—
焊缝形式	—	—	—
填充材料	—	—	—
焊缝金属厚度/mm	—	—	—
板材厚度/mm	—	—	—
管材外径/mm	—	—	—
焊接位置	—	—	—

表 3－42(续)

焊接要素	02	有(实芯焊丝)	有或无(实芯焊丝)
	04	有弧压传感控制或焊缝传感控制	有弧压传感控制或焊缝传感控制
	08	有自动跟踪系统	仅限有自动跟踪系统
	CRC P600	焊接控制系统编号	CRC P600 焊接控制系统
特殊焊缝技能评定			

检验情况

检验项目	检验结果	试验报告编号
项目考试目视检验报告	合格	GTAW－A－02－A01－02－VT－2020－焊考－001
项目考试超声波检验报告	合格	GTAW－A－02－A01－1－02－UT－2020－焊考－001
项目考试金相检验报告	合格	GTAW－A－02－A01－1－02－GBT－2020－焊考－001

编制	×××	审核	×××	批准	×××

第四章　真空电子束焊

第一节　真空电子束焊简介

一、真空电子束焊概述

电子束焊接(electro beam welding,EBW),是利用加速和聚焦的电子束轰击置于真空或非真空中的焊件所产生的热能进行焊接的方法。电子束焊接因具有不用焊条、不易氧化、工艺重复性好及热变形量小的优点而广泛应用于航空航天、原子能、国防及军工、汽车和电气电工仪表等众多行业。

电子束焊接的基本原理是电子枪中的阴极由于直接或间接加热而发射电子,该电子在高压静电场的加速下再通过电磁场的聚焦就可以形成能量密度极高的电子束,用此电子束去轰击工件,巨大的动能转化为热能,使焊接处工件熔化,形成熔池,从而实现对工件的焊接。

经过电子枪产生,并由高压加速和电子光学系统汇聚成的功率密度很高的电子束撞击到工件表面,电子的动能转换为热能,使金属迅速熔化和蒸发。在高压金属蒸汽的作用下,熔化的金属被排开,电子束就能继续撞击深处的固态金属,同时很快在被焊工件上钻出一个锁性小孔,小孔的周围被液态金属包围,通过电子枪发射出的电子束流形成的电子束径(焦点直径)一般为0.2~0.6 mm,能量密度可达106 W/cm^2,足以使任何金属瞬间气化。随着电子束与工件的相对移动,液态金属沿小孔周围流向熔池后部,逐渐冷却、凝固形成焊缝。而真空电子束焊与电子束焊的主要区别在于附加了真空室,被焊件置于真空室中,消除了焊接过程中有害气体以及其他物质对焊缝的冶金影响,真空电子束焊设备结构详见图4-1。

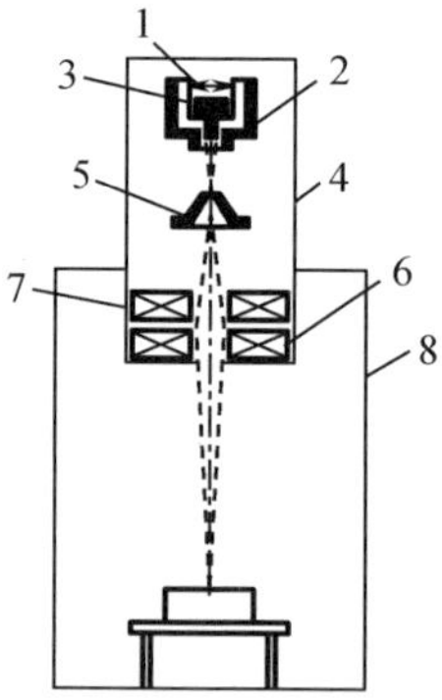

1—灯丝;2—聚束极;3—阴极;4—电子枪;5—阴极;6—熔池;7—焊丝;8—惰性气体。

图4-1　真空电子束焊示意图

本章主要介绍真空电子束焊。

二、真空电子束焊的优缺点

（一）优点

（1）几乎可以焊接各种金属，如黑色金属、有色金属、活性金属及其合金，因为电子束功率高达105－107 W/cm^2，比电弧焊高1 000倍以上，所以可以方便地焊接耐熔材料，如钨、钼等。

（2）焊缝熔区既深又窄，深宽比可达50:1，焊件变形可忽略不计，很多精密零件焊后仍然保持精度，并不需要再次精加工，比常规焊接方法可节省大量工时。对于无法整体加工的零件可以采用两件甚至三件后采用此法来进行焊接起来，这样对于原加工工艺可以减少难度，省时、省料甚至可使零件的结构变得更加合理。

（3）电子束不仅能量密度高而且可精确调整，被焊零件的厚度可薄至0.05 mm，厚至300 mm（钢），如果要是铝可达到550 mm，最主要的是不用开坡口一次就焊透。

（4）因为焊接在真空中进行，可以避免空气中的氢和氧对焊缝的影响，可高质量地完成对较活性的材料焊接，如钼、铀、钛等。

（5）对于两种物理性质差别很大的材料也可焊接，比如非常薄的铜片与非常厚的钢制零件焊接到一起。

（6）因为电子束的能量非常高，拿0.8 mm钢板来说，焊速可达200 mm/s，如果要焊接200 mm厚的锰钢，焊速也可达300 mm/min，这是常规焊接方法可望而不可即的。

（7）由于焊速快，温度高，所以焊接熔区非常小，这就决定了输入能量比常规焊接小得多，因此热影响区就很小，这对材料本身性能影响就小，这对各类敏感器探头的封装是非常有利的。

（8）由于电子束的能量可以非常精确地控制，这样，采用同样工艺焊接的产品，前后各零件的尺寸差别是非常小的，这也是常规焊接无法企及的。

（二）不足之处

（1）由于设备结构复杂，尺寸相对于手工焊机要大得多，对工件的结构和位置要求高，施工便利性差。

（2）焊接前对接头加工、装配要求严格，以保证接头位置准确，间隙小而且均匀。

（3）真空电子束焊接时，被焊工件尺寸和形状常常受到真空室的限制。

（4）电子束焊设备涉及很多学科，如高电压、真空、电子光学、各类电源与控制、计算机技术和精密机械等，这就要求了操作人员和维修人员要求很高的素质要求，也因此未能普及。

（5）电子束焊设备成本非常昂贵，尤其是真空电子束焊。

（6）电子束易受杂散电磁场的干扰，影响焊接质量。

（7）电子束焊时产生的X射线需要严加防护以保证操作人员的健康和安全。

三、真空电子束焊的应用

（1）电子束焊接因具有不用填充材料、不易氧化、工艺重复性好及热变形量小的优点而广泛应用于航空航天、原子能、国防及军工、汽车和电气电工仪表等众多行业。

（2）真空电子束焊由于能量集中，其焊缝的深宽比大，焊接速度快，热影响区小，其适用于各种厚度板材的焊接，且焊后变形极小，可忽略不计。

（3）真空电子束焊在真空状态下焊接，焊缝不发生氧化且能得到进一步净化，因此几乎可焊接所有金属和合金，如碳钢、合金钢、耐热合金、难熔金属，也包括黑色金属、有色金属、活性金属及其合金。

NNSA－HAJ－0002－2019 中真空电子束焊的英文缩写 EBW；《焊接及相关工艺方法代号》（GB/T 5185—2005/ISO 4063：1998）中的代号为 76。

本章主要讲述真空电子束焊技能操作技术，介绍了焊前准备、待焊面、清理、装配、点焊固定、程序设定、设备操作、维护保养等基本操作技术，介绍了常用的焊接考试项目的奥氏体不锈钢板对接横位真空电子束焊的基本操作要领。

第二节　奥氏体不锈钢板对接横位真空电子束焊

本教案对核电真空电子束焊奥氏体不锈钢板对接横位焊接技能操作项目的要点、焊接工艺规程、常见焊接缺陷产生原因及解决方法、焊前准备、焊接操作、焊后检查、焊接操作工培训自我评价记录表的填写以及技能评评定报告的编制等方面进行了较详细的介绍。

为了叙述方便，NNSA－HAJ－0002－2019 项目代号为 YDWH－LARA52－EBW－A ss mb 01 05 的奥氏体不锈钢板对接横位真空电子束焊以下均称为“EBW－A－01”。

一、本项目要点简介

EBW－A－01 项目 I 型坡口横位置焊接对工艺参数以及过程控制要求高，主要体现在焊前准备、清洁度控制、点焊装配、焊接参数控制、焊缝成形控制等方面。

（一）适用范围

本教案适用于核电真空电子束焊奥氏体不锈钢板对接平位焊接的技能培训，也可用于生产产品的焊接指导或技能教师在培训学员时的教学方法。

（二）教案编写依据

（1）NNSA－HAJ－0002－2019。

（2）奥氏体不锈钢板对接横位真空电子束焊接焊接工艺规程，编号：GC－EBW－A－1。

（3）适用性文件《预热、层温、后热和焊后热处理总要求》《对焊接操作的附加要求》和《焊接的总要求》。

二、EBW－A－01 焊接工艺规程

EBW－A－01 项目的焊接工艺规程见表 4－1。

表 4-1　奥氏体不锈钢板对接横位焊接焊接工艺规程

编号：GC-EBW-A-1　Rev. A

技能考试项目代号	YDWH-LARA52-EBW-A ss mb 01 05		
工艺评定报告编号/依据标准/有效期	PQ/TSD-PQR ×× RCC-M /无限制	自动化程度/稳压系统/自动跟踪系统	自动焊/有/有

焊接接头		
坡口形式		I 型
衬垫(材料)		有
焊缝金属厚度		4.8 mm
管子直径		不适用
其他	试件数量	1 付
	衬垫牌号	304NG
	衬垫规格	410 mm×50 mm×7.5 mm
	挡板牌号	不适用
	挡板规格/mm	不适用
	施焊顺序	点焊，熔深焊

焊接接头简图(有衬垫的应标明衬垫的形式和截面尺寸)：

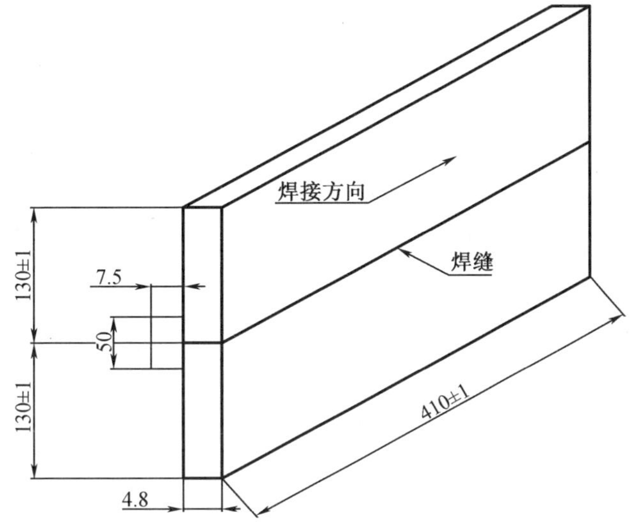

母材		填充金属	
类别号	Ⅵ	焊材类型(焊条、焊丝、焊带等)	不适用
牌号	304NG	焊材型(牌)号/规格	不适用
规格	试板：410 mm×130 mm×4.8 mm(2 块)	焊剂型(牌)号	不适用
焊接位置		**保护气体类型/混合比/流量**	
焊接位置	横焊	正面	不适用
焊接方向	不适用	背面	不适用
其他	无	尾部	不适用

预热和层间温度		焊后热处理		
预热温度	≥15 ℃	温度范围		(410±10)℃
层间温度	≤175 ℃	保温时间		2 h
预热方式	不适用	其他	进出炉温/℃	进炉(≤120)，出炉(260)
			升降温速度/(℃·h^{-1})	升温(40～80)，降温(20～110)

焊接技术			
最大热输入	/		
喷嘴尺寸	不适用	导电嘴与工件距离	(175±8.5)mm
清根方法	不适用	焊缝层数范围	2～3
钨极类型/尺寸	不适用	熔滴过渡方式	不适用
直向焊、摆动焊及摆动方法		不摆动焊	
背面、打底及中间焊道清理方法		点焊及中间焊道打磨或钢刷清理	

表 4-1(续)

<table>
<tr><td colspan="9">焊接参数</td></tr>
<tr><td>焊层</td><td>真空度
/Pa</td><td>枪至工件
距离/mm</td><td>电子束流
/mA</td><td>电子枪
电压/kV</td><td>阴极尺寸
/mm</td><td>聚焦电流
/A</td><td>功率
/kW</td><td>焊接速度
/(mm · min^{-1})</td></tr>
<tr><td>点焊层</td><td>$\leqslant 7\times10^{-2}$</td><td>175±8.5</td><td>10±1</td><td>50</td><td>2</td><td>2.11±0.2</td><td>±10%</td><td>1000</td></tr>
<tr><td>熔深焊层</td><td>$\leqslant 7\times10^{-2}$</td><td>175±8.5</td><td>47±1</td><td>50</td><td>2</td><td>2.08±0.2</td><td>±10%</td><td>600~800</td></tr>
<tr><td colspan="4">工艺说明</td><td colspan="5">操作要领</td></tr>
<tr><td colspan="4">(1)本规程根据 NNSA-HAJ-0002-2019 编制。
(2)使用 LARA52 型焊接工作站设备进行焊接。
(3)操作考试前,应当在主考人、监考人与焊接操作工共同在场确认的情况下,在试件上标注焊接操作工项目考试编号。
(4)焊接完成后,目视检验(VT)按照 NNSA-HAJ-0002-2019 5.2 中的目视检验要求执行。
(5)试件射线检验(RT)应按照《核电厂核岛机械设备无损检测第 3 部分:射线检测》(NB/T 20003.3—2010)的要求进行,焊缝质量应符合一级焊缝的检验要求。
(6)试样按照 NNSA-HAJ-0002-2019 5.4 中的弯曲试验要求的条件和方法做一个面弯试验和一个背弯试验。
(7)所有检验结果均应当按照相关要求编制报告</td><td colspan="5">(1)操作考试前,焊前工件表面应用酒精或丙酮清洗干净,并吹干。
(2)试件坡口形式和尺寸应当满足焊接工艺规程的要求。
(3)焊前应对磁性材料进行退磁处理;焊前严格按工艺规范进行焊接电流的调试;焊前要保证真空室的真空度值。
(4)允许加引弧板和熄弧板。焊接过程每一焊道中间不得停弧。
(5)技能评定试件焊缝表面焊层在目视检验前不允许修磨,检验合格后允许修磨。
(6)除表面焊层以外,允许焊接操作工在监考人员同意时,修磨去除轻微的缺陷。
(7)技能评定试件的焊缝不允许返修。
(8)焊接操作工或技能评定监督人员按照要求记录焊接过程实际参数</td></tr>
<tr><td>编制</td><td>×××</td><td>审核</td><td>×××</td><td colspan="2">批准</td><td colspan="3">×××</td></tr>
<tr><td>日期</td><td>×××</td><td>日期</td><td>×××</td><td colspan="2">日期</td><td colspan="3">×××</td></tr>
<tr><td colspan="3">编制单位名称</td><td colspan="6">×××股份有限公司</td></tr>
</table>

三、常见焊接缺陷产生原因及解决方法

(一)奥氏体不锈钢的焊接性

不锈钢除了具有很强的化学稳定性以外,还具有足够的强度和塑性,在一定的高温和低温下具有稳定的力学性能和耐腐蚀性能。奥氏体不锈钢因组织无淬硬性,因此焊接性良好,焊接时无须采用特殊工艺,一般的熔焊方法,如焊条电弧焊、埋弧焊、惰性气体保护焊、等离子弧焊等,均可获得优质的焊接接头。

假如焊接填充材料选用不当或工艺不正确,有可能产生晶间腐蚀、焊接热裂纹、475 ℃脆性和 σ 相脆化等缺陷。奥氏体不锈钢在 400~850 ℃加热或缓慢冷却时会产生严重的晶间腐蚀破坏,主要是由于晶界析出富铬的 $Cr_{23}C_6$,是其周围基体形成贫铬区造成的。普通熔焊热影响区常处于该温度区间,极易出现晶间腐蚀,甚至造成晶粒脱落,发生脆断。因此,将真空电子束焊运用到奥氏体不锈钢的焊接中是比较理想的。

（二）焊接缺陷

电子束焊缝的外部和内部缺陷主要有焊瘤、咬边、弧坑、焊缝表面下陷、未焊透、气孔、熔池根部缺陷及裂纹等，此外电子束焊缝特有的缺陷有由于剩磁或干扰磁场造成的焊道偏离等。

（三）常见焊接缺陷产生的原因

焊瘤有局部的，也有在焊缝全长内呈周期性忽高忽低的。焊瘤常和未焊透、咬边、表面下陷或内部气孔等缺陷同时发生。为防止产生焊瘤，应选择合理的焊接工艺参数，尤其是焊接速度要控制在允许范围内。

电子束焊接通常不填充焊料，在焊缝两侧很容易形成咬边缺陷，尤其是在穿透焊和高速焊接时更为严重。为避免该缺陷，应选择较小的焊接线速度和焊接束流；由于电子枪合轴不良产生的咬边要分析原因，一般可能是灯丝装卡不正造成的，可以重新检查灯丝夹具和胎具，如仍不能解决问题，则要重新调整枪体的合轴系统。

弧坑是电子束焊接过程中束流突然中断或束流启停时上升、下降过快造成的。为避免该缺陷，应合理选择束流上升时间和下降时间，防止电子束突然中断；应保持电子枪清洁、防止污染、避免由于放电导致的束流突然中断。

当束流过大、焊速过慢、焊缝间隙过大和焊缝边缘倒角过大时，由于金属的自重和金属蒸气的反作用力造成下陷。为避免产生这种缺陷，焊前需做好参数试验，选择参数时应尽量用较快的焊速，加快焊缝金属的冷却速度。

未焊透的原因主要有电子束线能量不够、焊接参数配合不当及电子束落点在焊缝全长内与焊缝有位置偏差等。未焊透大多数情况下是一种隐藏缺陷，因此在制定工艺时要严格控制焊接参数，另外焊前需调整好焊缝轨迹、严格清洗工件并保证无磁。

由于金属结晶速度快，导致气体未能完全从金属中溢出而造成气孔。气孔在焊缝中有的均匀分布、有的单独存在。要避免气孔，焊件必须严格清洗并经烘干处理，尽量不选用含氢、氮及氧等成分较高的材料。

在不穿透焊缝中，熔池根部缺陷与焊接时熔池的形成和金属的流动有密切关系，熔池越深越容易出现根部缺陷。电子束做圆形扫描有利于消除熔深不均；改变电子束焦点在工件内的位置也会影响熔深及其均匀程度；适当地散焦可加宽焊缝，有利于消除或减少熔深不均。

裂纹按其发生机理可分为热裂纹和冷裂纹两类。热裂纹是在焊缝金属由液态到固态转变的过程中产生的，如焊件中存在硫及磷等杂质过多就容易产生热裂纹。冷裂纹是在焊缝冷却过程中产生的，如含碳较高或合金元素较多就容易出现冷裂纹。一般地，材料的碳当量小于0.4% 时，基本不会产生裂纹，而当材料的碳当量大于0.6% 时，裂纹就很难完全避免。焊缝中含有过多的氢，也是导致冷裂的主要原因之一。

焊偏的发生除磁场干扰外，电子束焊缝窄也是其中一个原因，稍微对不准、焊件装夹不到位或夹具松动就会导致焊偏。

四、焊前准备

（1）焊接设备：LARA52 型。

（2）母材：304NG。

(3)辅具辅料:平板固定夹具。

(4)试件两块:410 mm×130 mm×4.8 mm。

(5)材质:304NG 或等效材料。

(6)试件清理:试板坡口两侧及背面 25 mm 范围内使用酒精或丙酮清洗待焊接部位,该部位应无水汽、油污及其他杂物。

(7)在试件上标注焊接操作工项目考试编号。

(8)焊前检查:启动焊机前,检查各处的接线是否正确、牢固可靠。

五、焊接操作

(一)设备主要参数

(1)真空焊接室(长×宽×高)(mm):7 000×1 000×1 200。

(2)不锈钢产品熔深范围(mm):0.1~40。

(3)设备总功率(kW):55。

(4)最大焊接功率(kW):20。

(5)最大束流(mA):333。

(6)加速电压(kV):20~60 可调。

(7)真空室真空度(Pa):2×10^{-2}。

(8)电子枪真空度(Pa):2×10^{-3}。

(9)移动速度范围:

X 轴(移动范围≥3 000 mm)(m/min):0.1~3。

Y 轴(移动范围≤500 mm)(m/min):0.05~3。

Z 轴(移动范围≤500 mm)(m/min):0.05~3。

(10)垂直转台(r/min):0~30。

(11)水平转台(r/min):0~30。

(12)设备承载能力(kg):

工作平台:1 600。

垂直转台:500。

水平转台:200。

(二)设备操作

(1)操作者须经本工种技术培训,熟悉设备性能结构,经考试合格发给操作证后凭证操作。严禁超性能、超规范使用。严禁无证操作设备。

(2)操作者必须检查交接班及点检记录,确认设备处于正常状态。

(3)开机时必须检查压缩空气压力值是否在 450~600 Pa。

(4)依次打开控制柜总电源开关、不间断电源(UPS)开关(在控制柜里面)和计算机电源开关。

(5)用操作界面上的开/关机按钮给焊机上电:按控制→按开机。

(6)打开水冷机开关。

(7)加热扩散泵,将真空度选择按钮置于低真空,设置真空室真空度:按抽真空→将开关置于开→将开关置于初级,按数值设置真空度。

(8)打开 CNC,机械轴归零:按 NC→将开关置于开→同时按下 CNC 上的 shift + F1。

(9)在扩散泵加热过程中,可以打开真空室门装工件。

(10)关闭真空室门抽真空。

(11)打开电子枪照明灯,在屏幕上移动机械轴并通过调整视频焦距使图像清晰找工件。

(12)当扩散泵加热好时,将真空度选择开关置于高真空(次级),真空室继续抽真空,直到真空度达到第(2)步设置的真空度值,电子枪隔离阀自动打开。

(13)电子束焊缝对中:在焊接正式工件前,需要用与焊缝等高的试件来标定束斑在屏幕上的位置。

(14)按照系统界面要求进行冷态高压测试、空间电荷测试和热态高压测试等。

(15)编写或检查已有焊接程序,模拟执行焊接程序(NC mode 置于 setting),正式焊接(NC mode 置于 normal)执行焊接程序进行焊接。

(16)M50/M51 指令设置电子束流电流范围。使用小电流范围需小于 33 mA,可显示 1 位小数,大电流范围不显示小数。

(17)焊接过程中不能用"I = 0"指令关闭束流,而应当手动关闭束流。

(18)焊接完毕,真空室放气,打开真空室门取出工件。

(19)关机时先关闭扩散泵加热,关闭 CNC;再关闭真空室门抽真空,5 min 后,将抽真空开关置于中间位置(isolate);然后用操作界面上的开/关机按钮关闭焊机电源,用操作界面上的计算机关闭按钮关闭计算机;最后当操作台上的高压、束流、聚焦电流三个数码管显示熄灭时,关闭 UPS 电源开关,关闭控制柜上的总电源开关。

(20)关闭压缩空气阀门。

(三)维护保养

(1)设备应每班清扫一次,每周大清扫一次。

(2)每周定期查看水冷机水位,检查水压 0.4 MPa。

(3)每月检查电子枪机械旋片泵、真空室前级旋片机械泵、罗茨增压泵及油扩散泵的油位,如有缺油,及时添加真空泵油。每半年检查上述真空泵的污浊度,如有变色污染,及时更换与之匹配的真空泵油。

(4)每周定期清理焊接真空室内部、T 形槽内焊接余留下的焊渣、崩渣。

(5)每周定期清洗焊接真空室门上观察窗玻璃。

(6)每月清理一次聚焦线圈,除去金属蒸镀层。对隔磁筒进行清洁并退磁。

(7)每月检查并清洁真空规管,真空规管簧片若出现穿孔则需更换。

(8)每月检查并清洁电子枪隔离阀中的隔离阀片。

(9)每月定期清理电子枪真空室,使其保持整洁、干净。

(10)每月检查阴极、阴极座、阴极法兰、灯丝、温纳尔极及阳极的清洁度,如有污染及时清理。检查阴极时注意检查阴极距离,阴极距离检查工具为专用测距仪。按照系统"维护"界面中的周期要求(约 1 年)及时更换阴极和灯丝。

(11)对于真空密封处的操作,每次操作完毕后注意检查密封处是否有夹杂污染物,及时清理并涂抹真空脂。

(12)每年检查电子枪枪芯绝缘油透明度,如有污染变色及时联系供货商对其进行换油等必要维护操作。

(13)如果长时间不使用设备时,需要每个月对设备上电试车,抽真空,做相关电子枪测试,以保护设备状态正常。

(14)设备维护要求:清洁、整齐、润滑、安全。其中清洁的检验方法为擦拭法,即用清洁的绸布擦拭清洗的检验部位,检查布的表面,要求无异物污染。另外,对于真空室内及电子枪相关部件保养时应检测磁性,磁性不允许超过3个标准单位,否则必须进行退磁。

(15)必须遵守安全技术操作规程,并做好日点检记录及交接班记录。

(四)注意事项

由于电子束焊接全过程都是在真空室中完成的,因此要求焊接卡具和定位设备都具有较高的清洁度,具有较低的蒸汽压。

电子束和金属表面的碰撞会产生X射线,因此电子束焊过程中需要采用保护罩使操作者免受射线的伤害。

由于电子束的斑点半径小,焊接中焊前必须做好充分准备,以获得高的定位精度和尺寸精度。

(五)焊接工艺

EBW－A－01试板装配前使用酒精或丙酮清洗待焊接部位,该部位应无水汽、油污及其他杂物。按规程要求装配试板,控制其装配间隙≤0.05 mm,错边量≤0.05 m。

电子束焊接程序设定:EBW－A－01试板长度400 mm,焊接时,工件固定,电子枪从一端点运行至另一端点。程序包括6段点焊、1段熔深焊。6段点焊均匀分布(第1段从离端面52 mm处开始,之后每段之间均相隔50 mm),每段点焊长度为30 mm,详见图4－2所示。

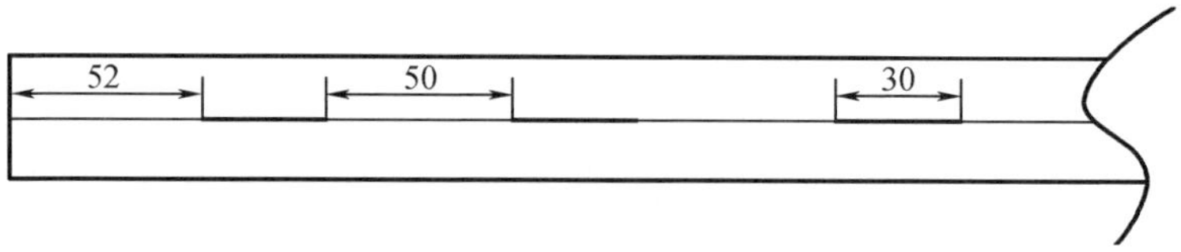

图4－2　EBW－A－01试板点焊分布图

点焊后可根据实际情况使工件冷却至少10 min,进行熔深焊。熔深焊从一端点焊接运行至另一端点,要求熔深焊升束流阶段和降束流阶段均不超过10 mm。焊接程序中的工艺参数设定值按照表4－1执行。

(六)监考记录表

为了更好地总结经验,我们采用了填写监考记录表的形式来记录每一条焊缝的工艺规范参数。例如,焊接工艺参数、层间温度记录和焊道记录图,见表4－2。

在焊接过程中用测温笔测量焊缝左、中、右3点的层间温度。

表 4-2　监考记录表

<table>
<tr><td colspan="2" rowspan="2">焊接操作工项目考试施焊及监考记录表</td><td colspan="2">施焊及监考记录表编号：×××</td></tr>
<tr><td colspan="2">考试计划编号：×××</td></tr>
<tr><td>参考焊接操作工单位</td><td colspan="3">×××股份有限公司</td></tr>
<tr><td>项目代号</td><td colspan="3">YDWH-LARA52-EBW-A ss mb 01 05</td></tr>
<tr><td>焊接操作工姓名</td><td>×××</td><td>工位编号</td><td>×××-H-××</td></tr>
<tr><td>考试用焊接
工艺规程编号</td><td>GC-EBW-A-1</td><td>焊接操作工项目
考试编号</td><td>EBW-A-01</td></tr>
<tr><td>考试日期</td><td>×××</td><td colspan="2" rowspan="5">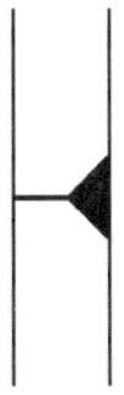</td></tr>
<tr><td>考试开始时间</td><td>9:30</td></tr>
<tr><td>考试终止时间</td><td>16:00</td></tr>
<tr><td>考试开始时间</td><td></td></tr>
<tr><td>考试终止时间</td><td></td></tr>
</table>

焊道序号	焊接方法	预热或层间温度/℃			加速电压/kV	电子束流/mA	聚焦电流/A	焊接速度/(mm·min^{-1})	焊接距离/mm	备注
定位焊	HE	32	33	30	50.1	10	2.11	1 000	175	
1-1	HE	33	35	34	50.2	48	2.01	700	175	

参考焊接操作工(签字)：×××　　　　监考人(签字)：×××

六、焊后检查

(一)试件的检验项目、检查数量和试样数量

焊接操作工技能考试试件的检验项目、检查数量和试样数量见表 4-3。

表 4-3　试件检验项目、检查数量和试样数量

<table>
<tr><td rowspan="3">试件形式</td><td rowspan="3">试件厚度
/mm</td><td colspan="5">检验项目</td></tr>
<tr><td rowspan="2">外观
检验/件</td><td rowspan="2">射线
检验/件</td><td colspan="3">弯曲试验/个</td></tr>
<tr><td>面弯</td><td>背弯</td><td>侧弯</td></tr>
<tr><td>板对接坡口焊缝试件</td><td><12</td><td>1</td><td>1</td><td>1</td><td>1</td><td>—</td></tr>
</table>

注：表中外观检验试件数量即考试试样数量。

（二）外观检查

（1）NNSA－HAJ－0002－2019 不允许缺陷：焊缝表面应保持原始状态，不得有任何修磨及补焊。焊缝表面不应有裂纹、未熔合、夹渣、气孔、焊瘤、未焊透、咬边和凹坑等缺陷。

（2）如表 4－4 所示，试件按 NNSA－HAJ－0002－2019 附件 2 中的有关条款做外观尺寸检验。

表 4－4　焊缝外观检查表

余高/mm	余高差/mm	比坡口每侧增宽/mm	宽度差/mm	焊缝边缘直线度/mm	变形角度 θ	错边量/mm
0～3	≤2	2～4	≤2	≤3	≤3°	≤10%T 且≤2

属于一个考试项目的所有试件外观检验的结果均符合以上各项要求，该项试件的外观检验为合格，否则为不合格。

EBW－A－01 项目考试的外观检验报告见表 4－5。

表 4－5　项目考试外观检验报告

报告编号：WG（NS）－11－焊考－×××

实施计划编号	×××－11－××－××	焊接操作工项目考试编号	EBW－A－01
焊接操作工姓名	×××	依据标准	NNSA－HAJ－0002－2019
焊接方法	EBW－A	母材牌号和规格	0Cr18Ni9 300 mm×125 mm×5 mm
试件形式	板对接	焊接位置	PC

原始状态	原始	
焊缝余高	裂纹	咬边
1.5～2.0 mm	无	无
焊缝余高差	未熔合	背面凹坑
0.5 mm	无	无
比坡口每侧增宽	夹渣	变形角度
1.5～2.0 mm 1.0～1.5 mm	无	1°
宽度差	气孔	错边量
1.5 mm（26～27.5 mm）	无	0.1 mm
焊缝边缘直线度	焊瘤	角焊缝凹凸度
0.5 mm	无	—

表 4-5(续)

背面焊缝余高	未焊透	焊脚尺寸	
2.0 mm	无	—	
堆焊焊道高度差	堆焊凹下量	通球检验	
—	—	—	
堆焊焊道平面度			
—			
外观检验结果(合格、不合格)	合格	检验日期	×××
检验人员	×××	证书号	×××
复审人员	×××	证书号	×××

(三)无损检验

试件射线检验(RT)应按照 NB/T 20003.3—2010 的要求进行,焊缝质量应符合一级焊缝的检验要求。

(四)弯曲试验

试件按 NNSA-HAJ-0002-2019 做一个面弯试验和一个背弯试验。

(1)弯曲试样应从无损检验中发现的缺陷最多的区域切取,面弯和背弯试样的拉伸面应平齐,且保留焊缝两侧中至少一侧的母材原始表面。

(2)做面弯、背弯或者侧弯试验时,对于断后伸长率 $A \geqslant 20\%$ 的母材,弯头(或内辊)直径应为 $4T$,弯曲角度应为 180°。而断后伸长率 $A < 20\%$ 的母材,应采用下列公式:$D_0 = (100S_1/A) - S_1$。其中,D_0 为弯头或内辊的直径;S_1 为弯曲试样厚度;A 为母材标准要求的最低断后伸长率。

七、焊接操作工培训自我评价记录表的填写

(一)焊接操作工自我评价

焊接操作工培训自我评价记录表共包括劳保用品的穿戴、焊接辅助工具准备、焊接设备检查、焊接工装夹具检查、文件准备、焊接过程、焊后和安全八个方面。其中前五个方面的内容必须在焊前检查确认,第六方面是在焊接过程中边焊边记录,第七方面是焊后对设备、工具、文件等的检查记录,第八方面则是安全文明生产。

(二)技能教师评价

经过一段时间的培训,焊接操作工基本上掌握了真空电子束焊不锈钢对接横焊位置的操作技术,培训教师应对焊接操作工的技能水平做出评价,并根据培训是否合格确定该焊接操作工能否参加 NNSA-HAJ-0002-2019 项目考试。

八、技能评定报告编制

EBW-A-01 项目是民用核安全设备焊接的一个难关,掌握该操作技术非常重要。在焊接过程中应注意焊前准备、清洁度控制、点焊装配、焊接参数控制、焊缝成型控制等,操作者应具有强烈的工作责任心和质量意识,才能焊接出优质的产品。

本项目的 NNSA－HAJ－0002－2019 焊接操作工技能评定报告见表 4－6。

表 4－6　焊接操作工技能评定报告

<table>
<tr><td>评定日期</td><td>×××</td><td>编号</td><td>EBW－A－01</td></tr>
<tr><td>姓名</td><td colspan="2">×××</td><td rowspan="5">照片</td></tr>
<tr><td>身份证号</td><td colspan="2">×××</td></tr>
<tr><td>聘用单位</td><td colspan="2">×××股份有限公司</td></tr>
<tr><td>焊接操作工编号</td><td colspan="2">×××</td></tr>
<tr><td>焊接工艺规程</td><td colspan="2">GC－EBW－A－1</td></tr>
<tr><td>技能评定项目代号</td><td colspan="3">YDWH－LARA52－EBW－A ss mb 01 05</td></tr>
<tr><td></td><td>代号</td><td>含义</td><td>适用范围</td></tr>
<tr><td>焊接方法</td><td>EBW－A</td><td>真空电子束焊</td><td>真空电子束焊</td></tr>
<tr><td>焊机型号</td><td>LARA52</td><td>LARA52 型</td><td>LARA52 型</td></tr>
<tr><td>试件形式</td><td>—</td><td>—</td><td>—</td></tr>
<tr><td>焊缝形式</td><td>—</td><td>—</td><td>—</td></tr>
<tr><td>填充材料</td><td>—</td><td>—</td><td>—</td></tr>
<tr><td>焊缝金属厚度/mm</td><td>—</td><td>—</td><td>—</td></tr>
<tr><td>板材厚度/mm</td><td>—</td><td>—</td><td>—</td></tr>
<tr><td>管材外径/mm</td><td>—</td><td>—</td><td>—</td></tr>
<tr><td>焊接位置</td><td>—</td><td>—</td><td>—</td></tr>
<tr><td rowspan="3">焊接要素</td><td>01</td><td>不填丝</td><td>不填丝</td></tr>
<tr><td>ss mb</td><td>单面焊带衬垫</td><td>单面焊带衬垫或双面焊</td></tr>
<tr><td>05</td><td>无自动跟踪系统</td><td>无或有自动跟踪系统</td></tr>
<tr><td>特殊焊缝技能评定</td><td colspan="3"></td></tr>
<tr><td>检验情况</td><td colspan="3"></td></tr>
<tr><td>检验项目</td><td>检验结果</td><td colspan="2">试验报告编号</td></tr>
<tr><td>项目考试目视检验报告</td><td>合格</td><td colspan="2">EBW－A－01－VT－2020－焊考－001</td></tr>
<tr><td>项目考试无损检验报告</td><td>合格</td><td colspan="2">EBW－A－01－UT－2020－焊考－001</td></tr>
<tr><td>项目考试弯曲检验报告</td><td>合格</td><td colspan="2">EBW－A－01－GBT－2020－焊考－001</td></tr>
</table>

编制	×××	审核	×××	批准	×××

第五章　熔化极气体保护焊

第一节　熔化极气体保护焊简介

一、熔化极气体保护焊概述

熔化极气体保护电弧焊(熔化极气体保护焊)的英文缩写为 GMAW;《焊接及相关工艺方法代号》(GB/T 5185—2005/ISO 4063:1998)代号分为 131(熔化极惰性气体保护电弧焊 - MIG),135(熔化极非惰性气体保护电弧焊 - MAG)。核电焊接操作工焊工资质管理中将熔化极气体保护电弧焊分为自动熔化极气体保护电弧焊(GMAW - A)、机械化极气体保护电弧焊(GMAW - M)和半自动熔化极气体保护电弧焊(GMAW)。

自动熔化极气体保护焊是指焊接操作工用自动焊接装置完成全部焊接操作的焊接方法。

机械化熔化极气体保护焊是指焊接焊炬、焊枪或焊钳由机械装备夹持并要求随着观察焊接过程而调整设备控制部分的焊接方法。

半自动熔化极气体保护焊是指需要焊接操作工手动移动焊枪,焊丝由送丝机构送进而完成焊接操作的焊接方法。

本章主要介绍自动熔化极气体保护焊和机械化熔化极气体保护焊,目前自动熔化极气体保护焊和机械化熔化极气体保护焊的使用已经越来越广泛。在 NNSA - HAJ - 0002 - 2019 适用范围中规定了,在考试过程中采用任一类别母材,可以覆盖任何类别的母材;使用了无自动跟踪系统的焊接设备,可以覆盖无或有自动跟踪系统的设备。

熔化极气体保护焊是采用连续等速送进可熔化焊丝与焊件之间的电弧作为热源来熔化焊丝和母材金属,形成熔池和焊缝的方法。在焊接过程中, 为得到良好的焊缝应采用气体作为熔化极气体保护焊焊接过程,如图 5 - 1 所示。

二、自动熔化极气体保护焊优缺点

相比于半自动熔化极气体保护焊,自动熔化极气体保护焊具有如下的优点:

(1)易于实现焊接产品质量的稳定和提高,保证其均一性。

(2)生产效率高,可一天 24 小时连续生产。

(3)改善工人劳动条件。

(4)降低对工人操作技术难度的要求。

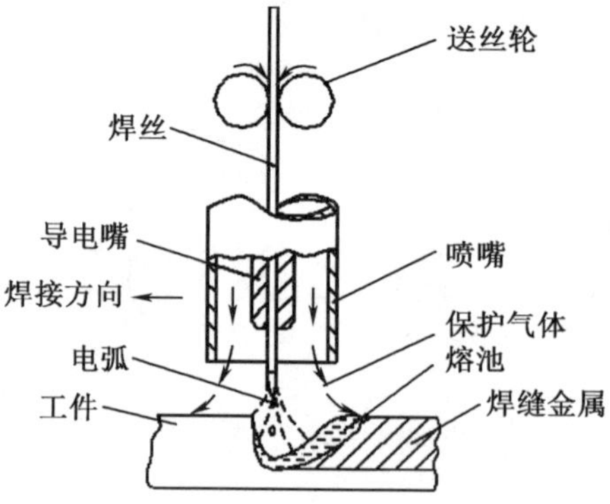

图5-1 熔化极气体保护焊焊接过程示意图

(5)可实现小批量产品焊接自动化。

(6)为焊接柔性生产线提供技术基础。

其缺点是设备昂贵,在焊接多规格小批量产品时难以体现高生产效率。

三、自动熔化极气体保护焊的应用

自动熔化极气体保护焊的应用形式主要有窄间隙焊、气电立焊、高效焊、电弧点焊等。

自动熔化极气体保护焊用于窄间隙焊时,与埋弧焊窄间隙不同的是,送丝不当会带来母材侧壁未熔合缺陷,对送丝精准要求高。

气电立焊的特点是焊接电源集中、焊接热输入大,但焊接接头的韧性差,在核电中几乎不使用。

高效自动熔化极气体保护焊,是在传统自动熔化极气体保护焊基础上开发,实现高效、高熔覆率的焊接,电流大、功率大。已进入工业应用的主要是奥地利 Fronius 公司的和德国 Cloose 公司的双丝双电弧高速焊。

电弧点焊主要是用于搭接,把上面的一块板完全熔透到下面一块板上。

第二节 低合金钢板对接平位自动熔化极气体保护焊

本章根据 NNSA-HAJ-0002-2019 标准,对低合金钢板对接平位自动熔化极气体保护焊技能操作项目的要点、焊接工艺规程、常见焊接缺陷产生原因及解决方法、焊前准备、焊接操作、焊后检查、焊接操作工培训自我评价记录表以及技能评定报告编制的填写等方面进行讲解。

为了叙述方便,NNSA-HAJ-0002-2019 项目考试代号为焊机型号-GMAW-A 02 04 07 bs CRC P600 的低合金钢板对接平位自动熔化极气体保护焊以下均称为“GMAW-A-01”。

一、本项目要点简介

(一)适用范围

本教案适用于核电低合金钢板对接平位自动熔化极气体保护焊的技能培训,也可作为核电技能教师在培训学员时的教学方案。

(二)教案编写依据

(1)NNSA - HAJ - 0002 - 2019。

(2)低合金钢板对接平位自动熔化极气体保护焊焊接工艺规程,编号:GC - GMAW - A - 1。

(3)适用性文件《预热、层温、后热和焊后热处理总要求》《对焊接操作的附加要求》和《焊接的总要求》。

(三)要点简介

1. 自动熔化极气体保护焊特点

熔化极气体保护焊具有高效、灵活及焊接质量可以保证等优点。其缺点是熔深浅,需要富氩保护。本项目 GMAW - A 的保护气体为 80% Ar + 20% CO_2,采用 80% Ar + 20% CO_2 作为保护气体具有电弧稳定,焊道成形良好,可高速焊接,飞溅较小的特点。

2. 自动熔化极气体保护焊设备的组成

自动熔化极气体保护焊设备主要由焊接电源、送丝系统、焊枪和行走系统、供气系统和冷却系统、控制系统五个部分组成。自动熔化极气体保护焊设备结构如图 5 - 2 所示。

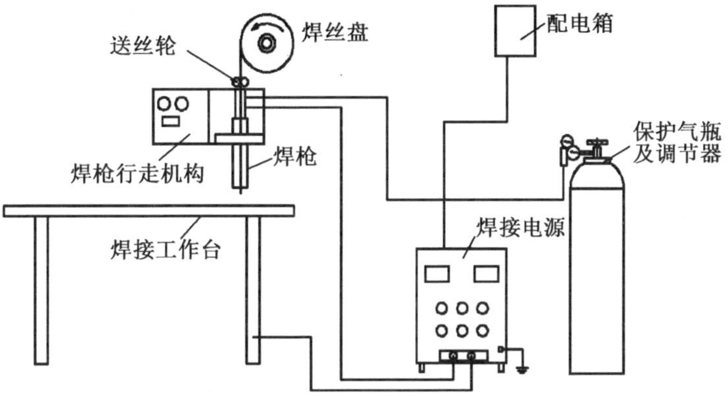

图 5 - 2　设备结构图

(1)焊接电源

一般熔化极气体保护焊电源要求电流在 50 ~ 500 A,电源的负载持续率通常为 60% ~ 100%,对于采用惰性气体或活性气体作为保护气体,焊丝直径小于 1.6 mm 时,常常选用平特性电源。

(2)送丝系统

送丝系统通常由送丝机(包括电动机、减速器、校直轮和送丝轮)、送丝软管及焊丝盘等组成。目前我国主要采用对滚轮送丝机。送丝电动机与驱动轮相连接,该驱动轮在运行过程中将力传递给焊丝,一方面从焊丝盘拉出焊丝,另一方面通过软管和焊枪把焊丝推出。

(3)焊枪和行走系统

将手工操作焊枪安装在机械装置(如焊接小车、焊接机器人等)上,并辅以相关的控制程序就构成了自动熔化极气体保护焊的焊枪行走系统。但由于自动焊焊枪的载容量较大,工作时间较长,因而一般采用水冷。

(4)供气系统和冷却系统

供气系统与一般的半自动熔化极气体保护焊相同。

水冷式焊枪的冷却水系统由水箱、水泵、冷却水管和水压开关组成。水箱里的冷却水经水泵流经冷却水管和水压开关后流入焊枪,然后经冷却水管再回流入水箱,形成冷却水循环。

(5)控制系统

控制系统由基本控制系统和程序控制系统组成。基本控制系统主要包括焊接电源输出调节系统、送丝速度调节系统、小车或(工作台)行走速度调节系统和气体流量调节系统。而程序控制系统将焊接电源、送丝系统、焊枪和行走系统、供气和冷却水系统有机地结合在一起,构成一个完整的、自动控制的焊接系统设备。

自动熔化极气体保护焊设备实物图如图5－3所示。

图5－3　机器人实物图

二、GMAW－A01焊接工艺规程

GMAW－A01技能操作项目的焊接工艺规程见表5－1。

表5－1　低合金钢板对接平位自动熔化极气体保护焊技能操作焊接工艺规程

编号:GC－GMAW－A－1　Rev. A

<table>
<tr><td colspan="2">技能考试项目代号</td><td colspan="3">焊机型号－GMAW－A 02 04 07 bs CRC P600</td></tr>
<tr><td colspan="2">工艺评定报告编号/依据标准/有效期</td><td>PQR×××/RCC－M 2000＋2002补遗/长期有效</td><td>自动化程度/稳压系统/自动跟踪系统</td><td>自动焊/无自动跟踪系统</td></tr>
<tr><td colspan="3">焊接接头</td><td colspan="2" rowspan="7">焊接接头简图(有衬垫的应标明衬垫的形式和截面尺寸):
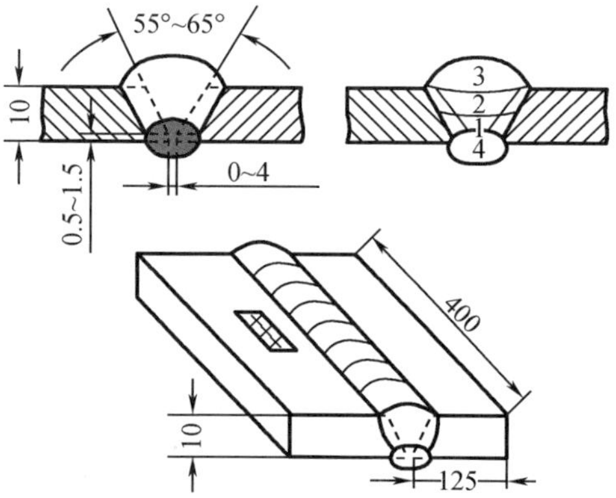
</td></tr>
<tr><td>坡口形式</td><td colspan="2">V形(带垫板)</td></tr>
<tr><td>衬垫(材料)</td><td colspan="2">Q345B
或等效的低合金钢</td></tr>
<tr><td>焊缝金属厚度</td><td colspan="2">10 mm</td></tr>
<tr><td>管子直径</td><td colspan="2">—</td></tr>
<tr><td>其他</td><td colspan="2">装配间隙0～4 mm,
坡口面角度27.5°～32.5°</td></tr>
</table>

表5-1(续)

母材		填充金属	
类别号	Ⅰ	焊材类型(焊条、焊丝、焊带等)	焊丝
牌号	Q345B或等效的低合金钢	焊材型(牌)号/规格	ER70S-6/ϕ1.2 mm
规格	试板两块:400 mm×125 mm×10 mm	焊剂型(牌)号	—

焊接位置		保护气体类型/混合比/流量	
焊接位置	平焊(PA)	正面	80% Ar+20% CO_2,流量10~20 L/min
焊接方向	—	背面	—
其他	—	尾部	—

预热和层间温度		焊后热处理	
预热温度	—	温度范围	—
最高层间温度	250 ℃	保温时间	—
预热方式	—	其他	—

焊接技术			
最大热输入	Q_{max}=1.560 kJ/mm		
喷嘴尺寸	—	导电嘴与工件距离	—
清根方法	—	焊缝层数范围	≥4层
钨极类型/尺寸	—	熔滴过渡方式	短路
直向焊、摆动焊及摆动方法		多道直道焊	
背面、打底及中间焊道清理方法		刷理或打磨	

焊接参数

焊层	焊接方法	焊材		焊接电流		电压范围/V	焊接速度/(cm·min^{-1})
		型(牌)号	规格/mm	极性	范围/A		
定位焊	GMAW	ER70S-6	ϕ1.2	直流反接	140~220	20~26	—
序号1(打底)	GMAW-A	ER70S-6	ϕ1.2	直流反接	120~200	18~26	200~250
序号2(填充)	GMAW-A	ER70S-6	ϕ1.2	直流反接	140~220	20~28	200~250
序号3(盖面)	GMAW-A	ER70S-6	ϕ1.2	直流反接	140~220	20~28	200~250
序号3(封底)	GMAW-A	ER70S-6	ϕ1.2	直流反接	140~220	20~28	200~250

工艺说明	操作要领
(1)本规程根据NNSA-HAJ-0002-2019编制。 (2)操作考试前,应当在主考人、监考人与焊接操作工共同在场确认的情况下,在试件上标注焊接操作工项目考试编号。	(1)操作考试前,参考焊接操作工应将坡口表面及两侧各25 mm范围内清理干净,去除铁屑、氧化皮、油、锈和污垢等。 (2)试件坡口形式和尺寸应当满足焊接工艺规程的要求。

表 5-1(续)

工艺说明			操作要领		
(3)焊接顺序:装配垫板→焊接序号 1→焊接序号 2→焊接序号 3。焊接完成后,目视检验(VT)按照 NNSA-HAJ-0002-2019 5.2 中的目视检验要求执行。 (4)试件射线检验(RT)应按照《核电厂核岛机械设备无损检测第 3 部分:射线检测》(NB/T 20003.3—2010)的要求进行,焊缝质量应符合一级焊缝的检验要求。 (5)试样按照 NNSA-HAJ-0002-2019 5.4 中的弯曲试验要求的条件和方法做一个面弯试验和一个背弯试验			(3)焊丝应当除油、除锈。 (4)允许加引弧板和熄弧板。焊接过程每一焊道中间不得停弧。 (5)技能评定试件焊缝表面焊层在目视检验前不允许修磨,检验合格后允许修磨。 (6)除表面焊层以外,允许焊接操作工在监考人员同意时,修磨去除轻微的缺陷。 (7)技能评定试件的焊缝不允许返修。 (8)所有检验结果均应当按照相关要求编制报告。 (9)焊接操作工或技能评定监督人员按照要求记录焊接过程实际参数		
编制	×××	审核	×××	批准	×××
日期	×××	日期	×××	日期	×××
编制单位名称			×××股份有限公司		

三、常见焊接缺陷产生原因及解决方法

自动熔化极气体保护焊常见缺陷、防止及消除措施见表 5-2。

表 5-2　自动熔化极气体保护焊常见缺陷及防止措施

缺陷类别	产生原因	防止及消除措施
未焊透	(1)焊接热输入不当; (2)坡口不合适; (3)焊枪角度不合适	防止:(1)调整焊接参数; (2)修正坡口; (3)调节焊枪角度,使电弧处在熔池前沿。 消除:去除缺陷后补焊,严重的需整条焊缝退修
未熔合	(1)焊缝区表面有氧化膜或锈皮; (2)热输入不足; (3)焊接熔池太大; (4)焊接技术不合适; (5)接头设计不合理	防止:(1)焊前应将母材焊缝区清理干净; (2)提高送丝速度和电弧电压;减小焊接速度; (3)减小电弧摆动幅度; (4)摆动焊时应在靠近坡口面的熔池边缘稍做停留;焊丝应指向熔池的前沿; (5)坡口角度要足够大。 消除:去除缺陷后补焊,严重的需整条焊缝退修
内部夹渣	(1)多层焊时,层间清渣不干净; (2)焊接时,焊枪行走速度过快	防止:(1)层间清渣彻底; (2)减小焊枪行走速度,采用含脱氧剂较高的焊丝。 消除:去除缺陷后补焊

表 5－2(续)

缺陷类别	产生原因	防止及消除措施
气孔	(1)保护气体覆盖不足; (2)焊丝被污染; (3)工件上的锈迹、油污等杂质未清理; (4)电弧电压太高; (5)喷嘴与工件距离太大	防止:(1)采用合适的保护气流量;清除喷嘴飞溅;减小喷嘴到工件的距离; (2)焊丝应储存在符合要求的焊材库中,使用前要避免包装破损;使用过程中的焊丝,若中断该焊丝使用超过 48 小时,应将焊丝退回焊材库; (3)焊前清理干净工件坡口及其附件 25 mm 范围内的油污、锈迹等杂质; (4)减小电弧电压; (5)减小焊丝干伸长。 消除:去除缺陷后补焊
裂纹	(1)焊缝深宽比太大; (2)焊道太窄; (3)焊缝末端处的弧坑冷却过快	防止:(1)增大电弧电压或减小焊接电流; (2)减慢焊接速度; (3)采用衰减控制以减小冷却速度;收弧时稍做停留,适当地填满弧坑。 消除:去除缺陷后补焊
焊穿	焊前焊接参数及其他工艺因素配合不当	防止:选择适当焊接电流,提高焊接速度。 消除:缺陷处修整后补焊
咬边	(1)焊接速度太高; (2)电弧电压太高; (3)电流过大; (4)停留时间不足; (5)焊枪角度不正确	防止:(1)减慢焊接速度; (2)降低电弧电压; (3)降低送丝速度; (4)增加在熔池边缘的停留时间; (5)改变焊枪角度使电弧力推动金属流动。 消除:补焊
飞溅	(1)电弧电压过高或过低; (2)焊丝与工件清理不良; (3)焊丝出丝不均匀; (4)导电嘴磨损严重; (5)焊机动特性不合适	防止:(1)根据焊接电流仔细调节电压;采用一元化调节焊机; (2)焊前仔细清理焊丝及坡口处; (3)检查送丝轮和送丝软管; (4)更换新导电嘴; (5)对于整流式焊机应调节直流电感;对于逆变式焊机应调节控制回路的电子电抗器。 消除:用清渣铲铲除或砂轮机打磨飞溅

四、焊前准备

(一)试件材质及规格

(1)材质:Q345B;

规格:试板两块:400 mm×125 mm×10 mm。

(2)试件清理:必须去除表面氧化物,并且不得存在任何氧化痕迹,试板坡口两侧及背面 25 mm 范围内、垫板与试板接触面的油、锈、氧化皮等应清理干净,直至露出金属光泽。

（二）工具

钳式电流电压表、数字型接触式测温仪、低应力钢印、电动角向磨光机、钢刷、钳子、活动扳手、钢直尺。

（三）碳钢及低合金钢母材的匹配原则

碳钢及低合金钢母材的匹配原则是等强匹配。

（四）焊丝材料牌号及规格的选择

牌号:焊丝 ER70S－6

规格:$\phi1.2$ mm

焊丝表面无油、锈、污物,焊剂必须无杂质。

（五）保护气体

80% Ar＋20% CO_2 混合气。

（六）防护

操作人员应穿工作服、劳保鞋,戴工作帽、耳塞、口罩、电焊手套、防护眼镜等防护用品。

（七）设备的焊前调试与准备

(1)作业前,应检查并确认焊接设备各部分导线连接良好,控制箱的外壳和接线板上的罩壳盖好及稳固。

(2)应检查并确认送丝滚轮的沟槽及齿纹完好,滚轮、导电嘴(块)磨损或接触不良时应更换。焊车道轨平直,车轮下无杂物,焊车行走畅通无阻。

(3)作业时,应及时排走焊接中产生的有害气体。在通风不良的容器内作业时,应安装通风设备。

(4)启动焊机前,检查焊机各处的接线是否正确、牢固可靠,电流表和电压表应在有效期内。在废板上启动焊机看它是否正常安全地进行焊接运行,并选调合适的焊接电流、电弧电压、焊接速度,检查导电嘴是否合适及焊丝伸出长度为 10～20 mm。

(5)按焊接工艺规程调试焊接电流,并用钳型电流电压表检查焊接参数是否在规定的适用范围内,钳形电流电压表应经过检定并在有效期内。

（八）文件准备

焊前需准备焊接用工艺规程、流转卡、质量计划、适用性文件和监考记录表。

五、焊接操作

（一）装配与定位

装配前应当在考核中心成员、监考人员与焊接操作工共同在场确认的情况下,打上材质号,炉批号,考试项目代号或焊接操作工的焊工钢印才能装配及定位焊 。

定位焊:为了防止焊接时焊件受热膨胀引起变形,必须保证定位焊缝的长度,定位焊缝将是焊缝的一部分,必须焊牢,不允许有缺陷,尽量减少错边。必须焊接牢固,将板状试件放置平焊位置,把板状试件反变形敲 2°～3°即可。定位焊采用半自动熔化极气体保护焊工艺施焊。

（二）引弧板（电弧引入板、电弧引出板）的设置

由于引弧端和收弧端的焊缝质量总是不如焊接过程稳定后所形成的焊缝,特别是在多

道焊时，由于引弧端和收弧端层层重叠，会大大降低焊缝的质量。为保证焊接质量，推荐引灭弧板长度在 50 mm 左右，厚度与试件等同。因埋弧焊的焊接应力较大，为避免引灭弧板的变形引起的试板变形或者焊接时焊丝位置变化，应当固定引灭弧板在试件上或者平台上，焊材和焊接参数选择可参考定位焊要求。

如果焊件纵缝开一定形状的坡口，则引弧板也要开相应的坡口，如图 5－4 所示。

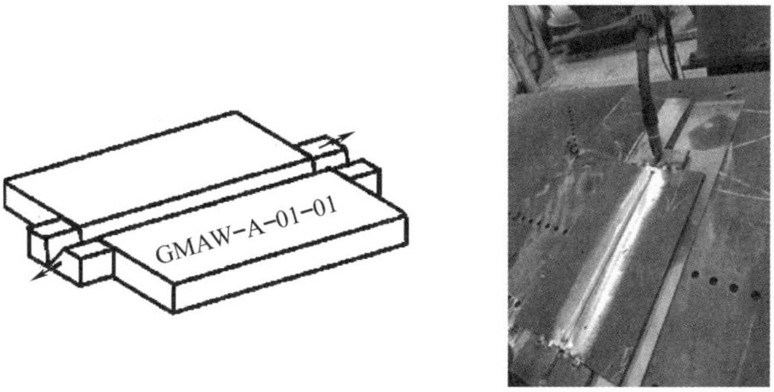

图 5－4　引灭弧板

（三）打底层焊接操作要领

1. 保护气体流量的选择

在焊接工艺规程规定的范围内，保护气体的流量应根据现场实际情况确定。对于一定孔径的喷嘴，流量过小，气流挺度太差，排除周围空中的能力弱，轻微的侧向风也能使其偏离和散乱，保护效果不好，会产生大颗粒飞溅，电弧不稳，焊缝易产生气孔。但流量过大，喷出的气流近壁层流很薄，甚至为紊流，则易混入空气，保护效果也不好。

造成气体保护效果差的主要原因有：①风的影响；②气体流量不足；③喷嘴和母材间的距离太大；④喷嘴黏附着飞溅物；⑤气体流量过大造成紊流而使空气侵入等。

在焊接电流较大、焊接速度较快，焊丝伸出长度较长以及在室外作业等情况下，气体流量要适当增大，以使保护气体有足够的挺度，提高其抗干扰的能力。

2. 熔池的建立

焊接时，熔池几何尺寸与电流、电压、焊枪的角度、焊接速度、焊材种类以及母材本身的特性有关。主要是前两者，电流越大，熔池越深；电压越大，熔池越宽。在焊接开始前要进行试焊，以得到合适的参数。

焊接前先将气体打开，流量计电源插好，调好焊接参数，焊缝金属呈银灰色为宜，焊缝成形良好。

3. 焊接注意事项

（1）引弧应在引弧板位置进行；

（2）打底焊采用直线形焊枪运行轨迹法；

（3）焊道中间不允许停弧；

（4）收弧应在收弧板位置进行，并设置衰减控制以减小冷却速度。

4. 打底层焊缝表面的清理要求

打底层完成后应清理氧化层，并检查焊缝成形情况，有咬边、夹渣或未熔合的地方用砂轮机及时清理。打底层示意图如图 5－5 所示。

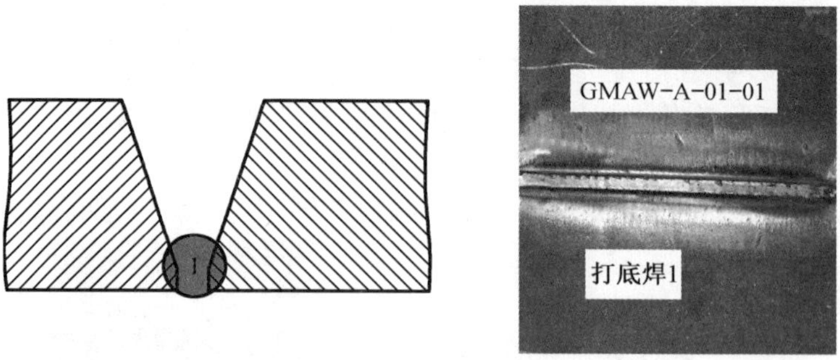

图5-5　打底层示意图

（四）填充层焊接操作要领

1. 焊接参数的选择

在填充层焊接过程中，为了提高生产效率且有良好的成形，可在工艺要求下适当地提高匹配焊接参数。

2. 填充层焊接

焊接填充层应考虑坡口宽度，本项目该层焊道坡口较窄，建议只焊一道。本层焊道焊接过程中应仔细观察焊缝熔合情况，选择摆动焊运枪方式。

3. 填充层焊缝表面的清理要求

填充层表面形状略呈凹形为最好，这样更有利于盖面层焊接。为此填充层焊接完成后应确认试件坡口的两棱边是否完好，若已被破坏需打磨至图5-6所示，检查填充层的几何形状，需打磨焊缝表面露出金属光泽，打磨焊缝截面形状如图5-6所示，填充层示意图如图5-7所示。

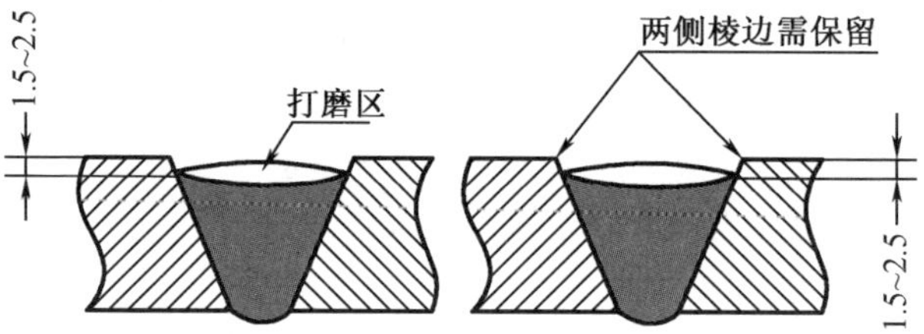

图5-6　填充层焊缝表面的打磨

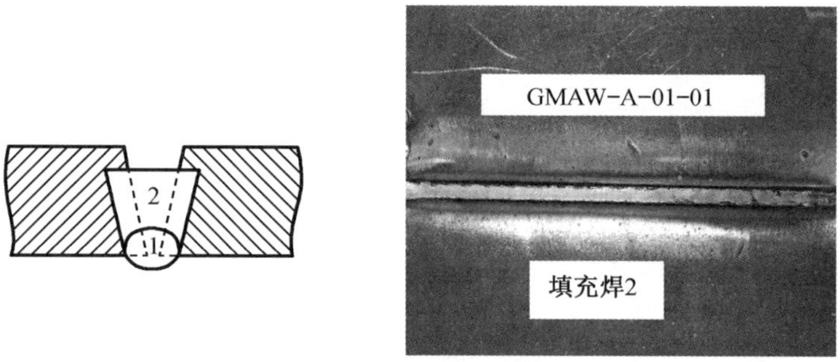

图5-7　填充层示意图

5. 填充层焊接注意事项

主要注意填充层的厚度，不能过多也不能过少，过多的时候最好要使用砂轮机进行修磨，保证填充层距试件表面有 1.5 ~ 2 mm，这样盖面层才能焊的圆滑漂亮。

（五）盖面层操作要领

1. 焊接参数的选择

由于盖面层的焊接参数选择是否恰当直接影响到焊缝表面的成形以及焊缝咬边情况，因此相对于填充层的焊接参数要偏低。

2. 盖面层焊接

由于盖面层两坡口间的距离为 12 mm 左右，采用 ϕ1.2 mm 焊丝，幅度不能大于焊丝直径的 7 倍，摆动宽度不大于 8 mm，为了避免焊缝咬边，应分 2 道进行焊接。

（1）先焊右侧焊道再焊左侧焊道。电流稍微偏小，便于控制电弧。坡口边缘熔合 1 ~ 2 mm，避免焊趾处产生咬边，道与道间搭接合理，焊缝应圆滑过渡；

（2）盖面层焊接完后，焊缝表面应保持原始状态，不允许打磨。

盖面层示意图如图 5 - 8 所示。

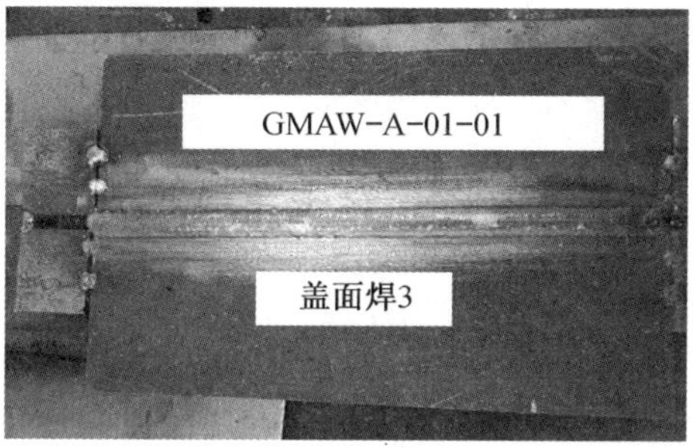

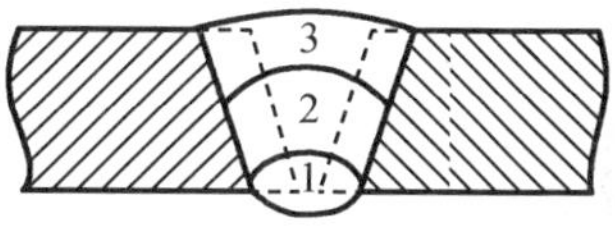

图 5 - 8　盖面层示意图

（六）背面清根

背面清根时用角向砂轮打磨，打磨至未焊透部位全部被清除，所需深度至少 1.5 mm，并成 U 型，底部应圆滑过度，不能过窄，坡口宽度应有 6 ~ 8 mm。应确认缺陷全部清理干净，方可进行焊接，如图 5 - 9 所示。

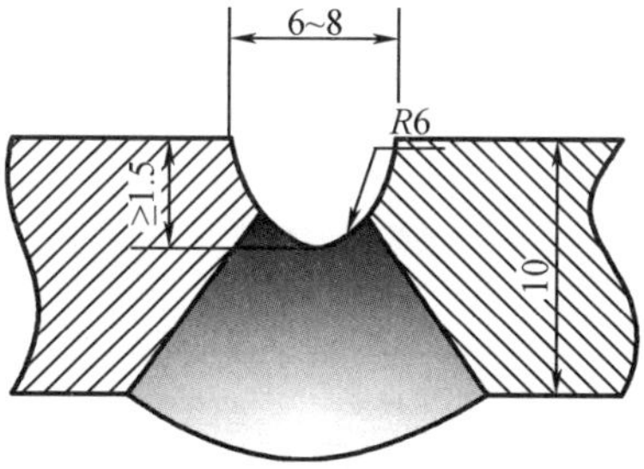

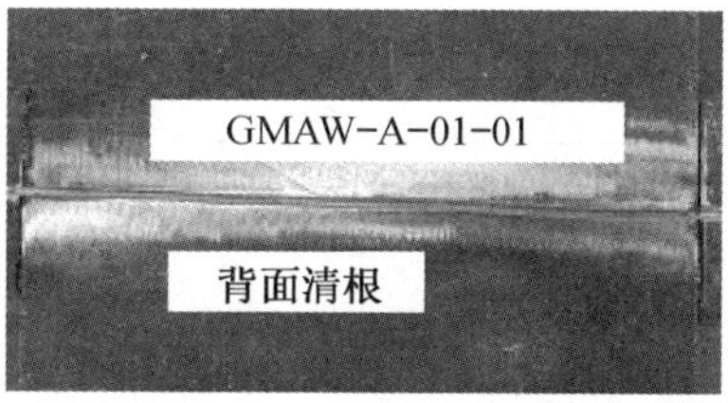

图 5 - 9　背面清根示意图

（七）封底焊

封底焊的参数应与盖面焊相似，坡口边缘应完全熔合 1.5 ~ 2 mm。封底焊焊缝呈微凸弧形，焊高不要超过允许的盖面层焊高，焊完后焊缝表面保持原始状态，不做打磨。

（八）焊道记录图、焊接参数与层温记录

焊接过程中，焊接参数、层温和焊道分布图应记录到监考记录表上（表5－3和表5－4）。

表5－3　监考记录表1

焊接操作工项目考试施焊及监考记录表		施焊及监考记录表编号：××× 考试计划编号：×××	
参考焊接操作工单位	×××股份有限公司		
项目代号	焊机型号－GMAW－A 02 04 07bs CRC P600		
焊接操作工姓名	×××	工位编号	×××－H－22
考试用焊接工艺规程编号	GC－GMAW－A－1	焊接操作工项目考试编号	GMAW－A－01－O1
考试日期	×××		
考试开始时间	8:30		
考试终止时间	12:00		
考试开始时间			
考试终止时间			

焊道序号	焊材规格/mm	电流极性	电流/A	电压/V	焊速/(mm·min^{-1})	预热温度或层间温度/℃			保护气体流量/(L·min^{-1}) 正面	保护气体流量/(L·min^{-1}) 背面	其他
定位焊	ϕ1.2	直流反接	180	25	—	32	32	32	20	—	ER70S－6
1	ϕ1.2	直流反接	180	25	240	33	35	35	20	—	ER70S－6
2	ϕ1.2	直流反接	200	27	240	82	87	87	20	—	ER70S－6
3－1	ϕ1.2	直流反接	190	27	240	87	85	88	20	—	ER70S－6
3－2	ϕ1.2	直流反接	190	27	240	82	83	83	20	—	ER70S－6
4	ϕ1.2	直流反接	200	27	240	69	62	66	20	—	ER70S－6

参考焊接操作工（签字）：×××　　　　监考人（签字）：×××

表5－4　监考记录表2

焊接操作工项目考试施焊及监考记录表		施焊及监考记录表编号：××× 考试计划编号：×××	
参考焊接操作工单位	×××股份有限公司		
项目代号	焊机型号－GMAW－A 02 04 07bs CRC P600		
焊接操作工姓名	×××	工位编号	×××－H－×
考试用焊接工艺规程编号	GC－GMAW－A－1	焊接操作工项目考试编号	GMAW－A－01－O1

表5－4(续)

项目				预热六点测温						层温三点测温			日期	时间
				A	*B*	*C*	*D*	*E*	*F*	1	2	3		
Ⅰ	Ⅱ	Ⅲ	Ⅳ	℃						℃				

注:①Ⅰ为预热开始,Ⅱ为焊接,Ⅲ为后热开始,Ⅳ为后热结束。

②根据操作内容分别在项目一栏中的Ⅰ、Ⅱ、Ⅲ、Ⅳ子栏中做好标记,并在后面的栏目内记录相应的规范或时间。

③在焊前预热30 min。沿焊缝长度方向六个测温点*A*、*B*、*C*、*D*、*E*、*F*进行测温。

④每层焊缝焊接前,沿焊缝长度方向检查层间温度,对三个测温点1、2、3进行测温。

参考焊接操作工(签字):×××　　　　监考人(签字):×××

六、焊后检查

焊后试件的检验项目、检验数量和试样数量见表5－5。

表5－5　试件检验项目、检查数量和试样数量

试件形式	试件厚度或管径	检验项目			
	厚度/mm	外观检验/件	射线检验/件	弯曲试验/个	
				面弯	背弯
板对接坡口焊缝试件	≥10	1	1	1	1

注:表中外观检验试件数量即考试试样数量。

(一)试件的外观检验

(1)试件的检验,采用目视或5倍放大镜进行。手工焊的板材试件两端20 mm内的缺陷不计,焊缝的余高和宽度可用焊缝检验尺测量最大值和最小值,但不取平均值,单面焊的背面焊缝宽度可不测定。

(2)试件焊缝的外观检验应符合下列要求:

①焊缝表面应是焊后原始状态,不允许加工修磨或返修。

②焊缝外形尺寸应符合表5－6的规定以及下列要求:

表5－6　试件焊缝外形尺寸

焊接方法	焊缝余高/mm		焊缝余高差/mm		焊缝宽度/mm	
	平焊位置	其他位置	平焊位置	其他位置	比坡口每侧增宽	宽度差
机械化焊	0～3	0～3	≤2	≤2	2～4	≤2

a. 边缘直线度:机械化焊≤3 mm。

b. 管板或接管角焊缝凸度或凹度应不大于 1.5 mm。

c. 表面不得有裂纹、未熔合、夹渣、气孔、焊瘤和未焊透。机械化焊的焊缝表面不得有咬边和凹坑。

d. 焊后变形角度 $\theta \leqslant 3°$，试件的错边量不得大于 10% T，且 ≤2 mm。

(3) 对于一个考试项目的所有试件外观检验的结果均符合上述各项要求，该项试件的外观检验为合格，否则为不合格。

(4) 民用核安全设备焊接操作工项目考试外观检验报告见表 5－7。

表 5－7 项目考试外观检验报告

报告编号：GMAW－1－01－VT－2020－焊考－001

<table>
<tr><td>考试项目代号</td><td colspan="5">焊机型号－GMAW－A 02 04 07bs CRC P600</td></tr>
<tr><td>实施计划编号</td><td colspan="2">×××－11－××－××</td><td>焊接操作工项目考试编号
（试件编号）</td><td colspan="2">GMAW－A－01－O1</td></tr>
<tr><td>焊接操作工姓名</td><td colspan="2">×××</td><td>依据标准</td><td colspan="2">NNSA－HAJ－0002－2019</td></tr>
<tr><td>焊接方法</td><td colspan="2">GMAW－A</td><td>母材牌号和规格</td><td colspan="2">Q345B
400 mm×125 mm×10 mm</td></tr>
<tr><td>试件形式</td><td colspan="2">板对板</td><td>焊接位置</td><td colspan="2">PA</td></tr>
<tr><td colspan="2">原始状态</td><td colspan="4">原始</td></tr>
<tr><td colspan="2">焊缝余高</td><td colspan="2">裂纹</td><td colspan="2">咬边</td></tr>
<tr><td colspan="2">2.0～2.5 mm</td><td colspan="2">无</td><td colspan="2">无</td></tr>
<tr><td colspan="2">焊缝余高差</td><td colspan="2">未熔合</td><td colspan="2">背面凹坑</td></tr>
<tr><td colspan="2">0.5 mm</td><td colspan="2">无</td><td colspan="2">无</td></tr>
<tr><td colspan="2">比坡口每侧增宽</td><td colspan="2">夹渣</td><td colspan="2">变形角度</td></tr>
<tr><td colspan="2">1.5～2.5 mm
2.0～3.0 mm</td><td colspan="2">无</td><td colspan="2">1.5°</td></tr>
<tr><td colspan="2">宽度差</td><td colspan="2">气孔</td><td colspan="2">错边量</td></tr>
<tr><td colspan="2">1.5 mm（19～20.5 mm）</td><td colspan="2">无</td><td colspan="2">无</td></tr>
<tr><td colspan="2">焊缝边缘直线度</td><td colspan="2">焊瘤</td><td colspan="2">角焊缝凹凸度</td></tr>
<tr><td colspan="2">1.0 mm</td><td colspan="2">无</td><td colspan="2">—</td></tr>
<tr><td colspan="2">背面焊缝余高</td><td colspan="2">未焊透</td><td colspan="2">焊脚尺寸</td></tr>
<tr><td colspan="2">—</td><td colspan="2">—</td><td colspan="2">—</td></tr>
<tr><td colspan="2">堆焊焊道高度差</td><td colspan="2">堆焊凹下量</td><td colspan="2">通球检验</td></tr>
<tr><td colspan="2">—</td><td colspan="2">—</td><td colspan="2">—</td></tr>
<tr><td colspan="2">堆焊焊道平面度</td><td colspan="2"></td><td colspan="2"></td></tr>
<tr><td colspan="2">—</td><td colspan="2"></td><td colspan="2"></td></tr>
<tr><td colspan="2">外观检验结果（合格、不合格）</td><td colspan="2">合格</td><td>检验日期</td><td>×××</td></tr>
<tr><td colspan="2">检验人员</td><td colspan="2">×××</td><td>证书号</td><td>×××</td></tr>
<tr><td colspan="2">复审人员</td><td colspan="2">×××</td><td>证书号</td><td>×××</td></tr>
</table>

（二）无损检验

试件的无损检验应符合民用核安全设备产品一级焊缝的检验要求，民用核安全设备焊接操作工项目考试无损检验报告见表 5－8。

表 5－8　射线检验报告

报告编号：GMAW－1－01－RT－2020－焊考－001

焊接操作工姓名：	×××	项目考试编号：	GMAW－A－01－A01
考试项目代号	焊机型号－GMAW－A 02 04 07bs CRC P600		

验收标准：NB/T 20003.3—2010

试样类型	标识	尺寸	示意图
射线检验	GMAW－A－01－A01	300 mm×12 mm	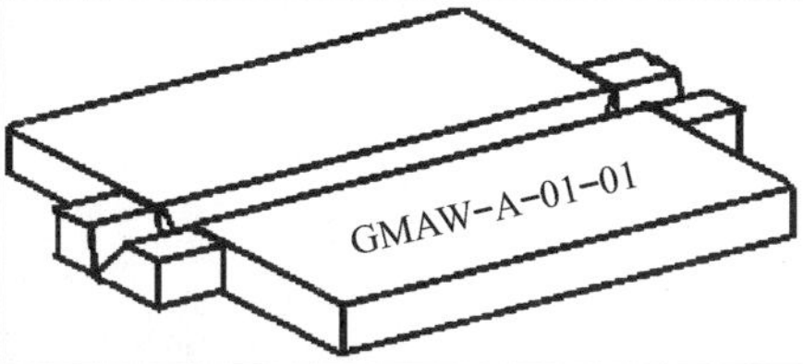
实物照片			

标识	缺陷描述	结果
GMAW－A－01－A01	射线检验未发现裂纹、未熔合、未焊透、气孔及夹渣等低倍超标缺陷	合格
结论	试件的射线检验（RT）按照 NB/T 20003.3—2010 的要求进行，焊缝质量应符合一级焊缝的检验要求。 结论：合格	

检验人员	×××	证书号	×××	日期：×××
复审人员	×××	证书号	×××	日期：×××

（三）弯曲试验

（1）取试样应从无损检验中发现的缺陷最多的区域切取。

（2）试件弯曲试样的试验结果均合格时，弯曲试验为合格。两个试样均不合格时，不允许复验，弯曲试验为不合格。若其中一个试样不合格时，允许从原试件上另取一个试样进行复验，复验合格，弯曲试验为合格。

（3）对于补考，弯曲试验试样不合格的，不允许复验，本次补考应认定为不合格。

（4）弯曲试验中压头位置相对于焊缝偏离时，弯曲试验结果无效。

（5）民用核安全设备焊接操作工项目考试弯曲检验报告见表 5－9。

表 5－9　弯曲检验报告

报告编号:GMAW－1－01－GBT－2020－焊考－001

技能考试项目代号	焊机型号－GMAW－A 02 04 07bs CRC P600						
弯曲试验	试样类型	试样号	取样位置	试样尺寸(厚/mm×宽/mm)	弯曲角度	弯头直径/mm	结果
	侧弯	GMAW－A－01－A01－P1	按标准	15×10	180°	46	
	侧弯	GMAW－A－01－A01－P2	按标准	15×10	180°	46	
验收标准	试样弯曲后,其拉伸面上不得有任何一个横向(试样宽度方向)裂纹或缺陷的长度大于1.5 mm,纵向(试样长度方向)裂纹或缺陷的长度大于3 mm。对于堆焊试样检验区不应出现明显裂缝,单个裂纹、气孔或夹渣的长度不得大于3 mm						
照片							
实物照片	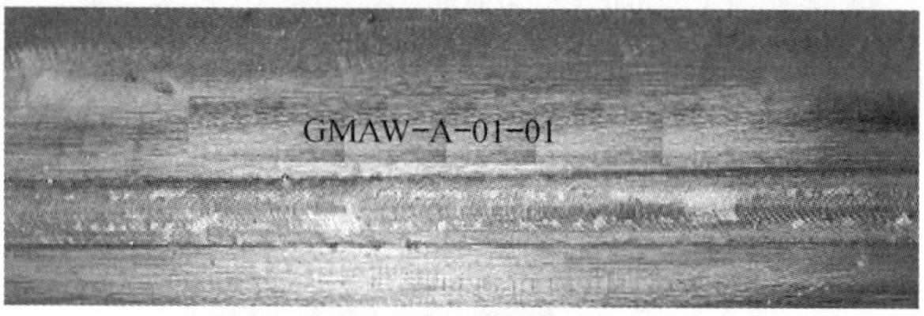						
试样照片	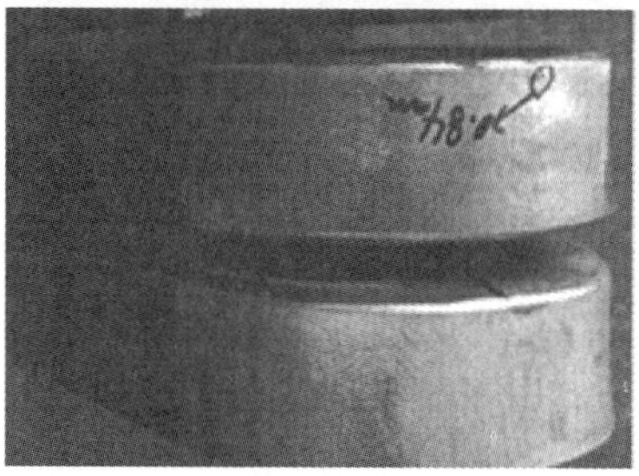						

试验设备:		设备编号:	
缺陷描述	弯曲检验未发现裂纹、未熔合、未焊透、气孔及夹杂等低倍超标缺陷		
结论	合格	不符合项报告编号:	
试验者	姓名:×××	日期:×××	签名:×××
审核者	姓名:×××	日期:×××	签名:×××

七、焊接操作工培训自我评价记录表的填写

(一)焊接操作工自我评价

焊接操作工培训自我评价记录表共包括劳保用品的穿戴、焊接辅助工具准备、焊接设备检查、焊接工装夹具检查、文件准备、焊接过程、焊后和安全八个方面。其中前五个方面的内容必须在焊前检查确认,第六方面是在焊接过程中边焊边记录,第七方面是焊后对设备、工具、文件等的检查记录,第八方面则是安全文明生产。

（二）技能教师评价

经过一段时间的培训，焊接操作工基本上掌握了低合金钢板对接平位自动熔化极气体保护焊的操作技术，培训教师应对焊接操作工的技能水平做出评价，并根据培训是否合格确定该焊接操作工能否参加 NNSA－HAJ－0002－2019 项目考试。

八、技能评定报告编制

GMAW－A－01 项目是民用核安全设备焊接操作工培训、考试和取证基本项目之一，故学习和掌握该项目的操作技术非常重要，对保证核电设备的焊接质量至关重要。通过长期的培训实践证明，本书所介绍的操作技术不仅方便焊接操作工学习和掌握，焊接质量好，合格率高，而且缩短了培训周期，是一种行之有效的焊接技能操作技术。

本项目的焊接操作工技能评定报告见表 5－10。

表 5－10　焊接操作工技能评定报告

评定日期	×××	编号	GMAW－2020－01
姓名	×××		照片
身份证号	×××		
聘用单位	×××股份有限公司		
焊接操作工编号	×××		
焊接工艺规程	GC－GMAW－A－1		
技能评定项目代号	焊机型号－GMAW－A 02 04 07 bs CRC P600		
	代号	含义	适用范围
焊接方法	GMAW－A	熔化极气体保护电弧焊自动焊	熔化极气体保护电弧焊自动焊
焊机型号	机器人焊机型号	机器人焊机型号	同样机器人焊机型号
试件形式	—	—	—
焊缝形式	—	—	—
填充材料	—	—	—
焊缝金属厚度/mm	—	—	—
板材厚度/mm	—	—	—
管材外径/mm	—	—	—
焊接位置	PA	平焊	PA 位置
焊接要素	02	有（实芯焊丝）	有或无（实芯焊丝 n）
	bs	单面焊/带衬垫	带衬垫单面焊或双面焊
	04	有弧压传感控制	有弧压传感控制
	07	无自动跟踪系统	有无自动跟踪系统
	CRC P600	焊接控制系统编号	CRC P600 焊接控制系统编号
特殊焊缝技能评定			

表 5－10(续)

<table>
<tr><td colspan="6">检验情况</td></tr>
<tr><td colspan="2">检验项目</td><td colspan="2">检验结果</td><td colspan="2">试验报告编号</td></tr>
<tr><td colspan="2">项目考试目视检验报告</td><td colspan="2">合格</td><td colspan="2">GMAW－1－01－VT－2020－焊考－001</td></tr>
<tr><td colspan="2">项目考试射线检验报告</td><td colspan="2">合格</td><td colspan="2">GMAW－1－01－RT－2020－焊考－001</td></tr>
<tr><td colspan="2">项目考试弯曲检验报告</td><td colspan="2">合格</td><td colspan="2">GMAW－1－01－GBT－2020－焊考－001</td></tr>
<tr><td>编制</td><td>×××</td><td>审核</td><td>×××</td><td>批准</td><td>×××</td></tr>
</table>

第六章　药芯焊丝电弧焊

第一节　药芯焊丝电弧焊简介

一、药芯焊丝电弧焊的概述

药芯焊丝电弧焊的基本原理是以可熔化的金属外皮和芯部药粉两部分构成的药芯焊丝作为电极，母材作为另一极，加或不加保护气体。焊接时，在电弧热作用下，焊剂材料、焊丝金属、母材金属和保护气体相互之间发生冶金作用，形成一层较薄的液体熔渣包覆熔滴，并覆盖熔池，对熔化金属形成了又一层保护。实质上药芯焊丝电弧焊是一种气－渣联合保护的方法，如图6－1所示。

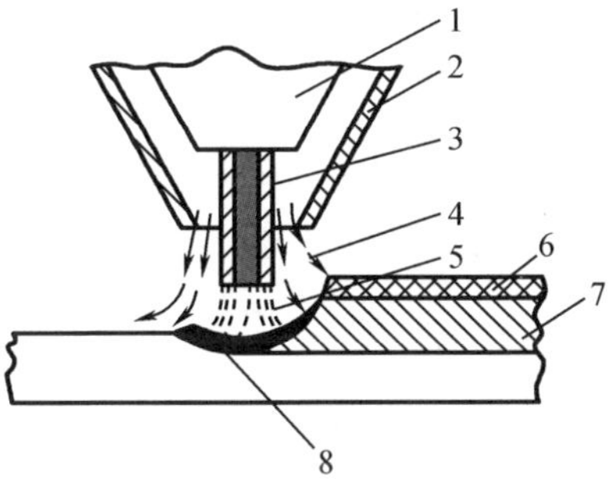

1—导电嘴；2—喷嘴；3—药芯焊丝；4—保护气体；5—电弧；6—熔渣；7—焊缝；8—熔池。

图6－1　药芯焊丝电弧焊示意图

目前自动药芯焊丝电弧焊和机械化药芯焊丝电弧焊的使用已经越来越广泛。本章主要介绍机械化药芯焊丝电弧焊，在 NNSA－HAJ－0002－2019 适用范围中规定了，在考试过程中采用任一类别母材，可以覆盖任何类别的母材；使用了无自动跟踪系统的焊接设备，可以覆盖无或有自动跟踪系统的设备。

药芯焊丝电弧焊按焊接方法分类，还可分为药芯焊丝电弧焊、自保护药芯焊丝电弧焊、埋弧药芯焊丝电弧焊和热喷涂药芯焊丝电弧焊。

药芯焊丝电弧焊的英文缩写为 FCAW；《焊接及相关工艺方法代号》（GB/T 5185—2005/ISO 4063：1998）中的代号分别为136（非惰性气体保护的药芯焊丝电弧焊）、137（惰性气体保护的药芯焊丝电弧焊）。

核电焊接操作工焊工资质管理中将药芯焊丝电弧焊分为自动药芯焊丝电弧焊（FCAW－

A)、机械化药芯焊丝电弧焊(FCAW－M)和半自动药芯焊丝电弧焊(FCAW)三种。

机械化药芯焊丝电弧焊,采用不同的焊丝和保护气体相配合,可以进行平、立、横和仰位及全位置的焊接。与普通熔化极气体保护焊(GMAW)相比,可采用较短的焊丝伸出长度和较大的焊接电流;与焊条电弧焊(SMAW)相比,焊接角焊缝时,可得到较大的焊脚尺寸。

机械化药芯焊丝电弧焊通常用于焊接碳钢、低合金钢、不锈钢和铸铁。使用药芯焊丝活性气体保护焊这种焊接方法是代替焊条电弧焊焊接钢材、实现自动化和半自动化焊接最有前途的一种方法。

核安全设备中反应堆压力容器支撑(RPVHS)、反应冷却管道限位装置(RHS)、蒸汽发生器水平支撑(SGHHS)等使用的焊接方法是带脉冲药芯焊丝电弧焊。

二、机械化药芯焊丝电弧焊优缺点

(一)优点

药芯焊丝电弧焊综合了焊条电弧焊(SMAW)和普通熔化极气体保护焊(GMAW)的优点。其主要优点如下:

(1)采用气－渣联合保护,焊缝成形美观,电弧稳定性好,飞溅少且颗粒细小。

(2)焊丝熔敷速度快,熔敷效率(为85%～90%)和生产率较高(生产率比SMAW高3～5倍)。

(3)焊接各种钢材的适应性强,通过调整焊剂的成分与比例,可提供所要求的焊缝金属化学成分。

(二)缺点

(1)焊丝制造过程复杂。

(2)送丝较实芯焊丝困难,需要采用降低送丝压力的送丝机构等装置。

(3)焊丝外表容易锈蚀、焊剂易吸潮,因此需要对焊丝的保存严加管理。

三、机械化药芯焊丝电弧焊的应用

机械化药芯焊丝电弧焊在不同领域都有较多的应用,且呈现使用量不断提高的趋势,主要包括有钛型气保护药芯焊丝,自保护药芯焊丝、耐磨堆焊药芯焊丝等,这里介绍在应用过程中焊接参数的特点。

药芯焊丝电弧焊工艺参数主要包括焊接电流、电弧电压、焊接速度、保护气体流量、焊丝伸出长度、焊丝直径和焊丝与工件的相对位置等。

(一)焊接电流和电弧电压

由于药芯焊丝电弧焊使用的焊剂成分改变了电弧特性,因此直流、交流、平特性或下降特性均可以使用。但通常采用直流平特性电源。

当其他条件不变时,焊接电流与送丝速度成正比。当电流变化时,电弧电压需要做相应的变化,以保持电弧电压与焊接电流的最佳匹配关系。采用纯二氧化碳气体保护时,通常采用长弧法焊接,焊接电流为200～700 A,电弧电压为25～35 V。

(二)焊丝伸出长度和焊丝位置

焊丝伸出长度对电弧的稳定性、熔深、焊丝熔敷速度、电弧能量等均有影响。对于给定的送丝速度,实测的焊丝伸出长度随焊接电流的增加而减小。焊丝伸出长度太长会使电弧不稳且飞溅过大;焊丝伸出长度太短会使电弧弧长过短,过多的飞溅物易堵塞喷嘴,使气体保护不良,焊缝中易产生气孔。通常焊丝伸出长度在 19 ~ 38 mm。

平焊位置通常采用 2° ~ 15°行走角。焊接角焊缝时,工作角为 40° ~ 50°。如果行走角太大,会降低气体保护效果。

药芯焊丝中常用的焊剂元素见表 6 – 1。

表 6 – 1　药芯焊丝中常用的焊剂元素

元素	一般状态	在焊缝中的作用
铝	金属粉末	脱氧和脱氮
钙	矿石,如萤石和石灰石	提供保护和造渣
碳	铁合金中的元素,如锰铁	提高硬度和强度
铬	铁合金或金属粉末	合金化是为改善抗蠕变性能和抗腐蚀性能
铁	铁合金和铁粉	铁基熔敷金属中的合金基体,镍基和其他有色熔敷金属中的合金
锰	铁合金,如锰铁或金属粉末	脱氧:由于与硫形成 MnS 而防止热脆性
镍	金属粉末	合金化是为改善硬度、强度、韧性和耐蚀性
钼	铁合金	合金化是为提高硬度、强度并且在奥氏体不锈钢中提高抗点腐蚀性能
钾	矿石,诸如含钾长石和含钾硅酸盐并且是玻璃状	稳定电弧和造渣
硅	铁合金,如硅锆和硅锰合金;矿石硅酸盐,如长石	脱氧和造渣
钠	矿石,如含钠长石、含钠硅酸盐,呈玻璃状	稳定电弧和造渣
钛	铁合金,如钛铁;矿石,如金红石	脱氧和脱氮,造渣、稳定某些不锈钢的碳
锆	氧化物或金属粉末	脱氧和脱氮
钒	氧化物或金属粉末	提高强度

第二节　低合金钢板 T 形接头角焊缝平位机械药芯焊丝电弧焊

药芯焊丝电弧焊与焊条电弧焊相比具有焊缝质量优良,脱渣性好,飞溅少,不易出现夹渣缺陷,成形美观,工件焊后变形小等优点,且效率是焊条电弧焊的 2 ~ 3 倍,这对提高产品质量和生产效率,降低操作者的劳动强度具有重要意义,焊接过程的照片如图 6 – 2 所示。

本节对 ϕ1.2 mm 的药芯焊丝立向上角焊缝药芯焊丝电弧焊技能操作标准化培训教案内容技能做了介绍。

本节根据 NNSA – HAJ – 0002 – 2019 标准,对低合金钢板 T 形接头角焊缝平位机械药芯焊丝电弧焊技能操作项目的要点简介、焊接工艺规程、常见焊接缺陷产生原因及解决方法、焊前准备、焊接操作、焊后检查及焊接操作工培训自我评价记录表的填写和技能评定报告编制等方面进行讲解。

图6-2　FCAW-M-01项目焊接过程的照片

为了叙述方便，NNSA-HAJ-0002-2019项目考试代号为FCAW-M FW PF ml 07 09 11的T形接头角焊缝立向上位机械药芯焊丝电弧焊以下均称为“FCAW-M-01”。

一、本项目要点简介

(一)适用范围

本教案适用于核电低合金钢板角焊平、立、横、仰多位置机械药芯焊丝电弧焊的技能培训，也可作为核电技能教师在培训学员时的教学方案。

(二)教案编写依据

(1)NNSA-HAJ-0002-2019。

(2)低合金钢板T形接头角焊缝平位位置机械药芯焊丝电弧焊焊接工艺规程，编号：GC-FCAW-M-1。

(3)适用性文件《预热、层温、后热和焊后热处理总要求》《对焊接操作的附加要求》和《焊接的总要求》。

(三)要点简介

(1)药芯焊丝电弧焊具有焊接生产率高，飞溅少，焊缝成形美观，焊接适应性强以及抗氧化性强等优点，广泛应用于低碳钢及低合金钢等黑色金属的焊接。其缺点有焊丝制造比较复杂，成本高，焊丝容易锈蚀，药粉容易受潮，送丝困难，对送丝机构要求高等。

(2)焊接主要防气孔、夹渣、咬边、冷裂纹。板角接立焊位置操作难度在于液态金属由于重力作用下坠，容易产生焊瘤。在立焊时，要严格控制好焊丝角度和焊丝伸出长度。

①采用多层多道焊的熔敷类型；

②做好“三磨”，即焊道接头、焊道与焊道、各焊层之间在焊接前表面打磨，使之金属表面干净，露出光泽，无任何缺陷；

③严格控制热输入和层间温度；

④干燥保存焊丝，避免受潮，防止氢气孔产生。

(3)注意要点：

①打底：打底需注意两边死角和面；

②填充:盖面需注意焊接规范,焊趾处容易产生咬边和未熔合。

(4)机械化药芯焊丝电弧焊特点:药芯焊丝电弧焊具有高效、灵活,以及焊接质量可以保证等优点。其缺点是熔深浅,需要富氩保护。本项目 FCAW - M 的保护气体为 80% Ar + 20% CO_2,采用 80% Ar + 20% CO_2 作为保护气体具有电弧稳定,焊道成形良好,可高速焊接,飞溅较小的特点。

(5)机械化药芯焊丝电弧焊设备的组成。

机械化药芯焊丝电弧焊设备主要由焊接电源、送丝系统、焊枪和行走系统、供气系统和冷却系统、控制系统五个部分组成。机械化药芯焊丝电弧焊设备结构。

①焊接电源

一般药芯焊丝电弧焊电源要求电流在 50 ~ 500 A,电源的负载持续率通常为 60% ~ 100%,对于采用惰性气体或活性气体作为保护气体,焊丝直径小于 1.6 mm 时,常常选用平特性电源。

②送丝系统

送丝系统通常由送丝机(包括电动机、减速器、校直轮和送丝轮)、送丝软管及焊丝盘等组成。目前我国主要采用对滚轮送丝机。送丝电动机与驱动轮相连接,该驱动轮在运行过程中将力传递给焊丝,一方面从焊丝盘拉出焊丝,另一方面通过软管和焊枪把焊丝推出。

③焊枪和行走系统

将手工操作焊枪安装在机械装置(如焊接小车、焊接机器人等)上,并辅以相关的控制程序就构成了机械化药芯焊丝电弧焊的焊枪行走系统。但由于机械化焊焊枪的载容量较大,工作时间较长,因而一般采用水冷。

④供气和冷却水系统

供气系统与一般的半机械化药芯焊丝电弧焊相同。

水冷式焊枪的冷却水系统由水箱、水泵、冷却水管和水压开关组成。水箱里的冷却水经水泵流经冷却水管和水压开关后流入焊枪,然后经冷却水管再回流入水箱,形成冷却水循环。

⑤控制系统

控制系统由基本控制系统和程序控制系统组成。基本控制系统主要包括焊接电源输出调节系统、送丝速度调节系统、小车或(工作台)行走速度调节系统和气体流量调节系统。而程序控制系统将焊接电源、送丝系统、焊枪和行走系统、供气和冷却水系统有机地结合在一起,构成一个完整的、自动控制的焊接系统设备。

药芯焊丝电弧焊现场焊接前焊接参数调试图如图 6 - 3 所示。

图 6 - 3　焊前焊接参数的调试图

二、FCAW－M－01 焊接工艺规程

(一)立角焊药芯焊丝电弧焊焊接工艺规程

低碳钢板立角焊药芯焊丝电弧焊 FCAW－M－01 技能操作焊接工艺规程见表 6－2。

表 6－2　低合金钢板 T 形接头角焊缝平位机械药芯焊丝电弧焊技能操作焊接工艺规程

编号:GC－FCAW－M－1　Rev. A

技能考试项目代号	FCAW－M FW PF ml 07 09 11		
工艺评定报告编号/依据标准/有效期	PQR×××/RCC－M 2000/长期有效	自动化程度/稳压系统/自动跟踪系统	机械化焊/无自动跟踪系统
焊接接头		焊接接头简图(有衬垫的应标明衬垫的形式和截面尺寸):	
焊缝形式	角焊缝		
衬垫(材料)	Q345B		
或等效的低合金钢			
焊缝金属厚度/mm	7(*K*＝10～13)		
管子直径	—		
其他	—		

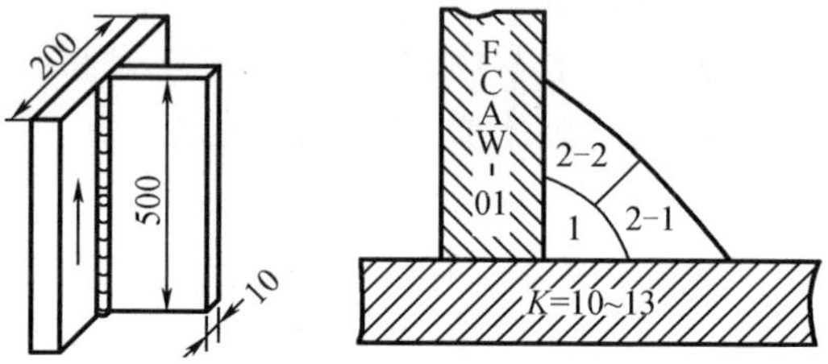

母材		填充金属	
类别号	—	焊材类型(焊条、焊丝、焊带等)	药芯焊丝
牌号	Q345B 或等效的低合金钢	焊材型(牌)号/规格	GFL－71Ni/ϕ1.2 mm
规格	试板两块:400 mm×125 mm×10 mm	焊剂型(牌)号	/

焊接位置		保护气体类型/混合比/流量	
焊接位置	立焊(PF)	正面	80% Ar＋20% CO_2/流量 12～15 L/min
焊接方向	—	背面	—
其他	—	尾部	—

预热和层间温度		焊后热处理	
预热温度	—	温度范围	—
最高层间温度	250 ℃	保温时间	—
预热方式	—	其他	—

焊接技术			
最大热输入	Q_{max}＝0.747 kJ/mm		
喷嘴尺寸	19 mm	导电嘴与工件距离	15～20 mm
清根方法	—	焊缝层数范围	2～3 层
钨极类型/尺寸	—	熔滴过渡方式	短路
直向焊、摆动焊及摆动方法		多道直道焊	
背面、打底及中间焊道清理方法		刷理或打磨	

表 6 - 2(续)

<table>
<tr><td colspan="8">焊接参数</td></tr>
<tr><td rowspan="2">焊层</td><td rowspan="2">焊接方法</td><td colspan="2">焊材</td><td colspan="2">焊接电流</td><td rowspan="2">电压范围/V</td><td rowspan="2">焊接速度/(cm · min⁻¹)</td></tr>
<tr><td>型(牌)号</td><td>规格/mm</td><td>极性</td><td>范围/A</td></tr>
<tr><td>定位焊</td><td>SMAW</td><td>E7018</td><td>ϕ3.2</td><td>直流反接</td><td>100 ~ 120</td><td>20 ~ 26</td><td>—</td></tr>
<tr><td>序号 1(打底)</td><td>FCAW - M</td><td>GFL - 71Ni</td><td>ϕ1.2</td><td>直流反接</td><td>150 ~ 170</td><td>18 ~ 28</td><td>7.8 ~ 12.7</td></tr>
<tr><td>序号 2(填充)</td><td>FCAW - M</td><td>GFL - 71Ni</td><td>ϕ1.2</td><td>直流反接</td><td>230 ~ 260</td><td>18 ~ 28</td><td>7.8 ~ 12.7</td></tr>
<tr><td colspan="4">工艺说明</td><td colspan="4">施焊操作要领</td></tr>
<tr><td colspan="4">(1)本规程根据 NNSA - HAJ - 0002 - 2019 编制。
(2)操作考试前,应当在主考人、监考人与焊接操作工共同在场确认的情况下,在试件上标注焊接操作工项目考试编号。
(3)焊接顺序:装配垫板→焊接序号 1→焊接序号 2→焊接序号 3。
(4)焊接完成后,目视检验(VT)按照 NNSA - HAJ - 0002 - 2019 5.2 中的目视检验要求执行。
(5)试件渗透检验(PT)应按照《核电厂核岛机械设备射线检测》(NB/T 20003.3—2010)的要求进行,焊缝质量应符合一级焊缝的检验要求。
(6)试样按照 NNSA - HAJ - 0002 - 2019 5.5 中的金相检验要求的条件和方法做 4 个金相检验</td><td colspan="4">(1)操作考试前,参考焊接操作工应将坡口表面及两侧各 25 mm 范围内清理干净,去除铁屑、氧化皮、油、锈和污垢等。
(2)试件坡口形式和尺寸应当满足焊接工艺规程的要求。
(3)焊丝应当除油、除锈。
(4)允许加引弧板和熄弧板。焊接过程每一焊道中间不得停弧。
(5)技能评定试件焊缝表面焊层在目视检验前不允许修磨,检验合格后允许修磨。
(6)除表面焊层以外,允许焊接操作工在监考人员同意时,修磨去除轻微的缺陷。
(7)技能评定试件的焊缝不允许返修。
(8)所有检验结果均应当按照相关要求编制报告。
(9)焊接操作工或技能评定监督人员按照要求记录焊接过程实际参数</td></tr>
</table>

编制	×××	审核	×××	批准	×××
日期	×××	日期	×××	日期	×××
编制单位名称			×××股份有限公司		

三、常见焊接缺陷产生原因及解决方法

(一)焊瘤

1. 缺陷形貌

立向上焊焊瘤缺陷形貌如图 6 - 4 所示。

2. 产生原因

(1)焊速过快,电压过低;

(2)焊枪操作不好,焊枪角度不对,摆动幅度过小;

(3)两端运枪过快,中间运枪过慢。

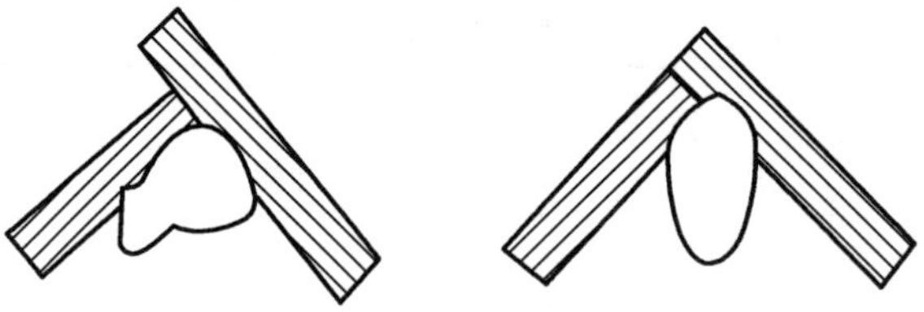

图 6－4　焊瘤示意图

（二）咬边

1. 缺陷形貌

立向上焊咬边缺陷形貌如图 6－5 所示。

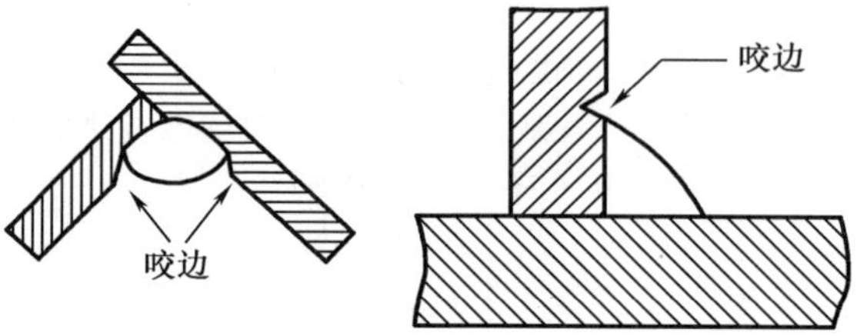

图 6－5　咬边示意图

2. 咬边产生的原因

（1）焊接参数过大（电流过大、焊速过快、电压过高），使熔池温度过高，焊缝两边易出现咬边；

（2）熔池在焊缝坡口两边停留时间不够；

（3）焊丝伸出过长，操作者手不稳，造成操作难度增大；

（4）由于操作的是立焊，焊枪喷嘴过大会严重阻碍操作者的视线。

3. 防止咬边的措施

（1）参考工艺规程，选择、调试合适的焊接参数；

（2）焊接时，操作者应让熔池在焊缝坡口两边停留足够的时间；

（3）焊丝伸出长度一般为 15～20 mm；

（4）选择轻便灵活的焊枪，更换较小的喷嘴，减小劳动强度；

（5）提高焊接操作工的操作技能。

（三）焊缝宽窄超差

1. 缺陷形貌

焊缝宽窄超差缺陷形貌如图 6－6 所示。

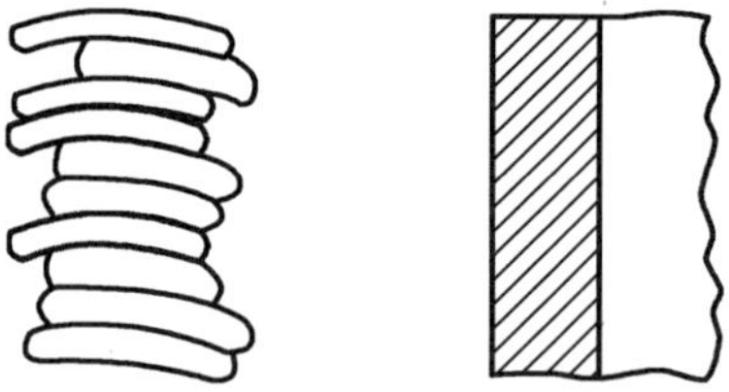

(a)正面　　(b)侧面

图 6－6　焊缝宽窄超差示意图

2. 产生原因

焊接条件不好、摆动幅度不稳定、焊速不稳定、焊枪角度不对、焊接操作工焊接技术不熟练。

(四)气孔

1. 一氧化碳气孔

在焊接熔池开始结晶或结晶过程中,熔池中的碳与氧化亚铁反应生成的一氧化碳气体来不及逸出,而形成一氧化碳气孔。这类气孔通常出现在焊缝的根部或近表面的部位,且多成针尖状,如图 6－7 所示。

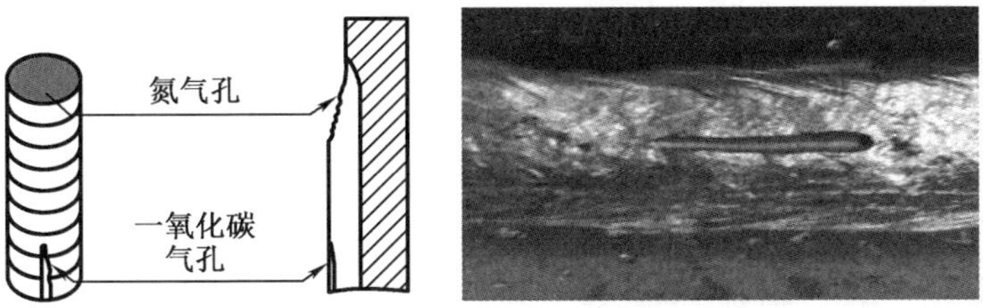

图 6－7　氮气孔和一氧化碳气孔示意图

一氧化碳气孔产生的主要原因是焊丝中脱氧剂不足,并且含碳量过多。要防止一氧化碳气孔的产生,必须选用含足够脱氧剂的焊丝,且焊丝中的含碳量要低,抑制碳与氧化亚铁的氧化反应。如果母材的含碳量较高,则在工艺上应选择较大热输入的焊接参数,增加熔池停留的时间,以利于一氧化碳气体的逸出。

2. 氮气孔

在电弧高温下,熔池金属对氮气有很大的溶解度。但当熔池温度下降时,氮气在液态金属中的溶解度便迅速减小,就会析出大量的氮气,若未能逸出熔池,便生成氮气孔。氮气孔通常出现在焊缝近表面的部位,成蜂窝状分布,严重的时候还会以细小气孔的形式广泛分布在焊缝之中。这种细小气孔往往在金相中才能被发现,或者在水压实验时扩大成渗透性缺陷而表露出来,如图 6－7 所示。

氮气孔产生的主要原因是保护气层遭到破坏,使大量空气侵入焊接区。造成保护气层破坏的因素有使用的二氧化碳气体纯度不合要求;二氧化碳气流量过小;喷嘴被飞溅物部分堵塞;喷嘴与焊件距离过大及焊接场地有侧向风等。要避免氮气孔,必须改善气体保护效果。要选用纯度合适的二氧化碳气体,焊接时采用适当的气体流量参数,要认真检查从气瓶至焊枪的气路是否有漏气或堵塞,要增加室外焊接的防风措施。此外,在野外施工中最好选用含有固氮元素(Ti、Al)的焊丝。

3. 氢气孔

由于填充材料内焊剂吸潮,或焊件表面不干净、有油脂、潮湿、铁锈等原因,会在焊缝中产生氢气孔,如图 6－8 所示。铁锈是钢铁腐蚀以后的产物,它的成分为 $m\mathrm{Fe_2O_3}.\ n\mathrm{H_2O}$($\mathrm{Fe_2O_3}\approx 83.28\%$,$\mathrm{FeO}\approx 5.7\%$,$\mathrm{H_2O}\approx 0.70\%$)。可以看出,铁锈中含有较多的是 $\mathrm{Fe_2O_3}$(铁的高级氧化物)和结晶水,对熔池金属一方面有氧化作用,另一方面又析出大量的氢。

由于增加氧化作用,在结晶时就会促使生成 CO 气孔。铁锈中的结晶水($\mathrm{H_2O}$)在高温时分解出氢气,从而增加了生成氢气孔的可能性。由此可见,铁锈是一个极其有害的杂质,对于一氧化碳气孔和氢气孔两类气孔均有敏感性。

为防止氢气孔的产生，必须保证药芯焊丝按照要求进行烘干，并确保使用前在空气中暴露时间没有超过规定时间。并且使用前必须清洁干燥焊丝表面，清除所有油、水、锈、油漆的污物而使待焊面露出金属光泽。

（五）飞溅

1. 飞溅产生的原因

飞溅是二氧化碳焊最主要的缺点，严重时会影响焊接过程的正常进行，如图 6－9 所示。产生飞溅的主要原因如下：

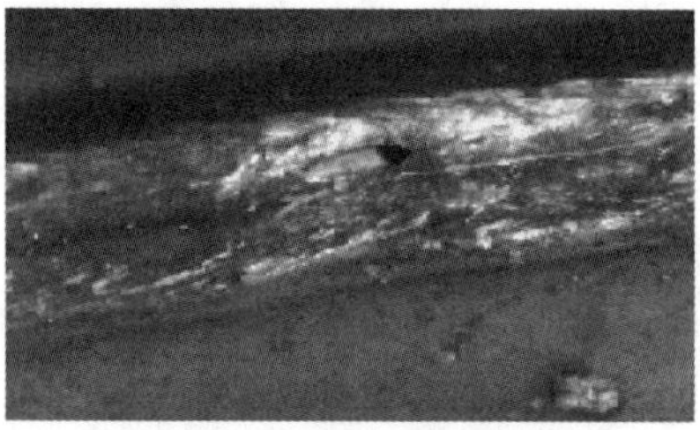

图 6－8　氢气孔示意图

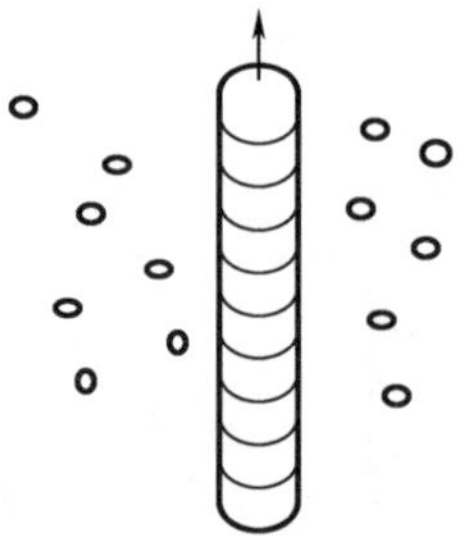

图 6－9　飞溅示意图

（1）气体爆炸引起的飞溅。熔滴过度时，由于熔滴中的氧化亚铁与碳反应产生的一氧化碳气体，在电弧高温下急剧膨胀，使熔滴爆破引起金属飞溅。

（2）由电弧斑点压力引起飞溅。

（3）熔滴短路过渡引起飞溅。

（4）焊接参数选择不当引起飞溅，主要是电压、电流、焊速要匹配合适。

2. 减少飞溅的措施

（1）正确选择焊接参数，电流、电压、焊速要正确调试，匹配，达到飞溅最小的效果。

（2）焊丝伸出长度。一般焊丝伸出长度越长，飞溅率越高，所以在保证不堵塞喷嘴的情况下尽可能缩短焊丝伸出长度。

（3）焊枪角度。焊枪垂直时飞溅最少，倾斜角度越大，飞溅越多。焊枪前倾或后倾最好不要超过 20°。

（4）使用富氩混合气体。混合气体可降低电弧的斑点力，混合气的比例越大，飞溅越小。

（5）采用低飞溅率焊丝。

（6）在焊枪喷嘴处以及焊道附近涂防飞溅剂。

（六）未焊透

角焊缝根部焊透的示意图如图 6－10 所示。

1. 未焊透产生的原因

（1）焊接参数过小，熔深过浅；

（2）焊接速度过快；

（3）焊枪角度过于倾斜。

2. 防止未焊透的措施

（1）参考工艺规程，选择、调试合适的焊接参数；

（2）焊接时，焊速应以焊缝熔合良好，成形美观为原则；

(3)焊枪角度应尽量垂直于焊缝,保证焊缝的熔深。

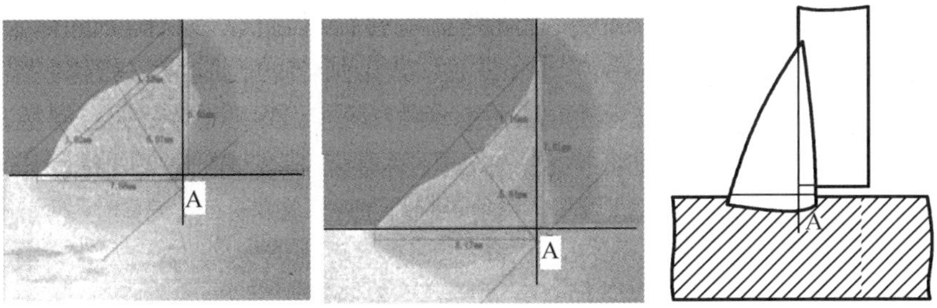

图 6 - 10　根部焊透示意

3. 角焊缝的根部焊透

角焊缝断裂检验判定标准:“焊缝根部应焊透”焊接时接头根部应完全溶透的现象,对对接焊缝也指焊缝深度应达到设计要求的现象,角焊缝根部焊透的判定如图 6 - 11 所示。被焊横截面延长交点熔化。只要立板底部直角顶点熔入焊缝则表示角焊缝焊透,角焊缝未焊透的缺陷如图 6 - 12 所示。

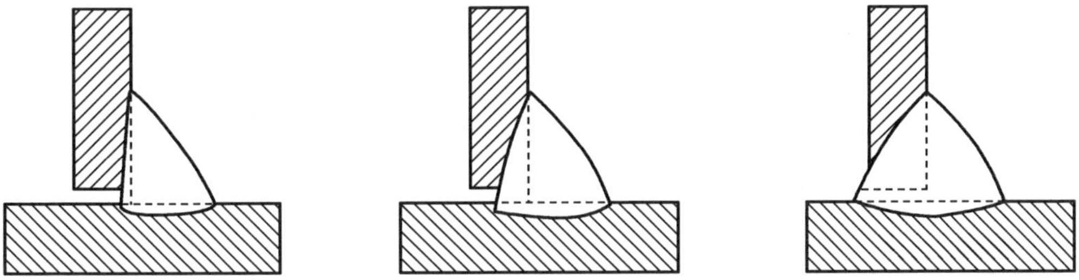

图 6 - 11　角焊缝三种根部焊透示意

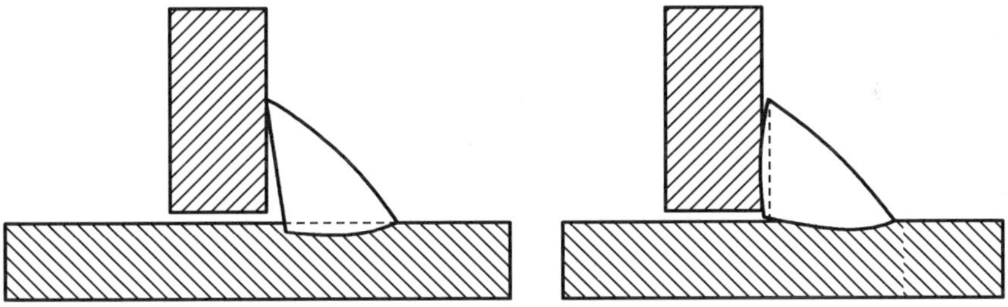

图 6 - 12　角焊缝根部未焊透示意图

四、焊前准备

(一)试件材质及规格

(1)材质:Q345B;

规格:试板两块:500 mm × 200 mm × 10 mm,500 mm × 200 mm × 20 mm。

(2)试件清理:必须去除表面氧化物,并且不得存在任何氧化痕迹,试板坡口两侧及背面 25 mm 范围内、垫板与试板接触面的油、锈、氧化皮等应清理干净,直至露出金属光泽。PT 后,再装配及定位焊装配。

(3)打上材质钢印,炉批号,考试项目代号。

(二)工具

钳型电流电压表、数字型接触式测温仪、低应力钢印、电动角向磨光机、敲渣锤、手持式面罩、拖线板、砂轮片、钢刷、手工铁丝钳子、活动扳手、扁铲、钢直尺。

(三)防护

操作人员应穿工作服、劳保鞋,戴工作帽、口罩、耳塞、手套、防护眼镜、面罩。

(四)焊前测温

根据焊接工艺规程得知,预热温度不小于 5 ℃,试件放在平台上两块试板用测温仪测试件温度(测试件六点)并将测试件六点温度数据填写在监考记录表中。

(五)焊材选用原则和核电保温桶正确使用

(1)焊材选用原则。

普通碳素结构钢焊接材料的选择首先应考虑“等强度”原则,这里的“等强度”是指焊缝金属的强度不低于母材标准规定的下限,强度值的绝对相等,实质上是办不到的,但需强调的是母材的屈强比和焊缝金属的不同,很难使焊缝金属的强度和屈服极限同时达到母材的相应指标;其次应考虑焊件的工作条件,如是否工作在动载下,施焊的环境温度如何等;最后应考虑焊件的结构特点,如壁厚、接头形式、焊缝位置和结构的刚性大小,焊接操作工的操作技术水平以及经济性等。焊接材料的领用见表 6-3。

表 6-3 焊接材料领用表

工序	焊接方法	焊材		烘干温度	领用数量
		型(牌)号	规格/mm		
定位焊	SMAW	E7018	ϕ3.2		
焊接防飞溅剂	FCAW-M	F-402			22 kg
焊嘴防堵剂	FCAW-M	F-409	—		22 kg
序号 1(打底焊)	FCAW-M	GFL-71NI	ϕ1.2		
序号 2(盖面焊)	FCAW-M	GFL-71NI	ϕ1.2		

根据规程所示焊条领用 E7018,ϕ3.2 mm。E7018 焊条可交直流两用,进行全位置焊接。焊接操作工应凭质量计划到焊材二级库领取焊材,已经烘干好的焊材需放入核电保温桶中以防止焊条中的含氢氧量增加,核电保温桶应保持恒温,温度为 130~150 ℃。焊材的领取不能一次性领取过多,ϕ3.2 mm 领取 1~3 根为宜,在领取焊材时需确认该焊材的炉批号和检验编号。

(2)核电保温桶正确使用。

焊接操作工应使用经过验证合格的核电保温桶(核电保温桶上有检验合格标签和有效期标志)。领用焊条后应将核电保温桶放在工位上通电使用。

(3)焊条的使用。

佩戴干净的手套从焊条桶里拿出一根焊条后,盖上焊条桶的盖子,预防焊条桶里的焊条含氢氧量增加。E7018 焊条引弧时容易出现氮气孔,所以引弧的部分需要打磨。

(4)焊条头的回收。

焊接一根焊条后，剩余的焊条头需放入回收桶内，焊条头的长度应不小于50 mm。因为当焊接工艺参数过大，整根的焊条焊到后来由于留得过短，焊条药皮中起造气作用的纤维物在高温的作用下提前燃烧释放或药皮脱落，保护效果不好，易出现氮气孔等焊接缺陷。由于焊条焊到最后因为高温的作用下呈现出红色，焊条内的合金元素被严重烧损使接头的性能下降，强度降低。

(5)焊嘴防堵剂。

型号F－409焊嘴防堵剂，将焊嘴防堵剂倒入小铁盒等敞口容器内，焊前将咀插入蘸一下即可焊接作业。

(6)焊接操作工根据工艺规程到焊材库领用牌号：GFL－71NI药芯焊丝。

(7)焊丝用完后，按照相关规定进行退库保存，以免受潮生锈。

(8)领用焊接防飞溅剂。

型号F－402焊接防飞溅剂，在焊接前30 min在试板焊缝两边30～50 mm处用喷雾器或刷子进行喷刷防飞溅剂。

牌号：药芯焊丝GFL－71NI。

规格：ϕ1.2 mm。

焊丝表面无油、锈、污物。

(六)保护气体

80% Ar＋20% CO_2 混合气。

(七)设备的焊前调试与准备

(1)作业前，应检查并确认焊接设备各部分导线连接良好，控制箱的外壳和接线板上的罩壳盖好及稳固。

(2)应检查并确认送丝滚轮的沟槽及齿纹完好，滚轮、导电嘴(块)磨损或接触不良时应更换。焊车道轨平直，车轮下无杂物，焊车行走畅通无阻。

(3)作业时，应及时排走焊接中产生的有害气体。在通风不良的容器内作业时，应安装通风设备。

(4)启动焊机前，检查焊机各处的接线是否正确、牢固可靠，电流表和电压表应在有效期内。在废板上启动焊机看它是否正常安全地进行焊接运行，并选调合适的焊接电流、电弧电压、焊接速度，检查导电嘴是否合适及焊丝干伸长为10～20 mm。

(5)按焊接工艺规程调试焊接电流，并用钳型电流电压表检查焊接参数是否在规定的适用范围内，钳型电流电压表应经过检定并在有效期内。

(八)文件准备

焊前需准备工艺规程、质量计划、适用性文件、焊道记录图、生产焊缝数据单、焊接参数与预热，后热及层温记录表。

五、焊接操作

(一)装配与定位

装配前应当在监考人员与焊接操作工共同在场确认的情况下，打上材质号，炉批号，考试项目代号或焊接操作工焊工钢印才能装配及定位焊 。

角焊缝表面焊脚为 $K=[T+(0\sim3)]$ mm，根据焊接工艺规程给出的焊脚 $K=10\sim13$ mm（焊缝熔覆厚度 7 mm）。开始焊接前在试板上要用画针划出两条标准线一条支板到基板距离等于 $(K+30)$ mm。如果整条焊缝焊趾到标准线距离在 30 ~ 33 mm，即判为焊脚检验合格，如图 6－13 所示。

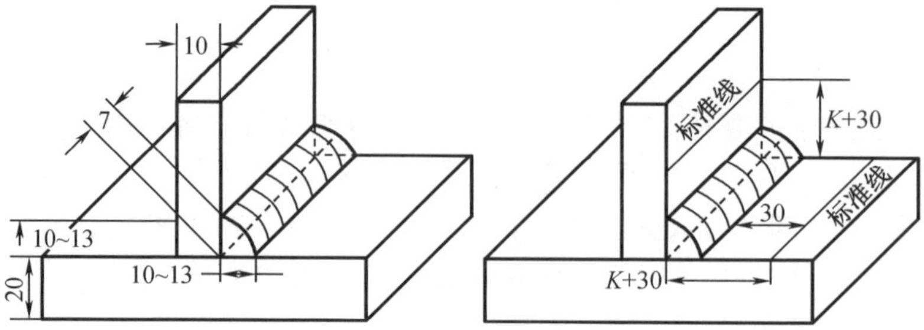

图 6－13　角焊缝焊脚目视检查标准示意图

定位焊：为了防止焊接时焊件受热膨胀引起变形，必须保证定位焊缝的长度，定位焊缝必须焊牢，不允许有缺陷，尽量减少错边。必须焊接牢固，将板状试件放置平焊位置，把板状试件反变形敲 2° ~ 3°即可。定位焊采用焊条电弧焊工艺施焊。

预热温度不低于 5 ℃时，可进行装配定位。为保证角焊缝根部焊透，立板待焊处倒角，装配间隙不大于 1 mm，点焊定位时，焊条在试板背面两端或中间进行定位焊，每段长度不小于 15 mm 即可，以防止开裂，装配示意图如图 6－14 所示，实物图如图 6－15 所示。

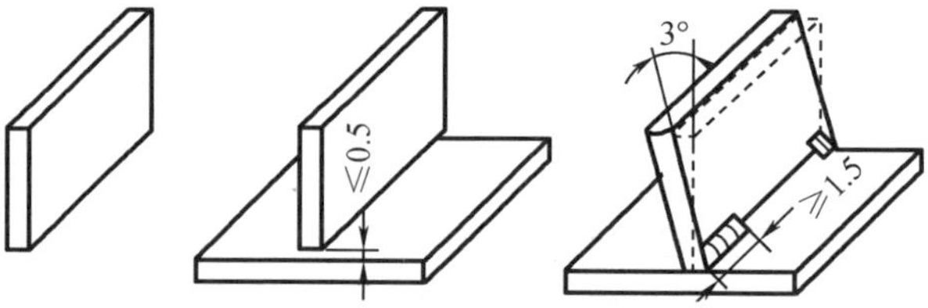

图 6－14　装配示意图

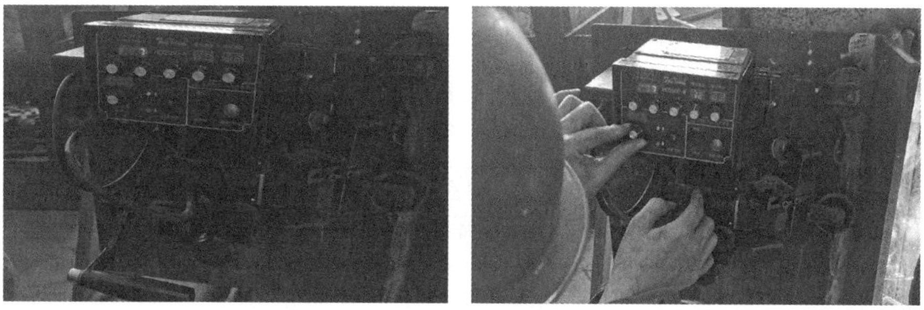

图 6－15　装配实物照片

（二）打底层焊接操作要领

（1）焊前先检查设备运行是否良好，焊接参数是否调节好，焊接温度是否达到。

（2）在定位焊的另一个待焊面引弧，施焊。

（3）打底焊道必须为单道焊，引燃电弧前可根据设备功能，最好加一定的热启动电流，这样引弧容易，不易出气孔。

(4)焊枪角度尽量垂直于试板，焊丝对正两试板交接处，引燃电弧后，需压低电弧建立第一个熔池，从下往上焊枪轻微摆动，左右稍做停留，采用三角运枪法，各点停 0.5～1 s，向上焊接。电弧引燃示意图如图 6－16 所示。

(5)焊道中间不允许停弧。

(6)焊接中断或结束时，收弧应稍做停留，待弧坑填满后再熄弧，若设备有熄弧衰减功能最好，这样可避免收弧过快而在收弧处产生气孔。

(7)打底层焊缝表面的清理要求：打底层完成后应清理氧化层，并检查焊缝成形情况，有咬边、夹渣或未熔合的地方用砂轮机及时清理。打底层示意图如图 6－17 所示。

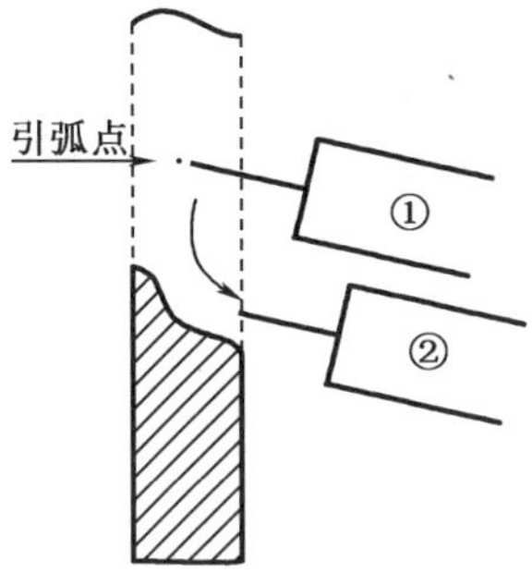

图 6－16　电弧引燃示意图

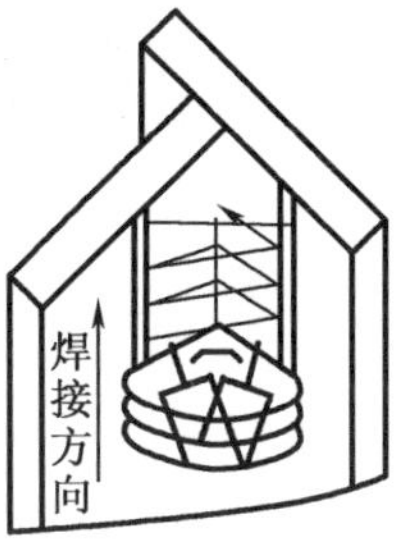

图 6－17　打底层焊接运丝示意图

(三)盖面层的操作要领

(1)盖面层的焊接，先打磨焊缝成凹形为最好，焊缝表面露出金属光泽，整条焊缝宽窄均匀，如图 6－18 所示。

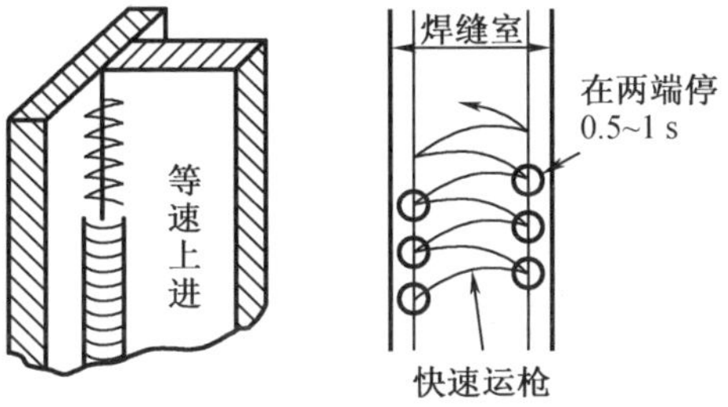

图 6－18　盖面层的焊接运丝示意图

(2)操作时，焊接角度要正确，速度要均匀，焊枪摆动宽度要一致，电弧尽量压低，避免焊缝两边咬边。

(3)焊接时，焊接速度和焊枪摆动稍微快一些，以获得规定的焊高尺寸和美观的外观成形。

(4)焊接参数的选择：由于盖面层的焊接参数选择是否恰当直接影响到焊缝表面的成形以及焊缝咬边情况，因此相对于打底层层的焊接参数要偏低。焊接电流、电弧电压、送丝速度均比填充时要低一些，调节三者时要相互匹配好，以达到易操作，电弧稳定，飞溅小，焊缝保护效果好的目的；第一层以后采用月牙摆动法。电流 170～200 A、电压 22～27 V。

(5)盖面层的一层两道焊接：由于盖面层两坡口间的距离为 12 mm 左右，采用 ϕ1.2 mm 焊丝，幅度不能大于焊丝直径的 7 倍，摆动宽度不大于 8 mm，为了避免焊缝咬边，应分 2 道进行焊接。

①先焊右侧焊道再焊左侧焊道。电流稍微偏小,便于控制电弧。坡口边缘熔合 1 ~ 2 mm,避免焊趾处产生咬边,道与道间搭接合理,焊缝应圆滑过渡。

②盖面层焊接结束后,焊缝表面保持原始焊缝,不做打磨,只需用扁铲去除焊缝上及焊缝两边的飞溅,再用钢刷刷净焊缝的焊渣和粉尘即可。

盖面层立向上盖面实物图如图 6 – 19 所示。

图 6 – 19　立向上盖面实物图

(四)焊道记录图、焊接参数与层温记录

焊接过程中,焊接参数、层温和焊道分布图应记录到监考记录表上(表 6 –4 和表 6 –5)。

表 6 – 4　监考记录表 1

<table>
<tr><td colspan="2" rowspan="2">焊接操作工项目考试施焊及监考记录表</td><td colspan="2">施焊及监考记录表编号:× × ×</td></tr>
<tr><td colspan="2">考试计划编号:× × ×</td></tr>
<tr><td>参考焊接操作工单位</td><td colspan="3">× × ×股份有限公司</td></tr>
<tr><td>项目代号</td><td colspan="3">FCAW – M FW PF ml 07 09 11</td></tr>
<tr><td>焊接操作工姓名</td><td>× × ×</td><td>工位编号</td><td>× × × – H – 22</td></tr>
<tr><td>考试用焊接
工艺规程编号</td><td>GC – FCAW – M – 1</td><td>焊接操作工项目
考试编号</td><td>FCAW – M – 01</td></tr>
<tr><td>考试日期</td><td>× × ×</td><td colspan="2" rowspan="5">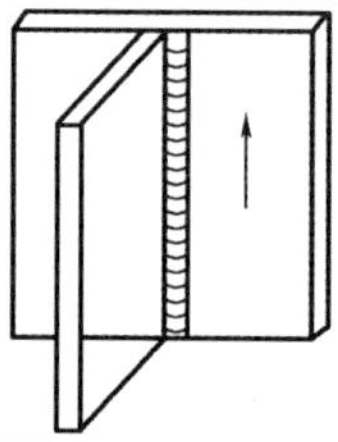</td></tr>
<tr><td>考试开始时间</td><td>8:30</td></tr>
<tr><td>考试终止时间</td><td>12:00</td></tr>
<tr><td>考试开始时间</td><td></td></tr>
<tr><td>考试终止时间</td><td></td></tr>
</table>

<table>
<tr><td rowspan="2">焊道序号</td><td rowspan="2">焊材规格/mm</td><td rowspan="2">电流极性</td><td rowspan="2">电流/A</td><td rowspan="2">电压/V</td><td rowspan="2">焊速/(mm · min⁻¹)</td><td colspan="3" rowspan="2">预热温度或层间温度/℃</td><td colspan="2">保护气体流量/(L · min⁻¹)</td><td rowspan="2">其他</td></tr>
<tr><td>正面</td><td>背面</td></tr>
<tr><td>定位焊</td><td>φ3.2</td><td>直流反接</td><td>120</td><td>25</td><td>—</td><td>32</td><td>32</td><td>32</td><td>—</td><td>—</td><td>E7018</td></tr>
<tr><td>1</td><td>φ1.2</td><td>直流反接</td><td>180</td><td>25</td><td>240</td><td>33</td><td>35</td><td>35</td><td>20</td><td>—</td><td>GFL – 71NI</td></tr>
<tr><td>2 – 1</td><td>φ1.2</td><td>直流反接</td><td>200</td><td>27</td><td>240</td><td>82</td><td>87</td><td>87</td><td>20</td><td>—</td><td>GFL – 71NI</td></tr>
<tr><td>2 – 2</td><td>φ1.2</td><td>直流反接</td><td>190</td><td>27</td><td>240</td><td>87</td><td>85</td><td>88</td><td>20</td><td>—</td><td>GFL – 71NI</td></tr>
</table>

参考焊接操作工(签字):× × ×　　　　监考人(签字):× × ×

表 6－5　监考记录表 2

<table>
<tr><td colspan="5" rowspan="2">焊接操作工项目考试施焊及监考记录表</td><td colspan="8">施焊及监考记录表编号：×××</td></tr>
<tr><td colspan="8">考试计划编号：×××</td></tr>
<tr><td colspan="4">参考焊接操作工单位</td><td colspan="9">×××股份有限公司</td></tr>
<tr><td colspan="4">项目代号</td><td colspan="9">FCAW－M FW PF ml 07 09 11</td></tr>
<tr><td colspan="4">焊接操作工姓名</td><td colspan="4">×××</td><td colspan="3">工位编号</td><td colspan="2">×××－H－×</td></tr>
<tr><td colspan="4">考试用焊接
工艺规程编号</td><td colspan="4">GC－FCAW－M－1</td><td colspan="3">焊接操作工项目
考试编号</td><td colspan="2">FCAW－M－01</td></tr>
<tr><td colspan="4" rowspan="2">项目</td><td colspan="6">预热六点测温</td><td colspan="3">层温三点测温</td><td rowspan="3">日期</td><td rowspan="3">时间</td></tr>
<tr><td>A</td><td>B</td><td>C</td><td>D</td><td>E</td><td>F</td><td>1</td><td>2</td><td>3</td></tr>
<tr><td>Ⅰ</td><td>Ⅱ</td><td>Ⅲ</td><td>Ⅳ</td><td colspan="6">℃</td><td colspan="3">℃</td></tr>
<tr><td>√</td><td></td><td></td><td></td><td>24</td><td>24</td><td>24</td><td>24</td><td>24</td><td>24</td><td></td><td></td><td></td><td>×××</td><td>8:45</td></tr>
<tr><td></td><td>√</td><td></td><td></td><td></td><td></td><td></td><td></td><td></td><td></td><td>156</td><td>165</td><td>155</td><td>×××</td><td>9:15</td></tr>
<tr><td></td><td>√</td><td></td><td></td><td></td><td></td><td></td><td></td><td></td><td></td><td>80</td><td>85</td><td>70</td><td></td><td>9:20</td></tr>
<tr><td colspan="15">注：①Ⅰ为预热开始，Ⅱ为焊接，Ⅲ为后热开始，Ⅳ为后热结束。
②根据操作内容分别在项目一栏中的Ⅰ、Ⅱ、Ⅲ、Ⅳ子栏中做好标记，并在后面的栏目内记录相应的规范或时间。
③在焊前预热 30 min。沿焊缝长度方向六个测温点 A、B、C、D、E、F 进行测温。
④每层焊缝焊接前，沿焊缝长度方向检查层间温度，对三个测温点 1、2、3 进行测温</td></tr>
</table>

参考焊接操作工（签字）：×××　　　　监考人（签字）：×××

表 6－6 至表 6－8 是考试项目 FCAW－M FW PF ml 07 09 11 三位焊接操作工焊接工艺参数记录表。

表 6－6　PF 焊接工艺参数记录表（焊接操作工一）

项目考试代号	FCAW－M FW PF ml 07 09 11		
考试编号	FCAW－M－01－1－101		
焊接参数	打底	盖面	
焊接层次	1	2－1	2－2
焊接电流/A	160	174	160
电弧电压/V	24.6	26.4	24.6
焊接时间/s	167	166	167
焊缝长度/mm	300	300	300
焊接速度/($mm \cdot s^{-1}$)	1.79	1.8	1.79
热输入/($kJ \cdot mm^{-1}$)	1.76	2.04	1.76
焊丝直径/mm	1.2	1.2	1.2

表 6－6(续)

实物照片	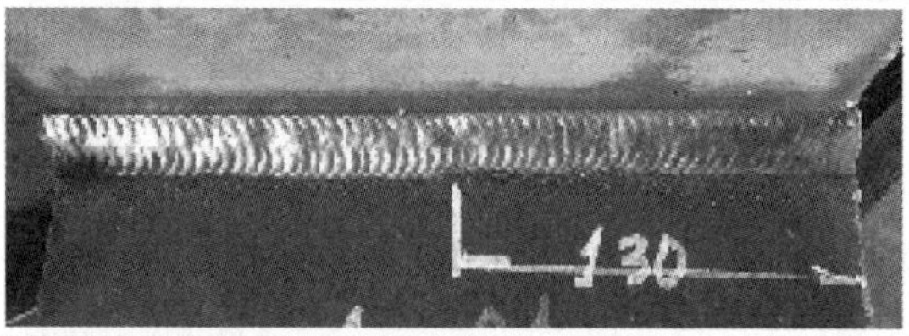

备注：$Q=(I\times U/V)\times 80\%$

表 6－7　PF 焊接工艺参数记录表(焊接操作工二)

	FCAW－M FW PF ml 07 09 11		
焊接操作工编号	FCAW－M－01－1－104		
焊接参数	打底	盖面	
焊接层次	1	2－1	2－2
焊接电流/A	150	174	160
电弧电压/V	22	22	24.6
焊接时间/s	180	300	167
焊缝长度/mm	300	300	300
焊接速度/($mm\cdot s^{-1}$)	1.67	1.2	1.79
热输入/($kJ\cdot mm^{-1}$)	1.58	2.55	1.76
焊丝直径/mm	1.2	1.2	1.2
实物照片			

备注：$Q=(I\times U/V)\times 80\%$

表 6－8　PF 焊接工艺参数记录表(焊接操作工三)

	FCAW－M FW PF ml 07 09 11		
	FCAW－M－01－1－109		
焊接参数	打底	盖面	
焊接层次	1	2－1	2－2
焊接电流/A	142	154	160
电弧电压/V	25.6	26.4	24.6
焊接时间/s	180	300	167
焊缝长度/mm	300	300	300
焊接速度/($mm\cdot s^{-1}$)	1.67	1.67	1.79
热输入/($kJ\cdot mm^{-1}$)	1.74	1.95	1.76
焊丝直径/mm	1.2	1.2	1.2

表 6－8(续)

实物照片	

备注:$Q=(I\times U/V)\times 80\%$

六、焊后检查

(一)试件的检验项目、检查数量和试样数量

焊接操作工操作技能考试试件的检验项目、检查数量和试样数量见表 6－9。每个试件应先进行外观检验,合格后再进行其他项目检验。

表 6－9　试件检验项目、检查数量和试样数量

试件形式	试件厚度或管径	检验项目		
	厚度/mm	外观检验/件	无损检验/件	宏观金相检验/个
角焊缝试件板与板	≥10	1	1(PT)	4

注:①表中外观检验试件数量即考试试样数量。
②试件取 4 个检查面,对于管－板或管－管试件,沿焊道在 4 个 90°横截面上分别取宏观金相试样。至少有一个样品取自停弧再焊接头处。

(二)试件的外观检验(VT)

(1)试件的检验,采用目视或 5 倍放大镜进行。手工焊的板材试件两端 20 mm 内的缺陷不计,焊缝的余高和宽度可用焊缝检验尺测量最大值和最小值,但不取平均值,单面焊的背面焊缝宽度可不测定。

(2)试件焊缝的外观检验应符合下列要求:

①焊缝表面应是焊后原始状态,不允许加工修磨或返修;

②焊缝外形尺寸应符合下列要求:板材、管板或接管角焊缝凸度或凹度应不大于 1.5 mm;板材、管板或接管角焊缝的焊脚尺寸 K 为$[T+(0\sim 3)]$mm(T 为板或管壁厚)。

(3)各种焊缝表面不得有裂纹、未熔合、夹渣、气孔、焊瘤和未焊透。机械化焊的焊缝表面不得有咬边和凹坑。

对于一个考试项目的所有试件外观检验的结果均符合上述各项要求,该项试件的外观检验为合格,否则为不合格。

(三)无损检验——渗透检验(PT)

试板的渗透(PT)无损检验应符合 NB/T 20003.3—2010 中一级焊缝的检验要求。无损检验不合格的判定为该项技能评定不合格。

(四)金相检验(MAT)

试件分割成 4 个试样后,宏观金相检验应用机械方法截取、磨光、再用金相砂纸按“由

粗到细”的顺序磨制,然后经适当的浸蚀,使焊缝金属和热影响区有一个清晰的界限,该面上的焊接缺陷用直接目视或 5 倍放大镜检查。若宏观检查显示出存在有疑问区域,则必须进行微观金相检查。取样示意图如图 6 – 20 所示。

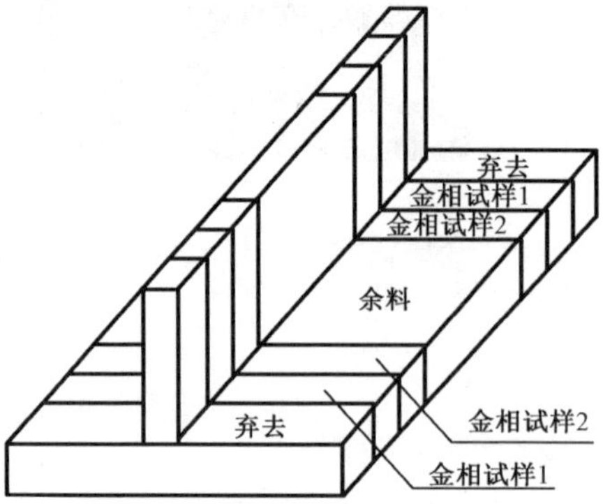

图 6 – 20　金相取样示意图

具体内容如下:

(1)金相宏观检验应用机械方法截取、磨光,再用金相砂纸按“由粗到细”的顺序磨制,然后经适当的浸蚀,使焊缝金属和热影响区有一个清晰的界限,该面上的焊接缺陷用目视或 5 倍放大镜检查。若宏观检查显示出存在有疑问区域,则必须进行微观检查。

(2)每个试样检查面经宏观检验应符合下列要求:

①没有裂纹、未熔合、未焊透;

②气孔或夹渣的最大尺寸不得超过 1.5 mm;当气孔或夹渣大于 0.5 mm,不大于 1.5 mm 时,其数量不得多于 1 个;当只有小于或等于 0.5 mm 的气孔或夹渣时,其数量不得多于 3 个;

③对于板角焊缝的宏观金相检验取样要求如下:除两端宽度各 20 mm 范围去除外,相邻任意两个金相试样截面间的距离不小于 30 mm。

(五)检验报告

1. 外观检验

民用核安全设备焊接操作工项目考试外观检验报告见表 6 – 10。

表 6 – 10　项目考试外观检验报告

报告编号:FCAW – 1 – 01 – VT – 2020 – 焊考 – 001

考试项目代号	FCAW – M FW PF ml 07 09 11		
实施计划编号	××× – 11 – ×× – ××	焊接操作工项目考试编号 (试件编号)	FCAW – A – 01
焊接操作工姓名	×××	依据标准	NNSA – HAJ – 0002 – 2019
焊接方法	FCAW – M	母材牌号和规格	Q345 500 mm × 200 mm × 10 mm
试件形式	板对板角焊缝	焊接位置	PF

表 6－10(续)

原始状态	原始	
焊缝余高	裂纹	咬边
1.5～3 mm	无	无
焊缝余高差	未熔合	背面凹坑
1.5 mm	无	—
比坡口每侧增宽	夹渣	变形角度
—	无	1
宽度差	气孔	错边量
—	无	—
焊缝边缘直线度	焊瘤	角焊缝凹凸度
—	无	凸度≤1.2 mm
背面焊缝余高	未焊透	焊脚尺寸
—	无	K_1＝10～11 mm K_2＝11～11.5 mm
堆焊焊道高度差	堆焊凹下量	通球检验
—	—	—
堆焊焊道平面度		
—		

外观检验结果(合格、不合格)	合格	检验日期	×××
检验人员	×××	证书号	×××
复审人员	×××	证书号	×××

2. 无损检验

试件的无损检验应符合民用核安全设备产品一级焊缝的检验要求，民用核安全设备焊接操作工项目考试无损检验报告见表 6－11。

表 6－11　射线检验报告

报告编号：FCAW－1－01－RT－2020－焊考－001

焊接操作工姓名：	×××	项目考试编号：	FCAW－M－01
考试项目代号	FCAW－M FW PF ml 07 09 11		

验收标准：NB/T 20003.3—2010

试样类型	标识	尺寸	示意图
射线检验	FCAW－M－01	300×10 mm＋300×20 mm	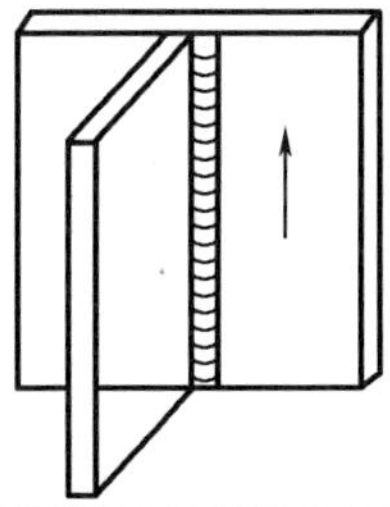

表 6-11(续)

<table>
<tr><td>实物
照片</td><td colspan="4">
</td></tr>
<tr><td>标识</td><td colspan="3">缺陷描述</td><td>结果</td></tr>
<tr><td>FCAW-M-01-A01</td><td colspan="3">射线检验未发现裂纹、未熔合、未焊透、气孔及夹渣等低倍超标缺陷</td><td>合格</td></tr>
<tr><td>结论</td><td colspan="4">试件的射线检验(RT)按照 NB/T 20003.3—2010 的要求进行,焊缝质量应符合一级焊缝的检验要求。
结论:合格</td></tr>
<tr><td>检验人员</td><td>×××</td><td>证书号</td><td>×××</td><td>日期:×××</td></tr>
<tr><td>复审人员</td><td>×××</td><td>证书号</td><td>×××</td><td>日期:×××</td></tr>
</table>

3. 金相检验

民用核安全设备焊接操作工项目考试金相检验报告检验报告见表 6-12。

表 6-12 金相检验报告

报告编号:FCAW-1-01-NAT-2020-焊考-001

<table>
<tr><td colspan="2">技能考试项目代号</td><td colspan="4">FCAW-M FW PF ml 07 09 11</td></tr>
<tr><td colspan="2">试样类型</td><td>标识</td><td colspan="3">尺寸</td></tr>
<tr><td colspan="2">金相检验</td><td>FCAW-M-01-MA1</td><td colspan="3" rowspan="4">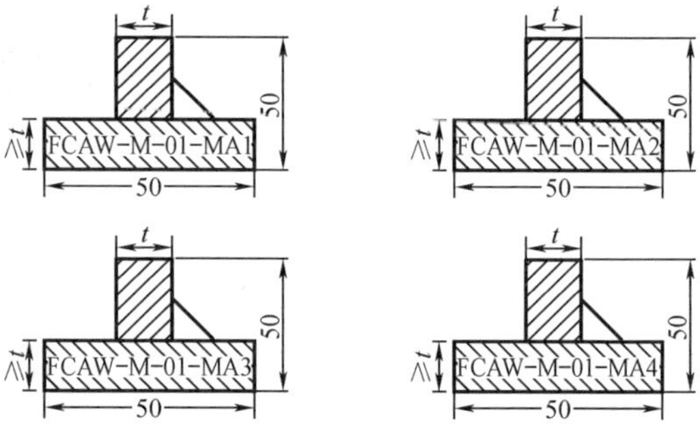
</td></tr>
<tr><td colspan="2">金相检验</td><td>FCAW-M-01-MA2</td></tr>
<tr><td colspan="2">金相检验</td><td>FCAW-M-01-MA3</td></tr>
<tr><td colspan="2">金相检验</td><td>FCAW-M-01-MA4</td></tr>
<tr><td rowspan="5">金相
检验</td><td>试样
类型</td><td>试样号</td><td>取样位置</td><td>试样尺寸
(厚/mm×宽/mm×厚/mm)</td><td>焊接缺陷描述</td></tr>
<tr><td>金相</td><td>FCAW-M-01-MA1</td><td>按标准</td><td>50×50×10</td><td>未发现超标焊接缺陷</td></tr>
<tr><td>金相</td><td>FCAW-M-01-MA1</td><td>按标准</td><td>50×50×10</td><td>未发现超标焊接缺陷</td></tr>
<tr><td>金相</td><td>FCAW-M-01-MA3</td><td>按标准</td><td>50×50×10</td><td>未发现超标焊接缺陷</td></tr>
<tr><td>金相</td><td>FCAW-M-01-MA4</td><td>按标准</td><td>50×50×10</td><td>未发现超标焊接缺陷</td></tr>
</table>

表 6－12(续)

<table>
<tr><td>结果</td><td colspan="4">合格</td></tr>
<tr><td>验收标准</td><td colspan="4">每个试样检验面没有裂纹、未熔合和未焊透。气孔或夹渣的最大尺寸不大于1.5 mm;当气孔或夹渣大于0.5 mm,不大于1.5 mm时,其数量不能多于1个;当只有小于等于0.5 mm的气孔或夹渣时,其数量不能多于3个</td></tr>
<tr><td colspan="5">照片</td></tr>
<tr><td>实物照片</td><td colspan="4">
</td></tr>
<tr><td>试样照片</td><td colspan="4">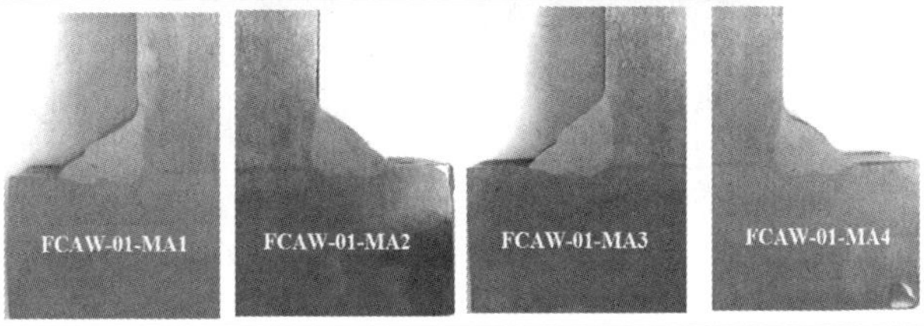
</td></tr>
<tr><td colspan="2">试验设备:×××</td><td colspan="3">设备编号:×××</td></tr>
<tr><td>缺陷描述</td><td colspan="4">金相检验未发现裂纹、未熔合、未焊透、气孔及夹杂等低倍超标缺陷</td></tr>
<tr><td>结论</td><td>合格</td><td colspan="3">结论</td></tr>
<tr><td>试验者</td><td>×××</td><td colspan="2">试验者</td><td>×××</td></tr>
<tr><td>审核者</td><td>×××</td><td colspan="2">审核者</td><td>×××</td></tr>
</table>

七、焊接操作工培训自我评价记录表的填写

(一)焊接操作工自我评价

焊接操作工培训自我评价记录表共包括劳保用品的穿戴、焊接辅助工具准备、焊接设备检查、焊接工装夹具检查、文件准备、焊接过程、焊后和安全八个方面。其中前五个方面的内容必须在焊前检查确认,第六方面是在焊接过程中边焊边记录,第七方面是焊后对设备、工具、文件等的检查记录,第八方面则是安全文明生产。

(二)技能教师评价

经过一段时间的培训,焊接操作工基本上掌握了焊条电弧焊低合金钢板T形接头角焊缝横焊位置的操作技术,培训教师应对焊接操作工的技能水平做出评价,并根据培训是否合格确定该焊接操作工能否参加NNSA－HAJ－0002－2019项目考试。

八、技能评定报告编制

FCAW－M－01项目是民用核安全设备焊接操作工培训、考试和取证基本项目之一,故学习和掌握该项目的操作技术非常重要,对保证核电设备的焊接质量至关重要。通过长期的培训实践证明,本书所介绍的操作技术不仅方便焊接操作工学习和掌握,焊接质量好,合

格率高，而且缩短了培训周期，是一种行之有效的焊接技能操作技术。

本项目的焊接操作工技能评定报告见表 6－13。

表 6－13　焊接操作工技能评定报告

<table>
<tr><td>评定日期</td><td colspan="2">×××</td><td>编号</td><td>FCAW－2020－01</td></tr>
<tr><td>姓名</td><td colspan="3">×××</td><td rowspan="6">照片</td></tr>
<tr><td>身份证号</td><td colspan="3">×××</td></tr>
<tr><td>聘用单位</td><td colspan="3">×××股份有限公司</td></tr>
<tr><td>焊接操作工编号</td><td colspan="3">×××</td></tr>
<tr><td>焊接工艺规程</td><td colspan="3">GC－FCAW－M－1</td></tr>
<tr><td>技能评定项目代号</td><td colspan="4">FCAW－M FW PF ml 07 09 11</td></tr>
<tr><td></td><td>代号</td><td colspan="2">含义</td><td>适用范围</td></tr>
<tr><td>焊接方法</td><td>FCAW－M</td><td colspan="2">药芯焊丝电弧焊
机械化焊</td><td>药芯焊丝电弧焊
机械化焊</td></tr>
<tr><td>焊机型号</td><td>—</td><td colspan="2">—</td><td>—</td></tr>
<tr><td>试件形式</td><td>—</td><td colspan="2">—</td><td>—</td></tr>
<tr><td>焊缝形式</td><td>FW</td><td colspan="2">角焊缝</td><td>角焊缝</td></tr>
<tr><td>填充材料</td><td>—</td><td colspan="2">—</td><td>—</td></tr>
<tr><td>焊缝金属厚度/mm</td><td>—</td><td colspan="2">—</td><td>—</td></tr>
<tr><td>板材厚度/mm</td><td>—</td><td colspan="2">—</td><td>—</td></tr>
<tr><td>管材外径/mm</td><td>—</td><td colspan="2">—</td><td>—</td></tr>
<tr><td>焊接位置</td><td>PF</td><td colspan="2">板立向上焊接</td><td>PA、PB、PF</td></tr>
<tr><td rowspan="4"></td><td>ml</td><td colspan="2">每面坡口内多层焊</td><td>每面坡口内单层或多层焊均可</td></tr>
<tr><td>07</td><td colspan="2">无自动跟踪系统</td><td>有无自动跟踪系统均可</td></tr>
<tr><td>09</td><td colspan="2">直接目视观察控制</td><td>直接目视观察控制</td></tr>
<tr><td>11</td><td colspan="2">无熔化衬环</td><td>有无熔化衬环均可</td></tr>
<tr><td>特殊焊缝技能评定</td><td>焊接要素</td><td colspan="2"></td><td></td></tr>
<tr><td colspan="5">检验情况</td></tr>
</table>

检验项目	检验结果	试验报告编号
项目考试目视检验报告	合格	FCAW－1－01－VT－2020－焊考－001
项目考试渗透检验报告	合格	FCAW－1－01－PT－2020－焊考－001
项目考试金相检验报告	合格	FCAW－1－01－MAT－2020－焊考－001

编制	×××	审核	×××	批准	×××
	×××股份有限公司				

参考文献

[1] 中国机械工程学会焊接分会. 焊接手册:第1、2卷[M]. 2版. 北京:机械工业出版社,2001.

[2] 王绍国,张宇光. 焊工取证上岗培训教材[M]. 北京:机械工业出版社,1993.

[3] 杨松. 锅炉压力容器焊接技术培训教材[M]. 北京:机械工业出版社,2005.

[4] 王绍国,徐锴. 核电焊工技能操作标准化培训教程[M]. 哈尔滨:哈尔滨工程大学出版社,2019.